Susanne Götze | Annika Joeres

Klima außer Kontrolle

SUSANNE GÖTZE
ANNIKA JOERES

KLIMA AUSSER KONTROLLE

FLUTEN, STÜRME, HITZE – WIE SICH DEUTSCHLAND SCHÜTZEN MUSS

Mit 9 Schwarz-Weiß-Abbildungen

PIPER

Mehr über unsere Autorinnen, Autoren und Bücher:
www.piper.de

Von Susanne Götze und Annika Joeres liegen im Piper Verlag vor:
Die Klimaschmutzlobby
Klima außer Kontrolle

Inhalte fremder Webseiten, auf die in diesem Buch (etwa durch Links) hingewiesen wird, macht sich der Verlag nicht zu eigen. Eine Haftung dafür übernimmt der Verlag nicht.

Unser Versprechen für mehr Nachhaltigkeit
Klimaneutrales Produkt
FSC®-zertifiziertes Papier
Hergestellt in Europa

FSC
www.fsc.org
MIX
Papier | Fördert gute Waldnutzung
FSC® C083411

ISBN 978-3-492-06336-4

Fotos: Kapitel 1: picture-alliance / ZB | Jens Wolf; Kapitel 4: picture alliance / imageBROKER | Karl F. Schöfmann; Kapitel 9: Shutterstock; Kapitel 2, 3, 5, 6, 7, 8: Susanne Götze/Annika Joeres
Satz: Uhl + Massopust, Aalen
Gesetzt aus der Minion
Litho: Lorenz & Zeller, Inning am Ammersee
Druck und Bindung: CPI books GmbH, Leck
Printed in the EU

Inhalt

Vorwort

Der uneinsichtige Mensch. Diese Spezies steht im Zentrum dieses wichtigen Buches. Es ist an vielen Stellen erschütternd. Denn unserem deutschen Selbstverständnis nach sind wir doch analytisch, qualitätsbewusst, zuverlässig, mit Ingenieursgenen ausgestattet und sehr an Sicherheit orientiert. Oder etwa nicht? Diesem Selbstverständnis stellt das Buch in einer berührenden Mischung aus detaillierter Recherche und Dringlichkeitsappell eine andere Diagnose entgegen: Fahrlässigkeit. Sie basiert auf Unwissenheit, kurzfristigen Machtinteressen und Profitfokus wie Geiz gleichermaßen, umwoben von einer empirisch unhaltbaren Beruhigungsstory, dass es bei uns schon nicht so schlimm werden wird. Dabei ist das Buch nie wütend, sondern es will aufklären und eine Bewegung unterstützen, die sich in vielen Ecken und Nischen unserer Gesellschaft eben auch findet: Protagonist:innen, die den Wunsch zur Rückkehr in die Normalität nach Krisen zwar nachvollziehen können, aber trotzdem den Fakten ins Gesicht sehen und nach Alternativen suchen. *Normal* und *gewohnt* sind schlicht nicht das Gleiche, und so wie gewohnt wird keine zukünftige Normalität aussehen. Wie könnte sie das dann?

Diese Reise der Journalistinnen durch Städte, Moore, Landwirtschaftsregionen und Waldgebiete ist es, die bei allen Warnungen auch Mut macht, und ein neues Verständnis erlaubt für die faszinierenden Möglichkeiten, Infrastrukturen so umzugestalten, dass sie *mit* der Natur und *für* die Menschen funktionieren. Nicht *gegen* sie. Und ihre Reise zeigt, warum wir also kein Umweltproblem haben, sondern ein Gesellschaftsproblem. Warum abschotten und für sich selbst verteidigen, was geht – im alten Design –, eben genau nicht in eine Normalität führen wird, bei der das Niveau von Gesundheit, Sicherheit, Lebensqualität und sozialem Frieden der vergangenen Dekaden erhalten bleiben kann. Und warum unsere Gewohnheiten dann also von den Krisen kassiert werden. Deshalb sind Prävention und Adaption die zentralen Themen in diesem Buch. In den besten Strategien gehen sie zusammen. Anders bauen und renovieren, anders Landschaften und Gärten planen, anders Böden bewirtschaften und Wälder aufforsten, anders Städte und Regionen miteinander verbinden und sie multifunktional nutzen. Anders groß denken und klein anfangen. Und sich daran freuen, dass in sehr vielen Mensch-mit-Natur-Lösungen auch die Schönheit und Diversität der Lebensräume wieder wachsen werden.

Ich wünsche allen viel Spaß bei der Lektüre und dem Loslegen!

Maja Göpel im Juni 2022

Einleitung

Dreitausend. Dreitausend Häuser wurden bei der Flutkatastrophe 2021 von der Ahr überschwemmt, ihre Keller mit Schlamm gefüllt, ihre Gärten mit giftigem Schlick bedeckt, manche ihrer Bewohnerinnen und Bewohner sind ertrunken. Trotzdem sollen sie bald wieder so aufgebaut werden, als sei nichts geschehen. Als hätte das idyllische Tal mit den Weinbergen nicht gerade erst die tödlichste und teuerste Hochwasserkatastrophe der Bundesrepublik erlebt.

Dass diese Stadt und das Land es offenbar in Kauf nehmen, Menschen wieder in der Gefahrenzone anzusiedeln, hat selbst uns überrascht, obwohl wir als Journalistinnen schon seit Jahren zur Klimakrise recherchieren – und deshalb wissen, wie mangelhaft wir auf ihre Folgen vorbereitet sind. Diese Menschen in den 3000 Häusern, die nun vor jedem Starkregen Angst haben müssen, waren ein wichtiger Anlass, dieses Buch zu schreiben. Diese Menschen und alle Bürgerinnen und Bürger, die künftige Hitzewellen überstehen, Hochwasser überleben und Erdrutsche aushalten müssen. Denn sie alle sind es, deren Leben mit der Klimakrise in Gefahr gerät – nur: Bislang spricht kaum jemand darüber, wie wir uns auf diese Veränderungen einstellen müssen. Dabei sprechen die Weltklimaberichte mittlerweile eine recht deutliche

Sprache. Deren Autorinnen und Autoren aus aller Welt geben klare Hinweise, wie Extremwetterereignisse als Folge der Klimakrise unsere Lebenswelt bedrohen. Im Sommer 2021 enthielt der erste Teil des 6. Weltklimaberichtes erstmals ein eigenes Kapitel über Wetterextreme. Gleichzeitig werden die Klimamodelle immer besser, sodass regionale Phänomene besser abgeschätzt werden können. Und es gibt verlässliche Berechnungen, die den Anteil des Klimawandels an einem Wetterereignis beschreiben – und zeigen, dass solche Katastrophen wie im Ahrtal keine »Ausreißer« oder Zufall sind.[1]

Dennoch: Die nötige Anpassung an die Wetterextreme der Klimakrise ist in Deutschland kaum ein Thema, weder im Bundestag noch in den Medien, ja selbst bei Fridays for Future nicht. Doch unsere Recherchen zeigen: Wir müssen darüber ins Gespräch kommen und Maßnahmen ergreifen. International betrachtet gibt es längst ganze Staaten, die von Extremwetter bedroht sind – erinnert sei etwa an die verheerenden Brände in Kalifornien oder die Überschwemmungen in Bangladesch. Oder kleinere Länder wie Puerto Rico, Myanmar und Haiti, die im jährlichen Klima-Risiko-Index ganz oben stehen und in einem Jahr gleich mehrere Ereignisse verarbeiten müssen.[2]

Doch auch wir werden nicht verschont. Dieses Buch will darüber aufklären, wie wir in Deutschland Wetterextreme nicht nur überleben, sondern uns vor ihnen schützen und uns rechtzeitig vorbereiten können. Denn dass die Welt, unsere Städte und unser Alltag sich ändern müssen in einer heißeren Welt, ist inzwischen unstrittig. Es dämmert nun Politikerinnen und Bürgern, dass auch Deutschland kein so sicheres Land ist, wie alle immer geglaubt haben. Die Vorstellung, die Republik sei ein sicherer Hafen, an der der Klimawandel vorbeigehe, ist obsolet geworden. Deutschland ist vielleicht beim Katastrophenschutz besser gerüstet als weit entfernte Dörfer in Mittelamerika oder in Bangladesch – aber trotzdem schlecht auf die Naturgewalten vorbereitet, an deren Frequenz man hierzulande nicht gewöhnt ist.

Auch das hat uns bei den Recherchen für dieses Buch erstaunt: Wir sind auf die Veränderungen, die mit rasender Geschwindigkeit auf uns zukommen, nicht vorbereitet. Aus Geiz, Unwissenheit und Profitgier treffen wir an vielen Stellen nicht die nötigen Vorbereitungen, um unsere Bevölkerung zu schützen. Das grenzt an Fahrlässigkeit.

Mit diesem Buch wollen wir diese Verfehlungen sichtbar machen, aber wir wollen auch ganz praktisch dazu beitragen, dass Menschen in Deutschland sich auf die Krise vorbereiten können, ja, sie zu überleben lernen. Wir wollen zeigen, wie ein Land aussehen kann, in dem Bürgerinnen und Bürger städtische Hitzenächte überstehen, in denen unsere Ernte in dürren Zeiten sicher eingefahren werden kann und Menschen in Bergdörfern vor Steinschlägen geschützt werden. Denn die Klimaforschung kommt zu eindeutigen Prognosen: Die Ereignisse, die uns schon jetzt zusetzen, werden sich mehren und verstärken. Um zu erfahren, wie gut oder schlecht Deutschland für die Klimakrise gerüstet ist, haben wir monatelang die deutschen Behörden – von der Regierung in Berlin bis in die Stadtverwaltungen – mit Fragen gelöchert und unzählige Menschen vom hohen Norden bis in den tiefen Süden der Republik getroffen, die sich genau darüber bereits den Kopf zerbrechen: Wir sind mit Stadtplanerinnen durch betonlastige Innenstädte gelaufen, um Hitzeinseln zu verstehen, sind mit Biologen und Forstwissenschaftlern durch den bayerischen Forst gestreift, im Harz gewandert und haben abgebrannte Kiefernwälder in Brandenburg besichtigt. Wir sind mit Geografen im Hochgebirge über metertiefe Erdspalten geklettert, standen mit Landschaftsökologen im Wattenmeer und sind mit Geologen in eisige Tunnel an der Zugspitze geklettert. Wir standen mit Weinbäuerinnen an den Hängen der Mosel, sind mit Bodenökologen über Test-Äcker in Sachsen-Anhalt gelaufen und haben mit einem Hüttenwart des Alpenvereins über seine bedrohten Bergunterkünfte gesprochen. Dieses Buch ruht sich nicht darauf aus, die Zukunftsängste und Bedenken zu beschreiben. Wir wollten wissen, was jetzt getan werden müsste. Die Wissenschaftlerinnen,

Landwirte und Umweltschützerinnen, die wir trafen, haben alle große Ideen, wie wir Deutschland krisenfest machen können. Die meisten sagten uns auch: Es geht nur mit der Natur und nicht gegen sie. Anpassung heißt nicht Betonbunker zu bauen und uns in Prepper-Manier vor der Katastrophe zu verstecken. Wir müssen unser Verhältnis zur Umwelt neu überdenken und unsere Infrastruktur umbauen. Beides schützt nicht nur uns, sondern hilft in den meisten Fällen auch der Natur, resilienter zu werden. Es ist ein Geben und Nehmen – keine Konfrontation. Und Expertinnen warnen: Wir dürfen keine Zeit verlieren. Wir müssten es jetzt anpacken.

Die Herausforderungen sind tatsächlich riesig. Folgende Klimarisiken könnten das Leben in Deutschland verändern – und damit der Bevölkerung gefährlich werden:

- Extreme Hitze bedroht unsere Gesundheit.
- Bei Trockenheit und Niedrigwasser mangelt es an Trinkwasser, Landwirte und wasserintensive Industrien wie Chemie- und Kraftwerke müssen den Betrieb einstellen.
- Starkregen, Sturzfluten und Hochwasser bringen kritische Infrastrukturen wie Krankenhäuser und Kraftwerke in Gefahr, und auch viele Häuser und Wohnungen sind hochwassergefährdet.
- In den Hochgebirgen drohen Hangrutsche und Steinschlag, wenn es eine Häufung von Starkregenereignissen gibt und in hohen Zonen zudem der Permafrost schmilzt.
- Durch höhere Meeresspiegel sind Küstenzonen größeren Hochwasser- und Flutrisiken ausgesetzt, Städte und Dörfer können überschwemmt werden.
- Wälder könnten durch Wassermangel anfällig für Schädlinge werden und weiter großflächig absterben – und damit ihre Funktionen für Biodiversität, für Tierarten, saubere Luft und CO_2-Speicherung verloren gehen. Waldbrände können Siedlungen gefährden und die Luftqualität stark belasten.

- Moore könnten weiter ausgasen und zu gefährlichen Brandherden und degradierten Böden werden.

Wie stark diese klimatischen Veränderungen das Leben in Deutschland einschränken werden, hängt davon ab, wie gut wir gegen diese Risiken gewappnet sind. Es gibt eine Fülle an potenziellen Gefahrenquellen durch Extremwetter – aber bisher werden die Risiken nur begrenzt erfasst. So will das Bundesumweltministerium in den nächsten Jahren zwar ein Klima-Schadenskataster aufbauen. Dort sollen langfristige Schäden und Schadenskosten durch den Klimawandel gebündelt werden. Man wolle wissen, wer am meisten unter den Folgen des Klimawandels leidet und was Schäden und Vorsorgemaßnahmen wirklich kosten. Nur so könne man die Bedarfe besser abschätzen. Das verkündete das Ministerium im Sommer 2021 nach der Katastrophe im Ahrtal, als Tausende Menschen ihr Zuhause verloren hatten. Die Politik scheint den Ereignissen hinterherzueilen, statt ihnen voraus zu sein.

Welchen praktischen Nutzen dieses Kataster hat, und ob nach der Erkenntnis auch konkrete Maßnahmen folgen – was ja das Entscheidende wäre –, ist noch offen.

Für Prävention fehlen der Wille und das Geld

Wie viel Geld in den nächsten Jahren wirklich gebraucht wird, um Deutschland fit für die Folgen der Klimakrise zu machen, ist ebenfalls noch nicht beziffert. Klar ist nur, dass die bisherigen Summen im Gegensatz zur Schadensbeseitigung bei bereits stattgefundenen Katastrophen lächerlich gering sind: Die alte Bundesregierung hat einer einzelnen Region – dem Ahrtal – im August 2021 mit ihrem Wiederaufbaupaket 30 Milliarden Euro zugesagt. Bei der Vorsorge ist man nicht so großzügig. Zählt man die reinen Anpassungsprogramme für ganz Deutschland zusammen – ausgehend von den Förderungen des Bundes –, kommt man gerade einmal auf 1,5 Milliarden Euro zusätzliche Mittel pro Jahr.[3]

Die neue Bundesregierung hat den Mangel erkannt, aber auch ihre Pläne wirken angesichts der enormen Aufgabe noch relativ ambitionslos: Das Sofortprogramm von Umweltministerin Steffi Lemke, das sie im Frühjahr 2022 vorstellte,[4] sieht bis 2026 zusätzliche 60 Millionen Euro vor, um Städte und Gemeinden für Extremwetterereignisse zu wappnen. Nach unseren Recherchen ist diese Summe bei Weitem nicht ausreichend – geht es doch um einen umfassenden Umbau von Innenstädten, Küstengebieten und Anbauweisen in der Landwirtschaft. Auch Klimaexperten erklärten uns auf Nachfrage, dass bei 11.000 Kommunen rechnerisch nur eine Summe von 1250 Euro pro Kommune für jeweils vier Jahre bereitgestellt würde – ein Witz angesichts der Herausforderungen. Die Kleckerpolitik geht also auch unter der Ampel weiter.

Dabei hieß es noch im Koalitionsvertrag der Ampel-Regierung, man wolle die Klimaanpassung mit »ausreichend finanziellen Mitteln ausstatten«. Aber auf Anfrage, wie viel Geld in Deutschland eigentlich dafür gebraucht wird, gab es auch hier beim Wirtschafts- und Umweltministerium nur ausweichende Antworten.

Die Verzögerungstaktik übersieht auch einen finanziellen Faktor: je fragiler und anfälliger die Infrastruktur, desto höher auch die Verluste. Fehlende Vorsorge wird richtig teuer. Die Kosten für Klimaschäden in einem »normalen Jahr« ohne Jahrhundertflut wie 2019 beziffern Versicherer bereits auf mehr als das Doppelte – auf rund 2,7 Milliarden Euro.[5] Hinzu kommen steigende Gesundheitskosten bei Hitzewellen oder durch Verletzte bei Extremwetterereignissen. Nicht eingerechnet sind auch wirtschaftliche Verluste, beispielsweise durch das Waldsterben. In einem Katastrophenjahr wie 2021 oder dem Hitzejahr 2018 vervielfachen sich dann die Kosten entsprechend.

Dabei spricht der Weltklimarat seit seiner Gründung von »Mitigation AND Adaption« – also von der Abmilderung der

Klimakrise durch reduzierte Emissionen UND der Anpassung an die Folgen der Krise. Der 6. Bericht des internationalen Klimarates IPCC hat die Anpassung als unerlässlich bezeichnet: »Die Gesundheit von Menschen und das Bestehen von Eigentum, kritischer Infrastruktur und Transportsystem sind zunehmend bedroht von Wetterextremen wie Hitzewellen, Stürmen, Dürren und Überschwemmungen.« Lebensbedrohliche Konsequenzen der Klimakrise könnten nur verhindert werden, wenn alle Menschen daran beteiligt werden, sich auf diese Ereignisse vorzubereiten.[6] Schon heute sind bis zu 3,6 Milliarden Personen besonders verwundbar. Sie leben in Regionen, die besonders von den Folgen des Klimawandels betroffen sind – das ist fast die Hälfte der Weltbevölkerung. Und damit sind nicht nur ferne Länder gemeint: »Es gibt keinen Kontinent, der verschont bleibt«, sagt Hans-Otto Pörtner, einer der Leitautoren des Weltklimaberichts und Klimaforscher am Alfred-Wegener-Institut (AWI).

Einige Informanten in Behörden, die nicht namentlich genannt werden wollen, sprechen von einer jahrelangen Vernachlässigung des Themas – gerade beim Katastrophenschutz. »Während die Diskussionen im Bereich des Klimaschutzes immer differenzierter werden, haben sie, was Prävention angeht, zum Bevölkerungsschutz noch nicht einmal begonnen«, sagt Martin Voss, Leiter der Katastrophenforschungsstelle (KFS) an der Freien Universität Berlin.[7] Unsere Gesellschaft sei insgesamt darauf gepolt, Risiken auszublenden und sich zugleich kein Bild davon zu machen, wo die Grenzen der Schutzmöglichkeiten liegen. Voss fällt ein hartes Urteil: »Insgesamt kann in Deutschland von einem präventiv ausgerichteten Bevölkerungsschutz, wie in internationalen Vereinbarungen gefordert, nicht gesprochen werden.« Bevölkerungsschutz müsse zum »Dreh- und Angelpunkt« nachhaltiger Entwicklungen werden. Voss versteht darunter weit mehr als nur bessere Notfallpläne – für ihn gehört auch dazu, die Verbraucherinnen und Verbraucher vor schädlichen Produkten zu schützen, die Raumplanung auf Katastrophen auszurichten oder zu bewerten, was bestimmte staatliche Leistungen für den Schutz des Einzelnen bringen. Ein umfassendes Konzept, das seiner – und unserer – Einschätzung nach fehlt.

Deutschland ist keinesfalls der Musterschüler, der er zu sein vorgibt. Nach einer Liste mit Best-Practice-Beispielen für die Vorsorge vor Extremwetterereignissen des Umweltbundesamtes sind auch Länder dabei, die vielleicht auf den ersten Blick erstaunen. So hat beispielsweise Mexiko bereits seit 2009 einen nationalen Risikoatlas.[8] Deutschland sticht nur beim Thema interaktive Hochwasserkarten heraus – doch wie wir zeigen, nützen die schönsten Karten nichts, wenn trotzdem auf den Flächen gebaut wird.

Außerdem werden wir für technische Regeln für Anlagensicherheit gelobt, die aber nicht einmal verbindlich sind. Für das Buch haben wir uns durch sperrige Dokumente gearbeitet, immer auf der Suche nach verbindlichen Vorschriften für Chemiefabriken, für Zwischenlager von Atommüll, für Kraftwerksbetreiber und Krankenhäuser – um dann festzustellen: Die Pläne sind vorhanden, die Expertise ist vorhanden, aber auf sie folgt nur sehr wenig Einsatz.

Auch bei wichtigen Themen wie Frühwarnsystemen sind andere Länder bereits viel weiter.[9] Deutschland hat noch viel nachzuholen, bestätigen uns Expertinnen und Experten – etwa bei der Warnung vor Sturzflutereignissen. Das wird nach der tödlichen Überschwemmung im Ahrtal auch niemand mehr abstreiten. Doch muss immer erst eine Katastrophe passieren, damit wir uns solche unbequemen Wahrheiten eingestehen?

Was fehlt, ist nicht nur Verbindlichkeit, sondern auch Koordination und Verantwortung. Anpassung funktioniert bisher nach dem Motto »alles kann, wenig muss«. Deutschland hat zwar bereits seit 2008 eine nationale Anpassungsstrategie – abgekürzt DAS –, allerdings existiert erst seit Juni 2021 ein Zentrum für Klimaanpassung, das Gemeinden und Kommunen berät. Wer sein Dorf oder seine Stadt an die Klimafolgen anpassen will, kann dafür Geld vom Bund oder den Ländern bekommen und an wirklich spannenden Programmen teilnehmen – aber muss sich häufig durch mehrstufige Bewerbungen quälen. Bei dem zentralen Förderprogramm DAS gingen 2020 189 Anträge ein – bei insgesamt rund 11.000 Gemeinden in Deutschland. Alles in allem wurden in den Jahren 2020 und 2021 gerade einmal 40 Anträge positiv beschieden. Das bedeutet: Weniger als ein halbes Prozent der Kommunen wurde darin gefördert, sich auf Hitzewellen und Hochwasser vorzubereiten.[10]

Andere Programme sind enorm kleinteilig: So können sich soziale Einrichtungen um die Förderung eines »Sonnensegels« oder Wasserspenders bewerben. Im ersten Antragsjahr gingen 600 Anträge dafür ein – angeblich eine »unerwartet hohe Nachfrage«, wie es vom Bundesumweltministerium heißt. In Wahrheit ist auch diese Zahl angesichts des eigentlichen Bedarfs vollkommen ernüchternd: Denn allein die Freie Wohlfahrtspflege zählt über 100.000 Einrichtungen in ganz Deutschland.[11]

Bereits seit 13 Jahren gibt es die »Deutsche Anpassungsstrategie an den Klimawandel«. Damit soll die »Verletzlichkeit der deutschen Gesellschaft« verringert und die Anpassungsfähigkeit erhalten oder »sogar gesteigert« werden. Doch was konkret dabei herauskommt, ist eher etwas für Fachleute als für Praktiker. Und dort, wo Klimaanpassung stattfinden muss, in den Städten, ist kaum Geld da. Ein langjähriger Experte, der schon Dutzende Kommunen beraten hat, erzählt uns von den hoffnungslos niedrigen Budgets, die Städte für diese Zukunftsaufgabe bereithalten: Viele sehen dafür ein paar Tausend Euro vor – »während sie für Hunderttausende jedes Loch im Asphalt füllen«. Mit ein paar Tausend Euro aber, so der Experte, der anonym bleiben will, ließe sich gerade einmal eine Broschüre drucken – selbst zum Verteilen außerhalb des Rathauses aber reiche das Budget oft nicht. Und so passiert in vielen Kommunen bislang einfach nichts.

Wir sind verwundbar

Was es bedeutet, den Naturgewalten ungeschützt ausgeliefert zu sein, erzählten uns Betroffene im Ahrtal. Ihre Geschichten warnen eindringlich davor, Bedenken wegzuwischen und sich darauf zu verlassen, dass es schon nicht so schlimm wird. Deshalb sollte man den Menschen aufmerksam zuhören, die bereits Opfer solcher Naturkatastrophen geworden sind. Ihre Geschichten zeigen, dass es nicht nur um Leben und Tod, sondern auch um traumatische Erlebnisse und den Verlust von privatem Besitz und Erinnerungen geht. Bei solch einem Ereignis gibt es für die Betroffenen nur ein Leben vorher und ein Leben nachher.

Im August 2021 treffen wir Frau Stahl auf der Terrasse ihres zerstörten Hauses in Ahrweiler. Sie hat Tränen in den Augen und erzählt von der Nacht, als das Wasser kam. Es sind Szenen, die ihr Leben für immer veränderten. Wenige Stunden, die ihre Existenz zerstörten.

Erst floss nur wenig Wasser langsam die Straße vor ihrem Haus hinunter, es regnete in Strömen, die Wolken hingen tief im Tal. »Niemand rechnete mit einem Hochwasser.« Dann riet die Nachbarin ihr, das Auto wegzufahren. Doch selbst da glaubte noch niemand an eine Katastrophe. Wie jeden Abend saß ihr lungenkranker Mann im Garten, die Hühner hatten sich in ihren Stall zurückgezogen, der Hund hielt ein Nickerchen. Alles wie immer. Doch dann folgte der Albtraum: Frau Stahl fuhr das Auto auf eine Anhöhe. Ihr Mann blieb allein zurück, als plötzlich das Wasser stieg. Es gluckste und zischte, erst trieben Möbel vorbei, dann Autos, der Strom fiel aus, Lastwagen verfingen sich in Bäumen, Menschen riefen in der Dunkelheit um Hilfe, Leichen trieben vorüber.

Erst am nächsten Morgen konnte sie ihren Mann aus dem überschwemmten Haus retten, er hatte sich in das obere Stockwerk begeben. Noch heute sei er traumatisiert, erzählt Stahl, weil er sich so schrecklich hilflos gefühlt habe. Das Telefon funktionierte nicht, und bis Stahl ihren Mann schließlich aufsuchen konnte, bangte sie jede Minute mehr um sein Leben.

Der 61-Jährigen sitzt der Schreck immer noch in den Knochen, doch sie will ihre Geschichte erzählen. Viele Betroffene im Ahrtal wollen bei unserem Besuch im Krisengebiet mit uns reden – alles ist besser, als nach ein paar Monaten wieder vergessen zu werden. Als wir Frau Stahl besuchen, stecken wir mitten in unserer Recherche für dieses Buch. Die Realität hatte uns dabei überholt. Das Hochwasser im Juli 2021 produzierte apokalyptische Bilder mitten im Wahlkampf für die neue Bundesregierung. Ihre Botschaft war eindeutig: Wir sind verwundbar. All unsere SUVs, Klimaanlagen, iPhones und Wetter-Apps können uns nicht schützen, wenn das Wetter verrücktspielt. Und das Wetter spielt immer häufiger verrückt in der Klimakrise.

Die Katastrophen sind bekannt – die Prävention nicht

Wenn man sich die Chronik der Katastrophen der vergangenen Jahre anschaut, wird klar, wie tiefgreifend wir uns vorbereiten müssen. Den ersten Moment, der uns eigentlich hätte wachrütteln müssen, gab es 2018. Eine nie da gewesene Hitzewelle mit anschließender Dürre trocknete die deutschen Äcker, Wiesen und Wälder aus. Laut Schätzungen gab es mindestens 20.000 Hitzetote unter älteren Menschen[12], Milliardenhilfen gingen an Landwirtinnen und Landwirte, die ihre Ernten verloren, Kartoffeln wurden knapp, und Senioren flüchteten in klimatisierte Einkaufszentren. Dann entstand die Bewegung Fridays for Future, und ein paar Monate später erklärte der damalige Ministerpräsident von Nordrhein-Westfalen, Armin Laschet, recht ahnungslos: »Aus irgendeinem Grund ist das Klimathema – ich glaube auch sehr mit Greta verbunden – zu einem weltweiten Thema geworden.« Und das »Klimathema« ging zu seinem Unmut auch nicht mehr vorüber. Zum Auftakt des Bundestagswahlkampfes im Sommer 2021 versuchte die Union, das Thema durch Attacken auf die Grünen und eine vermeintliche Plagiatsaffäre wieder von der Agenda zu bekommen. Doch vergeblich. Wieder »drängelte« sich das Thema durch eine weitere Katastrophe ins Bild.

Kaum jemandem muss man in Deutschland heute noch erklären, dass die Klimakrise real ist, und auch nicht, dass wir sie spüren werden. Aber wie schlecht die Deutschen auf diese Veränderungen vorbereitet sind, dämmerte vielen erst seit dem verheerenden Hochwasser.

Die Klimaaktivistin Luisa Neubauer erklärte dazu passenderweise: »No place is ›safe‹ anymore« – kein Ort ist mehr sicher. Ähnlich äußerte sich Wochen vorher der Gouverneur von Washington: »Was wir die vergangenen Tage gesehen haben, war die offizielle Eröffnung der Klimakatastrophe«, sagte Jay Inslee dem US-amerikanischen TV-Sender CNN. Er reagierte damit auf die verheerende Hitzewelle, die in den vergangenen Tagen den von ihm regierten Bundesstaat Washington traf. In seiner Stadt Seattle wurden Rekordtemperaturen von 41 Grad gemessen. »Wir haben lange vor den Folgen des Klimawandels gewarnt«, erklärt Inslee. »Nun ist er da, und es wird jeden treffen«, so der Gouverneur. So häufen sich inzwischen die Katastrophenmeldungen aus allen Ecken der Erde. Im Frühjahr 2022 ereilte es dann Indien und Pakistan mit einer Hitzewelle von unmenschlichen Temperaturen von teils über 45 Grad. Ein Test für die menschliche Überlebensfähigkeit, titelten die Zeitungen.

Vielleicht hätte man die Hitzewelle in Deutschland ebenso wenig wie das Hochwasser verhindern können. Doch die Folgen dieser Wetterextreme hätten milder verlaufen, Menschenleben gerettet werden können. Daraus folgt: Resilienz und Prävention können das Überleben sichern. Akteure der Bundes- und Lokalpolitik müssen damit anfangen, über die nächste Wahl hinauszudenken. Wer das Gemeinwohl im Auge hat, muss vorsorgen. In Erftstadt, Schuld und Ahrweiler war die Hochwassergefahr lange bekannt – man wusste nur nicht genau, wann das Wasser kommt. Und als der Starkregen einmal bevorstand, ignorierten die Verantwortlichen die Warnungen. Über diese politische Verantwortungslosigkeit am Rhein haben sogar internationale Medien berichtet. »Schon neun Tage vorher wurden die Signale einer drohenden Katastrophe von einem Satelliten 500 Meilen hoch im Weltall erfasst«, schreibt die britische *Times*.[13] Aber es passierte – nichts. Niemand wurde evakuiert, keine Sandsäcke oder mobilen Wassersperren vorher eingesetzt. Dabei herrscht kein Mangel an wissenschaftlicher Expertise, um die Maßnahmen bedarfsgerecht einzuleiten: Wir wissen schon jetzt, in welchen Gebieten sich Starkregen zu Hochwasser auftürmen kann, wir wissen schon jetzt, welche Straßenzüge in Hamburg, Nürnberg oder Magdeburg sich besonders aufheizen werden.

Aber diese Erkenntnisse werden bislang, so ergeben es unsere Recherchen, weitestgehend ignoriert. Eine Standardreaktion auf unsere Anfragen bezüglich der Klimakatastrophen: Das seien »ungünstige meteorologische Bedingungen«, die da zusammenkommen. Dem widerspricht die Wissenschaft nicht einmal: Mit steigenden Temperaturen werden auch kombinierte Extremwetter möglich: Es steigt die Wahrscheinlichkeit, dass Hitzewellen und Dürren oder Starkregen und Stürme gleichzeitig auftreten. »Je wärmer es weltweit wird, desto mehr werden wir nie erlebte und bisher nie erreichte Extremereignisse sehen«, warnte die Klimaforscherin Friederike Otto bei der Veröffentlichung des Weltklimaberichtes im vergangenen Jahr. Doch wollen wir wirklich unvorbereitet sein, wenn diese zusammentreffenden »ungünstigen Bedingungen« zur neuen Normalität geworden sind?

Niemand fühlt sich verantwortlich

Doch damit wirklich etwas passieren kann, muss zunächst jemand Verantwortung übernehmen – und genau das fehlt derzeit noch in der Klimapolitik. »In der deutschen Anpassungspolitik herrscht zu viel Kleinstaatlichkeit«, sagt Fred Hattermann, Hydrologe am Potsdamer Institut für Klimafolgenforschung (PIK).

Einen deutschlandweiten Masterplan, wie sich Kommunen vor Extremwetterereignissen schützen können, die durch den Klimawandel immer häufiger werden, gibt es nicht. Die Datenexpertinnen von »Frag den Staat« haben uns geholfen, alle größeren Gemeinden und Städte in Deutschland nach ihren Anpassungsplänen zu fragen. »Frag den Staat« ist ein Projekt des Vereins Open Knowledge Foundation und kämpft für transparente Behörden. Das Ergebnis: Von den rund 400 angefragten Städten und Gemeinden[14], von Alzey-Worms bis Wittenberg, haben rund die Hälfte geantwortet. Von diesen haben nur die allerwenigsten konkrete Projekte geplant, wie etwa Flächen zu entsiegeln, um Hitze abzumildern, oder Rückhaltebecken für Starkregen zu schaffen. Nur 40 von 400 verfügen über ein Konzept zur Anpassung. Eine erschreckend niedrige Zahl.

Das klingt angesichts der gigantischen Aufgabe, ganz Deutschland krisensicher zu machen, eher nach einer verzagten Vorbereitung. »Der Klimawandel holt uns gerade immer mehr ein, aber unsere Infrastruktur ist nicht mehr an die neuen Bedingungen angepasst«, kritisiert auch Hydrologe Hattermann. Es sei einfach zu viel auf einmal.

Wir haben uns auch gefragt, woran es liegt, dass so wenig über eine lebensrettende Anpassung an die Klimakrise gesprochen wird. Bei unserem letzten Buch, *Die Klimaschmutzlobby*, ging es um Klimawandelleugner, Rechtspopulistinnen und politische Bremser, die über Jahrzehnte Klimaschutz verhindert haben. Aus ideologischen oder rein finanziellen Gründen ergibt es für diese drei Gruppen Sinn, die Folgen der Klimakrise kleinzureden – und insofern auch die Anpassung gar nicht erst anzusprechen. Bei den klimabewegten Menschen und Politikerinnen hingegen gibt es eine tiefer liegende Ursache dafür: Sie trieb jahrelang vor allem die Sorge um, dass sich die Menschen weniger um Klimaschutz kümmern würden, sollten sie glauben, sich einfach anpassen zu können.

Diese Sorge bestand bis in Kreise hinein, die von der Dramatik der Klimakrise zutiefst überzeugt waren. Das bezeugt David

Wortmann, der einst wissenschaftlicher Mitarbeiter beim Bundestag war. Er hat zwischen 2001 und 2005 sowohl mit Hermann Scheer als auch Hans-Josef Fell gearbeitet – also bei den Koryphäen der Energiewende: Scheer galt als Grüner unter den Sozialdemokraten, Fell galt selbst innerhalb der Grünen Partei, bei der er Mitglied ist, als Radikaler. Trotzdem hatten beide Angst, dass das Thema Anpassung zu groß werden könnte – und ihre historisch bedeutsame Aufgabe in Gefahr bringen würde: Sie kämpften für das Erneuerbare-Energien-Gesetz, das schließlich die Wind- und Solarenergie von damals vier Prozent auf das Zehnfache trieb und weltweit Vorbild werden sollte. Aber diese Wegbereiter der Energiewende hatten in ihren eigenen Reihen große Widersacher: Den inzwischen verstorbenen Sozialdemokraten Wolfgang Clement etwa, der erst als Ministerpräsident vom Bergbauland Nordrhein-Westfalen und schließlich als Wirtschaftsminister stets die Kohleindustrie schützen wollte. Damals ging es natürlich auch um Klimaschutz, erinnert sich Wortmann. Aber entscheidender seien Argumente gewesen, unabhängig von fossilen Energien aus dem Ausland zu sein, es ging um Krieg und Frieden. Ein Argument, das mit dem Ukrainekrieg wieder viel Gehör fand – in den Jahrzehnten zuvor aber kaum berücksichtigt wurde. Auch deshalb haben die meisten Menschen in Deutschland erst mit der russischen Invasion begreifen können, dass sie täglich russisches Gas zum Heizen ihrer Wohnung nutzen. Dieselbe Diskussion gab es aber schon in den 2000er-Jahren – damals ging es mehr um die Abhängigkeit von ausländischem Benzin. »Deutschland sollte nicht mitmischen in Krisenregionen, das war das Ziel«, erinnert sich Wortmann. Damals flimmerten täglich brutale Bilder aus dem Erdölland Irak auf den Fernsehern der heimischen Wohnzimmer. »Wir wollten damals nicht, dass dieser verharmlosende Diskurs entsteht – dann bauen wir halt ein paar Deiche für ein paar Milliarden, statt unser Wirtschaftssystem umzustellen.« Es sei richtig gewesen, diese Diskussion damals nicht zu führen, sagt Wortmann – und genauso wichtig ist es heute, sie endlich zu starten.

Denn vor 20 Jahren glaubten viele Expertinnen und Experten (berechtigterweise) noch daran, dass man weltweit die Klimakrise eindämmen könne. Doch weil so wenig im Klimaschutz geschah, wird sich die Erde schon in den nächsten zehn Jahren sehr wahrscheinlich um mindestens 1,5 Grad aufheizen, bis zur Mitte des Jahrhunderts sogar um weit mehr. Das hat der Weltklimabericht nun amtlich gemacht. Wer über Anpassung spricht, ignoriert also keineswegs die Dringlichkeit, Treibhausgasemissionen drastisch zu reduzieren. Im Gegenteil. Nach unseren jahrelangen Recherchen können wir sagen: Es ist bereits enorm aufwendig, sich auf minimale Temperaturunterschiede von nur einigen Zehntelgrad vorzubereiten. Klimaschutz, also der Versuch, eine weitere Erhitzung einzudämmen, erscheint uns nach dem Schreiben dieses Buches tatsächlich dringlicher denn je. Aber die konkreten Folgen zu ermessen, bedeutet auch, dem Drama ins Auge zu sehen. Nur ein Leugner der Klimakrise würde abstreiten, dass wir uns selbst bei vergleichsweise geringen Veränderungen anpassen müssen.

Klimaschutz und Klimaanpassung sind also keine Antagonisten, sondern sie befruchten sich gegenseitig. Wer sich damit beschäftigt, wie wir die Klimakrise überleben können, wird auch für sinkende Emissionen kämpfen. Denn um zukünftige Hitzewellen in betonierten Städten aushalten zu können, um Chemiefabriken und Häuser vor Überschwemmungen schützen zu können, bedarf es einer gewaltigen Anstrengung. Welcher genau, das haben wir in diesem Buch recherchiert.

Neue Energie für die Anpassung

Noch aus einem weiteren Grund ist es wichtig, dass Medien, Politikerinnen, Klimabewegung, schlicht wir alle uns um die Anpassung kümmern. Denn sie kann eine Verhaltensstarre beenden, in die viele durch alarmierende Prognosen verfallen. »Mehr als die Hälfte aller Menschen weltweit ist schon von der Klimakrise betroffen und sieht sie als große Gefahr an«, sagt Wolfgang Blau.[15] Der Publizist war in verschiedenen großen Medienkonzernen wie der *ZEIT*, dem *Guardian* oder *Condé Nast* in der Chefredaktion und arbeitet nun am Reuters Institute for the Study of Journalism daran, weltweit Journalistinnen und Journalisten für eine sinnvolle Klimaberichterstattung zu schulen. Er stellt die These auf: Wir müssen die Menschen nicht mehr davon überzeugen, wie schlimm die Klimakrise wird – denn das ist den meisten Menschen heute klar. Stattdessen muss alle Energie direkt in den Klimaschutz und die Klimaanpassung fließen.

Denn ein umfassendes Konzept, einen Masterplan und vor allem den Willen, wirksame Maßnahmen auch umzusetzen und zu fördern, haben wir nicht finden können. Aber sehr viele Ausreden von Behörden, dass schon genug getan wird, und sehr viele Expertinnen und Experten, die Deutschland im Hintertreffen sehen. Sie bestätigen uns in dem, was wir in unserer Recherche gefunden haben: Anpassung ist kein sperriges Thema, was man irgendwie nebenbei erledigen kann. Es ist kleinteilig – vom Sonnensegel über die Fäkalien-Hebeanlage bis zum Auwald und der Salzwiese am Meer. Aber es muss gleichzeitig groß gedacht werden. Es geht um Maßnahmen, die Leben retten können, und es geht darum, wieder auf die Natur zuzugehen und sich nicht von ihr abzuschotten. Es geht um einen Schutz, der unseren Alltag in den meisten Fällen nicht nur sicherer, sondern auch schöner und gesünder machen kann. Wir können uns also auf die Anpassung freuen. Wir müssen sie nur wollen.

1 Leben in der Risikogesellschaft

Wie gut sind wir geschützt?

Wenn der Strom ausfällt, dann steht für einen Moment alles still: Die Lichter gehen aus, das Internet funktioniert nicht, die Handybatterie steht nur noch bei 20 Prozent, Kochen kann man auch nicht mehr, und im Kühlschrank wärmen die Lebensmittel auf und verströmen einen unangenehmen Geruch. Solche *Blackouts* sind schon unter normalen Umständen wirklich lästig. Doch sie können auch lebensbedrohliche Folgen haben.

Zum Beispiel, wenn der Strom in einem Krankenhaus fehlt – dort, wo lebensrettende Maschinen laufen müssen und sich die schwächsten Personen der Gesellschaft aufhalten. Als die Hochwasserkatastrophe im Juli 2020 das Ahrtal ergriff, musste das Krankenhaus Mariahilf evakuiert werden, auch aus einem Leverkusener und einem Eschweiler Klinikum mussten Patientinnen und Patienten verlegt werden – auch weil »insgesamt die eigentlich mehrfach abgesicherte Stromversorgung instabil« war.[1] Noch über viele Wochen mussten Menschen vorzeitig entlassen werden oder sich zu enge Zimmer teilen, ihre medizinische Versorgung war akut gefährdet.

Obwohl sie für das Funktionieren der gesamten Gesellschaft Sorge tragen, ist die Verwundbarkeit großer Infrastrukturen wie von Krankenhäusern in Deutschland bislang kaum ein Thema. Zu den existenziellen Einrichtungen gehören auch Kraftwerke und industrielle Anlagen. Sie alle sind in der Klimakrise und den damit verbundenen Überschwemmungen und Hitzeperioden hohen Risiken ausgesetzt. Werden sie beschädigt, kann uns das innerhalb weniger Minuten von lebenswichtigen Dienstleistungen abschneiden. Gleichzeitig kann ihr Kollaps zu einem Umweltdesaster führen, indem beispielsweise Flüsse und Böden kontaminiert werden, wenn Chemieparks überschwemmt oder Atommüllfässer unter Wasser stehen.

Deutsche Behörden und Ministerien haben nach eigener Aussage sogenannte Risikovorsorgepläne erarbeitet. Bereits heute würden die Herausforderungen des Klimawandels etwa bei der »Sicherung der Stromversorgung« eine Rolle spielen. Und künftig wolle man »Vorsorgemaßnahmen identifizieren und einführen, um Schäden abzuwehren oder zu mildern«, heißt es.[2] Auch auf EU-Ebene gibt es mittlerweile eine »Resilienzrichtlinie für kritische Einrichtungen«. Demnach müssen die 27 EU-Mitgliedstaaten der Kommission eine Liste ihrer essenziellen Infrastruktureinrichtungen übermitteln.[3] Die Richtlinie soll außerdem »sicherstellen«, dass die entsprechenden Einrichtungen »Maßnahmen zur Anpassung an den Klimawandel« ergreifen.[4] Doch wie dies in nationales Recht umgesetzt wird – und ob überhaupt etwas daraus folgt –, ist noch völlig unklar.

Unsere Recherchen haben uns folgenden Eindruck vermittelt: Pläne gibt es viele, konkrete Schutzvorkehrungen für Klimagefahren wenige. Wieso gibt es keinen dezidierten Notfallplan, für den Fall, dass Deutschland eine wochenlange Hitzewelle über 40 Grad erlebt? Wo stehen konkrete Maßnahmen, mit denen Engpässe überstanden und behoben werden sollen? Und warum fehlen Notstromgeneratoren für lebenswichtige Dienstleistungen wie Altenheime und Krankenhäuser?

Der Hydrologe Fred Hattermann vom Potsdamer Institut für Klimafolgenforschung zeichnete nach der Hochwasserkatastrophe im Ahrtal (mehr dazu in Kapitel 2) ein recht düsteres Bild.

Besonders die sogenannte kritische Infrastruktur wie Kraftwerke, Krankenhäuser oder Brücken seien durch vermehrte Extremereignisse wie Starkregen, Stürme und Hochwasser gefährdet. »Und damit steigt auch das Risiko für die Menschen«, erklärte uns Hattermann.

Kritische Infrastruktur – auf sie kommt es an

Genau um solch lebenswichtige Institutionen wie Kraftwerke und Krankenhäuser soll es in diesem Kapitel gehen. Denn die kritische Infrastruktur muss aufrechterhalten werden, wenn Starkregen oder Hitzewellen drohen – aber ist das in Deutschland realistisch? Unsere Recherchen machen deutlich: Die Klimakrise wird an unseren Grundfesten rütteln. Sie wird uns an der Sicherheit zweifeln lassen, dass wir jederzeit Strom und trinkbares Wasser verfügbar haben, wenn wir nur wollen. Daran, dass Krankenhäuser uns aufnehmen, ihre Beatmungsgeräte funktionieren. Daran, dass Atommüll sicher gelagert ist und Öltanks vor Überschwemmungen geschützt sind. Extremereignisse können alle technologischen Errungenschaften zunichtemachen – ob das geschieht, hängt davon ab, wie gut sie geschützt sind.

Denn was bei der Diskussion um den Schutz von Eigenheimen bei Extremwetterereignissen häufig untergeht: Der Schutz der kritischen Infrastruktur ist existenziell – also das, was alltäglich, aber lebensnotwendig ist: Wasser, Strom, Lebensmittel, der öffentliche Nahverkehr, die medizinische Versorgung. All das gehört laut dem Bundesamt für Bevölkerungsschutz und Katastrophenhilfe (BBK) zur Grundversorgung der Bevölkerung.[5] Das BBK hat vor wenigen Jahren ein Konzept mit dem sperrigen Namen »Kritische Infrastruktur, Bevölkerung und Bevölkerungsschutz im Kontext klimawandelbeeinflusster Extremwetterereignisse« (KIBEX) verfasst – und dies umfasst zusätzlich zu der oben genannten Infrastruktur auch noch Dienstleistungseinrichtungen, in denen verwundbare Menschen betreut werden. Das

BBK zählt dazu etwa auch Kindergärten, Krankenhäuser, Alten- und Pflegeheime bzw. Einrichtungen, in denen Menschen mit Behinderung leben und arbeiten.[6] Sie alle werden mit vermehrten Hitzeperioden und Starkregen klarkommen müssen: In einer Beispielrechnung kommt das BBK zu dem Schluss, dass sich ab 1999 die durchschnittliche jährliche Anzahl der Hitzewellentage im Vergleich zu vier Jahrzehnten zuvor auf fast 18 Hitzewellentage verdreifacht habe. Auch die Tage mit Starkregen hätten sich von durchschnittlich sechs auf acht erhöht.

»Seit einigen Jahren ist der Klimawandel auch bei der Vorsorge der Kritischen Infrastruktur angekommen«, sagt Florian Neisser, Wissenschaftler für Öffentliche Technologie und Innovationsplanung am Fraunhofer-Institut in Euskirchen. Der Geograf beschäftigt sich seit Jahren mit dem Schutz von kritischer Infrastruktur – und wird künftig auch beim Bundesamt für Bevölkerungsschutz und Katastrophenhilfe arbeiten. Er sagt: »Wir weisen in Handreichungen eindringlich auf die höheren Gefahren von Extremwetterereignissen hin – aber praktisch sind uns die Hände gebunden: Die Behörden können in der Regel nur Empfehlungen geben, keine verbindlichen Anweisungen.«[7]

Er plädiert dafür, dass Firmen, Krankenhäuser und Kraftwerke nicht mehr nur alle paar Jahre ihre Risikoanalysen aufstellen, sondern sehr viel häufiger durchführen. »Mit dem Klimawandel verändern sich die Bedingungen schnell, die Prognosen sind noch unsicher. Da müssten wir häufiger aktualisieren.« Aus Neisser sprudeln die Vorschläge für einen besseren Schutz zum Überleben in Extremsituationen nur so heraus – er hat schon in verschiedenen Projekten mit Städten, Infrastrukturbetreibern und Wissenschaftlerinnen mitgearbeitet, bei denen ihm einige Schwächen in der Vorsorge klar wurden. Er empfiehlt unter anderem Pflichtversicherungen für Elementarschäden in der öffentlichen Infrastruktur, die Akteure in den Kommunen könnten sich besser absprechen, die Gesetze könnten verbindlicher sein. »Die Absprachen mit so vielen Protagonisten im Schutz der

Kritischen Infrastruktur sind häufig langwierig. Aber wir müssen uns ihnen stellen.«

Veraltete Abschätzungen des Risikos

Für Risikoabschätzungen aller kritischen Infrastrukturen ist das Bundesinnenministerium zuständig. Auch dort gibt es einen Berg Papier zu diesen heiklen Fragen. Allerdings sind die Analysten und Pläne weder aktuell noch ausreichend: Das Ministerium hat bereits vor mehr als zehn Jahren eine Strategie zu Kritischen Infrastrukturen (KRITIS) vorgelegt. Deren Aktualität dürfte entsprechend fragwürdig sein. Im gesamten Text kommt nur ein einziges Mal das Wort »Klimawandel« vor. Seit 2009 erschienen der fünfte und sechste Sachstandsbericht des Weltklimarates sowie mehrere Sonderberichte zum Stand der Klimawissenschaft – in allen Berichten wurden die Prognosen für künftige Extremereignisse verschärft. Das zuständige Bundesamt für Sicherheit in der Informationstechnik (BSI) hat noch einmal mehrere Studien einzelner Sektoren vorgelegt – allerdings spielt der Klimawandel hier kaum eine Rolle.[8]

Die Europäische Kommission ist da schon weiter – zumindest auf dem Papier. Sie verhandelt seit 2020 einen Entwurf zur »Richtlinie über die Resilienz kritischer Einrichtungen« (CER)[9], der wiederholt auf die »Anpassung an den Klimawandel« drängt, der zu einem »erhöhten physischen Risiko« für Bürgerinnen und Bürger sowie die Infrastruktur führe. Die EU ist vor allem in einem Punkt weiter als Deutschland: Sie stuft wesentlich mehr Bereiche als besonders schützenswert ein, also etwa auch Verkehr, Banken, Finanzmarktinfrastrukturen, Ernährung, Trinkwasser und Abwasser. Aber bislang ist das Papier eben nur ein Entwurf – und so wird in Deutschland beispielsweise die Ernährung, sprich die Landwirtschaft, nicht im Besonderen vorbereitet.

Dabei heißt es in der Strategie des Ministeriums recht eindeutig: »Kritische Dienstleistungen sind für die Bevölkerung wichtige, teils lebenswichtige Güter und Dienstleistungen. Bei einer Beeinträchtigung dieser kritischen Dienstleistungen würden erhebliche Versorgungsengpässe, Störungen der öffentlichen Sicherheit oder vergleichbare dramatische Folgen eintreten«.

Dass es bei den Folgen des Klimawandels zu diesen »dramatischen Folgen« kommen kann, darüber waren sich die Autorinnen und Autoren der Studien scheinbar nicht bewusst. Im Teilbericht über die Kraftwerke kommt das Wort »Klimawandel« nicht einmal vor, auch »Dürre«, »Starkregen« oder »Niederschläge« sucht man vergebens.[10] Wir werden im Folgenden sehen, dass es aber selbst am lebensrettenden Schutz von besonders vulnerablen Einrichtungen mangelt. Etwa in den Krankenhäusern.

Krankenhäuser – wenn ein Stromausfall Leben kostet

Wohl kaum eine Einrichtung muss bei einer Klimakatastrophe so geschützt werden wie die deutschen Krankenhäuser: Sie beherbergen grundsätzlich geschwächte Personen, etwa alte Patienten in der Geriatrie, junge Mütter und Babys auf der Geburtenstation, Menschen mit Herzinfarkten, Schlaganfällen und Krebs auf der Intensivstation. Zudem müssen viele lebensrettende Geräte, etwa Beatmungsmaschinen oder Dialyseapparate, ununterbrochen laufen, ein Stromausfall, selbst von wenigen Minuten, kann tödlich enden. »Krankenhäuser müssen immer einsatzbereit sein«, sagt Ärztin Iris Juditzki.

Juditzki ist Referentin im »Dezernat Personalwesen und Krankenhausorganisation« der Deutschen Krankenhausgesellschaft (DKG). Der Verband hat keine eigenen Vorgaben oder Empfehlungen für den Katastrophenfall entwickelt – auch in diesem sensiblen Bereich, so zeigt sich, gibt es keine verbindlichen, bundesweiten Pläne zu einer Anpassung an Überschwemmungen oder Hitzewellen. Über die Normen für die Infrastruktur der Krankenhäuser entscheiden die 16 Landesregierungen. »Sie haben aber bislang keine einheitlichen Katastrophenschutzpläne geschaffen«, sagt Juditzki. Im Gegenteil – frühere Vorsorgemaßnahmen seien sogar wieder zurückgefahren worden. So besaßen viele Kliniken zu Zeiten des Kalten Krieges Vorratslager mit Schutzausrüstungen, Medikamenten und Wasservorräten. Diese Vorratshaltung sei Anfang der 1990er-Jahre abgeschafft worden, schließlich kosteten die Lagerung und der regelmäßige Ersatz entsprechend dem Verfallsdatum der verschiedenen Produkte jährlich viel Geld. Im selben Zuge wurden auch Masken und Schutzausrüstungen nicht mehr über die übliche Menge hinaus vorgehalten, eine Sparmaßnahme, die sich zu Epidemiezeiten als Fehler und für das Pflegepersonal sowie Ärztinnen und Ärzte als potenziell lebensgefährlich erwiesen hat.

Einen Alarmplan für Sturmschäden, Stromausfall und Hochwasser sollten zwar theoretisch alle Häuser bereithalten. Aber auch hier gibt es häufig unzählige Standards, denn was genau diese Pläne vorsehen, bleibt dem jeweiligen Krankenhaus überlassen. Expertin Juditzki sagt, diese Pläne seien umfangreich und würden nur selten geändert. Auf häufigere Extremwetterereignisse konnten sich folgerichtig die meisten Krankenhäuser noch nicht einstellen.

Dabei kann es im Ernstfall schnell an Essen, Strom und Wasser fehlen. »Wir müssten dringend Arzneimittel, Lebensmittel, Trinkwasser, Schutzkleidung und stärkere Notstromaggregate anschaffen. Bislang sehen die Krankenhausbauverordnungen meist nur vor, dass diese Aggregate vierundzwanzig Stunden halten müssen«, sagt Juditzki. Diese meist dieselbetriebenen Apparate können Strom produzieren, ohne auf Stromlieferungen von außen angewiesen zu sein. »Um Baumaßnahmen zu tätigen oder auch größere Vorräte anzulegen, müssen die Krankenhäuser bei den Ländern diese Investitionen beantragen – aber natürlich werden nicht Dutzende Projekte auf einmal bewilligt.« Oftmals liege es dann näher, in ein akut benötigtes Röntgengerät oder neue Betten zu investieren als in die Vorsorge für potenzielle Ereignisse in der Zukunft.

So bleiben Stromausfälle eine große Bedrohung für die Krankenhäuser: Häufig wurden die gesamte Elektronik und auch die Notstromversorgung in den Keller verfrachtet – dorthin also, wo bei Starkregen eine Überschwemmung droht. Erst die Neubauten sind laut Juditzki so geplant, dass diese sensiblen Apparate in oberen Etagen stehen.

Wie elementar es ist, die Notstromaggregate vor Hochwasser in Sicherheit zu bringen, zeigt das Nuklearunglück im japanischen Fukushima. Dieses geriet auch deshalb außer Kontrolle, weil der 15 Meter hohe Tsunami die Schutzmauer des Kraftwerks überflutete und die Reaktorgebäude, Schaltzentralen und 12 der 13 im Keller stehenden Notstrom-Dieselgeneratoren überschwemmte. Als Folge brach schließlich die Stromversorgung der Reaktoren und des Kühlkreislaufs zusammen, die gesamte Elektronik der Kontrollräume fiel aus. Die Kraftwerksangestellten hatten damit keinen Einblick und keine Kontrolle mehr darüber, was in ihren Reaktoren geschah, schreibt das Magazin *Scinexx*.[11]

Ob die Notstromaggregate bei uns dann im Falle eines Falles überhaupt funktionieren würden, bleibt bis heute Spekulation. Das Bundesamt für Bevölkerungsschutz und Katastrophenhilfe (BBK) schreibt nüchtern: »Es muss berücksichtigt werden, dass einige Einrichtungen bzw. Organisationen wie beispielsweise Krankenhäuser zwar über eine Notstromversorgung verfügen, diese jedoch gegebenenfalls nicht funktioniert.«[12] Der Grund: Die Maschinen würden zwar regelmäßig getestet, aber »aus Sicherheitsgründen« würde das Krankenhaus nicht ausschließlich an die Notaggregate angeschlossen, sondern die Geräte bleiben parallel mit dem regulären Stromnetz verbunden. Die Notfallübung testet also gar nicht unter realen Bedingungen – wenn das Krankenhaus allein auf diese Maschinen angewiesen ist, könnten sie also versagen. Noch einen zweiten Punkt gibt das BBK zu bedenken: Die Notstromaggregate werden zeitgleich zur Eröffnung der Kliniken angeschafft. Sie passen heute häufig nicht mehr zu dem tatsächlichen Bedarf, der sich durch immer zahlreichere elektronische Geräte stark erhöht habe.

Auch auf Hitzewellen sind die Kliniken kaum vorbereitet. Dabei sind sie, nach Angaben des BBK, häufig in besonders aufgeheizten Stadtvierteln angesiedelt. Exemplarische Zahlen des BBK für Karlsruhe sind tatsächlich schwindelerregend: Im Großraum Karlsruhe liegen 90 Prozent der 50 gelisteten Krankenhäuser in »klimatisch besonders belasteten Vierteln«. Laut der Krankenhausgesellschaft haben die meisten deutschen Kliniken zwar einfache und bedingt wirkungsvolle Maßnahmen gegen Hitze, wie etwa Jalousien oder Vorhänge. Klimaanlagen, die trotz ihrer klimaschädlichen Wirkung für die vulnerable Gruppe der Kranken und Senioren in diesen Betonburgen in einer Extremsituation über Leben und Tod entscheiden können und deshalb angebracht erscheinen, sind hingegen eine Seltenheit. So könnte es also passieren, dass schwer kranke Menschen bei Hitzewellen selbst bei 30 Grad und mehr in ihrem Krankenhausbett liegen. Weil das Geld dafür fehlt. »Das ist eine Rieseninvestition«, sagt Expertin Juditzki. Das müssten wiederum die Länder finanzieren, die dafür aber kein Budget haben.

Tatsächlich klafft ohnehin jährlich eine Milliardenlücke zwischen den notwendigen Investitionen und dem, was die Länder für die nötige Finanzierung bereitstellen. Die DKG hatte berechnet, dass den Kliniken 2020 mehr als sechs Milliarden Euro fehlten. Inflationsbereinigt habe sich die Fördersumme zudem seit 1991 damit beinahe halbiert.[13] In dem 200 Seiten starken Gutachten der Gesellschaft geht es allerdings nur um Renovierungen und Instandsetzungen, die ohnehin nötig wären, weil die Häuser altersmüde und marode werden. Nicht berücksichtigt sind darin die Investitionen, die für hitze- und hochwasserresistente Gebäude notwendig wären – das würde die Milliardensumme sicherlich noch entscheidend vergrößern.

Auch praktische Übungen mit dem Personal, wie beispielsweise im Falle eines Hochwassers zu reagieren ist, finden bislang kaum statt. »Jede Übung ist sehr aufwendig und teuer – daher werden sie freiwillig nur selten gemacht«, sagt Juditzki. Angesichts des

Personalmangels, der in der Coronapandemie noch offensichtlicher wurde, ist dies nachvollziehbar. Wenn sich Krankenschwestern und Pfleger kaum um Schwerstkranke kümmern können, wie sollen sie dann für eine tagelange Notfallübung alles stehen und liegen lassen? Es ist ein Versagen der verschiedenen Gesundheitsministerien, die über Jahre versäumt haben, die Pflege von Kranken und Seniorinnen ernst zu nehmen, sie entsprechend zu vergüten und attraktiv zu machen. Im Ernstfall ist nach heutigem Stand niemand vorbereitet.

»Idealerweise würden wir in jedem Haus ein Katastrophenschutzteam bilden«, sagt Juditzki. Darin sollten so unterschiedliche Personen und Kompetenzen wie Heizungstechniker, Ärztinnen, Pfleger und Personalverantwortliche sitzen. Bislang fehlten aber auch hierfür Vorgaben. »Wenn der Bund das wirklich wollte, könnte es auch hierzu ein nationales Gesetz geben«, so Juditzki. Aber offensichtlich will er nicht.

Und so bleibt die Erkenntnis: Das Leben der verwundbarsten, schwächsten Menschen in Krankenhäusern wird aufs Spiel gesetzt. Sollte mal der Strom ausfallen, ist weder klar, ob die Notstromaggregate funktionieren, noch, ob sie ausreichend Energie für alle lebensnotwendigen Geräte produzieren können. Und üben, wie sie sich im Katastrophenfall zu verhalten haben, konnte das Personal in den vergangenen Jahren auch nicht: Die chronische Unterbelegung lässt ihnen keine Zeit für diese Vorsorge.

Kraftwerke – das Nadelöhr im Extremfall

Wie empfindlich deutsche Kraftwerke und Stromnetze auf Extremereignisse reagieren, zeigen die dramatischen Schlagzeilen aus dem Sommer 2018: »Hitzewelle zwingt erste Kraftwerke in die Knie«, schrieb etwa *Die Welt*.[14] Damals sorgte eine Hitzewelle mit tagelangen Werten von bis zu 40 Grad für den dramatischen Rückgang der Flusspegel. Das führte zu zwei Effekten: Zunächst zog die Wasserknappheit auch einen Mangel an

Kühlwasser nach sich. Gleichzeitig schlugen die Wasserbehörden Alarm, weil das gebrauchte Kühlwasser aus den Meilern viel zu heiß wieder zurück in die Flüsse geleitet wurde – und diese noch weiter aufheizte, was zu einem großflächigen Fischsterben führte. Mehrere Kraftwerke am Rhein, aber auch in Städten wie Berlin, mussten vom Netz.[15]

Bereits 2013 stellten Expertinnen und Experten fest, dass Dampfkraftwerke, in denen Strom aus Erdöl, Erdgas, Methanhydrat oder Steinkohle produziert wird, oder Kraftwerke, die für die Nutzung von Kernenergie verwendet werden, durch den Klimawandel beeinträchtigt werden.[16] Grund sind bei sogenannten thermischen Kraftwerken wie Atom und Kohle niedrige Flusswasserpegel in Hitzeperioden. Vor fehlendem Kühlwasser warnen mittlerweile auch das Bundesumweltministerium und die für das Stromnetz zuständige Bundesnetzagentur.

Letztere schreibt auf unsere Anfrage, dass solche langen Dürreperioden aus verschiedenen Gründen größere Schäden anrichten könnten: Wenn der Wasserpegel in Flüssen und Seen unter einen kritischen Punkt sinkt, müssten Wasserkraftwerke gegebenenfalls außer Betrieb genommen oder gedrosselt werden, außerdem käme die Schifffahrt auf dem Rhein zum Erliegen – und die Kraftwerke könnten nicht mehr mit Brennstoffen wie Kohle versorgt werden.

Generell gelte: Wenn Kraftwerke vom Netz gehen, müsste plötzlich enorm viel Strom aus Windkraftanlagen im Norden in den Süden transportiert werden, schreibt die Behörde. Das könne wiederum die Stromnetze überlasten. Diese seien während einer Hitzewelle ohnehin schon sehr gefordert, weil sie weniger Strom transportieren können. Beobachtet wurde das etwa bei den oben erwähnten Hitzeperioden in Kalifornien. Die Bundesnetzagentur warnt: »Die Ausprägungen sind sehr heterogen und komplex, insbesondere, wenn verschiedene Phänomene gleichzeitig auftreten.« Kommen also viele ungünstige Faktoren zusammen, könne das zu einem echten »Versorgungsproblem« werden.

Übersetzt heißt das: Über Stunden könnten Menschen in ihren

Häusern bei Kerzenlicht sitzen, in Krankenhäusern müssten die Notstromaggregate auf Anschlag laufen, und bei Hitzewellen gäbe es weder kühles Wasser noch funktionierende Klimaanlagen.

Diese Sorge teilen auch Wissenschaftlerinnen und Wissenschaftler: »Problematisch wird es vor allem bei einem ungünstigen Zusammenspiel verschiedener Faktoren, zum Beispiel bei einer Hitzewelle«, meint auch Energieexperte Jonas Savelsberg von der ETH in Zürich. Wenn in mehreren Ländern gleichzeitig Kohle- oder Atomkraftwerke aufgrund großer Hitze abgeschaltet werden müssten, könne dies zusammen mit einer erhöhten Nachfrage, etwa durch Klimaanlagen, problematisch werden. Das zeigen auch die erwähnten Studien aus den USA – wo es bereits zu solch »ungünstigen« Bedingungen gekommen ist. Auch Savelsberg bestätigt: Stromkabel vertragen hohe Temperaturen nicht so gut. Es gebe »durch Hitze reduzierte Leitungskapazitäten«. Meint: Es kann weniger Strom transportiert werden.

In Europa waren bisher vor allem die Kraftwerke das Problem. So etwa im Sommer 2015, als in Polen viele Kohlenmeiler ausfielen und die Versorgung von rund 8000 Unternehmen im Land gedrosselt wurde. Dies hatte auch Auswirkungen auf das deutsche Stromnetz.

Gaskraftwerke können laut Expertinnen und Experten hingegen bei Kälte ein Problem bekommen. Ein Beispiel ist der spektakuläre Wintereinbruch in Texas im Februar 2021. Damals machten Populisten die erneuerbaren Energien und angeblich vereiste Windräder für die Stromausfälle in dem Bundesstaat verantwortlich.[17] Tatsächlich waren es aber vor allem Gas- und Atomkraftwerke, die ihren Geist aufgaben. Bei Gas lag das vor allem an eingefrorenen Messinstrumenten und niedrigem Druck in den Gasleitungen, wie Energieexperten analysierten.[18] Laut Philipp Litz von der Denkfabrik Agora Energiewende fiel die Leistung der Gaskraftwerke um 27.000 Megawatt – das sei in etwa so, als wenn sämtliche Gaskraftwerke in Deutschland auf einmal ausfallen würden. Es handele sich aber um eine Ausnahmesituation, auf die auch andere Strommärkte in der Regel nicht ausgelegt werden, so Litz.[19]

Doch es gibt auch eine gute Nachricht: »Die Risiken bei den fossilen Energien werden sich durch die Energiewende immer mehr verringern«, prognostiziert Wissenschaftler Savelsberg im Gespräch mit den Autorinnen. Positiv sei auch, dass regionale Ausfälle relativ schnell durch den europäischen Strommarkt ausgeglichen werden könnten. Auch die dezentralen erneuerbaren Energien würden dabei helfen.

Zwar könnten Extremwetterereignisse auch bei den Erneuerbaren einiges anrichten, wenn etwa bei Hochdruckwetterlagen oder bei extremen Stürmen die Windanlagen ausfallen. Auch Hagel könnte Solaranlagen beschädigen. Doch allgemein seien die erneuerbaren Energien stabiler, weil sie kleinteiliger und besser verteilt sind. »Fällt ein Windpark oder sogar nur ein Windrad aus – oder wird ein Teil des Solarparks beschädigt, ist das weit weniger riskant, als wenn ein Atomkraftwerk ausfällt oder ein Kohlekraftwerk runtergefahren werden muss«, so Energieexperte Savelsberg.

Doch noch gibt es allein in Deutschland rund 100 Kohlenmeiler und europaweit Hunderte Atom- und Kohlekraftwerke. Trotzdem scheint die potenziell dramatische Gefahrenlage in der Zukunft niemanden sonderlich zu beunruhigen. Die »Handlungserfordernis« für dieses Risiko beschreibt das für Anpassung zuständige Bundesumweltministerium in einer Risikoanalyse als »mittel«. Deshalb sollen die zuständigen Behörden in den nächsten Jahren »Grundlagen für den Umgang« mit den Risiken »entwickeln«.[20]

Die Ratschläge des Amtes zeigen, wie schwer sich die Behörden mit echten und verbindlichen Anpassungsmaßnahmen tun. Auch bei den Kraftwerken kennt niemand ein Pauschalrezept, wie künftig mit den höheren Risiken umgegangen werden soll. Die Bedrohungen werden zwar geschildert, die Reaktion darauf hält sich aber in Grenzen.

Bürgerwindparks und kleine Solarfirmen sind resilienter

Doch welche Prozesse müssten nun wirklich vorangebracht werden? Das Umweltbundesamt (UBA) gibt den Ratschlag, mehr in dezentrale Energien zu investieren – also in Bürgerwindparks oder Solarfarmen von Stadtwerken. Eine Forderung, die auch der Energiewende für den Klimaschutz zugutekäme. Auch das Amt glaubt, dass die dezentrale Struktur flächendeckende Ausfälle verhindere und eine gewisse Unabhängigkeit der Regionen garantiere. Aber im gleichen Atemzug erklärt es, dass es dabei gleich mehrere Hindernisse gebe: Plan- und Genehmigungsverfahren seien langwierig – außerdem gebe es eine »mangelnde gesellschaftliche Akzeptanz«.[21] Das beschreibt ganz gut, warum in den letzten Jahrzehnten nicht ausreichend Windanlagen gebaut wurden, um unsere Klimaziele zu erreichen. Doch die wären nun nicht nur für den Klimaschutz, sondern auch für die Sicherstellung der Versorgung bei Extremwetterereignissen und anderen Krisen elementar wichtig.

Zudem hält es das UBA für sinnvoll, in »intelligente Netze« zu investieren, die bei einem Notstand flexibler reagieren können.[22] Erdkabel würden ebenfalls helfen, die Risiken zu verringern. Gleichzeitig müsse es auch mehr Energiespeicher geben, beispielsweise Pumpspeicher oder Wasserstoff-Vorräte. Und was den Wind angeht: Auch hier müssten heute gebaute Windkraftwerke bereits auf mögliche Extremwetterereignisse hin genormt werden.

Viele längst überfällige Maßnahmen der Energiewende könnten also auch bei der Anpassung an die Klimakrise helfen. Doch gerade die Übergangsphase könnte kritisch werden – je nachdem, wie schnell wir die Folgen in Deutschland – siehe die Katastrophe im Ahrtal, Stürme oder weitere Hitzesommer – erleben werden. Es ist also auch hier ein Wettlauf mit der Zeit. Und selbst in seiner recht umfangreichen Studie räumt das Umweltbundesamt am Ende ein, dass Projektionen für die Mitte des Jahrhunderts nicht möglich sind. Zu unsicher sei, wie sich das Klima und die Energiewende entwickelten.[23]

Auch das Bundeswirtschaftsministerium legt bisher nur wenige konkrete Pläne vor, wie genau ein solcher Schutz künftig aussehen soll. Eine Sprecherin schreibt uns, dass die »unternehmerische Risikoabschätzung« in der Verantwortung der Betreiber liege. Diese müssten sich an die »technischen und rechtlichen Vorgaben« halten. Ansonsten verweist sie auf einen Risikovorsorgeplan.[24] Der ist 32 Seiten lang und enthält viele Paragrafen und Hinweise für den Fall X eines Notstandes. Da geht es auch um die »nationale Bevorratung mit Erdöl und Erdölerzeugnissen« oder einen »bedarfsgerechten Netzausbau«. Auch Hitzewellen werden erwähnt – allerdings steht nirgendwo, wie man deren Auswirkungen künftig verhindern will. Man bekommt den Eindruck: Im Notfall ist in Deutschland alles theoretisch gut koordiniert, aber mit der konkreten Umsetzung von präventiven Maßnahmen und einer nachhaltigen Planung von Stromnetzen und Kraftwerken bei Extremwetter tun sich alle etwas schwer.

Wie immer bleiben wichtige Fragen unbeantwortet: Ist solch ein Plan verbindlich für alle Unternehmen? Und werden Ideen, wie Erdkabel zu verlegen statt überirdischer Hochspannungsleitungen, wirklich verpflichtend gemacht? Oder sind das bloß Empfehlungen, alles kann, nichts muss?

Wie Ehrenamtler über Störfallbetriebe entscheiden

Für Chemieparks und Kraftwerke gibt es nationale Gesetze – eigentlich. Sie haben sich allerdings erstens, wie unsere Recherchen zeigen, noch kaum für die größeren Herausforderungen in der Klimakrise gewappnet, und zweitens sind die bisherigen Regeln häufig nur eine Empfehlung – und keine Vorschrift.

Ein gutes Beispiel dafür, wie träge und kompliziert die Einführung von höheren Sicherheitsstandards für die Klimaanpassung ist, ist die Arbeit der Kommission für Anlagensicherheit (KAS).[25]

Sie erarbeitet sogenannte Technische Regeln für Anlagensicherheit (TRAS) – also Sicherheitsstandards unter anderem für Chemieindustrie und Kraftwerke. Was erst mal höchstoffiziell und wichtig klingt, ist ein Gremium aus ehrenamtlichen Mitgliedern, die jeweils aus der Industrie (BASF, Shell, Merck), Landesbehörden und Umweltverbänden (allerdings nur 2 von 22 Mitgliedern) entsandt werden. Auch einzelne Vertreter vom TÜV und Fachverbänden sind dabei.[26] Sie beraten sich in Arbeitsgruppen zu den Risiken von Anlagen, etwa für die Stromerzeugung oder in der Produktion. Dort geht es auch darum, wie gut diese Kraftwerke oder Fabriken gegen Hochwasser, Starkregen und andere Gefahrenquellen wie Wind oder Eis geschützt sind. Entschieden wird nach dem Mehrheitsprinzip. Öffentlich sind diese Diskussionen nicht – es handele sich um einen »geschützten Raum«, wie ein Mitglied erklärt. Es gibt auch keine Protokolle oder sonstigen Dokumente. Zwar müssen die Empfehlungen dieser Kommission noch durch das Bundesumweltministerium und Fachreferenten aus den Ländern abgenickt werden – aber es erstaunt dennoch, dass solch ein zentrales Gremium für die Sicherheit von riskanten Anlagen mit ehrenamtlichen Mitgliedern bestückt ist und die Teilnehmer teilweise von privaten Firmen entsandt werden. Immerhin ist die Kommission keine beratende Behörde, sondern arbeitet höchstoffizielle Sicherheitsstandards aus. Auch zeichne sich die Kommission nicht gerade »durch eine rasende Geschwindigkeit aus«, wie ein Experte kommentiert, der aber namentlich nicht genannt werden will. Das Umweltbundesamt verteidigt das Gremium jedoch als »pluralistisch« besetzt.

Die Arbeit des Gremiums ist sicher lobenswert, allerdings bestätigt seine Existenz gleich mehrere Probleme, auf die wir in unseren Recherchen stoßen – und die eine effektive Anpassung an Klimarisiken behindern: Die Ergebnispapiere dieser Kommission formulieren zwar recht ausführlich, welche Standards bei der Genehmigung von Bauarbeiten an Anlagen oder Neubauten eingehalten werden sollten – doch bleibt es oft beim Konjunktiv. Die Regeln werden zwar im Bundesanzeiger veröffentlicht –

allerdings muss in Rechts- oder Verwaltungsvorschriften *nicht zwingend* darauf Bezug genommen werden. Zudem sind manche der Papiere teils bis zu zehn Jahre alt. Die Technischen Regeln für Anlagen zum Hochwasserschutz wurden während unserer Recherche im Jahr 2021 gerade novelliert – aber auch sie waren zu dem Zeitpunkt immerhin zehn Jahre alt (von 2011).[27]

Immerhin verbirgt sich aber in der neuen, Anfang 2022 verabschiedeten TRAS 310 (so heißt die Hochwasserschutz-Regelung) eine kleine Revolution in der deutschen Bürokratie: Erstmals sind hier recht anspruchsvolle Vorgaben für die Klimaanpassung gemacht worden. So schreibt das Umweltbundesamt zu unserem Erstaunen: »Die TRAS 310 war die erste, dem UBA bekannte Technische Regel, in der explizit Anforderungen aufgrund des Klimawandels gestellt wurden.«

In der Regelung heißt es, es sei zu »vermuten«, dass im Winter die Niederschlagsmengen für den Zeitraum 2021 bis 2050 um sieben Prozent gegenüber dem Kontrollzeitraum 1961 bis 1990 zunehmen können. Für die zweite Hälfte des Jahrhunderts könnten sie bis zu 13 Prozent zunehmen.[28] Deshalb müsse der »Klimaänderungsfaktor« erhöht werden – daraus folge »ein Zuschlag von 20 Prozent bei der Starkniederschlagshöhe und dem Bemessungshochwasserabfluss«.[29] Das klingt erst mal recht gut – aber warum wird hier nicht der Weltklimabericht von 2021 als Referenz genommen? Der beinhaltet nämlich auch ein Extrakapitel zu Extremwetterereignissen und regionalen Klimamodellen.

Die TRAS 320[30] hingegen ist eine Technische Regel von noch größerem Ausmaß: Sie entscheidet über die Standsicherheit von Gebäuden, etwa bei Schnee- und Eislasten. Das kann bei Nichteinhaltung beispielsweise zum Einsturz von Dächern führen. Das Problem hier: Die Regeln wurden nachgebessert – auch hinsichtlich einer höheren Wahrscheinlichkeit von Extremwetter –, aber sie werden kaum umgesetzt. Es gebe einen enormen »Nachrüstungsbedarf«, so einige Experten. Aber kaum jemand würde seinen Betrieb oder die Fabrikhalle freiwillig auf die neuen Werte prüfen lassen. Die Angst vor hohen Kosten sei viel zu hoch. Laut

Umweltbundesamt müssten für den »Vollzug« verschiedene Behörden zusammenarbeiten.[31] Das sei aber »bislang wohl nicht Praxis«.

Denn das liegt im Ermessen der 16 Bundesländer – und jedes behandelt die Technischen Regeln der recht intransparent arbeitenden Kommission auch noch anders. Für einige handelt es sich um eine »Erkenntnisquelle«, wie es so schön im Bürokratiesprech heißt. Andere Bundesländer machen die Regeln verbindlich. Die Bundesländer könnten selbst entscheiden, ob die Betreiber diese Regeln auf mehr oder minder freiwilliger Basis berücksichtigen müssen oder ob das Land diese vorschreibt. Oder ob sie die TRAS-Papiere komplett ignorieren. »Unternehmen neigen nicht dazu, freiwillig mehr als das Nötige zu tun, Ausnahmen bestätigen die Regel«, schreibt uns ein Mitarbeiter vom Umweltbundesamt. Daher sei es absolut sinnvoll, wenn solche Regeln verbindlich gemacht würden. Doch die Bundesländer »agieren uneinheitlich«. Kurz: Alles kann, nichts muss.

Auf unsere Anfrage beim Umweltministerium von Nordrhein-Westfalen reagiert man erst mit erheblicher Verzögerung auf die konkrete Frage, wie verbindlich denn nun die TRAS, also die Technischen Regeln für Anlagensicherheit, seien. Dann referiert die Pressestelle in einer Mail noch einmal Sinn und Zweck der Regeln und auch, wie gut und sicher alles sei. Schließlich heißt es etwas verklausuliert, dass es Pflicht der Betreiber sei, sich an die Anforderungen der TRAS »anzupassen«. Dies hätten die Betreiber in ihren »Anlagensicherheitskonzepten zu dokumentieren« und den Behörden »nachzuweisen«. Doch wer kontrolliert diese »Anpassungen« vor Ort?

Nachdem wir uns die Lage zumindest in zwei Bundesländern angeschaut haben, ist klar: Teilweise weiß das zuständige Ministerium noch nicht einmal, was die ihm untergeordneten Behörden machen. Aus dem Umweltministerium in Nordrhein-Westfalen bekommt man eher kryptische Antworten. Die Einhaltung der TRAS sei »zunächst« eine Betreiberpflicht. Zuständig seien aber die Bezirksregierungen – inwiefern die TRAS für die Anlagen bereits »umzusetzen waren«, wisse man nicht. Die untergeordnete Bezirksregierung Köln hingegen, zuständig für den großen Chemiepark Wesseling am Rhein, lässt offenbar die Betreiber entscheiden, ob sie sich an die schärferen Regeln halten wollen. »Für die TRAS 310 gilt das Gleiche wie für andere Technische Regeln: Technische Regeln sind keine unmittelbar geltenden Gesetze«, schreibt sie auf Anfrage. Der Anlagenbetreiber würde »entweder die Technischen Regeln einhalten oder vergleichbar gute Regelungen treffen«. Was vergleichbar gut ist und deshalb als alternative Lösung infrage kommt, würde wiederum die Behörde entscheiden. Bislang aber, so räumt die Bezirksregierung ein, habe man noch keine »alternative Lösung« abgelehnt. Alternative Lösungen? Für einen Sicherheitsstandard klingt das sehr schräg.

Der Umgang mit den TRAS verweist auf ein grundsätzliches Manko in der Vorsorge: Ob die Firmen sich auf die Klimakrise vorbereiten, liegt in ihrer Verantwortung, doch ob sie dieser Verantwortung uns und der Natur gegenüber gerecht werden, ist eine andere Frage.

Die betroffenen Firmen nämlich – das werden wir im Folgenden sehen – halten die wichtige Regel, diejenige, die als Einzige die Prognosen der Klimakrise berücksichtigt, für freiwillig.

Die chemische Industrie und das Hochwasser

Als die Fluten im Sommer 2021 das Ahrtal überschwemmten, strömte auch die gesamte Industriegeschichte der Eifel und des Bergischen Landes an den Bewohnerinnen und Bewohnern vorbei: Aus den stillgelegten Erzabbaugebieten flossen Schwermetalle wie Blei und Kadmium vorbei, auch krebserregende Dioxine mischten sich in den Schlamm. Zu dem Cocktail gehörten auch Stoffe aus Tankanlagen, z. B. Mineralölgemische, die ebenfalls Schwermetalle, aber auch Mineralölkohlenwasserstoffe (MKW) und Polychlorierte Biphenyle (PCB) enthalten können, warnte das Landesumweltamt Nordrhein-Westfalen.[32] Anwohnerinnen berichten von »schaumigem« Wasser, öligem Schlamm und seltsam glitzernder Erde. Die Böden rochen faulig oder schimmelig. Gartenbesitzern droht nun dasselbe wie nach dem Reaktorunglück in Tschernobyl: Sie können Äpfel, Birnen und Pflaumen, selbst angebaute Salate oder Kartoffeln oder gar Schnittlauch nicht mehr essen. Laut dem Umweltamt gelten dieses Obst und Gemüse nun als »Restmüll« und müssen auf der Deponie entsorgt werden.

Zurzeit gibt es deutschlandweit rund 3700 Störfallbetriebe, das heißt Betriebe, in denen eine bestimmte Menge an gefährlichen Stoffen vorliegt oder bei einer Betriebsstörung entstehen kann. Und trotzdem haben die Menschen plötzlich Sondermüll im Garten, verursacht etwa durch Fässer für Ölheizungen oder eine Lackfabrik in der Nachbarschaft.

Es gibt aber auch Industrieanlagen, die bei einem Unfall zehntausenden Menschen gefährlich werden könnten. LyondellBasell ist nach eigener Angabe der drittgrößte Chemiekonzern der Welt, seine Produkte werden zur Herstellung von Plastik und Kunststoffen benötigt. Das bedeutet: Die Firma ist weltweit an Legospielzeug, verschweißten Wurstscheiben und Einmal-Kaffeebechern beteiligt. Sie produziert Grundstoffe für Plexiglas, Acryllacke für Farbstoffe, optische Aufheller oder Pestizide. In der Nähe des Werkes liegt stets ein beißender Geruch in der Luft.

Am Standort Wesseling im Kölner Süden produziert LyondellBasell auf einem Gelände von fast drei Quadratkilometern Plastik in Form von Grieß und Granulaten, in Deutschland produziert das niederländische Unternehmen auch noch in einigen bayerischen Städten. Aber das Werk liegt noch in einem weiteren Ranking ganz weit vorne: Es steht bei den 100 größten Wasserverschmutzern der Erde an dritter Stelle.[33] Erstellt wird der »Polluters Index« vom US-amerikanischen Institut für politische Wirtschaftsforschung in Massachusetts. Diese Einordnung ist auch für die Anpassung bedeutsam, weil sie zeigt, wie groß die Gefahr bei einer Überschwemmung ist: Die amerikanische Umweltbehörde listet mehr als ein Dutzend krebserregende oder krank machende Stoffe auf, die aus der Petrochemie-Fabrik in Gewässer gelangen können, etwa Propylene: eine gasförmige oder flüssige Chemikalie, die nach der amerikanischen Umweltbehörde EPA zu Leber-, Herz- und Nervenschäden führen kann.[34]

Auch deshalb gehört LyondellBasell in die Kategorie der sogenannten Störfallunternehmen, zählt also zu den Betrieben, bei denen ein Unfall viele Menschenleben kosten könnte oder die Natur erheblich schädigt. Aus diesem Grund unterliegt das Unternehmen dem Gesetz der Störfallverordnung des Bundes.[35] Die allermeisten und auch die gefährlichsten unter ihnen, also diejenigen der »oberen Klasse«, liegen wie LyondellBasell in Nordrhein-Westfalen. Schließlich gibt es dort mit den Industriestandorten in Köln und Leverkusen, im Duisburger Hafen und dem Chemiepark Hüls in der Ruhrgebietsstadt Marl gleich vier gewichtige Standorte. Der aktuelle Bericht des Bundesumweltministeriums über Störfallbetriebe[36] zeigt aber auch, dass viele Firmen ihre Sicherheitsberichte mindestens fünf Jahre lang nicht aktualisiert haben, obwohl es gegen geltendes EU-Recht verstößt. Das bedeutet: Sie haben die schärferen Prognosen des Klimawandels, die höheren Anforderungen der Technischen Regel TRAS 310, noch nicht in ihren Planungen für den Tag X mit aufgenommen. Die gefährlichsten Fabriken des Landes verzögern also ihre Sicherheitsberichte – und das Umweltministerium schaut zu. In dessen Report werden die Firmen mit verspäteten Berichten nicht namentlich genannt.

Die meisten der Störfallbetriebe liegen an Gewässern. Schließlich können über die großen Flüsse wie den Rhein und die Donau Frachtschiffe direkt die Firmen ansteuern und fertige Produkte anschließend verschiffen. Aus demselben Grund liegt auch LyondellBasell nah am Rhein: Das Polyethylen wird dort in Säcken verpackt auf Paletten verschifft oder es geht in Lastwagen raus, die dann entweder den Güterbahnhof Köln ansteuern oder den

Rheinhafen in Bonn. Das Nebenprodukt Butylen, ein stark narkotisierendes und dadurch tödliches Gas, wird über Tankschiffe aus dem Werk geschafft. Man kann also sagen: Alles, was rein- oder rausgeht aus der Kölner Fabrik, ist gesundheitsgefährdend.

Es wäre also dringlich, dass die Chemiefabrik neben der Millionenstadt Köln ausreichend gesichert ist, sollte es zu klimabedingten Krisen wie etwa zu Hochwasser und Starkregen kommen. Der Störfallbeauftragte von LyondellBasell, Uwe Köppe, gibt dazu Auskunft und sitzt in unserem Videogespräch entspannt vor einem wandhohen Eichenschrank, auch die Mitarbeiter seines Werkes sind an diesem winterlichen Morgen im Homeoffice. Seit fast 25 Jahren ist der Sicherheitsingenieur im Unternehmen tätig und hat, so seine Worte, die »umgebungsbedingten Gefahrenquellen« systematisch untersucht. »Beim Hochwasserschutz haben wir die Anforderungen der entsprechenden Technischen Regeln für Anlagensicherheit (TRAS 310) als Maßstab genommen. Diese enthält bereits einen ›Klimazuschlag‹ von 20 Prozent«, so Köppe.

LyondellBasell habe unabhängige Sachverständige nachrechnen lassen, ob die Werke mit steigender Wind- und Niederschlagslast zurechtkämen. Die Antwort sei eindeutig gewesen: »Ja, wir werden mit den Herausforderungen auch stärkerer Windlasten und Niederschläge zurechtkommen«, sagt Köppe. Vielleicht könne bei Starkregen mal »hier und da« eine größere Pfütze entstehen, aber darüber hinaus gebe es genügend Abläufe im Werk, um Wasser abzuführen.

Ein Blick in das Regelwerk der deutschen Behörden zeigt: Bei der Genehmigung für eine Anlage werden hohe Maßstäbe angelegt. So muss ein Betreiber laut der Bezirksregierung Köln vorlegen, wie die Fabrik mit Wind und Starkregen zurechtkomme, ob die Statik ihnen standhält, ob die Entwässerung funktioniert und ob Notfallpläne vorliegen. All diese Unterlagen würden vor Erteilung der Genehmigung geprüft, auch mit Mitarbeitenden des Landesamtes für Natur, Umwelt und Verbraucherschutz

Nordrhein-Westfalen und der Bauämter im Land. Einmal gebaut, haben die Firmen aber weniger Bringschuld – obwohl sich die Auflagen mit der Klimakrise natürlich verschärfen müssten.

Die Bezirksregierung kommt jedes Jahr etwa ein Dutzend Mal zur Kontrolle ins Werk. »Sie prüft nicht inhaltlich unsere Sachverständigengutachten, aber schaut natürlich schon, ob unsere Annahmen und Schlussfolgerungen plausibel sind«, so Köppe von LyondellBasell. Die Beamten kontrollierten zum Beispiel, ob die Werkfeuerwehr groß genug und einsatzbereit sei, ob es ein überzeugendes Management zur Verhinderung von Störfällen gebe. »Klar ist: Sie können ein Werk von drei Quadratkilometern nicht komplett auf den Kopf stellen. Aber durch die Vielzahl der Kontrollen und Gutachten erhalten sie eine gute Einschätzung.«

Direkt am Rhein zu liegen habe den großen Vorteil, dass der zweitlängste Fluss Deutschlands nicht so schnell steige wie etwa die Ahr in der Flutkatastrophe im Sommer 2021. »Wir würden schon Tage vorher wissen, wie hoch und wann das Wasser steigt, das geht ja schon viel weiter südlich los. Wenn Koblenz überschwemmt ist, haben wir noch zwei Tage Zeit zur Vorbereitung.«

Köppe betont, dass es natürlich im eigenen Interesse der Industrie sei, die Anlagen zu schützen, schließlich sei jeder Ausfall teuer. Daher habe man sich schon seit Beginn der Produktion überlegt, welche Maßnahmen zur Schadensbegrenzung zu treffen sind. Hierzu gehören etwa die Sicherung von Behältern gegen Auftrieb und der Schutz von Schaltanlagen gegen eindringendes Wasser. Schwerpunkt bleibt aber die Verhinderung von Überflutungen.

Bei der Frage, ob das Werk auch ein bislang als tausendjährig eingestuftes Hochwasserereignis überstehen würde, sagt Köppe: »Wir sind ja kein gallisches Dorf hier. Wenn so eine wuchtige Wassermasse auf Köln zukommt, dann ist die ganze Region im Chaos. Bei solch einem extremen Wasserstand würden an Chemiestandorten die Anlagen kontrolliert abgefahren.« Allerdings räumt auch Köppe ein, dass sich niemand vollständig auf eine Ausnahmesituation einstellen könne. Bei einem Ereignis, das die ganze Infrastruktur flachlege, sei der ganze Rhein nur noch eine braune Brühe.

Der Ölmulti und der Deich

Wenige Kilometer von LyondellBasell entfernt produziert der Ölmulti Shell Benzin, es ist die größte Raffinerie in Deutschland. An den Standorten Wesseling und Godorf werden jährlich 17 Millionen Tonnen Otto- und Dieselkraftstoffe sowie Kerosin, Heizöle und Bitumen hergestellt.[37] Das Werk gehört zur oberen Störfallklasse – es produziert mitunter tödliche Stoffe, die bei einem Extremereignis auf keinen Fall nach außen dringen dürfen. Um das enorme Volumen an Kraftstoffen wiederzugeben, die dort im Rheinland produziert werden, hat Shell selbst auf seiner Homepage eine Veranschaulichung präsentiert: Würde man nur die Hälfte davon auf der Schiene transportieren, hätte man es mit einem Kesselwagenzug zu tun, der von Köln nach Kapstadt reichte. Auch für die Tonnen an Heizöl hat die Fabrik einen Vergleich parat: Mit den zwei Millionen Tonnen Heizöl pro Jahr könnte ein Mehrfamilienhaus mit einem durchschnittlichen Jahresverbrauch von ungefähr 5000 Litern Heizöl alle seine Räume gut und gerne die nächsten 500.000 Jahre komfortabel beheizen.[38]

All diese Superlative machen nur deutlich: Eine Ausschwemmung dieser Stoffe wäre verheerend. Von einem Hochwasser betroffen wäre vor allem das Werk in Wesseling, weil es direkt am Rhein liegt – dort hat Shell einen 2,4 Kilometer langen Deich zwischen Werk und Fluss hochgezogen. Um die Fabrik auf künftige Hochwasserereignisse besser vorzubereiten, sei die Schutzmauer um 50 Zentimeter aufgebockt worden – das entspräche dem Unterschied zwischen einem hundertjährig zu erwartenden Ereignis und einem Ereignis, das bislang als zweihundertjährig eingestuft wird. Das zweihundertjährige Ereignis ließe den Rhein deutlich höher ansteigen.

»Wir haben aus den vergangenen Jahrzehnten viel gelernt«, sagt Frank Beyer, Gewässerschutzbeauftragter im Energy and Chemicals Park Rheinland. Der Park hat schon das Hochwasser 1993 mitgemacht und das Niedrigwasser in der Hitzewelle 2003. Man habe stets die Sicherheitsvorkehrungen verschärft – aus freien Stücken.

»Die Technischen Regeln TRAS 310 und TRAS 320 haben keinen Gesetzescharakter. Wir halten aus eigenem Antrieb ein höheres Schutzniveau ein und haben die Schutzmauer erhöht«, so Beyer.

Wie sein Kollege von LyondellBasell verweist er darauf, dass der Rhein als großer Fluss nur langsam ansteige. »Wir hätten zwischen drei und fünf Tage Vorlaufzeit, um uns auf einen zu hohen Wasserstand einzustellen.« Dann würden mobile Schutzeinrichtungen aufgebaut, die die Feuerwehr vorbereitet. »Im schlimmsten Fall müssen die Anlagen außer Betrieb genommen werden.«

Allerdings besteht diese lange Frist nur, wenn sich das Flusswasser in anderen Teilen Deutschlands zuerst anstaut. Wenn der Starkregen auf Köln niederprasselt, könnte der Rhein schon in wenigen Stunden ansteigen oder die umliegenden Straßen überschwemmen. »Dann müssten wir sehr kurzfristig handeln«, räumt Beyer ein. In dem Fall würden Pumpen das überschüssige Wasser in eigene Rückhalteanlagen ableiten. »Wir sind auf extreme Ereignisse vorbereitet.« Aber würde das auch für bislang noch nicht erlebte Wassermengen ausreichen? Das kann heute niemand garantieren.

Und die Aufsichtsbehörde überprüft es nicht. Denn trotz sich verschärfender Extremereignisse will die Bezirksregierung Köln an ihrem System nichts ändern. »Seit 2000 existiert die Störfall-Verordnung, sie hat sich bewährt«, schreibt die Pressestelle. Ein Verbesserungspotenzial sehe sie nicht.

Katastrophenexperte Neisser sieht aber sehr wohl »Verbesserungspotenzial«. Es müsse künftig darum gehen, alle an einen

Tisch zu holen. »Ein ganz wichtiger Baustein ist die Kooperation zwischen Behörden, Feuerwehren, den Fabrikbetreibern und den Kommunen.« So ein runder Tisch müsste in jeder Gemeinde institutionalisiert werden. Dann könnten alle gemeinsam identifizieren, wer in welchem Maße verwundbar sei, welche Sorgen sich etwa der Energiebetreiber mache. Beispielsweise führten Störfallbetriebe ihre Übungen betriebsintern durch, ohne die städtische Feuerwehr.

Bislang allerdings stellen alle Betreiber ihre eigenen Notfallpläne auf, wie wir an den Fabriken von Shell und LyondellBasell, den Krankenhäusern und den Stromproduzenten gesehen haben. Jeder Katastrophenfall ist dann für die städtische Einsatzleitung Neuland.

Atomkraftwerke – Der potenzielle Klima-GAU

Wer sich mit lebensgefährlichen Industrien beschäftigt, denkt unweigerlich auch an Atomkraftwerke. Zwar stehen die deutschen Meiler kurz vor ihrer endgültigen Stilllegung, selbst im Ukrainekrieg erklärten die Mehrzahl der AKW-Betreiber und die Bundesregierung, dass die nukleare Energie nicht Teil der Lösung für die Unabhängigkeit von Russland sein könne. Aber ihr Rückbau wird noch einige Jahrzehnte in Anspruch nehmen. Und auch in diesen Jahren müssen die radioaktiven Abfälle bei jedem Extremwetter gekühlt und sicher gelagert werden. Das heißt, die Zwischenlager und die immer noch zu findenden Endlager müssen klimafest gebaut werden.

Der Klimawandel hat schon früh – von den meisten unbemerkt – die Endlagersuche beeinflusst: Noch Ende der 1950er-Jahre wurde in Deutschland über die Entsorgung in den polaren Eiskappen nachgedacht. Niemand glaubte damals, das ewige Eis könne irgendwann abschmelzen. Früher als vielen anderen wurde den Expertinnen und Experten dann klar, dass der Klimawandel die Eispole verändern könnte. »Zweifel an der sicheren

Vorhersagbarkeit der für eine sichere Endlagerung notwendigen klimatischen Bedingungen wurden allerdings schon in den 70er-Jahren geäußert und in der Zwischenzeit ja auch bestätigt«, schreibt die Kommission für die Lagerung hoch radioaktiver Abfallstoffe in einem Bericht von 2016.[39] Erst in den 1960er-Jahren sei die Idee endgültig vom damaligen Bundesministerium für Atomfragen verworfen worden. Seitdem ist die Frage nach einem sicheren Endlager aber eher noch komplizierter geworden – die Klimakrise entwickelt sich noch dramatischer als schon damals angenommen.

»Die Klimakrise macht zwar auch die Suche und den Betrieb von Endlagern nicht einfacher, wir haben aber Dürren und Hitzewellen im Blick«, sagt Jochen Ahlswede, Abteilungsleiter Forschung und internationale Kooperation des Bundesamtes für die Sicherheit der nuklearen Entsorgung. Der Endlagerstandort müsse so ausgesucht werden, dass er unabhängig von klimatischen Veränderungen sei. Dann dürften auch Extremwetterereignisse keine Rolle mehr spielen. »Die Idee ist: Das Lager soll so robust sein, dass es von Wetterereignissen unabhängig und nicht auf menschliche Sorge angewiesen ist.«[40]

Die Atomfässer sollen also Hochwasser oder Dürren unbeschadet überstehen, ohne dass ein Mensch eingreifen müsste. Theoretisch soll der Müll in Deutschland eine Million Jahre sicher lagern. Eine Zeitspanne, die niemand seriös vorhersagen kann. Die Bundesanstalt für Geowissenschaften und Rohstoffe, eine Behörde des Wirtschaftsministeriums, geht auf ihrer Seite verschiedene Klimaszenarien für ein Endlager in Norddeutschland durch. Bei einem Warmzeitszenario würde in einer Million Jahre möglicherweise wieder »eine Kaltzeit herrschen«, über Norddeutschland könne sich Permafrost entwickelt haben.[41] Dieser kurze Einblick in die Prognosen macht deutlich, wie unwahrscheinlich ein tatsächlich für alle Zeiten sicheres Endlager ist – zu unsicher sind die Vorhersagen, wie sich Gesteine und Klima verhalten werden.

Aber in nächster Zukunft bergen zunächst einmal die Zwischenlager für Brennstäbe Problempotenzial. Sie müssen den strahlenden Müll beherbergen, bis das Endlager eröffnet ist – also sehr wahrscheinlich noch drei Jahrzehnte oder mehr. Zwischenlager sind aber wesentlich schlechter gesichert als das zukünftige Endlager. In einem 600 Seiten starken Dossier des Bundestages zur »Lagerung hoch radioaktiver Abfallstoffe« wird beschrieben, dass die Endlagersuche vermutlich noch viele Jahrzehnte andauern wird – und wie unvermeidlich die Zwischenlager zu, so wörtlich, »Dauereinrichtungen« zu werden drohen, mit deutlich geringeren Sicherheitsanforderungen. Und nach 40 Jahren Atomanlagen weiß bis heute niemand, wohin der strahlende Abfall dauerhaft soll.[42]

Nun müssen also die temporären Lager mit Starkregen und Hitzewellen fertigwerden. Zurzeit gibt es zwei Lager für hoch radioaktive Abfälle, also die Brennstoffe – in Ahaus und Gorleben –, und noch 12 weitere an den Atomkraftwerken selbst. Viele wären überrascht über die werkseigenen Fotos, die eine relativ simpel gebaute Halle zeigen. Äußerlich gleichen sie eher Lagerhallen für Discounter als hoch gesicherten Gebäuden für den radioaktiven Müll. Die Bauweisen an sich mögen unter normalen Umständen ausreichend sein – bergen aber Gefahren, sobald Infrastrukturen und Stromversorgung durch Extremwetterereignisse beeinträchtigt sind. Denn dann können auch die Angestellten nicht mehr für die Sicherheit sorgen.

Wenn der Wachtrupp nicht zum Zwischenlager kommt

Offenbar, so wird im Gespräch mit Burghard Rosen klar, ist der Mensch die größte Gefahr für den Atommüll. Besonders in der Klimakrise. Rosen ist Sprecher der Gesellschaft für Zwischenlagerung (BGZ), die die Standorte in Gorleben und Ahaus betreibt,[43] und sagt: »Spätestens seit dem Terroranschlag 9/11 beschäftigen wir uns vor allem mit den Anschlagsszenarien.« Das Konzept für die Zwischenlager sei »sehr robust und unabhängig von externen

Einflüssen«. Die dickwandigen Behälter stünden zwar in einer Lagerhalle, sie könnten aber theoretisch auch am Meeresgrund liegen und trotzdem dichthalten. Ihnen könne auch ein Hochwasser, etwa der angrenzenden Elbe, nichts anhaben. Rosen ist kein Vergleich zu stark. »Selbst wenn ein Airbus abstürzt, passiert den Behältern nichts«, sagt er.

Allerdings, so muss er im Gespräch auch einräumen, ist der Schutz vor Eindringlingen sehr wohl vom Extremwetter abhängig. Wenn etwa durch ein Hochwasser die Stromversorgung knapp wird, können die Überwachungskameras und die elektrischen Zäune nicht mehr funktionieren. »Dann setzen wir zusätzliches Wachpersonal ein«, sagt Rosen, um keine Antwort verlegen. »Externe Dienstleister« würden dieses Personal stellen. Wie sie im Katastrophenfall mit überschwemmten Straßen zum Zwischenlager gelangen sollen, kann Rosen hingegen nicht beantworten. Er versichert aber, die Castorbehälter seien so schwer, dass niemand »sie einfach so aus dem Lager rollen kann«. Aber auch ein schweres Gewicht könnte eine kriminelle Gruppierung sicherlich kaum aufhalten.

Zudem stehen die Betreiber der Zwischenlager unter akutem Zeitdruck: Die Aufbewahrungsgenehmigungen abgebrannter Brennelemente sind befristet, sie enden nach 40 Jahren. Als Erstes läuft Ende 2034 die Genehmigung für das Zwischenlager Gorleben aus – dort stehen rund 120 Behälter mit hoch radioaktiven Abfällen. Auch die 305 Behälter mit Brennelementen aus dem ehemaligen Thorium-Hochtemperaturreaktor Hamm-Uentrop im Zwischenlager Ahaus dürfen dort eigentlich nur bis zum Jahr 2032 einlagern.[44] Aber diese Frist wird, so sind sich alle Expertinnen und Experten einig, über viele Jahrzehnte gerissen.

Denn selbst wenn sich die Bundesregierung in den kommenden Jahren auf einen geeigneten Standort festlegt, wird es weitere Jahrzehnte dauern, bis der komplette Atommüll eingelagert ist. Schließlich reden wir hier über riesige Volumina: Nach Angaben des Europäischen Statistikamts muss sich Deutschland um 550.000 Kubikmeter Atommüll kümmern.[45] Genug, um Tausende

Wohnungen vom Boden bis zur Decke damit zu füllen. Diese große Menge muss jedes Extremwetter überstehen.

Michael Sailer, der ehemalige Leiter der Entsorgungskommission des Bundes, geht davon aus, dass die Einlagerung der Nuklearabfälle in das geplante Endlager erst um das Jahr 2080 beendet werden kann.[46] So lange müsse der Atommüll an den Standorten der Kernkraftwerke bleiben.

»Unsere Gesellschaft wird die neuen Genehmigungen für ihre Standorte rechtzeitig beantragen«, sagt Rosen. Dazu verfolge die Gesellschaft ein umfassendes Forschungsprogramm. »Es gibt keine Hinweise darauf, dass die Sicherheit nicht auch über die bisher genehmigten 40 Jahre gewährleistet werden kann.«

Und offenbar wollen die staatlichen Behörden die Laufzeiten der Zwischenlager verlängern. Experte Ahlswede gibt sich optimistisch. »Bei den Zwischenlagern ist die Grundgefährdung gering, weil die Hochrisikostoffe in Castorbehältern aufbewahrt werden, die erst einmal sehr sicher untergebracht sind«, sagt Ahlswede.

Rost am Atommüll

Allerdings sind Zweifel an dieser optimistischen Sicht angebracht. Immer wieder fanden sich an Castorbehältern Rostschäden, das Material reagierte also durchaus auf feuchtes Klima. Auch die schleswig-holsteinische Landesregierung verkündete 2016 die Bergung von »teilweise stark verrosteten Atommüllfässern im Kernkraftwerk Brunsbüttel«. In sechs unterirdischen, abgeschirmten Kavernen des Kernkraftwerks befanden sich 632 Fässer mit schwach- und mittelradioaktiven Stoffen. Ein Großteil dieser Fässer wies, so die Landesregierung, Korrosionsbefunde auf, mehr als 150 Fässer waren schwer beschädigt. Der Betreiber Vattenfall musste mit extra entwickelten Robotern die ersten Fässer aus den Kavernen holen. Damals kritisierte der Kieler Minister für Energiewende – und heutige Klimaminister der

Bundesrepublik – Robert Habeck scharf das Versagen der Zwischenlager. »Viel zu lange sind die Fässer nahezu unbeobachtet in den Kavernen vor sich hin gerostet. Es fehlte an Sicherheitskultur und entsprechenden Kontrollmechanismen.«[47] Die Bergung dauerte schließlich mehrere Jahre an. Sollten die Castorbehälter ab den 2030er-Jahren umgelagert oder sie nach Hochwassern noch rostiger werden, ist die Neu-Verpackung eine Aufgabe, die Jahrzehnte dauert.

»Auch die Behälter haben eine begrenzte Lebensdauer«, sagt der Kernphysiker und Atomexperte von Greenpeace, Heinz Smital. Und sie würde durch Extremwetter, durch Nässe etwa, weiter begrenzt. »Die Zwischenlager werden zu einem echten Klimaproblem«, so Smital. »Kein Experte der Welt kann realistisch prophezeien, wie ein Material auf jahrzehntelange Alterung und Witterungsverhältnisse reagiert«, sagt Smital.

Wie häufig in der Atompolitik werde die Lösung in die Zukunft geschoben. »Es gibt heute noch gar keine Technik, um den Müll von einem Fass ins andere zu heben. Was, wenn die Zwischenlager im Hochwasser versinken und die Behälter so durchrosten, dass es nötig wird? Was, wenn es dann nicht klappt?«

Fassen wir also zusammen: Der deutsche Atommüll muss noch über Jahrzehnte in Zwischenlagern aufbewahrt werden, deren Laufzeit bald endet. An diese Lager werden für die Klimakrise keine neuen Anforderungen gestellt – obwohl etwa die gesamte Überwachungstechnik gegen terroristische Angriffe auf Strom angewiesen ist. Für eine der sensibelsten Industrien fehlt also jedes Klimakonzept.

Behörden-Irrsinn und Föderalismus-Kleinklein

Behördliche Dokumente, Technische Regeln, Störfallverordnung – das alles klingt mühsam. Die Recherche dazu war extrem aufwendig, aber, wie wir finden, lohnenswert: Ohne diese Details ist schwer zu verstehen, woran es in Deutschland noch mangelt –

und welche Hindernisse für den Schutz von Mensch und Umwelt noch existieren.

Wir stellen nach unzähligen Behördenkontakten und endlosen mit Paragrafen gespickten Mails im Nominalstil fest: Es gibt bisher vor allem viele Pläne und wenig Verpflichtungen. Selbst wenn Risiken genau benannt werden, heißt das nicht, dass die Unternehmen auch verpflichtet werden nachzubessern. Konkrete Pläne mit Maßnahmen und Zeitpläne zur Umsetzung fehlen.

Das bestätigen auch langjährige Experten des deutschen Katastrophenschutzes. »Die Frequenz von solchen extremen Ereignissen wird höher, und wir sind schlecht darauf vorbereitet«, sagt Albrecht Broemme, Ehrenpräsident des Technischen Hilfswerks (THW) und ehemaliger Landesbranddirektor von Berlin im Gespräch mit den Autorinnen. »In Deutschland haben wir noch nicht verstanden, dass wir nun in einer neuen Zeit leben – genauso wie wir nicht begriffen haben, wie fragil der Frieden in Europa ist, unterschätzen wir auch die Klimakrise.«

Der deutsche Katastrophenschutz müsse sich ernsthaft mit den Folgen der Klimakrise beschäftigen und die Worst-Case-Szenarien einmal durchspielen. Etwa eine Hitzewelle mit dauerhaft 40 Grad, die drei Monate dauert. »Dann gibt es eine Kettenreaktion von Ausfällen, die wir derzeit wohl kaum managen könnten«, glaubt Broemme. Bei einer solchen Hitzewelle würde es einen Dominoeffekt geben: Erst sinken die Flusspegel, dann müssen die Kraftwerke wegen mangelnden Kühlwassers runterfahren, und schließlich muss der Strom rationiert werden. »Was passiert, wenn wir Räume nicht mehr kühlen können oder alte Menschen in ihren Wohnungen verdursten?«, fragt der Katastrophenexperte.

Dass die hehren Pläne des Bundes erst langsam in die deutschen Behörden durchsickern, liegt auch am Föderalismus: Was die Behörden des Bundes ausbaldowern, muss nicht unbedingt immer an der Basis ankommen. Wie streng die Umsetzungen sind oder gar Kontrollen durchgeführt werden, ist Sache von Landesbehörden oder Stadtverwaltungen und Gemeinden. Doch wie sinnvoll ist es, wenn es künftig 16 unterschiedliche Umsetzungen bei so wichtigen Dingen wie der Klimaanpassung gibt? Oder am Ende reichere Bundesländer sich besser anpassen können als ärmere?

»Beim Management der Risiken von Naturgefahren auf Anlagen mit gefährlichen Stoffen sind andere Staaten Deutschland voraus«, meint ein Experte des Umweltbundesamtes auf unsere Anfrage. So sei beispielsweise Japan bei der Sensibilisierung für Warnung vor und Alarmierung bei Naturgefahren führend. »Während verschiedene Länder Tsunami-Risiken – auch für die Anlagen mit gefährlichen Stoffen oder kritischen Infrastrukturen – erkannt haben und berücksichtigen, ist in Deutschland eine Sensibilisierung für Warnung vor und Alarmierung bei Sturzflutereignissen noch aufzubauen.«

Das Beispiel der – den meisten recht unbekannten – Kommission für Anlagensicherheit ist dafür symptomatisch: Die Erkenntnisse der Klimaforschung diffundieren nur sehr langsam in die deutsche Bürokratie. Die Mühlen der Behörden mahlen langsam, teils ineffizient, und durch den Föderalismus der 16 Bundesländer ist alles extrem kompliziert. Bei besonders dringenden Gemeinschaftsaufgaben wie der Klimaanpassung ist es vielleicht angebracht, über die Aufgabenverteilung zwischen Bund und Ländern nach dem Grundgesetz Artikel 91a neu nachzudenken.[48]

Ginge nicht alles viel schneller und verbindlicher, wenn die hehren Pläne des Bundes beim Klima auf Augenhöhe mit den Ländern umgesetzt würden? Und wäre es nicht konsequenter, wenn der Bund bei solchen Vorgaben auch mitbestimmen könnte – schon um zu verhindern, dass bei zentralen Fragen der Sicherheit 16 Ministerien und deren Verwaltungen ihre eigene Suppe kochen? Dann würde sicherlich viel schneller aus den teilweise sehr ambitionierten Berichten und Plänen des Umweltbundesamtes echte Politik.

Oder anders gefragt: Könnte es sein, dass Deutschland bei der Klimaanpassung ins Hintertreffen gerät, weil es sich in Kleinstaaterei und Behörden-Kleinklein verliert? Dabei wäre es manchmal schon hilfreich, wenn sich die Leute direkt gegenübersitzen könnten.

Für Florian Neisser, den Wissenschaftler am Fraunhofer-Institut, komme es in Extremsituationen auch darauf an, sich persönlich getroffen zu haben, zu wissen, wen man anrufe. »Dann kennt man sich in der Krise.«

Das klingt wie ein banaler Ratschlag, aber wir haben in diesem Kapitel gesehen: Es fehlt an einem landesweiten Plan für Krisensituationen. Gerade dort, wo Leben gefährdet ist, für Patienten in Krankenhäusern, für Anwohnerinnen neben chemischen Fabriken oder Atommüllfässern fehlen einheitliche Vorgaben und Notfallpläne. Die meisten gesetzlichen Vorschriften passen nicht mehr zu den Prognosen der Klimakrise. Unser Eindruck ist: Die Behörden rechnen in Wahrheit selbst nicht damit, dass die Situation wirklich einmal eskalieren könnte. Und spielen so mit unserem Leben.

Was wir tun können

Um Krankenhäuser, Chemiewerke, Atommüll-Zwischenlager und Kraftwerke in der Klimakrise zu schützen, brauchen wir verbindliche Gesetze. Gesetze, die Firmen vorschreiben, sich auf Extremereignisse wie Starkregen und Hitzewellen vorzubereiten. Öffentliche Einrichtungen wie Krankenhäuser brauchen auch öffentliches Geld für diese Anpassung. Und eine einfache, aber sicher sinnvolle Maßnahme: In den Städten sollten sich alle an einen Tisch setzen – Feuerwehren, Betriebsleiter, Kontrolleure, Mitarbeitende des Umweltamtes und des Katastrophenschutzes. Und mal den Ernstfall durchspielen. Bei der Sicherung der Stromversorgung helfen auch die besten Notfallpläne nichts, wenn es strukturelle Verwundbarkeiten gibt. So sind Atom- und Kohlekraftwerke auf Kühlwasser aus Flüssen angewiesen – ohne dieses Wasser müssen sie abgeschaltet werden. Die Antwort darauf kann also bei der derzeit prognostizierten Zunahme von Hitzewellen nur sein, den Ausbau von erneuerbaren Energien voranzutreiben. Ist die Versorgung kleinteiliger und regionaler, sind Ausfälle weniger gravierend. Außerdem können Windräder und Solaranlagen besser mit Extremwetter umgehen – vorausgesetzt, dass Speichersysteme installiert und die Stromnetze ausgebaut werden. Der Umbau unseres Energiesystems ist also nicht nur für den Klimaschutz und die Verringerung von CO_2-Emissionen sinnvoll, sondern auch für die Anpassung an die Folgen des Klimawandels.

2 Das Wasser kommt I

Bauland zu Auenwäldern

Als wir im August 2021 den Landkreis Ahrweiler besuchen, sieht es aus, als hätte ein Bürgerkrieg das Land verwüstet. Die Kernzone des Flutgebietes ist auch einen Monat nach dem Jahrhunderthochwasser immer noch gesperrt. Wir umfahren trotzdem die Polizei-Poller auf der Autobahn und nehmen die Abfahrt Neuenahr-Ahrweiler. Anfangs fühlt es sich an, als ob unser Weg in ein Niemandsland führt. Über den leeren Straßen des Sperrgebietes liegt etwas Gespenstisches. Wir fahren die Bundesstraße 267 runter. Eine »landschaftlich reizvolle Strecke entlang der Ahr«, steht bei Wikipedia, überall Wegweiser zu Weingütern mit idyllisch klingenden Namen und zum Rotweinwanderweg. Im Auto herrscht Stille, niemand sagt mehr etwas. Zuerst sehen wir Bagger und Laster, randvoll mit Schutt. Dann beginnt der Wahnsinn: Zuggleise hängen entlang des Flusses in der Luft, den Bahndamm hat es an vielen Stellen weggespült, davor ziehen sich Häusergerippe die Straße entlang, an einer Stelle liegen massive Brückenpfeiler verdreht im Flussbett, Weinreben ragen umgeknickt aus dem verschlammten Boden. Die Aufräumarbeiten laufen ohne Unterlass, Helferinnen und Helfer aus der ganzen Republik sind vor Ort. Wir steigen in Altenahr aus, wollen uns umsehen. Da hält neben uns ein Auto. Ein Mann kurbelt die

Scheibe runter. Wahrscheinlich sollen wir verschwinden, denken wir. Doch es ist der Bürgermeister der Gemeinde, und er fordert uns auf zu bleiben: »Bitte macht Bilder und berichtet der Welt, was hier los ist«, sagt er.

Nach der Flut im Ahrtal dämmerte es vielen Politikern und Bürgerinnen, dass es in der Klimakrise um Leib und Leben geht und Deutschland kein so sicheres Land ist, wie alle immer geglaubt haben. Die apokalyptischen Bilder kamen bislang immer nur aus Bangladesch, Honduras oder vielleicht auch mal aus Kalifornien. Erftstadt, Schuld, Altenahr – diese überschwemmten Orte haben uns gelehrt, dass die angeblich so »unwahrscheinlichen Konstellationen« und »alarmistischen« Szenarien eintreten können.[1] Die ganze Republik konnte tagelang miterleben, dass die angebliche Sicherheit, in der wir uns in Deutschland wiegen, nur ein schöner Schein ist. Als die braunen Wassermassen zwischen den Fachwerkhäusern brausten, Menschen auf den Dächern auf die Helikopter warteten, und Einwohner verzweifelt nach ihren Angehörigen suchten, wurde diese Illusion begraben.

Bei dem Unglück kamen allein im Ahrtal innerhalb weniger Stunden über 120 Menschen ums Leben, Tausende bangten um ihre Existenz. In Nordrhein-Westfalen und Rheinland-Pfalz fielen in diesen Tagen im Juli durchschnittlich 93 Liter Regen pro Quadratmeter und Tag, in einigen Teilen Belgiens sogar 106 Liter. Bereits ab 30 Litern gilt ein Regentag als Starkregenereignis. Durch widrige Wetterbedingungen hielt sich das Tief ungewöhnlich lange über der Region. Doch die Katastrophe war mehr als nur das Zusammentreffen ungünstiger Umstände. Sie illustrierte auch das Versagen von Politik und Behörden. Gleichzeitig war das Hochwasser das wohl eindringlichste Zeichen der vergangenen Jahre, dass Deutschland in der Klimakrise angekommen – aber noch nicht für sie bereit ist. Im Zweifelsfall kann Deutschland seine Bürgerinnen und Bürger nicht vor den verheerenden Folgen des Klimawandels schützen.

Und ja – auch dieses Ereignis hat mit der Klimakrise zu tun. Das wiesen 39 Klimaforschende in einer Studie nach: Die Wahrscheinlichkeit einer solchen Flutkatastrophe in den betroffenen Regionen habe sich um das 1,2- bis 9-Fache erhöht.[2] Ohne den menschengemachten Klimawandel würde ein solches Ereignis in Mitteleuropa nur rund alle 2000 Jahre stattfinden. Doch aufgrund der mittlerweile bereits erreichten globalen Erwärmung von rund einem Grad verringere sich die Frequenz nun sogar auf rund 400 Jahre. Außerdem gebe es in einer sich erwärmenden Welt eine klare Tendenz zu stärkeren Niederschlägen.

Nach der Flut ist vor der Flut

Was die Fluten in Deutschland anrichteten, konnten wir besichtigen. Der Wiederaufbau wird wohl noch Jahre dauern, insgesamt 30 Milliarden Euro hat die Bundesregierung dafür lockergemacht.[3] Im Krisenfall zeigen sich Politikerinnen und Politiker medienwirksam vor der Kamera und sichern Unterstützung zu. Aber die Anpassung an Wetterextreme ist leider nur ein Nebenthema der Klimapolitik. Damit kann man sich weniger schmücken – präventiver Schutz ist politisch schwerer zu verkaufen als Hilfen für die Opfer. Zwar gibt es in Deutschland Bemühungen zur Klimaanpassung, aber in vielen Kommunen ist das Thema kaum präsent – oder noch schlimmer: Profitgier ist stärker als Vorsicht, Blauäugigkeit oft stärker als der Wille zur Resilienz.

Als wir in der zerstörten Altstadt von Altenahr halten, spricht uns ein Helfer an. Wir schildern ihm unsere Bedenken, der deutet auf den Fluss: »Die Häuser sind viel zu nahe an den Fluss gebaut worden.« Der bärtige Mann mit Latzhose hat Verwandte in der Gegend und hilft aus, weil er die einst schöne Weingegend ins Herz geschlossen hat. »Für die Touristen hat man die Terrassen und Hotels immer näher ans Wasser rangebaut«, sagt er. Nun würden die Häuser wieder an derselben Stelle aufgebaut.

In dem Antrag im Bundestag, in dem die Milliardenhilfen beschlossen wurden, fällt hingegen nicht einmal das Wort »Anpassung«. Auch die Wissenschaft mahnt: Die Chance, die Region mit den Geldern klimasicher zu machen, sei einmalig und langfristig kostengünstiger.[4] Wir befragen nach unserem Besuch auch Hochwasserexperten zu den Ereignissen im Ahrtal. Die Antworten sind erschreckend einfach: »Wenn Sie dort auf einen Berg klettern und dann den Blick ins Tal schweifen lassen, dann ist das Problem nicht schwer zu erkennen«, sagt der Wasserbauingenieur Uwe Müller. »Man braucht nicht viel logischen Menschenverstand, um zu verstehen, dass das Wasser im Tal mehr Platz braucht.« Auch er teilt die Auffassung, die Häuser seien viel zu nah an den Fluss gebaut worden. »Bei vielen alten Ortskernen sieht man, dass die Planer damals noch mehr Respekt vor dem Wasser hatten«, meint der Ingenieur, der sich bei der Deutschen Vereinigung für Wasserwirtschaft, Abwasser und Abfall (DWA) engagiert. Der Verein berät unter anderem Kommunen im Hochwasserschutz. Das Problem: Am Ende setzen diese um, was sie für richtig und politisch durchsetzbar halten. Ein Gesamtkonzept für solche Fälle wie im Ahrtal gibt es oft nicht.

Leute wie Müller kennen die Risiken, doch sie können nur warnen. Im Ahrtal sei man in den vergangenen Jahrzehnten immer risikofreudiger geworden – ob aus Gier, aus Unwissen, oder weil die Touristen so gern am Fluss ihr Weinchen trinken.

Die meisten Häuser an der Ahr werden wohl wieder an derselben Stelle aufgebaut, so ein Sprecher des Umweltministeriums Rheinland-Pfalz. Sechs Monate nach dem Unglück lagen dem Ministerium noch keine Informationen darüber vor, wie viele Menschen umgesiedelt werden sollen.[5] Das erstaunt – immerhin wurden von den Behörden sehr schnell neue Überschwemmungskarten erstellt, die große Teile der Region als gefährdet ausweisen. Sechs Monate danach war damit zumindest im Ansatz klar, welche Häuser oder Wohnsiedlungen nicht mehr nahe am Fluss aufgebaut werden sollten.

Darauf reagierte die Politik auch. Einige Häuser im »besonderen Gefahrenbereich« sollen laut dem Umweltministerium von Rheinland-Pfalz an anderer Stelle neu entstehen – ihre Bewohner sollen umgesiedelt werden, heißt es auf unsere Anfrage. Wie viele, wolle man nicht sagen. Die neue Hochwasserkarte erstellten die Behörden bereits wenige Wochen nach dem Unglück. Tatsächlich verlaufen die gelb schraffierten Flächen, die eine Bebauung komplett untersagen, knapp an den Siedlungen vorbei oder hören vor den Häuserblocks auf. Die lokale Presse zählt die Häuser auf der neuen Überschwemmungskarte – und kommt im gesamten Ahrtal nur auf 34 Häuser, die nicht mehr an derselben Stelle aufgebaut werden dürfen.[6]

Dem steht die unglaubliche Zahl von 3000 beschädigten und 500 komplett zerstörten Gebäuden gegenüber. Rund 200 Hektar waren insgesamt überflutet, entlang der Ahr leben rund 56.000 Menschen. Und am Ende sollen nur 34 Häuser geräumt werden?

Der Geograf Thomas Roggenkamp arbeitet an der Universität Bonn und hat sich nach der Katastrophe die Gegend genauer angesehen. Auch er hält die geringe Umsiedlungsrate für einen großen Fehler. Das Problem sei die dichte Besiedlung des Tals, das eine äußerst ungünstige geografische Lage habe. »Es gibt wenig Möglichkeiten für das Wasser, abzufließen, und es gab im gesamten Tal keine größeren Hochwasserschutzmaßnahmen«, so Roggenkamp. Schwillt ein Fluss an, brauche er Platz in Form von Retentionsflächen. Da führe kein Weg daran vorbei. Und im Ahrtal gebe es nun mal einen Platzmangel. Die Häuser stünden exponiert im Tal in der Nähe des Flussufers. Das sei der natürliche Raum für die Auen, ein Ökosystem aus Bäumen und Sträuchern, das an das Anschwellen und Abebben des Flusses angepasst sei.

Im Ahrtal ist dieser Streifen am Fluss aufgrund seiner idyllischen Lage natürlich begehrt. Laut Roggenkamp habe sich Treibgut (Autos, Bäume, Campingwagen etc.) an Hindernissen wie Brücken und Häusern an manchen Stellen zu einem Staudamm aufgetürmt. Damit konnte das Wasser noch schlechter abfließen. Das alles würde erneut passieren, wenn die meisten Häuser und Brücken an gleicher Stelle wieder aufgebaut würden.

Zudem sind die hydrologischen und geologischen Umstände nicht besonders überraschend. Es ist immerhin nicht das erste

Mal, dass das Tal überschwemmt wird. »Hätte man vergangene Hochwasser im Blick gehabt, hätten Anwohner, Politiker und Behörden eigentlich wissen müssen, welches Risiko es gibt«, meint der Geograf. Doch man entschied sich wegzuschauen. Das zeigen auch die alten Hochwasserkarten. »Diese haben das tatsächliche Risiko unterschätzt, und das ist kein Einzelfall«, so Roggenkamp.

Die Hochwasser-Demenz der Behörden

Thomas Roggenkamp ist als Wissenschaftler auf historische Hochwasserereignisse spezialisiert. Ein Forschungszweig, der mit dem Hochwasser im Ahrtal plötzlich wichtig wurde. »Die Messreihen für diese Hochwasserkarten sind oft zu kurz«, meint der Geograf. »Im Ahrtal wurden die Daten der vergangenen 70 Jahre genommen – dabei gab es 1804 und 1910 ähnlich verheerende Hochwasser in der Region.« Bereits nach der vergleichbaren Katastrophe Anfang des 20. Jahrhunderts hätten die Ortschaften große Pläne für mehr Schutzmaßnahmen gemacht. Doch davon wurde nichts umgesetzt. »Das nennen wir Hochwasser-Demenz«, sagt der Geograf. Ein paar Jahre später ist oftmals alles vergessen – und man hofft einfach, dass es so schnell nicht wiederkommt. Nur eine einzige Ortschaft im ganzen Tal sei mit Rückhaltebecken (künstlichen Wasserspeicherbecken) ausgestattet gewesen. »Diese Siedlung ist auch nicht überschwemmt worden«, so Roggenkamp.[7] Vorsorge lohnt sich also.

Doch solch klare Antworten erhält man nicht, wenn man bei den zuständigen Stellen nachfragt. Laut Umweltministerium[8] müssen »wasserrechtliche Ausnahmegenehmigungen« erteilt werden, wenn Häuser wieder errichtet werden. Und auch eine hochwasserangepasste Bauweise sei nun vorgeschrieben. Es gehe um druckwasserdichte Wasser- oder Internetleitungen, Kellerwände aus wasserfestem Stahlbeton oder den Einbau der Stromverteilung und Zählerkästen oberhalb der Hochwasserlinie.

Doch die Maßnahmen sparen den unübersehbaren Fakt aus, dass das Tal einfach zu eng für so viel Bebauung ist. Das Wasser dürfte trotzdem wieder Autos, Stromleitungen und andere Gegenstände mit sich reißen, eine Absicherung ist unter diesen Gegebenheiten schwer – wenn nicht unmöglich, kommentiert Roggenkamp.

Das Ministerium hingegen will alles unter einen Hut bekommen: Die Mehrheit der Leute solle weiterhin im Tal wohnen bleiben, und gleichzeitig wolle man einen Plan entwickeln, um der Ahr »mehr Raum zu geben«, wie ein Sprecher erklärt. Es sollten »Hochwasserrückhaltepotenziale« ausgemacht werden.

Aus politischen Gründen ist so ein Vorgehen nachvollziehbar: Niemanden vor den Kopf stoßen, keine Wählerstimmen verlieren, Normalität suggerieren und das große Versprechen geben, dass alles so wird wie vorher. Alle sind traumatisiert, man möchte niemandem etwas zumuten. Dabei müsste im Interesse künftiger Todesopfer und Flutgeschädigter gefragt werden, wie es eigentlich so weit kommen konnte. Wie konnte in einem hochgradig technologisierten Land wie Deutschland, das sich normalerweise höchster Sicherheitsstandards und besonderer Vorsicht rühmt, so ein Desaster geschehen? War man einfach blauäugig, und hat diese »ungewöhnliche« Wetterlage uns wirklich so überrascht?

Für die Antwort lohnt es sich, in die Tiefe zu gehen – und den lokalen Behörden auf den Zahn zu fühlen.

Wie Bürokratie und Verwaltung mit solchen Risiken umgehen, zeigt sich zum Beispiel im Neubaugebiet Landskroner Straße Süd, das erst vor wenigen Jahren unweit von Bad Neuenahr-Ahrweiler entstand. Das Brachland wurde erst 2016 erschlossen. Eingeklemmt zwischen dem Heppinger Bach, einem Bahndamm und der Ahr entstanden hier eine Reihe von Einfamilienhäusern und damit eine neue Heimat für viele Familien.[9] »Junge Familien sollen dort die Chance auf ein Eigenheim bekommen«, sagte damals Bürgermeister Guido Orthen. Die Stadt selbst verkaufte die neu gewonnenen Grundstücke, berichtete die lokale Presse. Die glücklichen Käuferinnen und Käufer zogen in ihre Traumhäuser und Eigentumswohnungen ein, machten ihre Vorgärten schön, stellten Geranien auf die Balkons, parkten die Autos in den praktischen Parkflächen gleich hinterm Haus. »Eigentum in gepflegter Wohnanlage« warben die Immobilienagenturen. Kurz darauf brach die Katastrophe über die neu geschaffene Idylle herein. Die Schilderungen der Flut sind bedrückend: In dem Neubaugebiet blieb kein Haus verschont, die Bewohnerinnen und Bewohner bangten über Stunden um ihr Leben, warteten mit Babys auf dem Arm auf ihren Hausdächern auf Hilfe, es gab Tote, ein Haus wurde von den Fluten weggetragen.

Die Wut ist entsprechend groß: »Wir sind in das Baugebiet gelockt worden. Über Nacht sind alle Träume weggespült worden«, sagt ein Bewohner im Rückblick gegenüber der *Rhein-Zeitung*. Er wohne gerade mal ein paar Monate hier. Niemand habe ihn gewarnt, dass sein Haus in einem Überschwemmungsgebiet liege.[10]

Die Beschwerde des Bürgers ist berechtigt. Denn es drängt sich die Frage auf, ob das Gebiet nicht voreilig als Bauland ausgewiesen wurde. »Die älteren Heppinger haben immer gesagt, dass das Gelände Hochwassergebiet sei«, sagt uns ein Einheimischer. »Ich selbst habe vor drei Jahren auch gesehen, dass der Heppinger Bach das Gebiet überschwemmt hat.« Die Behörden reagierten zwar mit drei Rückhaltebecken für den Bach – die weitaus größere Ahr aber wurde nicht entsprechend berücksichtigt. Auch in den im Internet verfügbaren Bebauungsplänen kommt der Hochwasserschutz nicht mit einem Wort vor – dafür recht viele Hinweise über »schallgedämmte Belüftungsanlagen« oder die Festlegung bestimmter Farben für die »Dacheindeckung«.[11]

Bei unseren Nachrecherchen stoßen wir nur auf taube Ohren. Niemand will Verantwortung übernehmen. Die zuständige Genehmigungsbehörde und die Stadtverwaltung beteuern, dass die Gebiete vorher nicht als Überschwemmungsgebiete ausgewiesen waren. Die Stadtverwaltung schiebt alles auf die Genehmigungsbehörde: »Bedenken im Zusammenhang mit Gefahren durch Hochwasser wurden von dort (der Behörde) nicht geäußert.«

Die Behörde – in dem Fall die Struktur- und Genehmigungsdirektion Nord – erklärt hingegen, dass das Gebiet zwar kein »per Rechtsverordnung festgestelltes Überschwemmungsgebiet« war, aber sehr wohl ein »überschwemmungsgefährdetes Gebiet« – was der Stadtverwaltung auch mitgeteilt wurde. Ob das bei der Stadt auch berücksichtigt wurde, sei für die Behörde »nicht nachvollziehbar«.

Die Gemeinde sieht sich hingegen als Opfer. Man habe das Gebiet aufgrund einer Verordnung und der Hochwasserkarten aus dem Jahr 2005 bewertet, damals war das Gebiet noch kein offizielles Überschwemmungsgebiet. Darauf habe sich die Bauleitung verlassen.

War es also Fehlplanung? Ahnungslosigkeit? Alle Beteiligten leugnen, über den Ernst der Lage informiert gewesen zu sein, alles sei die Schuld des gesamten Hochwassermanagements entlang der Ahr – aber die Gemeinde habe von nichts gewusst.

Die Stadtverwaltung hat durch den Verkauf der Grundstücke über eine Million Euro eingenommen. Angeblich seien am Ende aber »keine Gewinne« gemacht worden. Und auch beim Wiederaufbau sieht die Stadt keine Alternative. Fast 20 Prozent der Stadt Neuenahr-Ahrweiler liege nun nach den neuen Karten im Überschwemmungsgebiet: »Wo sollen die Menschen künftig wohnen (…)?«, fragt ein Sprecher.[12] »Angesichts des Ausmaßes der Hochwasserkatastrophe hieße eine derartige Entscheidung, Tausende Menschen ihrer Heimat zu berauben und das Ahrtal als Siedlungsraum praktisch aufzugeben.«

Die Behörde ihrerseits beschwichtigt – nun werde alles gut: Die Stadt Bad Neuenahr-Ahrweiler sei Mitglied in der Hochwasserpartnerschaft, die ein Hochwasservorsorgekonzept erarbeiten würde. Und die Stadtverwaltung stellt auch klar: »Die Fokussierung auf ein Baugebiet verengt im Angesicht dieser Herausforderung den Blick.«

Also ein trauriger Einzelfall? Eher nicht. Vier Kilometer weiter westlich entstand in den vergangenen Jahren ebenfalls der Plan für eine Siedlung aus Eigentumswohnungen mit dem – im Nachgang fast zynischen – Titel »PIUS Gärten – Natürlich wohnen an der Ahr«. Die »familienfreundliche«, aber sehr kostspielige Siedlung sollte aus ökologischem Holz gebaut werden und »autofrei« sein – was heißt, dass die Tiefgarage für die Bewohner wenige Meter davor entstehen soll und die Anwohner nicht direkt vor ihrem Häuschen parken. Um diese Vorzüge genießen zu können, muss man allerdings tief in die Tasche greifen. Der Preis für ein Penthouse in den PIUS Gärten beträgt auf Anfrage im April 2022 immerhin 825.000 Euro.

Noch drei Monate vor dem Unglück wurde stolz verkündet, dass der Beton für die Tiefgaragendecke fertig gegossen sei. Dann wurde das »Öko-Wohnprojekt« ebenfalls zu einer Überschwemmungsfläche. Die Baustelle wurde komplett verwüstet. Ein wenig später schreiben die Betreiber, der »Flutmüll« sei vollständig entfernt: »Zielsetzung ist nach wie vor, die beschädigten Elemente zurückzubauen und möglichst bald den Aufbau von Mehrfamilienhäusern voranzutreiben.«

Auch hier bestätigt die Genehmigungsbehörde: Das Gebiet sei zwar nicht offiziell als Überschwemmungsgebiet ausgewiesen gewesen, aber als »überschwemmungsgefährdetes Gebiet«. Wegen dieser bürokratischen Unschärfe ist auch dieses Projekt durch die Flut zerstört worden. Allerdings ist auch hier ein Weiterbau nicht ausgeschlossen: Über die Baugenehmigung muss nun neu entschieden werden. In den neuen Hochwasserkarten ist das Gebiet seltsamerweise teilweise gelb schraffiert – demnach ein »vorläufiger besonderer Gefahrenbereich« (und damit in der temporären Bauverbotszone).[13] Aber die Striche stoppen ausgerechnet kurz vor den geplanten Holzhäuschen. Bauen ist also weiterhin möglich. Die Genehmigung werde laut Behörde erteilt, wenn »einem gleichzeitigen Antrag auf Ausnahme vom Bauverbot« in Überschwemmungsgebieten stattgegeben wird. Zu diesen »Ausnahmen« aber später mehr.

Man darf also gespannt sein, ob die Stadt dem Luxusinvestor doch noch den Laufpass gibt. »Dass Umsiedlungen gerade im Ahrtal schwierig sind, ist verständlich«, meint der Geograf Roggenkamp. »Aber Neubauprojekte wie die PIUS Gärten in solchen gefährdeten Zonen könnte man sehr wohl noch stoppen.« Das Beispiel zeige recht anschaulich, dass bei vielen Gemeinden eher die »Hochwasser-Demenz« herrsche statt Resilienz-Denken.

Fest steht, dass beide Neubaugebiete in den Karten der Behörde *nach* der Flut klar als Überschwemmungsgebiet ausgewiesen sind.[14] War man also wirklich so blauäugig und hat erst nach der Katastrophe die Risiken erkannt? Oder wollte man aus Profitgründen die Gefahren nicht wahrhaben? Und: Haben sich die Käuferinnen und Käufer jemals für den Hochwasserschutz interessiert? Fest steht: Solche Bauvorhaben sind auf den ersten Blick eine Win-win-Situation für alle: für die Gemeindekasse, für die Bauunternehmer und die finanzstarken Familien, die sich ihren Traum vom Eigenheim mit Terrasse, Garten und Wasserblick erfüllen wollen.

Im bereits bestehenden Neubaugebiet Heppingen ziehen die Hausbesitzer sehr wahrscheinlich auch wieder ein. Immerhin soll es einen verbesserten Hochwasserschutz geben. »Inzwischen haben dort zahlreiche Bürger (hauptsächlich Familien) gebaut, und was bleibt denen nach der Flut anderes übrig, als wieder zurückzukommen«, kommentiert ein Lokaljournalist und Anwohner im Gespräch mit uns. »Grundstücke sind knapp, und ein zweites Grundstück kann man sich nicht leisten.« An der Landskroner Straße zu verkaufen sei jetzt außerdem unmöglich. Also helfen nur noch »Gottvertrauen und Vertrauen in die Fähigkeiten der Experten des Landes, die die Ahr vernünftig wieder aufbauen sollen«.

Die neuen Maßnahmen werden nun zu 80 Prozent aus dem Wiederaufbaufonds der Bundesregierung bezahlt – jenen 30 Milliarden, die nach der Flut bereitgestellt wurden.[15]

Doch wie verantwortungsvoll ist solch ein Vorgehen? Menschen werden durch die Entwicklung von Wohngebieten in Hochwassergebieten in Gefahr gebracht, und am Ende zahlen alle

Steuerzahlerinnen und Steuerzahler den Hochwasserschutz für Eigenheime, die diese eigentlich von vornherein gebraucht hätten? Wie oben gezeigt, sind solche Vorkehrungen nicht billig. Und es ist davon auszugehen, dass derartige »Fehler« nicht nur im Ahrtal gemacht werden. Doch sollen alle dafür zahlen und Menschenleben in Gefahr gebracht werden, weil die Gemeindekasse klamm ist und die Investoren versuchen, möglichst profitorientiert zu bauen?

Solche Ereignisse könnten künftig keine Ausnahme mehr sein.

Das Problem beginnt deshalb nicht mit der Katastrophe, sondern schon beim Planen und Bauen. Nach der Flut ist der Schaden bereits angerichtet. Doch Behörden, Bürgermeister und Hausbesitzerinnen müssen sich fragen lassen, wie sinnvoll es ist, Flächen wieder zu versiegeln und die Häuser an derselben Stelle aufzubauen. Das alles mit dem Risiko, dass die Steuergelder für den Wiederaufbau nach dem »Wird-schon-gut-gehen«-Motto verbaut werden.

Bauen in Überschwemmungsgebieten

Der Wasserbauingenieur Uwe Müller hat das schon alles einmal mitgemacht. Er kommt aus Sachsen. In dem Bundesland gab es 2002 das Jahrhunderthochwasser an der Elbe – eine ebenfalls traumatische Erfahrung für Bürgerinnen, Politiker und Behörden. Hier starben allein in Deutschland 21 Menschen, Tausende verloren vorübergehend ihre Wohnungen und Häuser. In der Folge wurden allein in Sachsen rund 300 neue Überschwemmungsgebiete ausgewiesen.[16] Müller hat den Prozess nach der Flut als Berater für Hochwasserschutz begleitet. Daraufhin wurden bereits geplante Bauvorhaben abgebrochen und auch Bewohnende umgesiedelt. Zum Beispiel in Röderau-Süd, östlich von Riesa, erzählt Uwe Müller. Dort wurde in den 1990er-Jahren eine Neubausiedlung hochgezogen – obwohl das neue Bauland noch zu DDR-Zeiten als Überschwemmungsland ausgewiesen war. Dann kam 2002 mit dem Hochwasser die Rechnung: Das Gebiet wurde komplett überschwemmt, die Häuser hätten »bis zur Dachrinne« im Wasser gestanden, erzählt Müller.

Damit war die Siedlung Geschichte: Die rund 400 Bewohnerinnen und Bewohner wurden umgesiedelt, samt kleiner Betriebe und Läden. Solche Beispiele gibt es einige. Laut Uwe Müller hat man aus den Fehlern in Sachsen gelernt. So sind laut dem sächsischen Umweltministerium beim nächsten Hochwasser im Jahr 2013 Schäden in Höhe von 450 Millionen Euro verhindert worden.[17]

Sachsen investiert bis heute in den Hochwasserschutz, immer noch sind nicht alle Maßnahmen umgesetzt. Es wurden in den vergangenen 20 Jahren Schutzmauern gebaut, Deiche und mobile Vorrichtungen angelegt, Talsperren umgebaut. Umsiedlungen seien laut Müller verglichen zur Sicherung bestehender Siedlungen sogar oftmals günstiger. Doch auch wenn in Sachsen mehr Flächen freigeräumt wurden: Es reicht immer noch nicht. Sachsens Umweltminister Wolfram Günther von den Grünen resümiert im Sommer 2021: »Wir müssen unseren Flüssen mehr Raum geben.« Es sei nötig, den Hochwasserschutz mit ökologischen Belangen zu verbinden.[18]

Das predigen Umweltverbände wie der Bund für Umwelt und Naturschutz (BUND) schon seit Jahrzehnten. Doch auf die »Ökos« wollte lange niemand hören. Denn ein Rückzug ist in den Augen vieler Politiker ein Eingeständnis von Versagen – oder wie es der Umwelthistoriker David Blackbourn sagt: Es wäre eine Niederlage im Kampf gegen die Natur, deren Eroberung in Deutschland mit »einer Reihe von Wasserkriegen« einhergegangen ist.[19]

Doch selbst das Umweltbundesamt schreibt 2016 in einem Bericht, dass man sich angesichts des Klimawandels und des demografischen Wandels »der Siedlungsentwicklung (…) zu stellen hat«. Und in bestimmten Gebieten sei auch »ein geordneter Rückzug von Siedlungen in Betracht zu ziehen«.[20]

Eine Studie des Naturschutzbundes Deutschland und der

Denkfabrik adelphi schätzt, dass für den Arten- und Hochwasserschutz rund 4000 Quadratkilometer an größeren Flüssen freigeräumt werden müssten. Das sind umgerechnet fast eine halbe Million Fußballfelder. Derzeit seien zwei Drittel der ehemaligen Auenfläche von den Flüssen abgetrennt und könnten so nicht mehr als Überschwemmungsgebiet dienen. Laut Studie seien von den verbliebenen Auenwäldern nur noch rund 10 Prozent in einem naturnahen Zustand.[21]

Dabei sind die Auen eine Art Allroundlösung für alle möglichen Probleme, die Deutschland im Zeitalter von Artensterben und Klimawandel bedrohen. Durch den konventionellen Hochwasserschutz wie den Deichbau sind viele Auen trockengefallen, abgeholzt oder deren Land bebaut worden. So beschreiben es Wissenschaftlerinnen und Wissenschaftler in einer umfangreichen Untersuchung bereits vor zehn Jahren.[22] Der Mensch hat also den natürlichen gegen einen künstlichen Schutz eingetauscht – und gleichzeitig die Flüsse begradigt. Ähnlich wie bei trockengelegten Mooren (siehe Kapitel 7) sind die ehemaligen Auen somit von einer Klimasenke zu einer CO_2-Quelle geworden.

Wenn die Böden nicht mehr wassergesättigt und von den Flüssen abgeschnitten sind, verlieren sie ihre Eigenschaft als Schwämme, außerdem geben sie mehr Treibhausgase in die Atmosphäre ab. Ähnlich wie bei zerstörten Mooren gilt hier: Entwässerung und intensive Landwirtschaft zerstören die Böden, und damit fallen sie auch als effektiver Überschwemmungsschutz weg. Das fällt zunächst nicht auf – bis das Wasser kommt und in die Keller statt in die Böden sickert.

Allein durch eine Wiederherstellung von Auenwäldern könnten Folgekosten des Klimawandels von etwa 177 Millionen Euro pro Jahr eingespart werden, schätzt die Studie, die vom Bundesamt für Naturschutz in Auftrag gegeben wurde. Außerdem sind die Auen eine Art natürlicher Filter: Sie halten Stickstoff und Phosphor zurück, der sonst ins Meer gespült würde, schreiben die Autorinnen und Autoren. Und die Präsidentin des Bundesamts für Naturschutz, Beate Jessel, erklärte bereits 2013 zur Vorstellung der Studie, menschliche Eingriffe, die ursprünglich den lokalen Hochwasserschutz verbessern sollten, hätten das Gegenteil bewirkt.[23] Das Hochwasserrisiko habe sich erhöht.

Mit dieser Untersuchung von 2013 hatten die Umweltverbände endlich den Beweis in der Hand, dass ökologischer Hochwasserschutz sinnvoll und dringend nötig sei, meint Sebastian Schönauer vom Bund für Umwelt und Naturschutz. Seitdem habe man diese landauf, landab an Ministerinnen, Landräte, Gemeindevorsteherinnen und Bürgermeister versendet – jedoch ohne Erfolg. Niemand wollte hören, dass die Auen eine Lösung für den Hochwasserschutz sind. Statt den Flüssen Raum zu geben, habe man immer mehr Flächen abgeholzt, bebaut und versiegelt. »Die meisten denken immer noch, dass man in die Steinzeit zurückwill, wenn man für naturnahe Lösungen eintritt«, erklärt Schönauer sichtlich frustriert. Oftmals seien es die Gemeinden selbst, die versuchen würden, so viel Fläche wie möglich für Gewerbeparks oder exklusive Wohnanlagen zu vergeben. Mit finanzstarken Investoren könne man sich schmücken, mit einem Auenwald eher nicht.

Natürlich gebe es Projekte einer Rückverdeichung oder der Wiederbelebung von Auenwäldern – allerdings sei das immer noch die Ausnahme. »An jedem Fluss sitzen Tausende Beamte, die oft nichts weiter tun, als den Status quo zu erhalten«, schimpft der Umweltschützer. Jeder »Quadratmeter«, der an Fläche wieder zurück an die Natur gehen soll, würde »mit Gold aufgewogen«. Auch ein ambitionierteres Bundesgesetz könne dagegen nur bedingt etwas ausrichten: Das Problem seien die Gier von Kommunen, Bürgermeistern und die Lobbygruppen rund um jeden Neubau – von der Autobahn bis zur Shoppingmall. Bei jeder Flut seien die Ursachen zudem ein Zusammenspiel von vielen kleinen Eingriffen, die der Mensch zulässt: Nicht nur Überschwemmungsflächen würden bebaut, sondern dadurch auch die natürlichen Abflussmöglichkeiten versperrt. Die Beseitigung von Hecken und Waldinseln bedeute ein Leerräumen der Landschaft, meint Schönauer. Dadurch würden Böden erodiert und damit wiederum Tausende von Tonnen Sand (siehe Kapitel 5) in die Gewässer gespült. Im schlimmsten Fall könnten am Ende Schlammlawinen entstehen, die sich durch die Dörfer wälzen und alles mit sich reißen.

Money, money, money

Doch warum ist es so schwer, Flächen für den Hochwasserschutz »freizuräumen«? Der Umgang damit ist im Wasserhaushaltsgesetz des Bundes geregelt. Dabei gelten solche Flächen als Überschwemmungsgebiete, »in denen ein Hochwasserereignis statistisch einmal in 100 Jahren zu erwarten ist«.[24] Ausdrücklich verboten ist darauf die Bebauung – bis auf einen Ausnahmekatalog von neun Punkten, der ebenfalls in dem Gesetz unter Paragraf 78 geregelt ist. Der lässt aber großen Spielraum, die Formulierungen bleiben vage. So kann etwa trotzdem gebaut werden, wenn »keine anderen Möglichkeiten der Siedlungsentwicklung bestehen« oder »eine Gefährdung von Leben oder Gesundheit oder erhebliche Sachschäden nicht zu erwarten sind«.

Damit stellt das vage Gesetz eine große Versuchung dar. Denn für viele Gemeinden ist die Umwandlung von Brachflächen in Bauland extrem lukrativ. Über Nacht bekommt so ein aus ökonomischer Sicht »wertloses« Stück Land einen ansehnlichen Preis. Es locken auch Steuereinnahmen von Gewerbe oder die Erweiterung des Ortes für neue Wohnungen. Dank der Ausnahmen wird vieles möglich. Die Auslegung des Gesetzes entscheidet über Millionen Mehr- oder Mindereinnahmen, Einladung oder Abschreckung von Investoren. Dazu kommen unbequeme Entscheidungen über umständliche und teure Baumaßnahmen. Doch sollte ein Gesetz so viele Schlupflöcher lassen? Gerade wenn es um Leib und Leben geht?

Auch bei schon gebauten Häusern geht es um viel Geld. Eigentlich müssten auch Bestandsbauten oder versiegelte Flächen als

Überschwemmungsland ausgewiesen werden, wenn sich die Prognosen für Starkregen oder Hochwasser ändern. Denn damit ist meist eine ökonomische »Wertminderung« verbunden.[25] Für bebaute Überschwemmungsgebiete haben Studien gezeigt, dass die Immobilienpreise kurz nach einem Hochwasser zurückgehen, um sich dann nach ein paar Jahren zu erholen, wenn die Katastrophe wieder vergessen ist.[26]

Laut einer Untersuchung kostet hochwasserangepasstes Bauen bei neuen Häusern um bis zu 60 Prozent mehr. Bei Bestandsbauten, etwa einem Einfamilienhaus, können ebenfalls Zehntausende Euro zusätzlich anfallen.[27] Es geht um Dichtungen, massive Eingangstüren, mobile Schutzwände oder Fäkalien-Hebeanlagen. Letzteres hört sich schräg an – diese Pumpen sind aber im Fall von Hochwasser äußerst hilfreich, da damit ein Rückstau verhindert und das Abwasser auch bei Hochwasser abgepumpt und in die Kanalisation befördert wird.

Kaum Transparenz über Risikogebiete

Mängel gibt es auch bei der Transparenz: Sollten Sie eine Immobilie kaufen, können Sie nicht sicher sein, dass die Informationen über das Hochwasserrisiko vollständig sind. Trotz einer gesetzlichen Vorgabe würden deutschlandweit nicht alle Gutachterausschüsse alle wertrelevanten Merkmale in den Kaufpreis miteinrechnen, schreibt ein Forscher, der eine Umfrage unter den dafür zuständigen Sachverständigen durchgeführt hat.[28] »Trotz der überwiegenden Meinung, dass ein Hochwasserrisiko den Wert einer Immobilie mindern kann, erfolgt bei lediglich 16 Prozent der Ausschüsse eine Kennzeichnung der in Überschwemmungsgebieten gelegenen Kauffälle in der Kaufpreissammlung«, schreibt der Autor.[29] Bürgerinnen und Bürger müssten also besser selbst noch mal in den regionalen Hochwasserkarten schauen, ob ihre Immobilie oder ihr Grundstück in einem gefährdeten Gebiet liegt. Denn dann könnte ihr Kaufpreis sich noch mal um bis zu 20 Prozent verringern.[30] Auch eine Sprecherin des Umweltbundesamtes erklärt den Autorinnen, dass der Verkäufer einer Immobilie eigentlich verpflichtet werden müsste, einen Risikopass beizulegen oder sogar einen Risikobericht mitzuliefern – zum Schutz des Käufers. Mit dieser Empfehlung ist das UBA allerdings derzeit allein.[31]

Fassen wir zusammen: Es gibt rechtliche Regelungen für den Schutz von Überschwemmungsflächen. Die haben aber zu viele Ausnahmen. Alle bemühen sich angeblich um Hochwasserschutz, aber der ist teuer, aufwendig, zeitintensiv und belastet Hausbesitzer und Gemeinden. Transparenz ist das erklärte Ziel, aber in der Realität werden unangenehme und wertmindernde Informationen auch mal gern weggelassen. All diese Faktoren erklären, warum es zu einer Katastrophe wie im Ahrtal oder an der Elbe mit so vielen Opfern und weggeschwemmten Häusern kam.

Dass es hier nicht nur ein Bewusstseins-, sondern auch ein Regulierungsproblem gibt, hat auch die neue Ampel-Regierung erkannt. In ihrem Koalitionsvertrag verpflichtet sie sich, den »Ausnahmekatalog für die Genehmigung von Bauvorhaben in ausgewiesenen Überschwemmungsgebieten« zu überprüfen und ihn, »wenn nötig«, anzupassen, um die Risiken von Hochwasser zu »minimieren«.[32]

Grundsätzlich bleibe es aber ein Problem, dass Gemeinden und Kommunen an der wirtschaftlichen Stadtentwicklung – und damit auch an Versiegelung und Erschließung von Flächen – interessiert sind. »Kommunalpolitiker stehen natürlich unter Druck, das neue Gewerbegebiet zuzulassen oder möglichst viele Leute anzusiedeln«, meint auch Wasserbauingenieur Uwe Müller. Zusammen mit Kolleginnen verfolgen sie genau, wie sich die Baupreise und auch die Ausweisung von Bauland entwickeln: »In jedem Jahr wächst der Wert von Bebauungen im Durchschnitt um drei Prozent, auch in den betroffenen Gebieten«, meint Müller. Es gebe einige »Dämpfer« nach Katastrophen, dann zögen die Preise wieder an. Die Standorte und auch die Materialien würden oftmals nicht den Risiken gerecht. »Kirchen und Gebäude mit alter Bausubstanz sind bei solchen Katastrophen eher weniger betroffen, weil sie die Gefahr früher erkannt haben und oft an höheren Stellen gesiedelt haben.«

Doch nicht nur die Politik und die Immobilienbranche – auch in der Bevölkerung selbst gibt es eine ganz unterschiedliche Risikowahrnehmung. So machten in Bayern lange Zeit Freie Wähler und CSU-Anhänger zusammen mit Bürgerinitiativen gegen Hochwasserpolder[33] an der Donau Stimmung. Dort sollten mehrere Hundert Hektar große Rückhaltebecken für den Fall eines extremen Hochwassers gebaut werden. Damit sollen die jeweiligen Wasserpegel in den anliegenden Orten um 20 bis 40 Zentimeter gesenkt und dadurch Zeit gewonnen werden, um Wasser wieder abfließen zu lassen.[34] Laut aktueller Gutachten gibt es keine Alternative zu den Poldern. Trotzdem machen die Gegner mobil. Landräte und auch der bayerische Vizeministerpräsident und Freie-Wähler-Chef Hubert Aiwanger sprechen sich dagegen aus, weil deren Schutzwirkung angeblich nicht belegt sei. CSU und Freie Wähler hatten den Verzicht auf die Polder sogar in ihrem Koalitionsvertrag 2018 beschlossen. Aiwanger nannte die Polder »unsinnig«, sie seien außerdem zu teuer und würden angeblich »Grundwasserprobleme« auslösen. Der Bund für Umwelt und Naturschutz war allerdings auch dagegen – doch aus einem anderen Grund: Hier seien Staupolder geplant, wo im Falle eines Hochwassers Tiere und Pflanzen in Mitleidenschaft gezogen würden, so der Umweltverband. Benötigt wird laut Umweltschützer Schönauer aber ein natürlicher Hochwasserschutz an vielen Stellen der Donau, etwa durch das Anlegen von natürlichen Flussauen, wo das Wasser ein- und ausfließen kann und der Fluss natürlich verbreitert wird.

Bürgerinnen warnen Bürger – wenn es die Behörden nicht tun

Aber es gibt auch Bürgerinnen und Bürger, die sich für mehr Hochwasserschutz engagieren. Viele Mitglieder der Bürgerinitiative »Hochwasser in Köln« hatten selbst schon traumatische

Erlebnisse mit Hochwasser. Sie kritisieren die Katastrophenvergessenheit der Politik und die Gier von Investoren und Gemeinden: »Kurz nach dem Hochwasser von 1993 wollten sie alle Flächen am Damm freihalten – heute sind fast alle Investoren versprochen worden«, erklärten die BI-Sprecher Thomas Kahlix und Gerd Müller den Autorinnen. Nur ohnehin wertlose Flächen blieben unangetastet.

Zudem würde viel zu wenig getan – viele wüssten gar nicht, in welcher Gefahr sie leben, glauben die zwei Rentner und Hobby-Hochwasserexperten. Mit einem alten Van, den sie »Informationsmobil« tauften, fahren sie durch die Lande, um Bürgerinnen und Bürgern zu erklären, wie sie sich schützen können, »wenn es schon die Behörden nicht tun«. Beide haben auch ihre Häuser in Rodenkirchen, im linksrheinischen Kölner Süden, hochwasserfest gemacht: Ihre Heizungsanlage befindet sich inzwischen auf dem Dachboden, die Wände wurden mit hydrofugierender Farbe verputzt, die Elektrik ist wassergeschützt. »Dazu würden sich sicherlich mehr Menschen entscheiden – wenn sie denn jemand darüber aufklärt, wie gefährdet sie sind.«

Dieses Denken sollten nicht nur Hausbesitzerinnen, sondern auch Kommunen beherzigen, meinen Fachleute wie Uwe Müller. Er berät viele Gemeinden, wie sie sich besser schützen können. »Wir schauen uns die Lage vor Ort sehr genau an – da geht es dann um Fragen wie: Wo kann ich Wasser zurückhalten? Wo kann ich Bauwerke bauen, die einen größeren Abfluss und Durchfluss im Ort gewährleisten? Wie bewirtschafte ich den Boden?« So förderten gerade auf dem Land riesige Monokulturflächen wie Maisfelder die Erosion, der Boden nehme schlechter Wasser auf. Die Ingenieure sprechen mit Landwirten, der Feuerwehr und mit dem Tiefbauamt. So erstellen die Wasser-Profis den Gemeinden ein Gesamtkonzept, wo sie Risiken minimieren können. Dabei geht es nicht nur um Hochwasser, sondern auch das Zurückhalten von Wasser, falls es zu Dürren kommt. Am Ende müssten die Landräte, Bürgermeisterinnen und Gemeindeversammlungen dann selbst entscheiden, was sie umsetzen. Es gebe von vielen Kommunen ein reges Interesse, allerdings würden oft finanzielle Hürden oder politisch heikle Vorhaben dazu führen, dass im Zweifel alles so bleibt, wie es ist.

Leuchttürme der Anpassung

An einigen Stellen der Republik haben Umweltschützerinnen und -schützer bereits begonnen, Alternativen zur Begradigung von Flüssen und der Versiegelung ihrer Ufer umzusetzen – auch wenn es bisher nur wenige Leuchtturmprojekte sind. Ein echtes Vorzeigeprojekt ist eine kleine Auenlandschaft an der Elbe. An der Elbbiegung »Bösen Ort« in der brandenburgischen Westprignitz entstand in den vergangenen 20 Jahren bei der Burg Lenzen viel mehr als nur eine Überschwemmungsfläche.

Naturschutzverbände zeigten sich nach der Elbeflut von 2002 enttäuscht. Ihrer Meinung nach geschah nicht genug. Der Vorwurf: keine nachhaltigen Maßnahmen, Symptombekämpfung und allgemeines Warten auf die Anweisung höherer Instanzen. Der Bund verwies auf das Hochwasserschutzgesetz, das Umweltministerium auf die kommende EU-Richtlinie und die Länder auf Einzelmaßnahmen wie Deichsanierung und -erhöhung. Nichts davon sei nachhaltig, kritisierten die Umweltschützer damals. Außer der Bereitstellung von Polderfeldern und der Deicherneuerung sei nichts geschehen. Im Gegenteil: Die Länder würden weiterhin Überschwemmungsgebiete als Bauland anbieten und damit Sach- und Personenschäden provozieren.

Einige Verbände wie die Deutsche Umwelthilfe, der Bund für Umwelt und Naturschutz und die Stiftung Naturlandschaft haben deshalb in Brandenburg ihr eigenes Vorhaben zum Hochwasserschutz umgesetzt. Es ist in Deutschland bis heute eines der Vorzeigeprojekte zum Deichrückbau. Das überzeugte sogar das Land Brandenburg, das einen Großteil der Investitionen beisteuerte. Der Deich wurde an der Elbbiegung zurückverlegt, und so entstanden 420 Hektar Überschwemmungsfläche. Der alte Deich wurde »geschlitzt«, sodass Wasser ein- und ausfließen kann. Mittlerweile gibt es auf der Fläche wieder einen Auwald und Weidelandschaften mit Wildpferden. Auf einem Rundweg durch den Auwald können Besuchende die Vielfalt von Insekten, Vögeln und Pflanzen bestaunen, die sich hier wieder angesiedelt haben. Die Initiatorinnen stellen in Aussicht, dass die Überschwemmungsfläche bei einem hundertjährigen Hochwasser zu einem bis zu 35 Zentimeter niedrigeren Wasserspiegel beitragen könnte. Und wie das Ahrtal gezeigt hat: Bei einer Überschwemmung zählt jeder Zentimeter – der Wasserscheitel entscheidet nicht nur über Millionenschäden, sondern am Ende auch über Leben und Tod.

Auch in Thüringen gibt es solche neu geschaffenen Auen. Dort versucht man, die Flächen für Landwirte attraktiv zu machen. Auf sogenannten Auenweiden können insbesondere Rinder und Pferde grasen – der Boden ist dort besonders fruchtbar.[35]

Geld für Katastrophenschutz – aber wenig für Vorsorge

Doch BUND und Deutsche Umwelthilfe wissen auch, dass solche Leuchttürme schön, aber leider selten sind. Es sind vereinzelte Insellösungen, die von den Bundesländern als Naturschutzparks oder Biosphärenreservate unterstützt werden. Der ökologische Hochwasserschutz spielt in der Fläche weiterhin keine Rolle. Umweltverbände schätzten vor ein paar Jahren, dass für den technischen Hochwasserschutz insgesamt zehnmal so viel ausgegeben wurde wie für Renaturierungsmaßnahmen.[36] Belegbare Zahlen gibt es derzeit nicht, da jedes Bundesland seine eigenen Finanzplanungen zum Hochwasserschutz hat und die Unterscheidungen zwischen technischem und ökologischem Hochwasserschutz nicht klar getroffen werden. Auch fehlen Angaben darüber, wie viele Naturräume bereits geschaffen wurden. Solche Statistiken »liegen der Bundesregierung nicht vor«, heißt es in einer Kleinen Anfrage vom September 2021.[37]

Es fehlt aber nicht nur der Wille, sondern auch die Geduld und das Wissen, meinen Vertreter von der Deutschen Umwelthilfe und vom BUND.[38]

Und es gibt noch eine knappe Ressource: Zeit. Denn der Rückbau von Flüssen oder die Entsiegelung von Ufern dauert lange – dank der deutschen Bürokratie. Ein gutes Beispiel ist die musterhafte Renaturierung der Lippe. Die Emscher-Lippe-Region, zu der die Stadt Marl gehört, beschloss die Renaturierung schon Ende der 1990er-Jahre. Damals ging es keineswegs um Klimaschutz, sondern allein um das Wohlbefinden der Bürgerinnen und Bürger und der Tiere, denen ein Biotop geschaffen werden sollte. Wer einmal in Marl war, weiß, wie dringlich dort erholsame Flächen benötigt werden: Das Zentrum besteht aus achtspurigen Autoschneisen und einem Einkaufszentrum. Traurige Neubauten der vergangenen Jahrzehnte laden nicht gerade zum Verweilen ein.

Der knapp 300 Seiten starke Projektbericht[39] der Lippe-Renaturierung bezeugt, wie groß die Aufgabe eines solchen Rückbaus ist – und wie schwindelerregend die Bürokratie. Schließlich haben bei einem Fluss viele Städte und Behörden ihr Wörtchen mitzureden: Alleine, um zu klären, wer wofür zuständig ist, benötigten die anliegenden Städte drei Jahre. Für die Bestandsaufnahme wurde beim Staatlichen Umweltamt Herten (StUA) Anfang 2001 eine eigene Geschäftsstelle für die »Abwicklung, Logistik und Gesamtorganisation der erforderlichen Arbeiten« eingerichtet.

Aber das ist noch nicht alles: Um zu überprüfen, welche Folgen die Renaturierung auf die Gewässer und das Grundwasser haben könnten, wurden beim Umweltamt Herten zwei hausinterne Arbeitsteams »Oberflächengewässer« und »Grundwasser« gebildet, die sich wiederum ständig mit den Mitgliedern eines sogenannten Kernarbeitskreises Emscher abstimmen mussten. Dieser wiederum setzte sich aus Vertreterinnen und Vertretern der drei Bezirksregierungen Arnsberg, Düsseldorf und Münster, der Staatlichen Umweltämter Duisburg, Hagen, Herten und Lippstadt, der Emschergenossenschaft, des Bergbaus und der

Landwirtschaft sowie der Unteren Wasserbehörden zusammen. Und das alles geschah nur, um die Arbeiten drei Jahre später zu beginnen – bis die Emscher wieder natürlicher floss, sollten 15 weitere Jahre vergehen. Dieser enorme administrative Aufwand zeigt klar: Ein Rückbau bei Flüssen ist aufwendig, zeitraubend – und angesichts einer schnellen Anpassung an eine galoppierende Klimakrise sollte man mit den Planungen lieber heute als morgen beginnen.

Auch deswegen sind solche Projekte selten. Und wenn es wirklich hart auf hart kommt, fällt die Entscheidung meistens zugunsten von wirtschaftlichen Standortvorteilen – auch wenn diese längerfristig vielleicht gar keine Vorteile mehr sind.

An manchen Orten in Deutschland konterkariert der Staat sogar seine eigenen ökologischen Erfolge – wenn es nur der (kurzfristigen) wirtschaftlichen Entwicklung dient. Das geschieht gerade an der Oder. Dort gibt es seit Jahren den einzigen Flussauen-Nationalpark Deutschlands. Auf einer Länge von 50 Kilometern erstreckt sich das grüne Band entlang des Grenzflusses – ein Paradies für Vögel und Pflanzen, bestehend aus Auenwäldern und Feuchtwiesen. Eigentlich ein echtes ein Vorzeigeprojekt ökologischen Hochwasserschutzes.[40] Der Nationalpark konnte entstehen, weil die ehemalige DDR und Polen lange Zeit nicht die Mittel hatten, um den Fluss »in Form« zu bringen. Deshalb ist die Oder bis heute an vielen Stellen ein noch recht natürlicher Fluss. Dennoch ist er nicht vollständig unberührt: Bis heute existieren die »Wassertore« von vor 100 Jahren, die im Sommer das Wasser von den Überschwemmungsflächen fernhalten und im Winter überfluten. Über 5000 Hektar können bei Hochwasser zur Überschwemmung freigegeben werden – insgesamt 1,9 Millionen Kubikmeter können sich so »breitmachen« und den Fluss entlasten. Dadurch sinkt der Pegel in den anliegenden Siedlungen um mehrere Zentimeter.

In dem Nationalpark entstand in den vergangenen Jahren eigentlich alles, was im 21. Jahrhundert in Sachen Klima wichtig ist: Artenvielfalt, CO_2-speichernde Auenwälder und schwammartige Überflutungsflächen im Falle eines Hochwassers. Doch das könnte jetzt alles verschwinden. Im Jahr 2015 – dem Jahr des Pariser Klimaschutzabkommens – unterzeichneten Deutschland und Polen einen Vertrag zum Ausbau der Oder.[41] Darin kommen die Länder aus verschiedenen Gründen überein, dass die »Beibehaltung dieses Zustands (…) insbesondere aus wasserwirtschaftlicher Sicht nicht hingenommen werden kann«. Dafür sollen unter anderem die »Buhnen« erneuert werden, das sind Dämme aus Stein oder Beton, die vom Ufer aus in den Fluss ragen. Die Idee dahinter: Die Strömung soll sich beschleunigen und der Fluss selbst sich vertiefen, weil sich so weniger Sedimente ablagern können. Das ist vor allem für die Schifffahrt von Vorteil, die derzeit Probleme hat, mit den immer größeren Containerschiffen die Oder zu befahren. Für den Chef des Nationalparks, Dirk Treichel, ist dieses Abkommen mit Polen deshalb ein Albtraum. Er befürchtet, dass sein Nationalpark durch den Ausbau der Oder verschwinden könnte. »Durch die Maßnahmen wird das Wasser aus den Überschwemmungsgebieten gezogen und kann sich nicht mehr so großflächig ausbreiten«, so der Umweltschützer. Dann würden sich Arten breitmachen, die eher mit weniger Wasser auskommen, und die jetzigen Feuchtwiesen, die Auenwälder und damit auch die dazugehörige Tierwelt stückweise verdrängen. Auch die Moore im Unteren Odertal könnten trockenfallen – und damit wieder zur CO_2-Quelle werden (siehe Kapitel 7).

»Es ist ein Desaster, dass wir mitten in der Klimakrise im 21. Jahrhundert die Bausünden der 1960er- und 1970er-Jahre wiederholen«, meint Treichel. Dahinter stehen vor allem die Interessen der Industrie: Polen will die Oder als potenziellen Durchgang bis zum Schwarzen Meer nutzen, um Waren zu transportieren, und Deutschland will den Zugang zur Ostsee vom brandenburgischen Schwedt (Papierfabrik/Raffinerie) ausbauen.[42]

Beim Brandenburger Umweltministerium ist man noch nicht sicher, was da auf die Oder zukommt. Grundsätzlich können

Ausbaumaßnahmen an einem Fließgewässer den Hochwasserschutz positiv oder negativ beeinflussen, heißt es etwas nebulös. Nach einem Gespräch mit der Behörde will man aber die Zitate nicht freigeben – die Fachreferenten geben sich reserviert. Sie wollen sich nicht zum Zusammenhang Hochwasser, Klimawandel und Flussausbau zitieren lassen. Es ständen noch Prüfungen aus. Und an die Bodenbeschaffenheit und die Veränderung des Ökosystems wurden nach unserem Eindruck noch nicht viele Gedanken verschwendet.

Wissenschaftler bestätigen die Befürchtungen der Nationalparkbetreiber. In einer Unterschung des Leibniz-Institut für Gewässerökologie und Binnenfischerei zu dem Fall heißt es recht eindeutig, dass der Ausbau die Hochwassergefahr noch steigern könnte: »Bei extremen Wetterereignissen werden in der noch weiter verengten Stromrinne große Wassermengen sehr schnell abfließen, die Abflussspitzen schneller ansteigen und die derzeit verfügbaren Auenflächen diese Hochwasserspitzen dann nicht mehr abpuffern können.«[43]

Was wir tun können

Im Hochwasserschutz gilt oftmals: Alles kann, nichts muss. Besonders vor dem Kauf einer Immobilie sollte man sich schlaumachen – denn nicht immer machen die Immobilienagenturen oder der Vorbesitzer Angaben zum Risiko für Überschwemmungen. Jedes Bundesland muss aber Hochwasserkarten erstellen.[44] Diese Karten geben verschiedene Hochwasserszenarien an. Meist gibt es drei Wahrscheinlichkeiten: niedrig (alle 200 Jahre), mittel, hoch (jeweils ab 10 bzw. 20 Jahre). In die Karten können Sie online hineinzoomen und dann jeweils für Ihre Straße und Ihr Wohnhaus das Risiko ermitteln. Schwieriger sieht es hingegen bei Starkregenkarten aus. Diese sind bisher noch nicht obligatorisch. Die Bundesregierung hat sich im Koalitionsvertrag verpflichtet, »bundeseinheitliche Standards« für Hochwasser- und Starkregenrisiken zu setzen. Bisher sind auch beim Hochwasser die Karten je nach Bundesland unterschiedlich gestaltet – und es gibt keinen einheitlichen Zugang für Bürgerinnen und Bürger.

Es gibt kein Recht auf Hochwasserschutz – deshalb ist Eigenvorsorge wichtig. Zudem können Schutzmaßnahmen wie Deiche oder Salzwiesen keinen hundertprozentigen Schutz gegen Hochwasser leisten. Wer sich selbst und seine Immobilie schützen will, kann sich Rat beim HochwasserKompetenzCentrum einholen.[45] Das ist Teil des Klimavorsorgeportals der Bundesregierung. Dort kann man für sein Heim einen Hochwasser-Pass absolvieren, samt einer Einschätzung via Fragebogen dazu, ob das Haus gefährdet ist. Auch zu Starkregen gibt es viele nützliche Informationen. Der Geschäftsführer des Zentrums, Georg Johann, erklärt uns, dass viele Maßnahmen auch schon für wenig Geld möglich sind – und vielleicht am Ende Leben retten oder zumindest größere Schäden verhindern. Eigenvorsorge sei gegenüber den Überflutungsschäden kostengünstig. Solche einfachen Maßnahmen sind:

- Einbau von Barrieresystemen für Türen (ein Meter hoch = rund 2000 Euro)
- Einbau von druckdichten Kellerfenstern (rund 1000 Euro, inklusive Einbau)
- Elementarversicherung abschließen
- Abdichten eines flussnahen Gebäudes von unten durch den Einbau einer »Schwarzen Wanne« im Keller (gegen eindringendes Grundwasser) oder bodennahe Steckdosen in überfluteten Kellern umlegen
- Verhaltensweisen bei Überschwemmungen lernen (Hilfeleistung für Betroffene)

Was jedoch bisher fehlt, ist eine Förderung solcher Maßnahmen – ähnlich wie bei der energetischen Sanierung von Häusern. Auch die Beratung zu Hochwasserschutz sollte gefördert werden und die Maßnahmen teilweise von einem Klimafolgenfonds finanziert werden, meint Georg Johann.

3 Das Wasser kommt II

Geordneter Rückzug an den Küsten

In einer Dezembernacht im Jahr 2013 bekam es der Halligbewohner Michael Klisch das erste Mal mit der Angst zu tun. Mit seiner Frau Karen Tiemann saß er im Wohnzimmer des reetgedeckten Hauses aus dem 18. Jahrhundert und hörte es im Gebälk knarren und knirschen. Draußen wütete der Orkan Xaver, drückte gegen Fenster und Türen, wühlte das Meer auf. Das Ehepaar wohnt auf der Backenswarft auf Hallig Hooge, einer Marschinsel in der Nordsee, rund eine Fährstunde vom Festland entfernt. Alle Häuser der rund 100 Einwohnerinnen und Einwohner stehen auf künstlich aufgeschütteten Erdhügeln, auch Warften genannt. Bei Überschwemmungen sind die Wohnhäuser geschützt.

Doch in dieser Nacht war alles anders. Zwar hatten die Vorhersagen schon tagelang vor dem Sturm gewarnt. Die Halligleute trafen Vorbereitungen, füllten Sandsäcke. Lebt man so exponiert am Meer wie auf einer Hallig, dann ist man einiges gewohnt. »Aber dieser Orkan war so heftig, dass wir Angst hatten, das Reetdach fliegt uns weg. Wenn ein solcher Sturm wütet, sind wir völlig auf uns allein gestellt. Dann gibt es weder Boote noch Rettungshubschrauber, und wenn einem etwas auf den Kopf fällt, dann gibt es nicht einmal einen Rettungssanitäter.«

Karen Tiemann und Michael Klisch saßen an jenem Sturmabend stumm im Wohnzimmer und warteten ab. An Schlaf war nicht zu denken. Neben den regelmäßigen Wasserstandsmeldungen und Nachrichten über Windgeschwindigkeiten unterbrach nur noch das Knarzen der Wände die Stille des Wohnzimmers. »Wir konnten die ganze Nacht nicht schlafen. In solchen Momenten wird einem klar, wie verwundbar man ist.« Gegen vier Uhr bekamen sie die Nachricht, dass die Wasserstände nicht mehr steigen. Große Erleichterung und das Gefühl, noch mal davongekommen zu sein.

Doch der Schock sitzt tief. Orkan Xaver zog damals von Schottland über die Niederlande zur deutschen Nordseeküste und erreichte in den Spitzen 174 Kilometer pro Stunde. Durch den Sturm starben 14 Menschen (aber nicht auf den Halligen), es entstanden allein in Deutschland Sachschäden von rund 200 Millionen Euro.[1]

Acht Jahre später steht Michael Klisch auf der Hanswarft nur gute 800 Meter von der Backenswarft entfernt. Diese Erhöhung ist das Herz der Hallig: Hier stehen das Gemeindehaus, die Schutzstation Wattenmeer, die Feuerwehr und ein kleiner Supermarkt. An der Auffahrt zur Warft parken Schaufelbagger, überall liegen Erdhaufen und Paletten mit Pflastersteinen. Die Hanswarft soll für den Klimawandel fit gemacht werden. Dafür werden die kleinen Siedlungen erhöht – Fachleute bezeichnen das als »Aufwarftung«. Die Warften sollen um ein »Plateau« erweitert werden, wo künftig neue Siedlungen entstehen können, und ein Ringwall oben auf der Warftkrone – eine Art Mini-Deich an der Außenkante des Siedlungshügels – soll die Warft insgesamt sicherer machen und bei Stürmen wie Xaver besser schützen.[2]

Es ist nicht das erste Mal, dass die Warften auf den Halligen in der Nordsee erhöht werden. Auf den ganzjährig bewohnten Marschinseln gibt es insgesamt 32 solcher Warften, auf denen Häuser stehen. Nach der Jahrhundertsturmflut von 1962 wurden die Warften um durchschnittlich 70 bis 80 Zentimeter erhöht. Damals waren viele Häuser zerstört worden, deshalb konnten die neuen Häuser direkt auf erhöhten Warften gebaut werden.

Eine weitere Erhöhung um 50 bis 60 Zentimeter erfolgte zwischen 1989 und 2004. Nach Orkan Xaver war der Landesregierung und Küstenbehörden klar, dass auch diese Maßnahmen nicht ausreichen würden. Das Warfterhöhungsprogramm wurde angeschoben, weil die Halligen »durch ihre exponierte Lage im Wattenmeer (…) vom Meeresspiegelanstieg und höheren Sturmflutwasserständen besonders betroffen (sind)«.[3] Man wolle die Halligen trotz Klimawandel erhalten und vor »den Angriffen des Meeres« schützen. Damit begann das dritte Erhöhungsprogramm – allerdings bisher nur mit drei Pilotprojekten, darunter ist auch die Hanswarft. Dort dauerten die Sicherungsmaßnahmen fast drei Jahre, erzählt Michael Klisch. Teilweise wurde der Schutzwall um die Warft um bis zu einem Meter mit Sand und Steinen erhöht. Die Westseite wird aufgeschüttet, die Ostseite bleibt auf gleicher Höhe – damit bei extremen Sturmfluten das Wasser im Osten schneller abfließen kann, sollte die Warft volllaufen.

Für die nächsten 150 Jahre sollen die Bewohnerinnen und Bewohner auf den Halligen damit sicher sein. In die Berechnungen für die Warfterhöhungen flossen die aktuellen Prognosen zum Meeresspiegelanstieg und die Häufung von Extremwetter mit ein.[4] Klingt erst einmal nach einem sicheren Plan.

Doch die Sache hat einen Haken: »Bisher sind nur drei Warften gesichert worden – es gibt keinen Zeitplan, wann die anderen ihre Erhöhung bekommen«, sagt Michael Klisch. Der freundliche Mann Mitte fünfzig neigt nicht zur Übertreibung. Er verkörpert eher die typisch nordische Ruhe, erzählt nüchtern und ruhig vom Leben in seiner Wahlheimat, in die es den Bremerhavener vor über 20 Jahren verschlagen hat. Er ist auf Hooge nicht nur Leiter der Schutzstation Wattenmeer, sondern auch stellvertretender Bürgermeister. Deshalb kennt er auch die Bedenken vieler Einwohner. Es herrsche eine gewisse Unruhe auf Hooge, häufig gebe es Nachfragen, wann denn ihre Warft endlich dran sei. »Die Menschen sehen, dass die Hanswarft erhöht wurde, und wollen natürlich auch so schnell wie möglich am Zuge sein.«

Laut Klisch könne pro Jahr aus logistischen Gründen maximal eine Warft erhöht werden. Kalkulierte man die Genehmigungsverfahren mit ein und die komplizierte Infrastruktur – das Material muss mit Schiffen angeliefert werden, alles hängt vom Wetter ab –, ist es sogar wahrscheinlich, dass es noch länger dauert. Das hieße, dass 2050 höchstwahrscheinlich immer noch nicht alle Häuser auf den Halligen gegen den Klimawandel abgesichert wären. »Viele haben Angst, dass ihre Warften nicht rechtzeitig erhöht werden. Sie müssen dann bei jedem Orkan zittern und hoffen, dass es nicht so schlimm kommt«, meint Klisch.

Hoffen, dass es nicht so schlimm kommt: In Zeiten der Klimakrise ist das eine sehr gefährliche Perspektive. Besonders an so exponierten Orten in Deutschland wie den Nordfriesischen Inseln. Sie sind der Schutzschild für das Festland, die Wellenbrecher im Sturm – aber sie stehen auch an der Front im Kampf gegen die Folgen des Klimawandels. Auf Luftaufnahmen wird diese Verwundbarkeit besonders deutlich: Die Halligen liegen wie flache Pfannkuchen im Meer und nur wenige Meter über dem Meeresspiegel. Land unter – das heißt die teilweise Überschwemmung der Halligen – gab es schon seit ihrem Entstehen durch eine große Sturmflut vor rund 700 Jahren. Doch mit dem Anstieg des Meeresspiegels und der Zunahme von Sturmfluten dürfte dieses Risiko nicht nur permanent steigen, sondern auch ihre Bewohnbarkeit insgesamt infrage stellen.

Dabei ist der Anstieg des Meeres noch gar nicht lange in den Köpfen angekommen. Als wir im Jahr 2016 die Pegeldaten weltweiter Hafenstädte recherchierten[5], reagierten viele überrascht – denn das Wasser stieg nicht nur an den Stränden auf den Philippinen, sondern auch in Cuxhaven, Wismar und Sassnitz an. Aber bis dato fehlten weltweit leicht zugängliche Daten, so, als seien die großen Veränderungen der Erdoberfläche kein Thema. Damals mussten wir sogar erklären, dass ein hoher Anteil von Treibhausgasen in der Atmosphäre die Meere anschwellen lässt – eine Information, die heute sicherlich kaum noch nötig wäre. Aber der kleine Rückblick zeigt uns, wie lange auch diese Entwicklung ignoriert wurde.

Auf der Suche nach Daten über die weltweite Meereshöhe wurden wir schließlich bei einer britischen Einrichtung, dem Permanent Service of Mean Sea Level (PSMSL), fündig: Die Wissenschaftlerinnen und Wissenschaftler dieses Instituts aus Liverpool sammeln die Fluthöhen von Häfen in aller Welt, vornehmlich für Schifffahrende. Seit Mitte des 19. Jahrhunderts zeichnen sie die Daten von Pegeln an Häfen und Küstenorten auf, von Argentinien bis Sansibar. Und damit sehr viel länger, als mit modernen Methoden wie den Satelliten möglich ist. Die Daten sind unbestechlich: Der Klimawandel lässt schon seit Jahrzehnten das Meer ansteigen.

Laut neuesten Studien wird der steigende Meeresspiegel bis zum Ende des Jahrhunderts sogar auch dann nicht zu stoppen sein, wenn es der Menschheit gelingt, den globalen Temperaturanstieg bis zum Jahr 2100 auf 1,5 Grad Celsius zu begrenzen.[6] Weil sich das Wasser weiter erwärmt und die Polkappen schmelzen, wird das Ansteigen des Pegels laut Forschenden über das Jahr 2100 hinaus andauern – und zwar vorerst unabhängig davon, wie schnell die Treibhausgasemissionen reduziert werden. Der Prozess ist bereits angestoßen. Es ist also unstrittig, dass der Meeresspiegel steigt – Unsicherheiten gibt es nur noch darüber, wie schnell und stark das *wo* passiert.

Bereits 2019 konstatierte der Sonderbericht des Weltklimarats (IPPC) zum Stand der Ozeane und der Kryosphäre, dass sich der Anstieg des Meeresspiegels in den vergangenen Jahren weiter beschleunigt hat.[7] Von 2006 bis 2015 legte er mit 3,6 Millimetern pro Jahr bedeutend schneller zu als in den Jahrzehnten zuvor (nur rund 1,7 Millimeter pro Jahr). Diese Beschleunigung sei »beispiellos«, heißt es in der Zusammenfassung des Berichts.[8] Bis 2100 könnte sich der Anstieg im schlechtesten Fall – dem Business-as-usual-Szenario – noch einmal vervierfachen und insgesamt fast einen Meter erreichen. An der Nordsee wären das laut den moderaten Szenarien des aktuellen Weltklimaberichts von

August 2021 rund 70 Zentimeter bis Ende des Jahrhunderts und rund 30 Zentimeter bis 2050.[9] Manche Experten gehen mittlerweile schon von weit über einem Meter und mehr bis 2100 aus.[10] Das bedeutet auch häufigere Überschwemmungen: »Ein Hochwasserereignis, das statistisch gesehen aktuell einmal in 100 Jahren auftritt, (könnte) nunmehr jährlich auftreten.«[11]

Dabei gibt es aber immer noch viele Unbekannte. Denn nicht überall steigt der Meeresspiegel gleich schnell, auch Sturmfluten und Starkregenereignisse sind nicht vorhersehbar. Dass sich die Klimakrise beschleunigen und im Extremfall der Meeresspiegel noch stärker steigen könnte als prognostiziert, liegt vor allem an den kaum abschätzbaren Schmelzprozessen in der Antarktis. Der südlichste Eiskontinent gehört zu den gefährlichen Kippelementen des Klimasystems. Wenn die globalen Durchschnittstemperaturen zu stark steigen, könnten die Eismassen instabil werden und ins Meer abfließen. Dadurch könnte der Meeresspiegel global sogar um bis zu drei Meter steigen. »Es ist schwer vorherzusagen, wann das eintritt«, meint die Glaziologin Angelika Humbert vom Alfred-Wegener-Institut. »Auch mit unseren Simulationen können wir nicht präzise sagen, wann genau sich die Gletscher zurückziehen und den kontinentalen Gletscherschild gefährden.«

Doch es geht nicht nur um den Meeresspiegelanstieg, sondern auch um die Zunahme an Extremwetter wie Stürmen und Starkregen. Der aktuelle 6. IPCC-Bericht (erster Teil von August 2021) wertete dafür Hunderte Studien aus der ganzen Welt aus. Demnach seien durch die steigenden Temperaturen auch kombinierte Extremwetterereignisse möglich: So wird es immer wahrscheinlicher, dass Hitzewellen und Dürren oder Starkregen und Stürme gleichzeitig auftreten. »Je wärmer es weltweit wird, desto mehr werden wir nie erlebte und bisher nie erreichte Extremereignisse sehen«, warnt die Klimaforscherin Friederike Otto.[12] Dabei mache es einen riesigen Unterschied, ob die Welt auf eine 1,5- oder 2-Grad-Erhöhung gegenüber der vorindustriellen Zeit zusteuere.

Auch die deutsche Küste ist wie fast alle Küstenregionen der Welt von der Klimakrise betroffen. Durch ein Zusammenspiel von Extremwetterereignissen steigt etwa die Gefahr von Überschwemmungen, weil durch Starkregen die Flüsse sehr viel Wasser mit sich führen, während gleichzeitig am Meer eine Sturmflut auf die Küstenbefestigungen drücken kann.[13] Vor allem solche Kombinationen können für Küstenbewohner gefährlich werden. Denn die Wissenschaftler weisen darauf hin, dass solche Extremwetter nicht nur tendenziell zunehmen, sondern auch heftiger ausfallen. »Die meisten Zukunftsszenarien bis zum Jahr 2100 zeigen über der Nordsee eine leichte Zunahme der Sturmzahlen, vor allem aber eine Intensivierung der Sturmstärke«, meint Frauke Feser, Expertin für Stürme und Klimawandel am Helmholtz-Zentrum Hereon in Geesthacht. So seien vor allem leichtere Sturmfluten in der Nordsee in den letzten Jahrzehnten häufiger aufgetreten.[14] Die Geesthachter Forscher beobachten die Veränderungen mit ihrem Sturmflutmonitor.[15] Dort zeige sich an allen Nordseepegeln (außer Helgoland) eine deutliche Häufigkeitszunahme der Sturmfluten. Für Cuxhaven hätten sie außerdem gemessen, dass auch die Intensität der Sturmfluten »signifikant« zunehme.

Es ist also nur rational, wenn die Halligbewohner angesichts dieser Szenarien um ihren Lebensraum und auch um Leib und Leben fürchten.

Vor unserer Reise nach Hallig Hooge hatte uns noch ein Bekannter mit auf den Weg gegeben: »Ah, die Halligen, na dann fahrt mal hin, solange es noch geht!« Ganz so, als würden die Marschinseln keine zehn Jahre mehr bewohnbar sein. Das ist so nicht ganz richtig. Die Halligen werden nicht einfach »untergehen«. Dennoch kann niemand mit Sicherheit sagen, wann und ob es so weit kommen wird, dass sie nicht mehr bewohnbar sind. »Ich gehe davon aus, dass meine Generation hier mit etwas Glück noch ihren Lebensabend verbringen kann. Aber für die Kinder, die jetzt hier auf der Hallig groß werden, könnte das schwierig werden«, sagt der stellvertretende Bürgermeister von Hooge, Michel Klisch.

In dem Klima-Thriller *CO_2 – Welt ohne Morgen* lebt der Einzelgänger Marc Behringer im Jahr 2040 auf einer nordfriesischen Insel und sagt: »Dieser Teil der Insel ist mehr als die Hälfte des Jahres überflutet. Das ist alles unbewohnbar.« In seinem Roman malt der Autor Tom Roth ein recht realistisches Bild der nahen Zukunft: »Es machte (…) den Eindruck, als wären die Häuser übereilt verlassen worden. In einem Garten stand sogar noch ein Fahrrad. ›Wurden die Menschen von der Überflutung überrascht?‹ Überrascht wurden nur die Ignoranten.«[16] Ein schmerzliches Szenario – aber mittlerweile weit mehr als nur Fantasy oder Science-Fiction.

Schutzräume und Verschottungen gegen das Wasser

Aus Schleswig-Holstein heißt es, man wolle die Bevölkerung schützen, es werde alles getan, um die Evakuierung der Inseln zu verhindern. Die Landesregierung ist fest davon überzeugt, die Bewohner der Halligen absichern zu können – und die Nordfriesischen Inseln zu halten. Ihr Ziel ist »die langfristige Bewohnbarkeit der Halligen in Zeiten des Klimawandels«, schreibt sie auf unsere Anfrage. Dazu gehören auch das »Warftverstärkungsprogramm« und die Sicherung der »Halligkanten«, also der Befestigungen an deren Ufern. Bei 15 der 32 Warften gebe es »größere Sicherheitsdefizite«. Eine Warfterhöhung würde rund sieben Jahre dauern und kostet etwas über fünf Millionen Euro. Eine Verstärkung aller besonders gefährdeten Warften in den nächsten 30 Jahren sei »nicht unrealistisch«. Diese Aussage ist allerdings völlig unverbindlich. Außerdem ist unklar, warum der Rest der Warften längerfristig sicher sein soll – und mit welchen Maßstäben oder Klimaszenarien das begründet wird.

Doch selbst wenn alle Warften einmal erhöht sind (was nicht geplant ist), dürfte das nicht ausreichen, räumt das Umweltministerium ein. Gleichzeitig müssten die Halligbewohner »Maßnahmen der Eigenvorsorge« ergreifen. Trotz aller Hochwasserschutzmaßnahmen müsse damit gerechnet werden, dass bei extremen Sturmfluten Wasser die Gebäude auf den Warften erreicht. Die Behörden empfehlen deshalb Fenster und Türen mit Verschottungen auszustatten und auf jeder Warft Schutzräume einzurichten – denn im Fall der Fälle könnten die Bewohnerinnen und Bewohner auf Halligen nicht evakuiert werden. Bei einer Sturmflut können Rettungshubschrauber nicht ausrücken.

Dies bestätigen auch Klimaforscherinnen wie Insa Meinke. Für die fernere Zukunft führt sie weiter aus: »Dauerhaft werden die Halligen nicht wie bisher bewohnbar bleiben.« Es gebe mittlerweile Klimaszenarien, die einen Anstieg von bis zu zwei Metern bis Ende des Jahrhunderts plausibel erscheinen lassen. »Damit könnte maximal noch die jetzt dort lebende Generation so leben wie bisher, danach geht es so nicht weiter«, so Meinke, die für das Norddeutsche Küsten- und Klimabüro im Institut für Küstensysteme arbeitet. Bisher könne aber niemand genau sagen, wie schnell sich der Anstieg des Meeres beschleunigt – und damit das Ende einer Besiedlung der Halligen in der jetzigen Form prophezeien. Dass diese Zeit kommen werde, sei aber ziemlich sicher.

Eine Aufgabe der Sicherung der Halligen käme einer Niederlage gleich – und wäre ein fatales politisches Signal, das keine Landesregierung gleich welcher Couleur senden will. Die Menschen wollen hören, dass ihre heimischen Inseln sicher sind – auch wenn sie gleichzeitig unzufrieden darüber sind, wie langsam es mit den Anpassungsmaßnahmen vorangeht, nicht nur auf den Halligen.

Doch zurück zu Michael Klisch auf Hallig Hooge. Wir spazieren einmal um die Hanswarft herum, Klisch zeigt uns die ältesten Häuser aus dem 18. Jahrhundert, die schon einige schwere Stürme überstanden haben. In einem Haus gibt es eine Ausstellung über Tiere und Pflanzen des Wattenmeers, daneben eine Galerie und hübsche Ferienhäuser mit Reetdächern. Einmal quer durch die Warft zu gehen, dauert nicht einmal fünf Minuten, fast jedes Häuschen hat Meerblick. Das ist romantisch – und bedrohlich zugleich. »Wenn man hier wohnt, dann kann man nicht die ganze Zeit daran denken, was alles passieren könnte«, sagt der hagere Naturschützer und blickt nachdenklich Richtung Meer, das keine 700 Meter weiter friedlich kleine Wellen schlägt. »Die Leute auf den Halligen haben schon immer mit einem Risiko gelebt, sie wissen, worauf sie sich einlassen.« Gleichzeitig sei auch klar, dass ein Sturm wie Xaver jederzeit wieder auftreten kann – und dass diese Ereignisse künftig wahrscheinlicher werden. Dennoch will kaum jemand den »Worst Case« zu Ende denken.

Würden bei einer Sturmflut die Halligen verwüstet, glaubt Michael Klisch nicht an einen Wiederaufbau: »Es wäre einfach viel zu teuer, denn jedes Haus, was hier gebaut werden muss, jede Straße und jede Infrastrukturmaßnahme ist kostspielig.« In solch einem Fall müsste das Land Schleswig-Holstein entscheiden, ob es sich noch lohnt, die Halligen erneut zu besiedeln. Schon heute ist die Besiedlung aller Halligen vor allem eine politische Entscheidung. Nicht nur die Absicherung, sondern auch der Erhalt der Halligen ist ein teures Anliegen. Allein der Bau des Mini-Supermarktes auf Hallig Hooge war ein Millionenprojekt – für eine Handvoll Konsumenten. Die Menschen auf den Halligen leben fast ausschließlich vom Tourismus, ansonsten gibt es nur noch ein wenig Landwirtschaft.

Die einzige ehrliche Risikoeinschätzung liefern wahrscheinlich die Banken: Wer sich ein Haus auf Hallig Hooge kaufen will, sollte den Kaufpreis bereits auf der hohen Kante haben. Laut Anwohnerinnen und Anwohnern bekommt man Kredite meist gar nicht oder nur unter schwierigen Konditionen gewährt. Da die Immobilie immer als Sicherheit für den Kredit dient, ist ein Haus in einer solch prekären Lage für den Kreditgeber nicht attraktiv. Bei den Banken will man das aber nicht so offen kommunizieren. »Grundsätzlich werde jede Immobilienfinanzierung individuell bewertet«, heißt es ausweichend. Dazu gehöre auch ein Wertgutachten. Die Lage des Hauses könne die Werthaltigkeit einer Immobilie »beeinflussen«.[17] Heißt: Vielleicht bekommen sie einen Kredit – aber der wird kein Schnäppchen.

Noch will die Politik die Halligen subventionieren, und auch die Bewohner können mit dem Risiko von steigendem Meeresspiegel und Stürmen noch leben. Doch der Wille, den Lebensraum an solch exponierten Orten in der Nordsee zu halten, dürfte mit jeder Naturkatastrophe immer von Neuem auf die Probe gestellt werden. »Und wenn sich irgendwann mal der Wind dreht und die Prioritäten anders gesetzt werden, könnte das alles ändern«, meint Michael Klisch.

Denn das Problem von vielen Halligen und Inseln ist auch, dass sie nicht vollständig mit einem Deich gesichert und deshalb auf Sandanspülungen angewiesen sind. Selbst natürliche Dünen, die oftmals mit Sandaufschüttungen geschützt werden, könnten dauerhaft dem Meer nicht mehr standhalten. Schon heute muss auf Sylt, aber auch auf den Nordfriesischen Inseln künstlich Sand aufgeschüttet werden, um die Erosion zu stoppen. Bei den Winterstürmen im Januar 2022 wurde auf Langeoog der künstlich aufgeschüttete Sand auf einer Länge von mehreren Hundert Metern »fast komplett aufgezehrt«. In den Dünen habe es laut der lokalen Presse »erst Abbrüche« gegeben. Dahinter liege die Stelle, wo das Trinkwasser der gesamten Insel gewonnen werde.[18]

Doch auch wenn Inseln mit einem Deich umgeben sind, ist das keine Lösung. Beispielsweise auf Pellworm. Dort wachsen derzeit die Bedenken: »Wir Menschen sind perfekt im Verdrängen«, sagt Silke Backsen, Biologin, Mutter von vier Kindern und Einwohnerin von Pellworm.[19] »Die bisherigen Maßnahmen reichen auf keinen Fall aus, auch wenn die Regierung sich sicher bemüht.« Auf Pellworm würde gerade darüber nachgedacht, sogenannte Schutzwarften zu bauen, wo sich die Menschen im Katastrophenfall in Sicherheit bringen können. Außerdem müssten die Deiche erhöht und nach Ansicht von einigen Expertinnen und Experten auch eine zweite Deichlinie geschaffen werden.[20] Zudem liegt die Insel teils unter dem Meeresspiegel. Deshalb wirkt der Deich wie der Außenrand einer Badewanne: Zwar ist sie dadurch vor den meisten Unwettern geschützt, könnte aber »volllaufen«, wenn Starkregen und etwa ein Orkan gleichzeitig auftreten. »Am Ende kommt es darauf an, wann die Außenposten aufgegeben werden«, meint Silke Backsen, die sich zusammen mit ihrer Tochter bereits mehrmals an Klagen für mehr Klimaschutz beteiligt hat. »Noch werden wir geschützt, auch weil wir ein Wellenbrecher für das Festland sind.«

Die Badewanne läuft voll

Deutschland hat seine Nordseeküste mit rund 1800 Kilometer Deichlinie gesichert, hinzu kommen zahlreiche Sperrwerke, die wie große Tore an den anliegenden Flüssen bei Sturmfluten geschlossen werden können. Die Ostseeküste ist rund 700 Kilometer lang (ohne die Bodden- und Haffküsten) – und ebenfalls vom steigenden Meeresspiegel bedroht, obwohl viele denken könnten, dass sie als Binnenmeer geschützter ist.[21] An der deutschen Küste wohnen über drei Millionen Menschen an den besonders exponierten Stellen der Küste sowie auf Inseln und Halligen.[22] Niedersachsen versichert seinen Bewohnerinnen und Bewohnern: »Die Deiche sind sicher!« Schränkt aber gleich danach ein: »Einen absoluten Schutz gibt es aber nicht.« Denn nicht nur die Bewohner *vor* der Küste, sondern auch *an* der Küste sind nicht vor den Folgen der Klimakrise sicher.

Ein »Entwässerungsproblem« ähnlich wie auf Pellworm haben mittlerweile auch bestimmte Küstenabschnitte auf dem Festland in Schleswig-Holstein und Niedersachsen, nämlich dort, wo Flüsse wie die Ems, die Weser oder die Elbe Richtung Meer fließen und potenziell über die Ufer treten. Starke Regenfälle können dazu führen, dass im Inneren des Landes nicht genug Wasser abfließen kann. Eigentlich fließt das überschüssige Wasser des Binnenlandes durch sogenannte Sieltore ab, vorausgesetzt, es ist gerade Niedrigwasser. Sieltore sind verschließbare Ventile im Deich, die ihn für eine kurze Zeit durchlässig machen. Wenn allerdings das Meer ohnehin vom Sturm aufgewühlt ist und gegen die Deiche und Küstenanlagen drückt, müssen diese geschlossen werden. Doch regnet es dann im Inland stark und anhaltend, steigt das Hochwasserrisiko – die Wanne läuft voll.[23]

Auch hier verstärken die Folgen des Klimawandels diese ohnehin bestehenden Probleme des Küstenschutzes noch: Durch den steigenden Meeresspiegel würden an vielen Sieltoren die Zeitfenster kleiner, in denen das Wasser frei in die Nordsee abfließen kann – also es im Binnenland höher als auf der Außenseite steht –, heißt es von den zuständigen Behörden.[24] Dann helfen nur noch sogenannte Schöpfwerke, die das Wasser aus dem Inland mit viel Energieaufwand ins Meer pumpen – während Sieltore das Wasser nur passiv ableiten. Allein in Niedersachsen gibt es über 40 solcher Schöpfwerke an der Küstenlinie. Diese werden meist mit Elektrogeneratoren betrieben. Hinzu kommt »eine große Anzahl an Schutzdeichen im Binnenland«, wie der Landesbetrieb für Küstenschutz (NLWKN) mitteilt. Künftig werde es erforderlich, immer mehr passive Siele oder Abflüsse durch Schöpfwerke und Maßnahmen zum Wasserrückhalt zu ergänzen. Mit genauen Prognosen hält sich die Behörde aber zurück.

Auch an der Ostsee gibt es solche Schöpfwerke, allein 19 an der Küste bei Stralsund. Der dortige Wasser- und Bodenverband macht auch Angaben zum Energieverbrauch: Insgesamt werden nur für diesen Teilabschnitt rund 1,2 Millionen Kilowattstunden pro Jahr verbraucht.[25] Das entspricht dem Bedarf von 400 Haushalten. Der Betrieb der Anlagen werde künftig durch »erforderliche Rekonstruktionen sehr kostenintensiv werden«, schreibt der Verband. Die Förderung durch das Land sei ganz eingestellt worden, nun bezahlten Anwohner und Kommunen. Schnellt der Energieverbrauch durch Starkregen und steigenden Meeresspiegel in die Höhe, dürfte das Leben an der Küste kostspieliger werden.

Zu einer Anpassung der Entwässerungssysteme durch Schöpfwerke und zusätzlichen Wasserrückhalt gebe es keine Alternative, meint der Küsteningenieur Frank Thorenz. Er arbeitet für die Landesbehörde NLWKN, ist aber auch Forschungsleiter Küste beim Kuratorium für Forschung im Küsteningenieurwesen. Thorenz ist sich sicher: Die deutschen Küsten sind vor Sturmfluten derzeit sicher. Beispielsweise durch Zubauten wie den »Klimadeich«. »Solche Deiche berücksichtigen einen Meeresspiegelanstieg von einem Meter und werden so konstruiert, dass bei sehr ungünstigen Entwicklungen eine Erhöhung um einen weiteren Meter möglich ist. Ziel ist es, das gesamte Küstenschutzsystem und vor allem auch das natürliche Küstenschutzelement Salzwiese und dessen Ökosystemleistung zu erhalten.« Beim Bau der Deiche werden ungünstige Gezeitenverhältnisse, Sturmfluten und ein Anstieg des Meeresspiegels berücksichtigt. Damit der Deich potenziell aufgestockt werden kann, muss er weitaus breiter angelegt sein. Es gebe »keine Veranlassung, sich von den Küsten zurückzuziehen«, meint der Ingenieur.

Klimaforscherinnen und Klimaforscher wollen dieser Meinung der Küstenschutzbehörden zwar nicht direkt widersprechen, einige von uns befragte Wissenschaftler weisen aber zu Recht darauf hin, dass dies nur für eine relativ kurze Zeitspanne vorausgesagt werden könne. Spätestens in der zweiten Hälfte des Jahrhunderts könne es aber schon ganz anders aussehen – vor allem hinsichtlich der Zunahme von Extremwetter.

Außerdem ist der Schutz der Küsten – wie der Inseln – am Ende eine Kostenfrage. Und die werden steigen, das räumen auch die Behörden ein. Das Bundesland Schleswig-Holstein gibt derzeit bereits rund 75 Millionen Euro pro Jahr für seinen Küstenschutz aus, Niedersachsen rund 65 Millionen Euro. Es ist eine der wenigen Gemeinschaftsaufgaben von Bund und Ländern.[26]

Die Könige unter den Deichbauern sind immer noch die Niederländer. Sie haben in Delft sogar ein eigenes Forschungsinstitut, wo die Wucht der Wellen auf Oberflächen untersucht wird. Im »Deltares«-Labor werden Wellen simuliert, die über einen kleinen Kanal und eine Maschine erzeugt werden. Dann schlagen sie gegen Wände, die unterschiedliche Deichtypen simulieren. Getestet wird, ob sie dabei Schäden verursachen. Grundsätzlich ist die Physik hier eindeutig: Je schräger die Deiche auslaufen, desto stabiler sind auch die Deichwände. Je flacher die wasserseitige Böschung geneigt ist, desto weniger hoch laufen die Wellen am Deich auf. Das bedeutet, die erforderliche Deichhöhe wird geringer, meint der Küstenexperte Thorenz. Muss ein Deich erhöht werden, wird die Böschungsneigung nicht verändert, da der Deich stabil bleiben muss. Deshalb benötigt er mehr Fläche. Eine Deicherhöhung um einen Meter benötigt ca. zehn Meter mehr Raum.

Doch eine Sache sind die Deiche an der Küste, die andere die Sicherung des Binnenlandes. Nach weiteren Nachfragen bei den niedersächsischen Küstenschutzbehörden wird klar, dass das größere Problem diese Küstenregionen im Inland sind – und wie sie gegen Hochwasser geschützt werden können. Das geht weit darüber hinaus, einfach die Deiche aufzustocken – und gefährdet auch Menschen, die nicht direkt am Meer wohnen. Denn wenn das Inland vollläuft und auf dem Meer ein Sturm tobt, wird es auch für Anwohner ungemütlich, die 100 Kilometer landeinwärts wohnen. Sicherlich hilft es, mehr Schöpfwerke zu bauen – und so bei einer Flut und Starkregen so viel Wasser wie möglich vom Inland aus ins Meer zu pumpen. Allerdings steigt der Druck durch die Zunahme von Starkregenereignissen derart an, dass auch das auf Dauer nicht ausreicht – der Pegelunterschied könnte gegebenenfalls zu groß sein. Laut der Risikoanalyse des Umweltbundesamtes könnte bei Extremwetterereignissen eine »Überlastung der Entwässerungseinrichtungen auftreten«.[27] Das könnte bei einer »Überlagerung mehrerer klimatischer Faktoren« passieren – also wenn es stark regnet und gleichzeitig eine Sturmflut auf dem Meer gibt (potenziert durch einen beschleunigten Meeresspiegelanstieg). Unter extremen Bedingungen, schreibt das Amt, könnte »die Binnenentwässerung vollständig aussetzen« – meint, dass das Inland wie eine Badewanne volllaufen würde und damit auch Hunderttausende Häuser unter Wasser stünden.

Wenn es also heißt, dass die Deiche sicher sind (und das verbinden die meisten Menschen mit Küstenschutz), bedeutet das noch lange nicht, dass die Hochwasserprobleme im Inland gelöst sind.

Zur Anpassung an die Folgen des Klimawandels arbeiten Thorenz und seine Kollegen auch an Schutzdeichen an den Flüssen, um den »Badewannen-Effekt« zu minimieren. Dafür wollen die Küstenschützer die Deichlinie von Flussufern weiter ins Inland verlegen, um mehr Überschwemmungsflächen zu schaffen. Dann haben die Flüsse Platz, um bei Starkregen über die Ufer zu treten, und das Wasser kann sich verteilen und der Boden die Nässe besser aufnehmen. Die bisherigen Schutzdeiche an Flüssen sind in Niedersachsen rund 570 Kilometer lang – wenn nur an einigen Stellen die Deichlinie verlegt wird, müssen hektarweise neue Überschwemmungsflächen geschaffen werden. Vor allem an Sperrwerken (jenen Fluttoren an Flüssen kurz vor dem Meer) bräuchte es solche Flutpolder, damit diese bei Schlechtwetter und Sturm zum Schutz der umliegenden Siedlungen geschlossen werden können. Mit mehr Platz könnte das Regenwasser der Flüsse dann auf Flutpolder verteilt werden, wenn es nicht mehr ins Meer ablaufen kann.

Ein Beispiel ist das Sperrwerk Husum. Es liegt einen Kilometer vor der kleinen Stadt an der schleswig-holsteinischen Nordseeküste. Der Fluss, die Husumer Au, zieht sich durch die Hafenstadt hindurch, und bei Ebbe stehen die Schiffe in dem beschaulichen Husumer Hafen bis zur Schiffsschraube entblößt im Sand. Die Au mündet ins Wattenmeer und fließt normalerweise unbehindert vom Husumer Hafen durch das Sperrwerk bis zur Mündung. Tobt jedoch ein Sturm, bei dem meterhohe Wellen an die Deiche schlagen, müssen die Husumer das Sperrwerk zum Schutz der Stadt schließen. Dann kommt das tobende Meer nicht rein – aber das Flusswasser auch nicht raus. So ein Sperrwerk kann immer nur für eine kurze Zeit schützen, da der Fluss ja normalerweise ins Meer abfließt. Steigt das Meer, können diese Tore das nicht wirklich aufhalten – sonst staut sich das Flusswasser im Innern.

Vom Sperrwerk aus ziehen sich grasbewachsene Deiche entlang, davor befindet sich das Dockkoog. Koog nennen die Küstenbewohner eine Fläche am Meer, die von Deichen umschlossen wird. Sie wurde irgendwann einmal »eingedeicht« – also für

Landwirtschaft oder Siedlungen nutzbar gemacht. In Schleswig-Holstein trotzte man dem Meer das letzte Mal Ende der 1980er-Jahre Land ab – 3500 Hektar an der Nordstrander Bucht. Doch damals gab es schon eine wache Naturschutzbewegung, die das »Abschneiden des Watts vom Meer« kritisierte. Aufgrund von Protesten wurden die Flächen aber schließlich zu einem Naturschutzgebiet.

Wagen wir einen Schritt zurück?

Nicht ohne Grund denken viele beim Küstenschutz zuerst an Deiche. Kaum jemand hingegen denkt an »Eindeichung«, also den menschengemachten Landgewinn, Flächen, die dem Meer einst geraubt wurden. Die Küste am Schleswig-Holsteiner Nordstrand ist nicht natürlich. »Gott schuf das Meer und der Friese schuf die Küste«, so sagt man in Nordfriesland. Die ursprüngliche Küstenlandschaft war nie gerade, sondern »zerfranst« und von den Gezeiten zerfressen. Und weil die Küste bereits vor Jahrzehnten und Jahrhunderten verändert wurde, ist ihr Schutz vor den Folgen des Klimawandels eine besondere Herausforderung.

Ohne diese Vorgeschichte ist gar nicht zu verstehen, was bei der Anpassung an den Klimawandel vielleicht neu gedacht werden muss. Reden wir darüber, wie wir uns schützen wollen, gehen wir überall – egal ob bei Küste oder Wald – von einer bereits vom Menschen stark veränderten Landschaft aus. Die hat ihrerseits auch bereits ohne das Zutun des Klimawandels ihre Schwächen (und teils auch Stärken). Es muss deshalb auch beim Küstenschutz hinterfragt werden, von welchem Status quo wir überhaupt ausgehen – und ob es sich lohnt, diesen zu erhalten.

Erste Versuche, statt einem technischen Küstenschutz auch mal einen Rückzug in Erwägung zu ziehen, hatten bisher wenig Erfolg. Während Deiche automatisch mit Sicherheit verbunden werden (auch zu Recht), tut man sich bei der Rückverdeichung und bei großflächigen Naturlösungen viel schwerer – auch wenn ein solcher »Schritt zurück« in manchen Gegenden nicht nur für die Natur ein Gewinn, sondern langfristig vielleicht die resiliente Variante wäre, mit der Klimakrise umzugehen. Zu stark ist noch das Denken von einem »gegen die Natur« statt einem Miteinander. Doch der Mensch kann sich gegen die Folgen der Klimakrise nicht in einem Bunker einmauern und auf die Katastrophe schießen. Am Ende ist die Kraft der Natur immer stärker als technische Ingenieurleistungen und intelligente naturnahe Lösungen oft nachhaltiger, auch wenn sie erst mal schwerer zu verstehen und vielleicht nicht so imposant sind.

Am Dockkoog beim Husumer Sperrwerk versuchten Umweltschützer wie der WWF vor ein paar Jahren die Deichlinie ins Inland zu verlegen. Damit sollte die weiter oben beschriebene Eindeichung für einen kleinen Küstenabschnitt rückgängig gemacht und ökologischer Küstenschutz geschaffen werden. »Wir wollten die erste Deichlinie verlegen und ein Naturreservat schaffen«, erzählt Hans-Ulrich Rösner vom WWF an einem windigen Herbsttag. Wir stehen am Husumer Sperrwerk und blicken auf den Koog, den die Umweltschützer dem Meer »zurückgeben« wollten. Eine gleichmäßig grüne Wiese, links hinter dem Deich das Fahrwasser zum Hafen, ein paar Möwen kreisen, weiter hinten erahnt man das Meer.

Hätte man den Deich geöffnet, wäre durch die Anspülung von Sedimenten aus dem Wattenmeer eine Salzwasserlagune entstanden, und Küstenvögel hätten sich ansiedeln können. »Wir wollten Dinge ausprobieren«, so Rösner. Das Wattenmeer wäre vergrößert worden, die biologische Vielfalt gestärkt und ein Pilotprojekt für einen ökologischen Küstenschutz geschaffen worden, bei dem das Land wieder mit dem Meeresspiegel in die Höhe wachsen kann – und die Wellen bei Sturm natürlich ins Land hinein abflachen. Sogar ein naturnahes Hotel auf einer Warft sei geplant gewesen.

Doch das Projekt wurde von der Stadtvertretung mehrheitlich abgelehnt. Die Verlegung von Deichen in Zeiten des Klimawandels – das war Konservativen und Sozialdemokraten nicht geheuer. Dabei bescheinigte die Küstenschutzbehörde laut den Umweltschützern einen ebenso guten Sturmflutschutz für alle Vorschläge. Am Ende passierte erst einmal gar nichts, in Zukunft soll möglicherweise nur der alte Deich verstärkt werden. »Die Erhöhung von Deichen ist nicht immer die beste Möglichkeit«, meint Rösner. Für eine gewisse Zeit könnte solch ein Bauwerk die Küste schützen. Doch auch er warnt vor der Gefahr des »Volllaufens« des Binnenlandes, wenn das Wasser keine Ablaufmöglichkeit habe. Außerdem könne sich hinter einem Deich kein Sediment mehr ablagern, weil die Wellen an ihm abprallen und das Material zurück ins Meer tragen. Das Land kann also nicht mit dem Meeresspiegel wachsen und auf Dauer sogar absinken. »Irgendwann wird auch kein Deich mehr gegen den Meeresspiegelanstieg helfen«, so der Umweltschützer. Das würde zwar noch eine Weile dauern, aber auf längere Sicht, 2100 und darüber hinaus, sei zu befürchten, dass an vielen Stellen der deutschen Küste nur der Rückzug helfen würde.

Doch solche Rückzugskonzepte werden nicht nur von der Stadt Husum skeptisch gesehen. Selbst in dem sonst recht progressiven Anpassungsbericht des Umweltbundesamtes heißt es, dass solche alternativen »Nutzungsformen« erst dann infrage kämen, wenn die Entwässerung durch die Schöpfwerke nicht mehr garantiert werden könne oder schlicht zu teuer werde. »Grenzen der Anpassung« nennen das die Autorinnen und Autoren.[28] Doch warum sind das Grenzen und nicht neue Perspektiven?

Das Watt ertrinkt

Es wird gern verdrängt, dass es beim Küstenschutz nicht nur um den Menschen geht. Bei der Anpassung an den Klimawandel steht auch die Erhaltung ganzer Landschaften auf dem Spiel, die sonst einfach verschwinden würden – egal ob im Gebirge oder am Meer. Landschaften sind mehr als nur Grundstückswerte oder potenzielle Maisfelder oder Rinderwiesen. Das Wattenmeer etwa ist eine von der UNESCO geschützte Landschaft. Mit einer Fläche von etwa 11.500 Quadratkilometern erstreckt es sich länderübergreifend von den Niederlanden über Deutschland bis Dänemark. Die Landschaft wurde erst 2009 in die UNESCO-Welterbe-Liste aufgenommen. Doch die weltweit einzigartigen Ebbe-und-Flut-Sandbanken sind in Gefahr. Durch den steigenden Meeresspiegel drohen sie zu »ertrinken«. So könnten noch in diesem Jahrhundert größere Wattflächen verschwinden und dieses einzigartige Biotop mit seiner biologischen Vielfalt verloren gehen. Betroffen sind unzählige Vögel, Insekten und Meerestiere, die im Watt leben.

Doch wie in vielen Fällen ist auch das Verschwinden des Watts kein »rein ökologisches« Problem. Auch der Küstenschutz könnte unter dem verschwindenden Watt leiden: Wenn der Meeresspiegel ansteigt und das Watt »ertrinkt«, würden die Deiche und andere Schutzbauwerke noch stärker gefordert, stellt Klimaforscherin Insa Meinke fest. »Der Druck steigt natürlich enorm, wenn die Wellen durch das Watt nicht mehr ausgebremst werden.« Welche Folgen das künftig für die Deiche haben wird, sei noch völlig unklar.

Eine Möglichkeit ist laut Studien des WWF ein »aktives Sedimentmanagement«, also etwa Sandaufschüttungen, wie sie auch vor den von Erosion bedrohten Inseln, beispielsweise vor Sylt, bereits seit Jahren üblich sind.[29] Dort versucht der Küstenschutz jedes Jahr mit gut einer Million Kubikmetern Sand die Insel zu sichern. Dieser Sand wird dann durch die Meeresströmungen erodiert und an anderer Stelle abgelegt.

Ein anderer Weg, das Wattenmeer zu retten, ist, ihm mehr Platz zu geben. Doch dafür müsste der Mensch wieder zurückweichen – und Flächen hergeben, die er einst dem Meer nahm. Während das in Husum scheiterte, gibt es an anderen Stellen der Nordsee einzelne Leuchtturmprojekte. Dennoch sind auch diese eher für Tourismus gedacht – und gelten nur zweitrangig als Küstenschützer (obwohl sie diese Rolle ebenfalls erfüllen).

Rund 80 Kilometer nördlich von Bremen liegt das neue Ausflugsziel Langwarder Groden, ein ökologisches Ausgleichsprojekt für den Ausbau des JadeWeserPorts. Selbst bei windigem Herbstwetter spazieren hier Familien mit gelben Regenjacken und Gummistiefeln einen Rundwanderweg am Meer entlang. Über einen mit Holzbohlen aufgelegten Pfad kann man rund vier Kilometer über eine Salzwiese laufen und Ebbe und Flut hautnah erleben. Eine hölzerne Brücke führt über einen kleinen Kanal, der früher als Entwässerungskanal für die eingedeichten Grünflächen diente. Kommt die Flut, dann verschwindet das kleine Biotop im Wasser, unter der Holzbrücke gluckert das Flutwasser über einen Kanal auf die Salzwiese. Die Meeresbrise bläst frisch um die Ohren, der Wanderweg ist gesäumt von Erklärtafeln wie bei einem Naturkundepfad.

Hier wurde das Ökoparadies geschaffen, das der WWF bei Husum umsetzen wollte. Dafür hat man den sogenannten Sommerdeich zum Teil eingeebnet – gegen den erheblichen Widerstand der örtlichen Deichverbände.[30] Sommerdeiche sind niedrige Deiche vor dem eigentlichen Hauptdeich, die nur leichte Sturmfluten abflachen sollen, sodass die Flächen zwischen Sommerdeich und Hauptdeich im Sommer beweidet werden können. Auch bei der vergleichsweise kleinen Fläche des Langwarder Groden von rund 150 Hektar gab es bereits Bedenken aufgrund »wirtschaftlicher Verluste«, weil es sich um Grünland handelte.

Doch das Projekt setzte sich durch. Auf dem Gebiet, das vorher eingedeichtes Grünland war, entstand eine Salzwiese. Das Biotop ist eine Mischung aus mariner Welt und Landleben, es ist der natürliche Übergang zwischen Land und Meer. Mit dem Wegfallen des Deiches entwickeln sich diese Salzwiesen von allein – und beherbergen bis zu 800 Tierarten. Besonders für Zugvögel sind sie ein wichtiger Zwischenstopp. Durch die tägliche Flut spült das Meer wertvolle Sedimente auf die Salzwiese und erhöht diese gleichzeitig.

Für die Salzwiesen gibt es zwei Möglichkeiten, sich an den Meeresspiegelanstieg anzupassen. Die erste Option ist, dass sie vertikal »aufwachsen«, wenn die tägliche Tide und episodische Sturmfluten Sediment auf ihnen ablagern. Derzeit ist der jährliche Sedimentauftrag noch mit dem aktuellen Meeresspiegelanstieg im Gleichgewicht, zumindest an den meisten Stellen an der Küste. Modelle zeigen allerdings, dass der Sedimentauftrag sich wahrscheinlich nicht genauso stark beschleunigt wie der vorhergesagte Meeresspiegelanstieg, erklärt Michael Kleyer, Professor für Landschaftsbiologie an der Universität Oldenburg. Dann würde der Lebensraum Salzwiese »ertrinken«, besonders, wenn Deiche an der Küste verhindern, dass sie mit dem Meeresspiegelanstieg landeinwärts wandern. Durch die künstliche Begrenzung stünde die Salzwiese dann immer häufiger und immer tiefer im Wasser – bis das Ökosystem schließlich verschwindet, ähnlich wie beim Watt. Die Migration landeinwärts ist die zweite natürliche Anpassung an den Meeresspiegelanstieg. Wer die Deiche nicht ganz abbauen will, könnte die Salzwiesen auch hinter die Deiche legen und die Siele, also die Durchflüsse im Deich, öffnen.

Auch der Küstenschutz der Halligen – der vorgelagerten Marschinseln in Schleswig-Holstein – funktionierte lange mit solchen Salzwiesen. Auch dort fordern einige Bewohner nun, wieder mehr Überschwemmungen zuzulassen, damit sich Sedimente aus dem Meer ablagern und so die Insel natürlich erhöhen.

Dahinter steht ein Gedanke, den der Agrarbiologe Michael Kleyer bereits seit Jahren verfolgt: »Wir müssen beginnen, die Küste und deren Funktion und Aufgaben neu zu denken.« Fährt man mit dem Oldenburger Professor die Deichlinie auf Butjadingen ab – der Halbinsel zwischen Jadebusen und Weser –, bekommt man einen Eindruck davon, wie sich die deutsche Küste im Laufe der Jahrhunderte verändert hat – und wie sie künftig gestaltet werden könnte. Meterhohe Deiche, auf denen Schafe grasen, entwässerte Moore und landwirtschaftliche Betriebe auf eingedeichten Marschlandschaften, die in Niedersachsen Groden (in Schleswig-Holstein Koog) genannt werden. Bereits vor Jahrhunderten haben die Küstenbewohnerinnen und -bewohner hier begonnen, Land zu gewinnen und sich vor den Gefahren des Meeres zu schützen.

Sieht man die Küste so im Spiegel der Jahrhunderte, stellt sich die Frage neu, was denn eigentlich »natürlich« ist. Wir fahren gern ans Meer, um die Naturgewalten zu erleben – bewegen uns aber in Kulturlandschaften, geschaffen von Menschenhand. Vielleicht haben wir dadurch mehr Land. Und vielleicht auch temporär mehr Schutz. Doch durch die Landgewinnung entstehen auch Probleme, die Deutschland heute bei der Anpassung an die Klimakrise hat. Denn wo Land besiedelt wird, werden natürliche ökologische Prozesse gestoppt, andere angeschoben.

Michael Kleyer lebt seit 20 Jahren an der Küste und kennt die Gegend um Butjadingen sehr gut. Den Status quo der Deiche und ihrer ständigen Nachbesserungen hält Kleyer für eine teure und nicht besonders nachhaltige Möglichkeit, sich auf die Zukunft in der Klimakrise vorzubereiten. »Wir müssen darüber nachdenken, perspektivisch an den besonders tief liegenden Stellen den Rückzug des Menschen aus der landwirtschaftlichen Nutzung zu planen«, so Kleyer. Das bedeute aber nicht unbedingt etwas Negatives. Der Mensch müsse nur wieder lernen, mit dem Wasser zu leben, statt »gegen« es anzukämpfen.

Wir fahren mit ihm einen Feldweg mitten hinein ins Ipweger Moor. Mit dem ablaufenden Grundwasser des höhergelegenen Binnenlandes (eiszeitliche Geest) sind im Flusstal der Weser im Laufe der Jahrtausende große Niedermoore entstanden, auf denen sich dann Hochmoore entwickelt haben. Als der Mensch sesshaft wurde, begann er das Moor schrittweise zu entwässern, damit dort Tiere weiden und Landwirtschaft betrieben werden konnte. Auch Torf – der wertvolle Boden des Moores – wurde früher gestochen. Auf dem Feldweg liegt links ein zugewuchertes Buschwerk, rechts zeigt der Ökologieprofessor auf eine kahle Wiesenlandschaft, die von Gräben durchzogen ist. Diese Seite wurde jahrzehntelang entwässert, erklärt der Wissenschaftler. Das Moor sei hier regelrecht leergelaufen. Damit fiel es trocken, Luftsauerstoff trat hinzu, und die Zersetzung des Torfes begann.

Pro Hektar und Jahr würden dadurch bis zu 31 Tonnen im Boden gebundenes CO_2[31] »ausgasen«, also in die Atmosphäre aufsteigen (siehe Kapitel 7). Die Folge: Durch die Entwässerung schrumpfte das Land zusammen, der Boden verlor an Höhe. Zwischen der linken Seite des Feldweges, wo das Moor noch halbwegs intakt ist, weil es nie vollständig entwässert wurde, und der rechten, mit Gräben durchzogenen Wiese liegen gut zwei Meter Höhenunterschied. Abgesehen von dem Klima-Irrsinn, den so eine Moorentwässerung darstellt, und dem Verlust an Tier- und Pflanzenarten, ist tiefer liegendes Land an der Küste aber nicht gerade vorteilhaft. Der Badewannen-Effekt verstärkt sich.

Das bedeutet auch mehr Belastung für die Deiche. Das Wasser aus dem Inland muss mit mehr Energie ins Meer abgepumpt werden. Außerdem besteht die Gefahr, dass der Deich »durchnässt«. »Sie müssen sich das so vorstellen: Wasser fließt immer bergab. Je höher das Meer gegenüber dem Binnenland steht, desto mehr wird es langfristig zu Versalzung des Inlandes kommen«, meint Michael Kleyer. Ursache dafür ist sogenanntes Qualmwasser, das sind Grundwasserströme, die unter dem Deich hindurchführen.[32] Längerfristig steige dieser Druck durch einen steigenden Meeresspiegel – und vor allem an Stellen, wo das Inland merklich tiefer liegt. Immer wieder gebe es schon jetzt »Salzwassereinbrüche«. Salziges Wasser in Brunnen oder in den Kanälen, aus denen das Vieh früher trank.

Zudem kann man Deiche nicht überall unendlich hoch bauen. An einigen Stellen der Küste sacken die Schutzdämme auch mal weg – weil der Untergrund die Last von tonnenweise Sand und Zement nicht tragen kann. Beim Sehestedter Außendeichmoor musste der Küstenschutz bereits in den 1980er-Jahren aufwendig eine Stahlwand einziehen.[33] Anders hätte der Deich nicht gehalten.

Zurückweichen für die Sicherheit

Doch für Rückdeichungen, zusätzliche Flutpolder oder natürliche Salzwiesen braucht man viel Fläche. Und in einem derart stark besiedelten Land wie Deutschland ist das kein Selbstläufer. Die Ländereien an den Flüssen sind oft in Privatbesitz, gehören Landwirten. Ihre Umwandlung dürfte nicht nur auf Zustimmung stoßen – auch wenn diese Enteignungen der Sicherheit aller dienen. Wie viele solche Flächen in Niedersachsen gebraucht werden, können auch Küstenexperten wie Frank Thorenz noch nicht sagen. Sicher werde es »Flächenkonkurrenzen« geben – aber eben auch einen Mehrwert für Naturschutz und Sicherheit, sagt er. Gerade berechne diesen Vorgang eine Arbeitsgruppe anhand von Computermodellen, die mit verschiedenen Klimaänderungsszenarien gespeist werden. Erst dann kann die Wirksamkeit von möglichen Maßnahmen bewertet werden – und auch die Gewissheit, welche Flächen für die Anpassung an den Klimaschutz eventuell benötigt werden. Ein Rückzug wird durch Umwandlung von Flächen an einigen Stellen wohl erforderlich sein, schätzen Experten wie Thorenz die Situation ein. »Managed Retreat« – also der geordnete Rückzug des Menschen –, so wollen die Küstenschützer das lieber nicht nennen, obwohl es genau das ist: der Natur mehr Raum geben, zurückweichen, für die eigene Sicherheit.

Michael Kleyer hat da schon mehr Fantasie. Bei unserem Ausflug in die Salzwiesen und alten Moore an der Küste sprudelt er nur so von Ideen. Zuerst könnte das Projekt Langwarder Groden, also der Rückbau der Sommerdeiche vor den Hauptdeichen, an anderen Stellen weitergeführt werden, um eine Migration der Salzwiesen mit zunehmendem Meeresspiegelanstieg zu ermöglichen. Auf längere Sicht könnte er sich vorstellen, dass die Hauptdeiche zwar weiter ihre Sturmflut-Schutzfunktion behalten, aber mit Toren ausgerüstet werden, sodass bei normaler Tide Salzwasser in besonders tief liegende Gebiete einströmen kann. Die mit dem Wasser transportierten Sedimente könnten diese auch aktuell schon besonders von der Versalzung gefährdeten Gebiete erhöhen, und Salzwiesen könnten sich entwickeln, wo heute entwässertes Grünland ist. Diese könnten auch teilweise beweidet werden, meint Kleyer. Denn zumindest die nicht täglich überfluteten Salzwiesenbereiche liefern ein mineralreiches und gutes Futter.

Würden die Tore im Hauptdeich bei Sturmfluten geschlossen, so wären Häuser und Siedlungen geschützt. Man sollte aber auch im Inland die Siedlungen und die Landwirtschaft neu denken. Möglich wären sogenannte Pfahlbauten, wie es sie auch an anderer Stelle der Nordsee bereits gibt. Solche Häuser würden dann mehrere Meter hoch auf Stelzen in der Landschaft stehen und könnten so unterspült werden. Diese wären vor allem für Häuser in der Nähe der Küstenlinie denkbar. Auch die traditionellen Warften, die es bereits heute auch auf dem Festland gibt, könnte man erhöhen oder neue anlegen. In den Niederlanden wird zudem sehr viel mit schwimmenden Häusern experimentiert.

Wir fahren an einigen Dörfern vorbei, wo vor allem alte Landhäuser noch auf solchen Erdhügeln stehen, wie sie auch auf den Halligen zu finden sind. Neuere Scheunen oder Wohnhäuser hingegen sind in die Marschlandschaft ohne eine zusätzliche Erhöhung hineingebaut worden. Das sei an der Küste blauäugig, meint Michael Kleyer. Teilweise stehen Ställe und Häuser tatsächlich direkt hinter dem Deich bis zu zwei Meter unter dem Meeresspiegel. Das sei ein Spiel mit der Zeit – und ein zu hoher Vertrauensvorschuss in die Küstenschutzbehörden, kommentiert der Professor.

Am Boden selbst könnte man statt des bisherigen Grünlandes eine »wassernahe« Landwirtschaft aufbauen, etwa den Anbau von Schilfgras. Das lässt sich nicht nur als ökologischer Baustoff gut verwenden, sondern speichert auch noch erstaunlich viel CO_2. Diese sogenannte Paludikultur könnte so nicht nur für mehr Biodiversität sorgen, sondern auch eine an die Klimakrise angepasste Küstenlandschaft entstehen lassen und gleichzeitig große Mengen CO_2 aus der Atmosphäre holen (siehe Kapitel 7). Die Schilflandschaften sind auch ideale Wellenbrecher.

Schilfrohr und Rohrkolben haben laut Expertinnen und Experten auch gute bauphysikalische Eigenschaften, etwa für Bau- und Dämmstoffmaterial.[34] Beispiele sind Schilfrohrplatten zur Dämmung oder Dachbedeckung oder Lehmputz als Ersatz für Mörtel.

Die Idee ist auch schon beim Umweltbundesamt angekommen – allerdings nur, wenn die Entwässerung der Flächen durch die Schöpfwerke »nicht mehr rentabel« ist. Dann könne eine »langfristige Flutung von Marschgebieten« infrage kommen.[35] Solche naturbasierten Lösungen für den Küstenschutz werden bereits in vielen Ländern angedacht – auch unter Wasser. Der Anbau von Seegras etwa oder die Ansiedlung von Mangrovenwäldern. Das kann den Wellengang bereits abflachen, bevor das Wasser an der Küste aufschlägt. Außerdem können die Pflanzen ebenfalls CO_2 speichern und sind damit ein Klimaschützer.

»Es geht nicht darum, alles morgen umzusetzen, aber die Politik braucht eine Vision, wie wir mit der Küste in Zeiten der Klimakrise umgehen sollten«, glaubt Michael Kleyer. Künftig müsse man solche Ideen ernsthaft auf wirtschaftliche und klimapolitische Vorteile abklopfen. Denkbar seien beispielsweise auch touristische Angebote. Hotels auf Stelzen inmitten eines Naturschutzgebietes mit zahlreichen Vögeln und Wanderwegen sind sicher reizvoll. Bereits heute sind solche Pfahlbauten in Sankt Peter-Ording eine echte Attraktion, zu der jährlich Tausende Besucherinnen und Besucher pilgern. Allerdings stehen diese direkt an der Küstenlinie – und mussten bereits teilweise um über 200 Meter zurückversetzt werden.[36] Das Meer hatte sich zu sehr ins Landesinnere verlagert.

»Leichen lagen zu Haufen aufgetürmt …«

Der Kampf des Menschen mit dem Meer währt bereits so lange, wie es Siedlungen an der Küste gibt. »Die frühesten Warftensiedler lebten damit, dass regelmäßige Fluten auftraten, und nutzten die schlammigen Nährstoffe, die auf die Marschen gespült wurden«, schreibt der Autor David Blackbourn in seiner *Geschichte der Deutschen Landschaft.*[37] Erst später baute man Sommerdeiche, um Land zu gewinnen. Der Deichbau verbesserte sich im Laufe der Jahrhunderte, wurde immer effizienter, das Land dahinter immer sicherer. Gleichzeitig wurde der Eingriff des Menschen in die Natur – beispielsweise durch die Absenkung des Inlandes durch Bewirtschaftung – immer größer und verwandelte sich schließlich zur tödlichen Falle, sobald eine besonders heftige Sturmflut kam. Der Historiker Blackbourn erzählt von der Weihnachtsflut von 1717:

> *Als die Wasser sich schließlich nach 14 Tagen zurückzogen, waren die Marschen übersät mit Leichen und Kadavern von Mensch und Vieh. Man fand die Leichen von aneinandergebundenen Familienangehörigen, die befürchtet hatten, von der Flut getrennt zu werden. Leichen waren in die Entwässerungsgräben gespült worden oder lagen zu Haufen aufgetürmt, wo das Wasser sie gerade zurückgelassen hatte, dreißig am Fuß einer einzigen Brücke.*[38]

Die letzte große Sturmflut der Nordsee ereilte vor allem die Region um Hamburg im Jahr 1962. Damals starben fast 350 Menschen – Grund dafür war auch ein nachlässiger Küstenschutz. Obwohl neun Jahre vorher in den Niederlanden eine verheerende Jahrhundertflut unzählige Opfer gefordert hatte, besserten die Deutschen ihre Deiche nur wenig nach, und Siedlungen wurden weiter ausgebaut, weil die Bevölkerung wieder wuchs.[39]

Ein Großteil der Todesopfer lebte in Hamburg-Wilhelmsburg, einem Viertel unterhalb des Meeresspiegels. »Der Stadtteil wies eine hohe Dichte an Aussiedlern und Arbeitern auf, die in Wilhelmsburg zum Teil noch als unmittelbare Folge der Kriegszeit in Schrebergartensiedlungen und Nissenhütten lebten.«[40]

Das Schutzniveau heute ist sicherlich besser als in den 1960er-Jahren an der Nordsee. Dennoch warnen Klimaforscher und Ökologen wie Michael Kleyer zu Recht davor, sich zu sehr in Sicherheit zu wiegen und kurzfristig zu planen.

»Tatsächlich sind die Visionen eines naturnahen Küstenschutzes nicht nur ökologischer, sondern auch die nachhaltigeren«, meint Kleyer. Noch erfüllten die Deiche an vielen Stellen ihre Zwecke – und schützten die Menschen. Aber damit würden sich auch viele Anwohner in einer falschen Sicherheit wiegen.

Darin liegt sicher etwas Wahres. Es ist nicht zu leugnen, dass die Deutschen dank großer Ingenieursleistungen der Neuzeit mit einem hohen Sicherheitsstandard leben. Doch dadurch hat der Mensch auch seinen Respekt vor den Naturgewalten verlernt – er überschätzt sich. Das haben uns die Wasserbauingenieure und Geologen ebenso erzählt wie Historiker, die wir interviewen konnten: »Es gibt das Phänomen, dass Technisierung zu einem erhöhten Sicherheitsgefühl führt und die damit geschaffenen Sicherungen wieder konterkariert werden«, meint die Technologiehistorikerin Martina Heßler von der Universität Darmstadt. Menschen hätten im Laufe der Zeit in einer hoch technisierten Welt viel Wissen über Natur verloren oder vergessen. Das zeige sich schon daran, dass Menschen die Anzeichen für Gewitter nicht mehr »lesen« können oder am Meer die Flut nicht ernst nehmen.

Hinzu komme, dass manche Wetterlagen und Naturkatastrophen über längere Zeit nicht vorkommen, wie etwa besonders schlimme Überschwemmungen oder Stürme. »Mit der fehlenden Erfahrung, was diese bedeuten können, werden die Gefahren dann leicht unterschätzt oder einfach vergessen«, so Heßler.

Abseits des unendlich großen Vertrauens in Deichbauten und Sperrwerke wäre es sinnvoll, sich die Geschichte der Küste klarzumachen: Eine solch dichte Besiedlung wie in zahlreichen Kurorten und Hotelhochburgen an der deutschen Küste ist das Ergebnis von hocheffizienten Schutzmaßnahmen. Doch angesichts der Prognosen für die nächsten Jahrhunderte könnten wir den heutigen Stand der Technik nutzen, um wieder einen Schritt auf die Natur zuzugehen. Vielleicht könnten flexible Lösungen an der Küste, die ökologischen Lösungen mehr Raum geben, längerfristig auch sicherer sein. Es geht nicht um ein schlichtes »Zurück«

in die »Vorzeit«. Damals kamen ebenfalls sehr viele Menschen an der Nordsee bei Sturmfluten ums Leben, so wie es David Blackbourn beschreibt. Aber gegen einen steigenden Meeresspiegel und eine Häufung von Extremwetter kann sich niemand »einbunkern«. Auch Deiche und Dämme haben ihre physikalischen Grenzen. Wieso können wir nicht unser Wissen nutzen, das kundige Forscherinnen und Ingenieure angehäuft haben, um eine echte Nachhaltigkeit zu wagen, die zugleich auch für mehr Biodiversität sorgt und Zugvögeln mehr Raum gibt? Bedroht ist außerdem nicht nur der Mensch, sondern auch ganze Küstenlandschaften wie das Wattenmeer. Wir haben es in der Hand, sie zu retten. Deichschafe allein sind ein trauriges Überbleibsel von der Vielfalt an Landschaft und Getier, was einst die Nordsee ausmachte. Auch Naturschutzverbände und Denkfabriken wie Adelphi plädieren dafür, Küsten und Flüsse aus einer ganz neuen Perspektive zu begreifen: Geben wir ihnen mehr Platz, dann gibt es nicht nur einen Klimanutzen, sondern auch mehr Küstenschutz und »besondere Lebensräume mit hohem Wert für die Natur«.[41]

Sind Megadämme sinnvoll?

Einer, der wissen wollte, wie weit man technische Lösungen im Klimaschutz treiben kann, ist Joakim Kjellsson vom Helmholtz-Zentrum für Ozeanforschung Kiel (Geomar). In einer Machbarkeitsstudie spielte er den Bau eines 160 Kilometer langen Damms über den Ärmelkanal sowie eines nördlichen Damms von 480 Kilometern zwischen Norwegen und Schottland durch.[42] Die Idee: ein gigantischer Schutzwall für rund 25 Millionen Menschen, die direkt an der Nordseeküste leben – von Norwegen, Großbritannien über die Niederlande bis Deutschland. Kosten: bis zu 500 Milliarden Euro, verteilt auf 20 Jahre Bauzeit.

»Wir waren überrascht«, meint Kjellsson. »Solch ein Damm ist tatsächlich machbar.« Was aber nicht heiße, dass das Projekt tatsächlich sinnvoll sei.

»Uns ging es nicht darum, solch einen Damm als Lösung für die Klimakrise zu bewerben«, meint der Wissenschaftler. »Im Gegenteil: Wir wollten zeigen, welche irren Anstrengungen vielleicht irgendwann einmal nötig sind, wenn wir nicht schnell die Emissionen senken und den Klimawandel stoppen.« Sein Blick geht in die Zukunft – weit über 2050 hinaus. Aber dieses Gedankenspiel zeigt, mit welchen Bedrohungen unsere Kinder und Enkelkinder zu tun haben werden. Bei einem Meeresspiegelanstieg von zwei bis vier Metern könnten viele Küstenabschnitte nicht mehr geschützt werden (laut Klimaforschenden könnte das im 22. Jahrhundert eintreten). Die Küstenlinie der 15 Anrainerstaaten der Nordsee sei einfach zu lang. Nicht jeder Küstenabschnitt könnte langfristig abgesichert werden. Je höher das Meer steigt, desto bedrohlicher werden auch Sturmfluten oder Starkregenereignisse.

»Dann bleiben nur noch zwei Möglichkeiten: entweder die Megadämme oder die Umsiedlung von Millionen von Menschen«, sagt Kjellsson. Denn die Nordseeküste ist nicht nur dicht besiedelt, sondern beherbergt auch wirtschaftliche Hotspots wie Hamburg, Bremerhaven, Amsterdam oder Edinburgh.

Der schwedische Forscher wollte mit seiner Studie keine Empfehlung abgeben, sondern warnen. Denn solche Megaprojekte sind nicht nur irrsinnig teuer, sondern haben auch schwerwiegende ökologische Folgen. Das komplette Ökosystem der Nordsee würde auf den Kopf gestellt. »Danach wird die Nordsee eher einem Süßwassersee als einem Meer gleichen«, so Kjellsson. »Ich wäre besorgt, wenn Regierungen das wirklich interessant finden würden.«

Was die Geomar-Wissenschaftler zeigen wollten, ist, dass auch die Anpassung Grenzen der Vernunft hat. Deshalb sollte man die Klimakrise gar nicht erst so weit fortschreiten lassen, dass die 15 Nordsee-Anrainerstaaten wirklich über solche Megadämme nachdenken. Allerdings könnten sie für einen extremen Anstieg des Meeres um mehrere Meter der einzige Ausweg sein, wenn nicht Millionen Menschen umsiedeln wollen.

Doch schon jetzt müssten auch bei einem vergleichsweise moderaten Anstieg in den nächsten Jahrzehnten dringend Maßnahmen ergriffen werden. »Selbst wenn wir heute aufhören, CO_2 zu emittieren, wird das Meer noch Jahrzehnte weiter steigen – das Klima ist träge.«

Was wir tun können

Deiche suggerieren Sicherheit. Ökologen und Klimaforscherinnen weisen aber darauf hin, dass diese technische Lösung ein teurer und temporärer Schutz ist. Zwar sind die grasbewachsenen Wälle an vielen Stellen der Nordseeküste sinnvoll, da der Mensch die Meeresufer über Jahrhunderte hinweg begradigt und einstige Überschwemmungsflächen zu Grünland oder Siedlungsfläche umgewandelt hat. Aber in Zeiten eines steigenden Meeresspiegels und zunehmender Extremwetter stoßen wir mit dem bisherigen Denken »gegen das Meer« an Grenzen der Anpassung. Die von uns geschaffene Landschaft und deren Sicherungssysteme wiegen uns in einer Sicherheit, die es so nicht gibt. Ein Umdenken »mit dem Meer« könnte helfen, die dramatischen Folgen der Klimakrise an den Küsten zu meistern und gleichzeitig die Küsten wieder naturnahe zu machen. Es geht nicht nur um uns, sondern auch um die Rettung ganzer Landschaften wie des Wattenmeers oder Raststätten für Zugvögel. Dem Meer wieder Raum zurückzugeben, könnte eine Möglichkeit sein. Nicht nur für den Naturschutz ist das ein Segen, sondern die Wellen würden Sedimente ins Inland tragen, Wellen könnten auf großen Flächen langsam auslaufen und sogar eine neue Form von Landwirtschaft und touristischen Angeboten könnte entstehen.

4 Hitze und Starkregen

Stadtleben im Klimachaos

Thomas Griebe kann aus seiner zwölften Etage auf die Dächer von Duisburg blicken, er sieht die kubusförmigen Einkaufszentren, die Schlote der Stahlwerke von Duisburg-Rheinhausen, die gleichförmigen Welldächer der Bergbausiedlungen und die sechsspurige Autobahn 52, die den Bahnhof von der Innenstadt trennt. Alles, was eine typische Stadt im Ruhrgebiet ausmacht. Der Leiter des Duisburger Umweltamtes muss diese Betonwüsten nun möglichst schnell in grüne Landschaften verwandeln, denn nichts heizt sich in kommenden Hitzewellen so schnell auf wie der graue Beton. »Damit es hier in zehn Jahren noch angenehm ist, wollen wir Fassaden und Dächer begrünen«, sagt der promovierte Chemiker im karierten Sakko. Er zeigt auf die wahlweise mausgrauen oder teerschwarzen Dächer. »Etwa auf der Turnhalle dort, oder auf dem Hotel da drüben.«

Griebe kann lange davon erzählen, wie anspruchslos dickblättrige Stauden auf dem Dach wachsen, wie sich immer mehr Supermärkte oder Büromieter dazu entschließen, auf ihren Gebäuden Erde aufzutragen, um dort die fleischigen Pflanzen anzubauen oder, wenn es noch besser läuft, um dort sogar Bäume und Sträucher anpflanzen zu können, die die Luft durch ihre höhere Verdunstung noch besser abkühlen können. Aber im Gespräch wird schnell klar: Griebe ist sehr engagiert – aber ein ziemlicher Einzelkämpfer. Diese Stadt – wie viele andere auch – nimmt die Klimakrise nicht ernst.

Duisburg ist eine Kommune, wie es viele in Deutschland gibt: Zerstört im Zweiten Weltkrieg, wurde sie wohlhabend in den 1960er-Jahren, als die Stahl- und Kohleindustrie Steuern und Menschen in die Stadt am Niederrhein brachte. Die einzige große freie Fläche im Zentrum, das grüne Feld, auf dem das tragisch endende Megaevent Love-Parade einst stattfand, ist heute eine unattraktive Wiese mit vereinzelten Büschen. Höherwachsende Pflanzen werden heute stetig abgeholzt, damit sich in den Bäumen keine Vögel ansiedeln – die Federtiere könnten einen späteren Verkauf an Investoren verhindern. Im Fachjargon nennt sich das »unternehmensfreundliche Baufreihaltung«. Somit könnte auch der einzige zentrale grüne Fleck weichen, sollte der Stadt jemand ein lukratives Angebot machen. Denn die Zeit ihrer großen Industrien von Kohle bis Stahl sind vorbei, die Einwohnerzahl schrumpfte auf zuletzt 500.000 Menschen, das Geld ist knapp.

Oder wird in andere Projekte wie einen neuen Bahnhofsvorplatz gesteckt. Tatsächlich aber müssen zwei Effekte der Klimakrise, die Menschen in allen Wohnungen und Häusern, in allen Büros und Fabrikhallen betreffen, abgefedert werden: Häufiger und heftiger Starkregen lässt manche Gebiete schlicht unbewohnbar werden beziehungsweise verlangt nach neuem Schutz für bestehende Immobilien. Darauf werden wir später im Kapitel noch zu sprechen kommen. Und zweitens werden alle Menschen, aber insbesondere solche, die in der Stadt wohnen, unter heißen Tagen leiden: Beton speichert die Wärme des Tages noch viele Stunden nach Sonnenuntergang, und so bleibt es bei Hitzewellen in Berlin, Hamburg und Frankfurt auch in der Nacht deutlich heißer als etwa in der Mecklenburgischen Seenplatte. Schon jetzt hat sich die Zahl der Hitzetage in Deutschland seit 1950 verdreifacht.[1]

Dabei fällt ein markantes Phänomen auf: »Was früher ein extrem heißer Sommer war, ist heute ein durchschnittlicher

Sommer«, schreibt der Deutsche Wetterdienst.[2] Selbst die kühlsten Juli- und Augustmonate der letzten 25 Jahre blieben meist deutlich über dem langjährigen Durchschnitt vor 1990. Für die Zukunft hängen die Prognosen auch daran, wie viele Treibhausgase wir noch emittieren: Der Deutsche Wetterdienst hat Daten des Weltklimarates für Prognosen genutzt und erwartet für Berlin und Brandenburg beim optimistischen Klimaschutzszenario Ende des Jahrhunderts 10 bis 16 heiße Tage pro Jahr, im schlimmsten Fall müssen wir mit 21 bis 35 Hitzetagen im Jahr rechnen.[3] Das bedeutete einen Monat lang starke Hitze im Jahr, viel mehr, als wir jetzt gewohnt sind.

Dramatische Aussichten also – aber noch immer gehört die Klimaanpassung nicht zu den verpflichtenden Aufgaben einer Kommune. Das wäre dringend nötig, um die Umbauprojekte vorrangig zu behandeln. Obligatorische Aufgaben sind bislang Dinge wie Kindergärten, Wasserversorgung, die Feuerwehr, die Müllabfuhr. Klimaanpassung hingegen, die im Zweifel Leben rettet, ist nur eine freiwillige Kann-Aufgabe mit demselben Rang wie ein Touristenbüro. »Das führt natürlich dazu, dass wirtschaftliche Dinge Vorrang haben – die Abgeordneten fühlen sich dem nächsten Bauprojekt, der nächsten Gewerbesteuer, näher als einem heißen Sommer der Zukunft«, sagt Regine Ortlepp. Sie leitet den Forschungsbereich »Gebaute Umwelt – Ressourcen und Umweltrisiken« am Leibniz-Institut für ökologische Raumentwicklung und sagt: »Die Freiwilligkeit der Klimaanpassung ist ihr größter Schwachpunkt.«

Wohnen in der Zukunft – können wir uns das überhaupt leisten?

Dabei müssen sich Städte genauso wie Dörfer vorbereiten – schließlich wohnen die meisten Menschen in urbanen Regionen. Bürgermeisterinnen und ihre Gemeinderäte werden so zu wichtigen Entscheidern.

An die Klimakrise angepasstes Leben in der Stadt heißt, die Schlafzimmer und Büros, die Einkaufsstraßen möglichst kühl zu halten. Dichte Häuserreihen, versiegelte Flächen wie asphaltierte Straßen und Plätze, nur wenige grüne Büsche und zusätzliche menschengemachte Wärme, verursacht beispielsweise durch Klimaanlagen und Heizungen, kann während Hitzewellen die Lufttemperatur in größeren Städten um bis zu 10 Grad höher ansteigen lassen als in der Umgebung. In Berlin wurden sogar schon Temperaturunterschiede von 12 Grad zum kühleren Umland gemessen: Je größer der Betonring um einen Standort herum ist, umso heißer wird es Tag und Nacht.

Im Umkehrschluss bedeutet das, die Betonfläche möglichst zu verringern, die Grünfläche zu vergrößern. Keine leichte Aufgabe in einer Zeit, in der mehr Menschen zentral in der Stadt leben wollen und die Immobilienpreise so hoch sind, weil Wohnungen fehlen. Aber viele Expertinnen und auch zunehmend Stadtchefs wollen den Raum in der Stadt neu aufteilen – denn es sind heute nicht nur Wohnflächen, die die Stadt versiegeln, sondern vor allem Straßen und Parkplätze, die künftig Bäumen und Rasen weichen könnten. Und die bestehenden Immobilien, etwa frei werdende Kaufhäuser oder Büros, könnten künftig umgewidmet werden.

Aber noch sind diese hehren Visionen nur Ankündigungen: Einen deutschlandweiten Masterplan, wie sich Kommunen vor Extremwetter schützen können, existiert nicht. Unsere Befragung in Kooperation mit »Frag den Staat« hat gezeigt: Von den 400 angefragten Städten hat überhaupt nur rund die Hälfte geantwortet; lediglich 40 davon verfügten über ein Anpassungskonzept. Und weniger als jede zehnte aller angefragten Kommunen hat konkrete Projekte geplant, wie etwa Flächen zu entsiegeln, um Hitze abzumildern, oder Rückhaltebecken für Starkregen zu schaffen. Nur elf Kommunen wissen, ob und wie viele Bäume sie pflanzen wollen – und keine einzige konnte sagen, wie viele Quadratmeter Beton und Asphalt entsiegelt werden sollen. Obwohl dies eine der wichtigsten Maßnahmen ist, um die Städte runterzukühlen und Starkregen versickern zu lassen.

Noch aufschlussreicher ist der Rücklauf zur Frage nach dem Budget: Nur 17 Kommunen haben ein eigenes Budget zur Anpassung verabschiedet – es schwankt zwischen 10 000 Euro für die Stadt Worms und 14 Millionen Euro für den Stadtstaat Hamburg. Kaum eine Stadt reserviert also Geld für die Vorbereitung auf die Klimakrise. Die Zeitpläne der Städte hinken Jahrzehnte hinter der Notwendigkeit hinterher. So antwortete die Stadt Mayen-Koblenz, sie wolle bis 2024 ein Klimaschutzkonzept erarbeiten. Der Landkreis Harz wollte unsere Anfrage nur gegen Gebühren beantworten. Der Rheingau-Taunus-Kreis gab an, bald über ein solches Konzept »sprechen« zu wollen – gleichwohl gebe es dafür weder »personelle noch finanzielle Kapazitäten«. Manche wie der Kreis Verden antworteten einfach lapidar, ihnen läge dazu »nichts vor«. Halle an der Saale gehört zu den löblichen Ausnahmen mit konkreten finanziellen Plänen, wenn auch mit einem minimalen Budget: Hier sollen rund 250.000 Euro beispielsweise in Begrünungen, Infoveranstaltungen oder Lastenräder investiert werden.

So gibt unsere Umfrage preis: Die Budgets für klimaangepasste Städte sind entweder absolut unzureichend – oder gar nicht erst vorhanden. Selbst in der durch die Hochwasserkatastrophe zerstörten Region um Ahrweiler liegt kein Konzept vor – und ein solches ist auch nicht in Planung.

Dabei ist die Frage der Finanzierung Dreh- und Angelpunkt dafür, wie gut die Anpassung gelingt. Flächen zu entsiegeln, kostet Hunderttausende Euro, die Pflege der Grünflächen muss jedes Jahr neu budgetiert werden. Kindergärten brauchen Sonnensegel, und Menschen, die nicht mehr mit dem Auto in die Stadt fahren können, benötigen Alternativen wie günstige Busse oder sichere Radwege. All das muss finanziert werden, und zwar idealerweise geplant.

Noch ein Manko verrät unsere Fragebogen-Studie: Weil es keine bundesweiten Richtlinien gibt, ob oder wie eine Stadt einen Anpassungsplan verabschieden muss, lassen sich der Fortschritt und auch der Bedarf kaum vergleichen. Manche Städte haben schlicht keine Pläne, andere packen in den – meist sehr oberflächlichen – Klimaschutzplan einfach noch zwei Absätze zur Anpassung dazu. Dabei geht es im Klimaschutzplan um etwas ganz anderes, nämlich darum, Treibhausgase einzusparen. Für beide Pläne gilt allerdings: Verbindliche Versprechen machen die wenigsten.

Geldmangel, von dem uns später auch zwei Klimamanager erzählen werden, bremst jeden Fortschritt aus. Ein Wissenschaftler, der zur Anpassung forscht, aber anonym bleiben möchte, erzählt uns von dieser gravierenden Diskrepanz zwischen dem äußerlich dargestellten Willen zur Anpassung und dem, was dann tatsächlich passiert. Er sagt, viele Städte würden so »lächerliche Summen« wie 5000 Euro für Klimaschutz und Anpassung einplanen. »Damit können sie 5000 Broschüren drucken – aber sie nicht einmal verteilen. Wie sollen sie so 40.000 Leute bewegen? Wie sollen sie so die Kommune umbauen?« Die geringen Budgets würden zeigen, dass die Klimakrise noch immer keine Rolle spielt im Tagesgeschäft. »Ein mittelständisches Autohaus gibt im Jahr 60.000 Euro für Werbung aus – und Energieberater, das Umweltamt, die Stadtplaner, all die Leute, die etwas verändern könnten, sollen manchmal mit ein paar Hundert Euro zurechtkommen. Das ist absurd.« Seiner Erfahrung nach sei »unter einer halben Million Euro kaum etwas zu bewegen«. Für ihn ist auch der Geldmangel nur vorgeschoben. Schließlich wären immer »Hunderttausende Euro« dafür übrig, löcherige Autostraßen zu reparieren. Auch wenn nicht jede Kommune so viel Geld in ihre Straßen investiert, ist nicht von der Hand zu weisen: Viele andere Projekte sind höher finanziert als die Anpassung.

Die Diskussion darüber, wer die Folgen der Klimakrise eigentlich bezahlen, woher das Geld in den Städten kommen soll, steht noch ganz am Anfang. Rund 13 Prozent der deutschen Kommunen waren schon vor der Coronapandemie überschuldet, nun sind es mehr als die Hälfte: Sie haben deutlich weniger eingenommen, mehr Arbeitslose und Arbeitsausfälle finanzieren müssen. Aufgrund hoher Sozialausgaben und teils stark gesunkener Einnahmen steigt der Anteil der Städte und Gemeinden, die das

Jahr 2022 voraussichtlich mit einem Haushaltsdefizit abschließen werden, erneut an: und zwar auf 55 Prozent. Nach einer Studie[4] der Beratungsgesellschaft EY wird ein Viertel aller Kommunen ihre öffentlichen Angebote einschränken – etwa Theater oder Schwimmbäder schließen, 70 Prozent wollen ihre kommunalen Steuern, etwa auf Abwasser, erhöhen.

Auch der erste Professor für »urbane Klimaresilienz« an der Universität in Augsburg, Markus Keck, teilt die Sorge um das fehlende Budget. Das Besondere am Klimazentrum ist, dass alle Fakultäten mit an Bord sind, von der Medizin bis zu den Rechts- und Wirtschaftswissenschaften. Keck ist zuvor weit gereist, er forschte zu Klimawandel in Dhaka, der Hauptstadt Bangladeschs. Er habe dabei gelernt, wie beschwerlich das Leben unter klimatisch extremen Umständen sein könne. Nun ist er zurück im reichen Deutschland – und hier wird teilweise weniger investiert als in den asiatischen Regionen. Ein Fakt, den schon das Umweltbundesamt in seiner Liste der vorbildlichen Projekte einräumte, die wir in der Einleitung erwähnen.

»Entscheidend ist: Welche finanziellen Mittel haben Städte zur Verfügung, um sich anzupassen? Was kann garantieren, dass die Vorschläge schnell umgesetzt werden? Und wo? Das sind Kernfragen, die sich die meisten noch nicht stellen«, sagt Keck.

All das bedeutet: Die finanziellen Möglichkeiten der Kommunen sind pandemiebedingt so gering wie kaum zuvor. Deshalb müssen eigentlich, so sieht es auch Geograf Matthias Keck, neue Einnahmen gefunden werden – denn der Bundeshaushalt ist ebenfalls hoch verschuldet.

»Wir müssten nun die oberen 1 Prozent in den Fokus nehmen«, sagt Keck. Ihr Reichtum bringe ihnen bessere Überlebenschancen bei Extremereignissen, das berge großes Potenzial, um die soziale Spaltung zu vertiefen. »Der Fokus muss jetzt darauf liegen, die Kosten der Anpassung gerecht zu verteilen.«

Auch, um einen weltweiten Trend umzukehren: Seit den 1970er-Jahren ziehen sich einige extrem Reiche zu ihrem Schutz zurück, sie leben seitdem in den sogenannten *Gated Commu-*

nities, hinter geschlossenen Mauern, manchmal sogar bewacht. Dies könnte auch in Deutschland künftig ihre Strategie in der Klimakrise sein – mit der Folge, dass sich die armen und die reichen Stadtteile noch mehr voneinander unterscheiden. Forscher Keck sieht kaum ein Limit für diese Entwicklung: Inzwischen, so Keck, »liegt für einige Milliardäre die Zukunft sogar im All«, und spielt damit wohl auf Weltraumträume von Superreichen wie Amazon-Gründer Jeff Bezos oder Tesla-CEO Elon Musk an.

Auf der Erde aber verschulden sich die meisten Städte in Deutschland schon für die laufenden Kosten Jahr um Jahr mehr. Manchen ist ihre Armut anzusehen. Duisburgs Umweltdezernent Griebe sitzt in seinem Büro, er hat eine schöne Aussicht in die Ferne, aber auf den Fluren blättert der Putz, die Aktenschränke sind verstaubt, die Fenster von minderwertiger Doppelverglasung. Das gesamte »Hallesche Haus«, wie es die Duisburger nennen, sieht aus wie ein Relikt aus einer anderen Zeit, aber nun fehlt das Geld zur Renovierung des blau-grauen Gebäudes, das aussieht wie ein Playmobilturm. Und ausgerechnet seine eigene Fassade, die Fassade der Stadtverwaltung, sei nicht geeignet, begrünt zu werden, sagt Griebe.

Bei einem Stadtrundgang sehen wir, dass noch immer Flächen versiegelt und an Investoren verscherbelt werden. »Hier wäre ein kleiner grüner Park schön gewesen«, sagt Griebe mit einem ironischen Lächeln, als er neben einem Kran steht, der gerade ein vierstöckiges Gebäude abreißt. Es staubt bis in das benachbarte Parkhaus hinein. »Aber die Stadt hat es verkauft.«

Griebe ist anzumerken, wie er gegen eine Verwaltung kämpft, für die Klimaschutz ein neues und immer noch nicht bestimmendes Thema ist. »Die Städte, die jetzt richtig investieren, werden künftig besser dastehen – da werden Menschen wohnen wollen, da werden sich Geschäfte ansiedeln«, sagt Griebe. Aus ihm spricht das Bedauern, dass seine Stadt wohl nicht zu diesen Gewinnern zählen wird. »Unsere Begrünung wird nie umfassend genug sein, um die Temperaturen auf ein akzeptables Maß zu senken«, sagt er. Auf der gemeinsamen Begehung der Innenstadt findet sich nur eine Grünfläche, direkt vor dem City-Palais, einem Einkaufscenter aus den 2000er-Jahren. Allerdings trauten die Planer ihren eigenen Bürgerinnen und Bürgern nicht zu, mit dem Rasen vernünftig umzugehen: Er liegt auf einem 50 Zentimeter hohen Sockel, aufgebockt auf Betonrändern. Offenbar, um Hunde und Kleinkinder fernzuhalten. Die vor wenigen Jahren in der Mitte der Einkaufsstraße gepflanzten Ahornbäume hingegen lassen die Blätter hängen, viele Äste sind ganz vertrocknet. »Langfristig werden wir sie verlieren«, prophezeit Griebe. Sie hätten keine unterirdische Drainage und würden mit dem sinkenden Grundwasserspiegel austrocknen.

Aber was machen die Menschen dann, wenn es in Duisburg immer grauer und heißer wird? Diejenigen, die es sich leisten können, ziehen woandershin. »Ich sehe da die Türen sperrangelweit offen für einen großen künftigen Unterschied zwischen Arm und Reich«, sagt der Augsburger Forscher Keck. »Wenn wir sagen, wir wollen den Hitzeinsel-Effekt in der Stadt reduzieren, werden wir sicherlich nicht genug Geld haben, um überall Bäume zu pflanzen.« Man begrüne dann vielleicht die Flächen der Besserverdienenden und der Einkaufsstraßen. Dabei müssten eigentlich die finanziell Benachteiligten als Erste geschützt werden – sie kommen am schlechtesten mit Extremwetterereignissen zurecht.

Es müsste etwa grüne Korridore um Altenheime und Krankenhäuser geben, also Alleen, kleine Parks, um den Bewohnerinnen und Kranken einen kühleren Spaziergang zu ermöglichen, oder Schatten für die Gebäude. Aber, so betont Keck: »Wir müssen in großen Dimensionen denken – es geht nicht um ein paar Bäume. Jede Kühlfläche ist gut, aber ein Ahornbaum allein bringt wenig: Wir brauchen große Schneisen, wir müssen Flüsse renaturieren, damit sie länger im Stadtkörper bleiben.«

Was Keck vorschlägt – die Renaturierung der Flüsse (siehe Kapitel 2) –, ist eine absolute Kehrtwende, eine städtebauliche Revolution: Bislang wollte man das Wasser im Zentrum immer möglichst schnell loswerden und hat es in schmale Kanäle gezwängt. Die begradigten und kanalisierten Flüsse konnten dann für Wasserkraft und Abwasserentsorgung genutzt werden. Aber eine ungewollte Folge ist: Ihr Pegel steigt bei Starkregen wesentlich schneller an, der Fluss rauscht bei Hochwasser mit hoher Geschwindigkeit durch das Zentrum. Diese Renaturierung der städtischen Gewässer ist nur ein Beispiel, um zu zeigen, welcher kostspieligen Maßnahmen es eigentlich bedürfte. Aber da stehen wir, so Keck, noch ganz am Anfang.

Wenn schwarze Dächer die Stadt aufheizen

Wenn die Sonne brennt, ist für unseren Schutz eine Sache entscheidend: das Dach unserer Häuser. Bislang aber sind nahezu 99 Prozent aller Dächer in Deutschland alles andere als grün, sie sind meist betoniert oder mit undurchlässiger Teerpappe oder Plastikfolie belegt, häufig sogar schwarz, eine Farbe, die die Hitze besonders lange speichert. Dabei können Begrünungen nach Angaben des Bundesbaublattes[5] 40 bis 99 Prozent des Jahresniederschlags zurückhalten, um ihn dann nach und nach über die Verdunstung wieder freizugeben. Die Pflanzen bewirken dabei zwei Dinge: Sie nehmen Wasser auf, das bei Starkregen beispielsweise nicht mehr in die Kanalisation fließen muss, und sie verdunsten das Wasser, das langfristig die Umgebungsluft abkühlt.

Allerdings ist diese von vielen Kommunen propagierte Lösung nur ein Tropfen auf dem heißen Stein: Wenn alle Dächer ausnahmslos begrünt wären, würde die Umgebungstemperatur in zwei Metern Höhe nur um ein Grad Celsius sinken, hat der Deutsche Wetterdienst berechnet – im Inneren des Hauses allerdings können es einige Grad sein. Forschende stellen daher übereinstimmend fest: Am wirkungsvollsten ist es, den Boden zu entsiegeln, also Beton und Asphalt zu Grünflächen umzuwandeln. Aber wieso erzählt der Duisburger Thomas Griebe, der Umweltchef einer der größten Städte Deutschlands, dann vornehmlich von grünen Dächern?

Griebe spricht über die bei unserem Stadtspaziergang vom Gehweg aus kaum wahrnehmbaren Dächer, weil sich den wirklich wirksamen Umbauten in seiner Stadt – und in vielen anderen auch – viel zu viele Rathausmitarbeitende widersetzen würden. Gegen ein grünes Dach hat niemand etwas, gegen neue Bäume schon: Für die müsste beispielsweise ein Stellplatz für Autos weichen. »Wir haben einen hohen Parkdruck, erwidert dann die kommunale Wirtschaftsförderung«, erzählt Griebe und weist auf die vielen stehenden Autos direkt im Zentrum. Ihm ist anzumerken, dass er kämpfen will, er sympathisiere sehr mit der Fridays-for-Future-Bewegung, sagt er. Aber er wirkt ein wenig ernüchtert und überspielt seine Enttäuschung mit ironischen Witzen. »Es ist alles bekannt«, sagt er. Nur die Umsetzung sei nun schwierig. Ein Tenor, den viele Klimawissenschaftler und Aktivistinnen schon vom Klimaschutz kennen: Die Lösungen sind bekannt, werden aber nicht umgesetzt.

Griebes Erfahrung, von Kollegen oder höheren Stellen ausgebremst zu werden, deckt sich mit einem Bericht[6] des weltweiten Städtenetzwerks Cities, States and Regions (CDP): Darin klagt jede dritte Stadt darüber, dass der Erfolg ihres Umbaus zu einer klimaresistenten Stadt von höheren Hierarchien abhänge und an ihnen scheitere.

So bleibt es grau in deutschen Kommunen, wie es die damals noch finanziell reichhaltig ausgestatteten Stadtplaner in den 1960er-Jahren einst beschlossen. Damals wurde das Geld vor allem für Straßen ausgegeben – dem Auto, so verhieß ein Slogan im Ruhrgebiet, »gehört die Zukunft«. Wie in vielen Regionen Deutschlands wurden Schnellstraßen in Innenstädten geteert, für sie wichen Parks und Wohnraum. Noch heute ist dies in der Ruhrgebietsmetropole Essen zu beobachten: Die Autobahn 40 durchschneidet die Stadt buchstäblich in einen ärmeren nördlichen Teil und einen wohlhabenderen südlichen, und die Wohnhäuser stehen so nah über der sechsspurigen Fahrbahn, dass ihre Bewohnerinnen und Bewohner auf die Autodächer spucken könnten. Absurderweise sagte der CDU-Kanzlerkandidat für die

Bundestagswahl 2021, Armin Laschet, in einem Interview mit *DIE ZEIT*[7], dass die Menschen an den Autobahnen privilegiert seien, weil sie niedrigere Mieten zahlen. Das entschädigt natürlich nicht für ihre Atemwegserkrankungen, die ihnen drohen, und auch nicht für die Hitze, die im Sommer von ihrem Asphalt in die Wohnung flimmert.

Zudem leiden zentral wohnende Menschen zusätzlich unter einem scheinbar kleinen Phänomen, das aber unmittelbar mit der Schere zwischen Arm und Reich zusammenhängt: der menschengemachten Hitze durch Klimaanlagen. Die sozialistische Bürgermeisterin von Paris, Anne Hidalgo, hat das mal vorgerechnet, um ihre 200.000 Bäume zu verteidigen, die sie künftig auf Parkplätzen und Straßen pflanzen will: Wenn alle Wohnungen klimatisiert würden, stiege die Temperatur zwischen Eiffelturm und Bastille um weitere drei Grad an. Zudem verschlingen die Klimaanlagen in Häusern, die sie nutzen, schon jetzt ein Fünftel der Energie im Sommer, und mit jedem Grad werden es mehr. Individuelle Klimaanlagen sind also, so sagte es Hidalgo, »kein Segen, sondern ein Fluch für alle«.

Manager ohne Macht

Ein Segen für die Klimaanpassung sollten allerdings die Klimamanagerinnen und -manager sein. Menschen wie Sabine Falk: Sie ist gelernte Wasser-, Umwelt- und Küsteningenieurin und arbeitet heute als Klimamanagerin in Halle – einer der ärmsten Städte der Republik. Ihre Bewohnerinnen und Bewohner machen sich dementsprechend eher Gedanken über ihr tägliches Auskommen als über Vorsorgemaßnahmen. »Die wichtigste Aufgabe ist es, die Bürgerinnen und Bürger mit einzufangen. In meiner Stadt interessieren sich viele nicht für die Klimakrise, viele sind auf Hartz IV angewiesen, sie leiden unter hoher Armut – für sie sind Zukunftsszenarien weniger wichtig als der nächste Job«, erzählt Falk.

In so einer finanzschwachen Kommune wie Halle sind Investitionen und Veränderungen schwierig. Die Stadt hat nach der Wende 30 Prozent ihrer Einwohnerinnen und Einwohner verloren. »Da freut sie sich über jeden Investor und will ihm keine Auflagen machen. Höchstens springt dann mal ein Gründach bei raus, oder ein wenig Fotovoltaik«, sagt Falk. Aber ob diese Ausgleichsmaßnahmen gegen Hitze am Ende auch wirklich realisiert werden, würde kaum kontrolliert.

Erst im vergangenen Jahr wurde in Halle ein Bürgerentscheid gekippt, nach dem nur noch Anwohnerinnen und Zulieferer in die Stadt reinfahren sollten. Bei vielen klingelten die Alarmglocken. »Ich muss doch weiter Auto fahren!«, sagten sie laut Falk. »Das war natürlich ernüchternd, wir hatten uns sehr ins Zeug geschmissen.« Zurzeit laufe wieder ein vielversprechendes Projekt, das sogenannte mobile grüne Zimmer[8] – das ist ein Container mit vielen Pflanzen, in dem man sich hinsetzen kann und in dem es viel kühler ist als drumherum. Das Projekt zeigte Wirkung: Anschließend gab es in Halle mehr Nachfragen für Baumpatenschaften.

Wer Falk zuhört, versteht, wie mühsam ihr Job ist – Klimamanager müssten eigentlich Großes verändern, verfügen aber nur über bescheidene Mittel. Ihre geringe Anzahl zeigt erneut, dass Deutschland auch heute noch dem Klimaschutz viel mehr Ressourcen als der Anpassung zugesteht. Landesweit arbeiten nur 30 Anpassungsmanagerinnen, aber 1700 Manager für den Klimaschutz. Dabei sind es zwei Seiten derselben Medaille – beispielsweise ist es beiden Zielen zuträglich, Fußwege zu fördern statt Autostraßen, um damit sowohl Treibhausgase einzusparen als auch die Städte abzukühlen.

Gefördert werden Klimaanpassungsmanager über die Nationale Klimaschutzinitiative. Allerdings sind die Arbeitsbedingungen prekär: Die Stellen sind auf zunächst zwei Jahre befristet. Dabei ist nicht einmal definiert, was ein solcher Manager überhaupt genau macht. Manchmal wird die Stelle auch schlicht als Energieberater betitelt.

Ein bundesweites Anpassungsgesetz, das vorschreiben würde,

Mitarbeiterinnen aktiv einzustellen, fehlt bislang. Und wird auch sicherlich in Zukunft nicht so schnell kommen: Die letzte Föderalismusreform hatte den Ländern zugestanden, eigenständig darüber zu entscheiden, welche Bundesgesetze von den Gemeinden vollzogen werden.[9] So müssten die Länder selbst Klimaanpassungsgesetze verabschieden.

»Das hat aber bis auf Nordrhein-Westfalen niemand gemacht«, sagt Daniel Philipp, Klimaschutzmanager in der Kreisverwaltung des Main-Taunus-Kreises und zugleich Vorsitzender des Bundesverbandes Klimaschutz, des Dachverbandes der Klimamanager. Und auch das NRW-Gesetz sei schwach, es sehe lediglich Empfehlungen an die Kommunen vor. »Keiner will die Anpassung verbindlich machen – aus finanziellen Gründen: Wenn ein Land das festlegt, muss es auch dafür zahlen. Deshalb bin ich skeptisch, dass es so weit kommt«, sagt Philipp.

Philipp ist mit seiner Einschätzung nicht allein – auch in der Landwirtschaft (siehe Kapitel 5) und selbst für die lebensnotwendige Infrastruktur (siehe Kapitel 1) sind die entscheidenden Auflagen nicht verbindlich. In den Städten nun sind weder die Managerpositionen noch die Maßnahmen selbst obligatorisch.

Zudem würden die Klimaschutz- und Anpassungsmanagerinnen als Fremdkörper wahrgenommen, erzählt Philipp. »Ein Verwaltungsmitarbeiter hat gerne klare Regeln – sein Lieblingsspruch ist häufig: ›Das ist nicht meine Zuständigkeit.‹ Oder auch: ›Das haben wir noch nie so gemacht.‹ Oder: ›Das haben wir schon immer so gemacht‹.« Für diese Willkür bleibt viel Raum, weil es eben keine verbindliche Aufgabe ist. »Eine große Frage in den Städten ist immer: Was ist am dringlichsten? Wenn Starkregen fällt, ist es der Hochwasserschutz, wenn der Wald vertrocknet, ist die Aufforstung am dringlichsten. Natürlich wäre es aber notwendig, sich auf alle Situationen gleichzeitig vorzubereiten«, sagt Philipps ostdeutsche Kollegin Falk.

Wer dem Duo zuhört, erkennt, wie schwierig ihre Aufgabe ist. Sie, die eigentlich die Stadtbewohnerinnen vor Hitze und Hochwasser schützen sollen, die die Städte also auf die Zukunft vorbereiten, haben keinen angemessenen Platz im Rathaus: Ihnen fehlt es an Geld und Einfluss. Vielleicht auch, weil sie an Gewohnheiten rütteln, die schwer zu verändern sind, wie wir in den folgenden Abschnitten sehen werden.

Die Last der Autos

Wer aus der Vogelperspektive auf deutsche Städte schaut, sieht ein markantes Muster: Autos und ihre Infrastruktur nehmen sehr viel Platz ein. Aus der Perspektive des Klimaschutzes ist diese Dominanz problematisch. Autos und Lkw stoßen nach wie vor rund 20 Prozent aller Emissionen aus[10], es ist aber auch für ein an die Klimakrise angepasstes Leben relevant: Der Platz für Parkhäuser, Straßen und Parkbuchten fehlt für kühlende Grünflächen, Fußgängerinnen und spielende Kinder. Vielleicht auch, weil die nachhaltige Mobilität weniger Steuern einbringt. Fußgängerinnen zahlen keinen Cent an die Stadt, ein Supermarkt mit 100 Parkplätzen hingegen bringt der Stadt über die Gewerbesteuer einige Zehn- oder Hunderttausende Euro[11], im Zentrum fallen auch Parkgebühren an. Ein jahrzehntelanger Trend, schließlich besitzt der durchschnittliche Deutsche stetig mehr Autos. Die Bundeszentrale für politische Bildung drückt es so aus: »Insgesamt gibt es in Deutschland bei 83 Millionen Einwohnerinnen und Einwohnern mehr als 46 Millionen Pkw. Damit könnten theoretisch alle Bundesbürgerinnen und Bundesbürger gleichzeitig auf den Vordersitzen Platz nehmen, niemand müsste hinten sitzen.«[12]

Vereinzelt wird nun versucht, Autos aus den Städten zu verdrängen, in Berlin wurde etwa die Friedrichstraße zu einer reinen Fußgängerzone – und die umliegenden Läden und Cafés konnten sich über mehr zahlende Kundinnen freuen. Auch der grüne Bürgermeister von Hannover, Belit Onay, hat mit einem Anti-Auto-Programm Stimmen gewonnen, er forderte eine autofreie Innenstadt und mehr Platz für Radfahrende. Aber mit solchen

Forderungen ist Onay noch die Ausnahme. Als der Hamburger Stadtteil Ottensen im Winter 2020 autofreie Zonen im Zentrum des Viertels erprobte, drohten einige Geschäftsleute mit Klagen, das Experiment wurde vorerst eingestellt.

»Wir Deutschen müssen uns erst mal von unserem libidinösen Verhältnis zum Pkw befreien«, sagt Andreas Knie, Leiter der Abteilung Digitale Mobilität und gesellschaftliche Differenzierung beim Wissenschaftszentrum Berlin. Knie ist grundsätzlich optimistisch und glaubt, dass die Autolobby und Autoliebhaber nun »ihre letzte Schlacht schlagen«. Metropolen wie Paris, London oder New York hätten dies verstanden und würden die Karosserien und ihre Infrastruktur aus ihren Zentren verbannen – Deutschland aber sei in der Diskussion »Jahre, wenn nicht Jahrzehnte« hinterher. Täglich würden hier Fakten geschaffen, die langfristig die Städte aufheizen: »Jeden Tag betonieren wir zwölf Hektar Erde für Autos«, sagt Knie. Zwölf Hektar, das sind 120.000 Quadratmeter oder anschaulicher die Fläche von 17 Fußballfeldern, die ab sofort kein Regenwasser mehr schlucken kann und sich in der Sonne besonders aufheizt.

Knie hat einen Plan, wie die Menschen mehr zu Fuß laufen, mit dem Fahrrad fahren oder öffentliche Busse und Züge nutzen würden – und damit Platz schaffen für Grünflächen: »Bislang ist unser Land für Autofahrer einfach und bequem, während alle rücksichtsvollen Bewegungsarten kompliziert zu nutzen sind. Genau das müsste auf den Kopf gestellt werden.« Dafür müsste zunächst einmal die Pendlerpauschale gestrichen werden, die Menschen für weite Fahrten zur Arbeit belohne.

Aber die Pendlerpauschale wurde bei den Koalitionsverhandlungen der neuen rot-grün-gelben Regierung nicht angetastet, obwohl sie den Berufsverkehr in Städten kräftig unterstützt. Die Pauschale, die vom Friseur bis zur Bankenchefin alle dafür belohnt, weite Strecken per Auto zurückzulegen, wurde von der neuen Regierung im Winter 2021 nicht angefasst. Dabei zahlen die Nutznießer dadurch fünf Milliarden Euro weniger Steuern an den Staat, das sind umgerechnet rund 63 Euro pro Pendler.

Sie fehlen dann wiederum jedem Bürger und jeder Bürgerin, auch den Fußgängern und Radfahrerinnen, für soziale Belange oder den öffentlichen Nahverkehr. »Solange wir nicht die heiligen Kühe in Deutschland antasten, bleiben die Städte versiegelt und heizen sich auf«, sagt Knie.

Aber es sind nicht nur fahrende Pkw, die in Städten reduziert werden müssten: Auch das öffentliche Parkangebot sieht Knie kritisch. »Wieso muss die Allgemeinheit viel Geld dafür bezahlen, dass Autofahrer einen teuren Platz mitten in der Innenstadt belegen? Stellplätze sollten privat organisiert werden.«

Tatsächlich ist der Konflikt um den städtischen Raum entscheidend dafür, wie wir künftig in der Klimakrise leben können. Entgegen dem oft vorherrschenden Gefühl, Radfahrer und Fußgängerinnen würden nach und nach Pkw verdrängen, wächst nicht nur die Anzahl der Autos kontinuierlich – sie werden auch größer. Waren 2000 nur rund drei Prozent der Fahrzeuge SUVs, sind es heute mehr als 30 Prozent, hat das Institut Agora Verkehrswende errechnet.[13] Inzwischen räumen viele Städte entsprechend größere – betonierte – Flächen für die Geländewagen frei. Und sie lassen sich diese öffentliche Subventionierung nicht einmal angemessen entlohnen: In Berlin kostet ein Anwohnerparkplatz laut Agora rund 30 Euro, in Oslo hingegen umgerechnet 850 Euro pro Jahr. Sichere Fahrradplätze hingegen fehlen oftmals, obwohl sie nur ein Zehntel des Platzes brauchen. Noch ein weiteres Zahlenverhältnis macht deutlich, wie wenig wir für klimafreundliche Grünflächen reservieren: Auf einen Quadratmeter Spielplatz kommen in Berlin zehn Quadratmeter betonierte Parkfläche.

Auch der Augsburger Forscher Keck fordert, in der Stadt der Natur mehr Raum einzuräumen. »Wir müssen es so klar sagen: Die Infrastruktur der Stadt muss teilweise zurückgebaut werden.« Parkplätze etwa müssten Grünflächen weichen. Aber auch ihm ist klar, dass dieser Wandel nicht leicht wird. »Das Auto ist ein hochemotionalisiertes Thema, jede Veränderung sehr beschwerlich.«

Dass die Parkplätze eine zentrale Rolle darin spielen, die Menschen ans Auto zu binden und damit versiegelte Städte zu produzieren, lässt sich gut am Beispiel der Metropole Paris illustrieren: Dort wurden ab 2003 kontinuierlich Parkplätze abgebaut – und mit ihrer Anzahl sank proportional auch die Zahl der Privatautos, der Fahrradverkehr nahm zu. Künftig soll die Zahl der verbliebenen 120.000 Stellplätze halbiert werden, um Platz für Bäume und Fußwege zu schaffen. Die sozialistische Bürgermeisterin Anne Hidalgo hatte für das bürgerliche Paris die richtige Ansprache gefunden:

Sie redete nicht von CO_2-Emissionen und dem Widersinn spritfressender Geländewagen auf asphaltierten Stadtstraßen. Stattdessen spricht Hidalgo über die Lungen von Schulkindern, darüber, dass SUVs aufgrund ihrer Größe Erstklässler übersehen könnten, über Asthma an Autobahnen. Aus »gesundheitlichen Gründen« soll die Hauptstadt bald nur noch für Fußgänger und Radfahrerinnen attraktiv sein.

Dabei waren Fahrräder in Paris lange Zeit kaum zu sichten. 1996 gab es drei Kilometer Radwege in der Hauptstadt, sie wurden damals *couloirs de courtoisie* genannt – »Wege der Höflichkeit«. Vierspurige Straßen mit schmalen Bürgersteigen durchschnitten die Stadt. Als in den 1970er-Jahren die ersten Parkuhren aufgestellt wurden, demonstrierten die Autofahrerinnen und Autofahrer dagegen – der Platz gehöre ihnen, argumentierten sie. Das änderte sich schon mit dem *Vélib* im Jahr 2007, dem kostenlosen Verleih von inzwischen 20.000 Fahrrädern an Hunderten Stationen im Zentrum, dem schließlich auch Radwege folgten. Laut Statistiken der Stadt können Radfahrende 15 Kilometer pro Stunde zurücklegen – und sind damit schneller als Pkw. Auch wenn das Parken in zweiter und dritter Reihe, das Nichtbeachten von Zebrastreifen auch heute noch alltäglich ist.

Fußgängerüberwege werden zwar in Deutschland meist respektiert, aber das Auto so radikal zu verbannen wie im Nachbarland steht bislang nicht auf der Agenda. Viel entschiedener wird der Ersatz von Verbrennerautos durch Elektroautos vorangetrieben, der für die Klimaanpassung allerdings fast ohne Effekte bleibt. Zwar heizen die mit Strom betriebenen Pkw die Umgebungsluft geringfügig weniger auf als Benziner, aber sie benötigen dieselbe asphaltierte Infrastruktur. »Mit dem Wechsel des Antriebes muss auch die Zahl der Fahrzeuge reduziert werden«, sagt Knie.

Knie weist auch das oft vorgebrachte Argument von sich, ärmere Haushalte seien auf günstige Parkplätze und Pendlerpauschale angewiesen. »Menschen mit geringem Einkommen haben überhaupt kein Auto – das ist mittleren und höheren Einkommen vorbehalten. Wenn Sie keine Steuern zahlen, weil Sie so wenig verdienen, können Sie das Pendeln auch nicht absetzen. Diese Pauschale verteilt das Geld von den Armen zu den Reichen.« Denn auch wenn Fahrten mit Bus und Bahn abgesetzt werden können, bleibt der öffentliche Nahverkehr teurer als das Auto – wenn man es sich denn leisten kann. Tatsächlich haben Haushalte, die weniger als 2000 Euro pro Monat verdienen, kaum noch Autos, und wenn, fahren sie nur ganz wenig mit ihnen. Das belegen Statistiken: Während in mehr als der Hälfte aller Haushalte mit einem sehr niedrigen Einkommen kein Pkw zur Verfügung stand, besaßen in den Gutverdienerhaushalten nur acht Prozent kein Auto. Und: Je höher das Haushaltseinkommen, desto umfänglicher die Pkw-Ausstattung; bei den Haushalten mit einem hohen und sehr hohen ökonomischen Status stieg zudem der Anteil der Zweit- und Drittwagen kräftig an.[14] Hier wäre es also wichtig, den Landbewohnerinnen, die bislang noch keine Alternative zum Pendeln im Auto haben, eine Alternative anzubieten und den öffentlichen Nahverkehr auszubauen.

Wie können Städte neben dem offensichtlich notwendigen Bau von Fahrradpisten, verkehrsberuhigten Zonen und häufigerem Bus- und Bahnverkehr die Autonutzer aus ihrer Karosserie bewegen und damit den Raum schaffen für grünere Städte? Denn auch der öffentliche Nahverkehr braucht Straßen, aber eben nicht vier oder sechs Spuren, wie sie in den meisten Städten für den motorisierten Verkehr vorgehalten werden.

Für Knie ist es vor allem ein Problem, das die Menschen vom

Umstieg abhält: Für manche Strecken benötigten die Menschen Fahrrad, Züge und Busse gleichzeitig. Darauf seien die Fahrauskünfte der Verkehrsbetriebe aber nicht ausgelegt, außerdem fehlten sichere Abstellplätze für Fahrräder an Haltestellen.

Die Alternative wäre ein Ticket für alles: Während jeder inzwischen mit seinem Handy problemlos im Ausland und in jedem Winkel der Republik telefonieren kann, schlägt Knie ein sogenanntes Fortbewegungsroaming vor. Mit einer App könnte dann der Zug genutzt werden, schließlich das Leihfahrrad vor dem Bahnhof und der Bus drei Straßenecken weiter. Alles zu einem günstigen Monatstarif. Österreich macht es inzwischen vor: Mit dem sogenannten Klimaticket können im ganzen Land alle Verkehrsmittel genutzt werden – für drei Euro am Tag.[15] Zum Vergleich: Die Bahncard 100, die allerdings nur für Züge der Deutschen Bahn gilt, kostet das Vierfache.

Aber auch der Zugverkehr muss sich umstellen. Bislang aber ist die Anpassung des Schienennetzes ein noch gänzlich vernachlässigtes Thema. Dabei können sich Gleise bei Hitze verformen, Starkregen können Tunnel fluten oder Deiche unterspülen, und bei anhaltender Dürre kann der sich zusammenziehende Boden ebenfalls die Schienen verziehen. Wie solche dramatischen und lebensgefährlichen Effekte vermindert werden können, haben kürzlich britische Forschende in einer Studie[16] aufgezeigt: Sie fordern sogenannte naturbasierte Lösungen. Die Bahnnetze sollten mit grünen Korridoren aus Büschen und Bäumen bepflanzt werden. Diese Korridore könnten Schatten spenden, mit ihren Wurzeln den Boden vor Erosion und Ausschwemmung schützen und Deiche stabilisieren.

Auch hier hilft also eine naturnahe Anpassung der Infrastruktur. Warum es bislang trotzdem so schwer ist, Grünflächen überhaupt aufzubauen, werden wir nun sehen.

Hitzeanpassung in Grün

Wenn der Asphalt weicht und damit auch der Autoverkehr, könnten Städte grüner werden. Klingt einfach. In der Praxis kann es aber sehr kompliziert werden, auch nur einen einzigen Baum zu setzen: Das Umweltdezernat der Stadt Erfurt hat es erlebt. Es musste für eine Pflanzaktion mit fünfzehn verschiedenen Akteuren sprechen, darunter Kolleginnen von der Abwassergesellschaft, mit der Telekom, Privatbesitzern, Internetanbietern.

»Manchmal geht es um Zentimeter«, sagt Regine Ortlepp, sie leitet den Forschungsbereich »Gebaute Umwelt – Ressourcen und Umweltrisiken« am Leibniz-Institut für ökologische Raumentwicklung und hat die Erfurter Begrünung begleitet. Für Ortlepp liegt das große Problem tatsächlich unter der Erde: Es fehle ein Kataster der unterirdischen Leitungen, eine Art unterirdische Raumplanung. »Bäume haben einen großen Wurzelraum – und in der Stadt wird auch unterirdisch um jeden Zentimeter gekämpft«, sagt Ortlepp. Als Faustregel gilt: Die Wurzeln benötigen ungefähr so viel Platz wie die Baumkrone.[17]

Die Stadt Erfurt hat viel Zeit darauf verwandt, um schließlich 38 Bäume klimaangepasster Arten und elf mittelhohe Sträucher zu pflanzen. Sie sollten mindestens fünf Meter von Häusern entfernt liegen, sie mussten auf die angesprochenen Leitungen Rücksicht nehmen und sollten vornehmlich dort wachsen, wo Pflanzen fehlen. Offenbar ein schwierigeres Unterfangen als angenommen: In ihrem Abschlussbericht[18] schreibt die Stadt, ihre Mitarbeitenden hätten viele Standorte wieder verwerfen müssen, seien mehrfach mit Ingenieuren der Telekom und des Fernwärmeanbieters vor Ort gewesen. Die Leitungen hätten an einigen Orten aufwendig geschützt werden müssen. Sehr viel Arbeit also für vergleichsweise wenig Magnolien, Ulmen und Ahorne.

Dennoch lohnt sich diese Form der Anpassung, denn sie ist laut der Forscherin Ortlepp überaus beliebt: Die Bürgerinnen und Bürger wünschen sich mit großer Mehrheit mehr grüne Flächen und Bäume. Das ist das Ergebnis einer von Ortlepp angelegten Studie über »Heat resilient Cities«[19], also über hitzeresiliente Städte. »Die Menschen wünschen sich mehr Bäume draußen und beschattete Sitzmöglichkeiten, etwa Bänke unter Laubdächern. Lüftungsanlagen in Häusern sind hingegen unbeliebt, ›es zieht‹, sagen sie dann.« Laut Ortlepp ist genau die Begrünung wirksamer, die in Erfurt und auch in Duisburg nur mit großer Anstrengung und daher nur in kleinem Umfang realisiert wird: Unter Bäumen im Schatten zu sitzen könne bis zu 12 Grad kühler sein als auf einer Betonfläche.

So wird der wahre Luxus in Metropolen künftig freier Platz sein. Laut Ortlepp ist es besonders wichtig, sogenannte Durchlüftungsbahnen zu schaffen. Diese Schneisen würden freigehalten, damit die Wärmeinseln mit dem Nachtwind auch wieder abkühlen können. Eine solche Schneise haben aber nur die wenigsten Städte. Dresden ist in diesem Punkt Vorreiter: Die ostdeutsche Stadt will ein ökologisches, zusammenhängend grünes Netz schaffen. Dresden nahm am Projekt von Forscherin Ortlepp teil und startete mit einer praktischen Stadtbegehung: Im Sommer 2018 zeichnete ein Fußgänger die Hitzebelastung mit einem Messrucksack im Stadtteil Dresden-Gorbitz auf. Die mobilen Messungen erfolgten auf einem etwa vier Kilometer langen Rundkurs durch das überwiegend aus Plattenbauten der 1980er-Jahre bestehende Stadtquartier, vorbei an Schulen, Kitas, Wohnhäusern, Haltestellen, Einkaufsmärkten und am Seniorenheim. An diesen Stellen wurden zusätzlich dauerhaft die Luftfeuchtigkeit und -temperatur gemessen. Das naheliegende Ergebnis: Die Probandinnen und Probanden fühlten sich im kühlen Schatten deutlich wohler. Also hat sich die Stadt nun vorgenommen, künftig Bäume so zu platzieren, dass die Stadt komplett im Schatten durchquert werden kann. Aber bis diese Maßnahmen Wirkung zeigen, wird noch einige Zeit vergehen. »Städtebau ist unheimlich träge«, sagt Ortlepp. »Was wir heute entscheiden, steht oft über Jahrzehnte.«

Aber auch die Häuser selbst können dazu beitragen, Städte abzukühlen. Für den Hausbestand, so meint die studierte Bauingenieurin Ortlepp, stehe die Klimaanpassung noch ganz am Anfang. »Alle denken bislang nur an Klimaschutz und daran, möglichst emissionsarm im Winter heizen zu wollen. Es gibt sehr viele Baunormen für den Winter, um die Wände gut zu dämmen – das funktioniert im Sommer gleich mit. Aber so richtig umfangreiche Regeln für den ›sommerlichen Wärmeschutz‹ gibt es noch nicht«, so Ortlepp. Diese müssten vom Deutschen Institut für Bautechnik erlassen werden – wurden sie aber bislang tatsächlich noch nicht. Das Institut veröffentlicht Hunderte von Normen, etwa für Bodenbeschichtungssysteme und Schraubdübel, aber keine einzige gilt der hitzeresilienten Bauweise. Eine solche sei auch nicht aktuell in Planung, sagt ein Sprecher. Obwohl in der Behörde in Berlin 220 Menschen arbeiten, die zudem von 500 ehrenamtlichen Sachverständigen aus Forschung, Wirtschaft und Verwaltung unterstützt werden, hat sich bislang auch dort niemand um Normen für die Klimakrise gekümmert.[20]

Denn noch bauen die Städte so, als gäbe es keine Zunahme von Hitzewellen oder Starkregen. Dies ist auch in Duisburg gut sichtbar. Umweltdezernent Griebe ist inzwischen auf dem zentralen Platz mit dem fabelhaften, adlerähnlichen Vogel der Malerin und Bildhauerin Niki de Saint Phalle angelangt. In allen Farben leuchtet das Kunstobjekt der Französin, aber auch der Vogel steht auf Beton, hinter ihm haben die Deutsche Bank und die CDU ihre Büroräume in einem klobigen braunen Gebäude untergebracht, daneben verkauft Penny seine Billigwaren. Außer ein paar vereinzelten Bäumen in der Mitte der Straße ist kein Grün zu sehen an diesem für Duisburg so wichtigen Platz.

Man könnte meinen, solche historisch gewachsenen Hitzeinseln würden heute nicht mehr geschaffen, aber der vollständig betonierte Bahnhofsvorplatz, wenige Hundert Meter von der Statue entfernt, ist relativ neu: Der Portsmouthplatz gehört zu den zentralsten und wichtigsten Plätzen der Stadt Duisburg, er ist ihr Eingangstor vom Bahnhof. Grüne Flächen sind kaum zu erkennen, zu sehen sind lediglich 21 Magnolien, die im Gedenken an die Opfer der Love-Parade gepflanzt wurden, aber auch diese stecken in Betonwürfeln fest. »Die Architekten des Platzes hatten sicherlich ihre eigenen Ziele, sie wollten eine ungestörte Perspektive von Ost nach West schaffen«, sagt der Umwelt-Stadtführer Griebe dazu diplomatisch. Die Vorbereitung auf immer häufigere Hitzesommer gehörte offensichtlich nicht zu ihren Ambitionen.

Von eitlen Architekten und schlecht isolierten Wohnungen

Warum der Bahnhofsvorplatz so eine Steinwüste ist, erklärt Olaf Bahner folgendermaßen: »So manch ein Architekt will sich mit einem besonders originellen Projekt verewigen«, sagt der Referent für Baukultur und Berufspolitik beim Bund Deutscher Architektinnen und Architekten (BDA). Klimaanpassung spiele dabei nur eine untergeordnete Rolle, wenn überhaupt. Dabei hatte der Verband schon vor 13 Jahren ein »Klimamanifest« unter dem Titel »Vernunft für die Welt« verabschiedet.[21] Darin heißt es: »Wir betrachten das Manifest als eine Selbstverpflichtung unseres Berufsstandes für eine gebaute Umwelt, die unsere Welt auch für nachfolgende Generationen lebenswert erhält. Dafür brauchen wir ein konsequentes Umdenken und einen Innovationsschub, um die anstehenden ökologischen Fragen zu lösen.«

»Wer heute mit herkömmlicher Billigstrategie noch Häuser bauen will, der spielt mit unserer Zukunft«, sagt Bahner. Dabei müsse klimafreundliches Bauen nicht unbedingt teurer sein. Sondern es sei eine Rückbesinnung auf traditionelle Bauweisen erforderlich, die auch damals mit geringem Budget möglich waren. Dazu gehörten beispielsweise natürliche Verschattung und auch im Süden kleinere Fenster zu verbauen als im Westen und Osten, um die Zimmer weniger aufzuheizen. »Aber heute passiert häufig das Gegenteil: Die beliebten und oft sehr teuren Loftwohnungen etwa zeichnen sich durch große Glasfassaden Richtung Süden aus – solche müssen häufig klimatisiert werden, so sehr heizen sie sich im Sommer auf.« Da seien Architektinnen und Architekten häufig auch machtlos gegenüber den ästhetischen Ideen ihrer Kundschaft.

Bahner spricht damit ein grundsätzliches Problem der Stadtplanung an: Vermögendere Familien besitzen meist sehr große Wohnungen oder Häuser, die gut gedämmt sind und auch zunehmend klimatisiert. Haushalte mit geringem Einkommen hingegen leben auf weniger Quadratmetern, aber ihre Zimmer sind häufig schlecht isoliert. Und Wohnraum könnte gerade durch die Klimakrise noch knapper werden: Eine klimaangepasste Immobilie muss zukünftig, da sind sich Forschende einig, weitestgehend auf ihre Kellerräume verzichten – sie sind die ersten, die bei Starkregen volllaufen. Diese Erfahrung machten viele Städte wie bei der Hochwasserkatastrophe 2021. Das Wuppertaler Landgericht etwa hatte seine gesamten EDV-Server in den kühleren unterirdischen Räumen eingelagert und erlitt dadurch einen technischen Totalschaden. Wenn nun ihre EDV künftig nach oben zieht, wird der oberirdische Büroraum automatisch knapper.[22]

Eine ähnliche Entwicklung sieht auch Klimaforscher Keck auf die Städte zukommen. Er prophezeit große Konflikte – in besseren und schlechteren Lagen. »Schon jetzt haben wir zu wenig bezahlbaren Wohnraum. Künftig müssen wir nun einige Wohnungen sogar leer räumen, um die Bewohner vor Starkregen und Hochwasser zu schützen.«

Das könnte noch mehr Mieterinnen und Mieter in Sozialwohnungen treiben. Diese aber sind, wie oben erwähnt, unterdurchschnittlich gut vor der Klimakrise geschützt. Denn der Bund, die Städte und Gemeinden, so sind sich unsere Gesprächspartnerinnen einig, haben es über Jahrzehnte versäumt, ihre Immobilien klimafest zu machen. Doch warum ist anscheinend Geld für die hohen Nebenkosten und das klimaschädliche Heizen da, nicht aber für eine energetische Sanierung? Der Insider aus der Baubranche hat eine Erklärung dafür: Die Bauherren, entweder Länder oder Kommunen, sparten an der Isolierung, weil für die hohen Nebenkosten nicht mehr sie, sondern die Mieterinnen und Mieter zuständig seien. Oder im Falle von Schulen und Rathäusern letztlich auch die Bürgerinnen und Bürger – sie zahlen über ihre Steuern diese Stromrechnung. »Wir hätten in diesem Bereich schon Millionen Euro Steuergelder und unzählige Tonnen CO_2 einsparen können, wenn die Mietkosten und Baugelder zusammen betrachtet würden«, sagt der anonym bleibende Bauherr, der seit 30 Jahren in Berlin und Brandenburg öffentliche Gebäude saniert und plant. »Weil es getrennte Budgets sind, pfeift der öffentliche Bauherr auf das Notwendige und Rationale: eine gute Isolierung.« Dabei ginge es nicht nur um die Kosten, sondern auch um den Komfort von Mieterinnen, Schülern und Arbeitern in diesen Räumen: Wären sie isoliert oder beschattet, könnte es bei großen Hitzewellen einige Grad kühler in den Räumen sein.

Dabei, so sagt es der Informant, würde die zusätzliche Isolierung nur einen kleinen Teil des Budgets ausmachen: Für eine Polizeiwache beispielsweise oder einen Bundesbau seien 25 bis 30 Prozent der Geldmittel allein für die Planung reserviert. Das liege daran, dass für viele öffentliche Auftraggeber ein unbegrenztes Planungsbudget zur Verfügung stehe, die Investitionen hingegen limitiert seien. »Ich hatte schon Baustellen, da wurde für Machbarkeitsstudien ebenso viel Geld ausgegeben wie hinterher für den Bau«, so der Brandenburger. Die tatsächliche Anpassung an kommende Hitzewellen spiele hingegen kaum eine Rolle. »Was wir bräuchten, wären verbindliche Vorschriften für die Isolierung öffentlicher Immobilien.«

Aber die fehlen. Dabei hätte der Bund eine große Macht, das Leben vieler Angestellter und Mieterinnen in Hitzewellen angenehmer zu gestalten: Er verfügt über mehr als 4500 Liegenschaften ziviler oder militärischer Nutzung, darunter auch rund 40.000 Wohnungen, mit einer Gesamtfläche von etwa 50 Millionen Quadratmetern. Sie verursachen jährlich Energiekosten von rund 500 Millionen Euro.[23] Aber dennoch hat die alte schwarz-rote Bundesregierung nach langen Verhandlungen im August ein Gesetz für Bundesgebäude als »klimaneutrale Vorbilder« verabschiedet[24], das eine große Lücke aufweist: Bestehende Gebäude sollen erst gedämmt und beschattet werden, wenn sie ohnehin renovierungsbedürftig sind. So wird die klimatische Renovierung nicht als eigenständiger Grund anerkannt, beispielsweise die Isolierung zu finanzieren. Ein Großteil der öffentlichen Gebäude bleibt unangetastet – und damit schlecht vorbereitet auf die Klimakrise.

In wohlhabenderen Städten läuft es manchmal besser. Klimaschutz- und Anpassungsmanager Philipp kann in seinem Main-Taunus-Kreis kleine Erfolge bei den öffentlichen Gebäuden feiern – besonders bei Schulen. »Die sind glücklicherweise seit 2016 im Passivhausstandard«, sagt er. Dort würde inzwischen mehr Geld in die Hand genommen, das Regenwasser genutzt, Dächer begrünt, Fotovoltaikanlagen und Zisternen gebaut, die Räume verschattet für ein gutes Lern- und Raumklima. »Das geht hier, weil Geld dafür da ist – die meisten Kommunen haben es aber nicht«, sagt er.

Interessanterweise ist auch beim Städtebau eine Rückbesinnung auf frühere Techniken vielversprechend. Zwar ist in Deutschland die Rate von Häusern, die vor 1919 gebaut wurden, im Westen mit rund 10 Prozent und im Osten mit rund 30 Prozent verhältnismäßig niedrig[25], aber sie könnten als Vorbilder dienen. Verschiedene Studien beweisen, dass diese Häuser eine relativ konstante Temperatur halten können, auch wegen ihrer natürlichen Ventilation.[26]

Wenn wir uns an das künftige Klima anpassen wollen, muss also für den Gebäudesektor umfassend neu geplant werden: Das Design rückt in den Hintergrund, wichtiger sind Isolierungen, Lüftungstechniken.

Alte Häuser frisch machen

Für den Architekten Olaf Bahner ist abgesehen von der fehlenden Sanierung das Dringlichste im Städtebau bislang noch wenig besprochen: Statt neue Häuser zu bauen, sollten alte renoviert oder aufgestockt werden. Dadurch ließen sich erstens viele Emissionen sparen – ein Haus abzureißen, verursacht schließlich enorm viele Treibhausgase. Große Maschinen oder eine Abrissbirne müssen das Gebäude in kleine Stücke teilen, tonnenweise Beton muss abtransportiert und zerkleinert werden – und für das neue Haus wieder neu hergestellt werden. Zweitens würden weniger Grünflächen betoniert und Geld gespart für Isolierungen beispielsweise.

Allerdings, so räumt Bahner ein, spiele die Häuseraufwertung im Studium der Architektur bislang nur eine Nebenrolle – inzwischen aber sei diese Art des Bauens prestigeträchtiger, als irgendwo »ein neues Haus hinzuklatschen«. Ein Symbol für diesen gesellschaftlichen Wandel sei der höchste Preis in der Zunft der Architektur, der Pritzker-Preis, der 2021 an die Pariser Architektin Anne Lacaton verliehen wurde. Ihr Konzept: Statt unattraktive Häuser und Betonburgen abzureißen, macht sie das Alte wieder hübsch, etwa mit Wintergärten für Sozialwohnungen. »Wer ein Gebäude abreißt, um es an gleicher Stelle in zeitgemäßem Look wiederaufzubauen, hat prinzipiell gar nichts gewonnen«, sagte sie in einem Interview.

So hat Lacaton zusammen mit ihrem Partner Jean-Philippe Vassal etwa im westfranzösischen Bordeaux 530 Wohnungen in drei Betonklötzen mit gläsernen Vorbauten versehen – heute sieht die einst heruntergekommene und gefürchtete Gegend eher aus wie eine teure Loft-Siedlung. Jeder Anbau kostet rund 60.000 Euro – drei Mal weniger als ein Neubau. Und meistens zahlen die Mieterinnen und Mieter nur noch halb so viel für ihre Heizung, dank der Sonne, die wie im Gewächshaus ihren neuen Raum aufheizt und dank silberner Vorhänge, die die Wärme im Inneren halten. »Das ist das Gegenteil der klassischen Isolierung, die uns in einer hermetischen Wohnung einschließt«, sagen sie.

Lange hat das Paar in Nigeria gewohnt und dort gelernt, sich von herrschenden europäischen Normen zu verabschieden: »Wir wollen nicht die Häuser zerstören, nicht Bäume absägen, und vor allem hören wir den Familien zu, die häufig seit Jahrzehnten in den Hochhäusern wohnen. Es ist ihr Platz.«

Außerdem löst diese Neunutzung den großen Antagonismus auf, den wir weiter oben angesprochen haben: Städte müssen Wohnungen schaffen, aber zugleich Grünflächen bewahren, um sie herunterzukühlen. Bahner hat dazu noch eine weitere Idee. »Wir sollten auch die Eigenheimprämie umbauen: Statt Familien dafür zu belohnen, eine grüne Fläche in Bauland umzuwandeln, sollten sie dafür belohnt werden, alte Häuser zu renovieren, bevorzugt auf dem Land«, schlägt Bahner vor.

Natürlich sei dies ein Gesamtkonzept: Ländliche Regionen müssten Arbeitsplätze bieten und digitalisiert werden, um Homeoffice zu ermöglichen. Der Architektenverband hatte dazu schon konkrete Vorschläge unterbreitet, wie Städte zentral Wohnungen schaffen und dennoch nicht ihre Grünflächen opfern müssten: Dazu sollten neue Wohnformen in alten Gebäuden gefunden, verlassene Kaufhäuser zu Orten des Wohnens und Arbeitens umgenutzt werden und Bauten im ländlichen Raum für neue Arbeitsmodelle wiederbelebt werden. Das sei ein »kreatives Prinzip«, das breite Akzeptanz finde, heißt es in dem Thesenpapier »Sorge um den Bestand«.[27]

In Duisburg sind diese Thesen noch nicht angekommen, auch nicht im Ruhrgebiet und den meisten anderen Teilen Deutschlands. »Investoren wollen neue Flächen, neue Projekte. Ihnen ein altes Haus zum Umbau vorzuschlagen – auf die Idee kommt bislang niemand«, sagt Duisburgs Umweltdezernent Griebe. In der Duisburger Innenstadt werden tatsächlich gerade einige alte Häuser abgerissen, während unseres Spaziergangs ziehen Staubwolken in den Himmel, die benachbarten Bäume werden von einer riesigen Schaufel gekappt. Dabei fordert inzwischen auch der deutsche Städte- und Gemeindebund eine neue Hierarchie: Umbau solle vor Abriss kommen.

Nun haben wir uns damit beschäftigt, wie Städte sich für Hitzewellen wappnen sollten – die zweite Gefahr in der Klimakrise droht hingegen dann, wenn die Sonne nicht scheint, aber massenhaft Niederschlag fällt. Von solch einem Starkregenereignis spricht der Deutsche Wetterdienst, wenn viel Regen in kurzer Zeit fällt. Als Unwetter gilt dabei eine Regenmenge von bis zu 60 Litern in sechs Stunden – im Ahrtal fielen hingegen mehr als 90 Liter.[28] »Durch die Überschwemmungen wurde deutlich, dass selbst Industrieländer nicht vor den schweren Auswirkungen solcher Extremwetterereignisse geschützt sind und dass sich dies mit dem weiteren Klimawandel noch verschärfen wird«, sagt Friederike Otto, stellvertretende Direktorin des Environmental Change Institute der britischen Oxford-Universität. Dieser Gefahr müsse »dringlich Einhalt« geboten werden. Die Wissenschaft lässt darüber seit Jahren keinen Zweifel.

Doch was wäre zu tun – außer natürlich, eine weitere Erderhitzung zu verhindern? Als Erstes müssten die Menschen informiert sein, ob und wie ein Starkregen sie bedroht. Als Zweites müssten die Betroffenen sich schützen. Und als Drittes müssten die von Überschwemmungen betroffenen Menschen umziehen können, um nicht in die nächste Katastrophe zu gelangen. Bei all diesen drei Lösungen steht Deutschland aber, wie wir nun sehen werden, noch ganz am Anfang.

Von Doozers und Fraggles im Städtebau

Viele Expertinnen, die wir zu Veränderungen in Städten und Dörfern befragen konnten, hoben einen Punkt hervor: Wie Menschen wohnen, ist meist die Folge von jahrzehntealten Entscheidungen. Entscheidungen für einen bestimmten Straßenverlauf, für bestimmte Hochhaussiedlungen, Anschlüsse an Autobahnen, für Parks und Einkaufszentren. Diese angestammten Strukturen zu verändern, ist unglaublich mühsam. Und noch mühsamer, wenn es kaum Platz für neue Entwicklungen gibt wie in Flusstälern.

Das ist sehr anschaulich in Südfrankreich zu beobachten. Nachdem 2020 ein Starkregen das Tal der Vésubie überspülte, Dutzende Menschen und mehr als 30 Häuser am Fluss mit seiner Strömung ins südliche Mittelmeer riss, zieht der Bauleiter Erwan Barolet die ernüchternde Bilanz: »Wir haben nicht tausend Möglichkeiten – sondern meist nur eine.« So wird die Straße, die vom Wasser regelrecht zu Splittern zerhäckselt wurde, heute wieder nahe am Fluss gebaut, auch die weggerissenen Leitungen werden wieder an derselben Stelle verlegt. Die Alternative, die Straße um Dutzende Meter höher zu legen, Menschen zu Hunderten umzusiedeln, wurde als zu teuer verworfen.

Aber was, wenn in wenigen Jahren wieder 500 Milliliter Regen in nur wenigen Stunden kleine Bergbäche zu reißenden Strömungen anschwellen lassen? Wird die Infrastruktur dann erneut wieder hochgezogen, so wie bei den grünen Comicfiguren, den Doozers, die unermüdlich aufbauen, während die chaotischen Fraggles direkt wieder alles abreißen? Dass dieser riskante Wiederaufbau an gleicher Stelle auch in Deutschland geschieht, haben wir im Hochwasser-Kapitel schon gesehen. Hier soll es nun vor allem um die Bürgerinnen und Bürger gehen, die ihr Risiko vielleicht noch nicht kennen.

Daher ist die große Frage: Wo leben Menschen heute schon in Häusern und Wohnungen, die künftig potenziell überschwemmt werden? Aufschluss darüber könnten Gefahrenkarten geben, die Stadtpläne in grüne und rote Zonen einfärben. Geologinnen und Hydrologen ist es längst möglich, bis auf eine Immobilie genau zu bestimmen, welche Straßen von Starkregen betroffen sein werden. Aber diese Karten fehlen. »Wir haben keinen Überblick darüber, wie viele Kommunen über solche Karten verfügen«, sagt Bernd Düsterdiek vom Städte- und Gemeindebund. Auch das Bundesbauministerium weiß dies nicht, und auch die Länder nicht. »Leider wird der Mensch erst wach, wenn etwas passiert ist«, sagt Düsterdiek. Umso wichtiger wäre es, dass Länder den Kommunen Geld für Gefahrenkarten zusprächen. Die Kosten beziffern kann der Jurist nicht, aber er sagt: »Ingenieurbüros, die in der Wasserwirtschaft tätig sind, müssen bezahlt werden, das ist nicht billig.« Deshalb fehlten die Karten oft. Sie sind bislang nur für die großen Flüsse verbindlich – aber genauere Daten für kleinere Flüsse fehlten. Dabei waren es gerade diese, die 2021 die Hochwasserkatastrophe verursachten.[29]

Es gibt aber auch manchmal politische Gründe, warum diese Aufklärung nicht stattfindet. Einer, der sich mit detaillierten Karten auskennt, ist Roland Strauß, Leiter der Ingenieursabteilung beim Geologischen Dienst NRW. Sein Büro im Norden von Krefeld ist vollgestopft mit historischen Büchern, Strauß ist ein Fan davon, historische Karten mit aktuellen zu vergleichen. »Die Menschen früher haben Landschaften jahrelang beobachtet, bevor sie ihr Haus oder ihren Bauernhof bauten – die historischen Gebäude überstehen daher die meisten Fluten besser«, ist sein Resümee.

Strauß war auch bei dem Hochwasser im Erfttal, das neben dem Ahrtal im Sommer 2021 überschwemmt wurde, ein viel gefragter Experte. Die Bilder des übergelaufenen Baggerlochs im Mühlengraben nördlich von Erftstadt, dessen Ränder abrissen und von dem sich eine braune Lawine bis zu den Häusern zog, liefen überall in den Nachrichten. Strauß hingegen guckte sich die Bilder nicht in den Tagesthemen an, sondern war direkt vor Ort: Die Rettungskräfte holten ihn mitten in der Nacht mit Blaulicht aus seinem Krefelder Haus ab und brachten ihn zu der überschwemmten Region. Der Geologe sollte einschätzen, wie stabil die noch stehenden Wände einer Sandgrube am Autobahnkreuz »Dreieck Erfttal« waren und ob sie möglicherweise kollabieren könnte, sollte das Wasser der Erft wieder abfließen und dadurch den stabilisierenden Druck auf die Wände wegnehmen. Strauß untersuchte die »Erosionsfinger«, wie er die erdigen Halbinseln im Wasser nennt, er berechnete den Druck auf die Wände, die Infiltration der Sandschichten. Er musste sich beeilen, das Wasser floss rasend schnell ab, 15 Kubikmeter sickerten pro Sekunde weg. Am frühen Morgen gab Strauß schließlich grünes Licht, die Grubenwände würden halten. Männer und Frauen des Technischen

Hilfswerks konnten unverzüglich in die angrenzenden Häuser gehen und Menschen retten. Wie durch ein Wunder, sagt Strauß mit ergriffener Stimme, seien damals keine Personen ums Leben gekommen.

Strauß hatte schon Anfang der 2000er-Jahre für ganz Nordrhein-Westfalen eine Erdrutschkarte angelegt, er hatte dafür die Neigung der Hänge berechnet, ihre Gesteinsart analysiert und diese Daten mit potenziellen Wassermengen bei Starkregen kombiniert. Das Ergebnis war eine Karte, wie es sie vorher noch nicht gegeben hatte: Auf eine Straße genau konnte er bestimmen, welche Häuser, Büroräume und Einkaufsläden von dem Wasser überflutet werden könnten. »Das war eine wegweisende Arbeit«, sagt der Mittfünfziger und klopft auf seinen überbordenden Schreibtisch. Das Problem: Seine Arbeit wurde nie veröffentlicht. Über den Grund mag Strauß keine Vermutungen anstellen, aber sicherlich herrschte in den Behörden auch Angst, die Werte der Immobilien in den als gefährdet gelabelten Zonen könnten sinken. Eine Angst, über die auch viele Expertinnen im Kapitel über die Hochwasserkatastrophe berichtet haben.

Inzwischen erfassen einige Kommunen, wo in einer Stadt Regengüsse gefährlich werden können: Steigungen, Bodenbeschaffenheit und Bebauung fließen in die sogenannten Starkregengefahrenkarten ein. Eine Studie für das Umweltbundesamt[30] fand im Jahr 2019 allerdings gerade einmal sieben online zugängliche Karten. Weitere Kommunen hätten zwar Karten erstellt, aber sie »aus juristischen oder anderen Gründen« bis 2019 nicht veröffentlicht, hieß es. Dahinter steht die Sorge, dass die Preise von Immobilien in Starkregengebieten fallen könnten. Doch nur wenn es eine solche Karte gibt, können die Kommunen Maßnahmen besser planen und Hausbesitzerinnen und Hausbesitzer sensibilisieren.

Im vergangenen Jahr veröffentlichte Hamburg eine solche Karte. »Es ist sinnvoll, nicht nur den Experten, sondern auch der gesamten Bevölkerung die Möglichkeit zur Nutzung der Starkregengefahrenkarten zu geben«, sagt Annegret Thieken, Naturrisikoforscherin von der Universität Potsdam. »Nur so können die Bürgerinnen und Bürger sich informieren und vorsorgen.« Die Karten sollten jedoch einheitlich und damit vergleichbar sein, sodass sie auch für weitergehende überregionale Analysen, zum Beispiel für die Gefahr durch Starkregen, genutzt werden können.

Vor allem aber müssen die Karten aktualisiert werden – ihre Designer unterschätzten bislang häufig das Gefahrenpotenzial. »Im Grunde genommen müsste jede Zone eine Gefahrenkategorie raufklettern«, sagt der Experte Strauß. Flächen, die bislang ein moderates Risiko aufweisen, müssten nun als gefährdet eingestuft werden, gefährdete Gebiete als »stark gefährdet«. Das liege nicht nur an zu erwartenden stärkeren Regenfällen, sondern auch daran, dass etwa absterbende Wälder große Flächen freilegten, die erodierten und so das Wasser schneller als zuvor in Wohngegenden spülten.

Mit diesen weiter verschärften Karten aber drohen viele Immobilien ihren Wert zu verlieren. Potenzielle Käuferinnen und Käufer könnten bei einer roten Gefährdungseinstufung ihres Objektes von einem Erwerb absehen. Doch wie viel schwerer müsste für eine Regierung die Gefahr wiegen, die Menschen eingehen müssen, weil sie ihre Häuser nicht adäquat schützen? Denn anders als früher kann sich der Hochwasserschutz heute nicht auf die wenigen großen Flüsse Deutschlands wie den Rhein oder die Donau konzentrieren, an denen traditionell schon an Hochwasser gedacht wurde. Die jüngsten Extremwetterereignisse haben gezeigt, dass auch kleine Bäche zu reißenden Strömen werden können. Umso wichtiger wären daher lokale Karten – die natürlich nach den neuesten Prognosen und Erfahrungen eingefärbt sein müssten.

Karten sind also wichtig zur Vorsorge, aber noch nicht die Lösung für überschwemmte Gebiete. Die sehen Geologen und Landschaftsplanerinnen darin, mehr grüne Flächen zu schaffen, die Wasser aufnehmen können, die sogenannten Retentionsflächen. Umgekehrt sollten Besitzer von Gärten dazu verpflichtet werden, so wenig wie möglich den Boden mit Beton oder Terrassensteinen zuzukleben. Glücklicherweise decken sich diese Maßnahmen gegen Starkregen mit denen gegen Hitzewellen – versiegelte Flächen sind eben für beide Extremwetterereignisse ungünstig.

Möglich wäre etwa ein Verbot von Steingärten, diesen Geröllhalden vor Wohnhäusern, die erst in den letzten Jahren beliebt wurden, die aber weder Wasser aufnehmen noch irgendeinem Wurm, Käfer oder Vogel Nahrung bieten. Einige Kommunen haben diesen Trend inzwischen zumindest für neu angelegte Gärten verboten, darunter auch Duisburg. Umweltdezernent Griebe hätte sich gewünscht, auch bei alten Gärten die Betonwüste zu verhindern, aber auch dies war im Rat »nicht durchzusetzen«.

Vereinzelt schaffen auch immer mehr Städte kommunale Wasserbecken, die im Falle eines Starkregens Wasser aufnehmen können. Etwa den Ohlendorffs Park im Hamburger Stadtteil Volksdorf, in dem ein neuer Wasserweg überschüssige Niederschläge in den Park abfließen lässt, dort wird es in einer natürlichen Mulde zwischengespeichert und versickert. »Die Umsetzung innovativer Projekte steht in Deutschland noch am Anfang«, schreibt das Bundesumweltamt dazu und führt in einer Studie[31] auch internationale Beispiele an, die Vorbild für Deutschland sein sollten: etwa ein Sportplatz in der dänischen Hauptstadt Kopenhagen, der Wasser in einer Reihe von Becken und Kanälen auffängt. Der zugehörige Tennisplatz kann im Starkregenfall als großes Rückhaltebecken dienen; die Skate-Rinnen können bei Extremereignissen Regenwasser zwischenspeichern. Ebenfalls in Dänemark wird erprobt, Straßen nicht mehr vollständig zu versiegeln, sondern sie aus Fliesen zu legen, in deren Fugen Wasser versickern kann. Auch hier scheint der Weg der Zukunft wieder in die Vergangenheit zu führen: Es gibt eine Renaissance des lange verpönten Kopfsteinpflasters.

Neue Staudämme braucht das Land

Um eine Überschwemmung der Städte zu verhindern, muss allerdings auch das Umland betrachtet werden. Vor allem die Staudämme, die Metropolen mit Trinkwasser versorgen. Diese Becken dürften künftig nur weniger befüllt werden. Bislang bleibt grundsätzlich etwa 20 Prozent ihres Fassungsvermögens frei, um Regenwasser aufzufangen. Nach den trockenen Jahren 2018 bis 2020 ließen viele Wasserwerke allerdings die Becken vor den Staumauern wieder volllaufen, um sich für trockene Zeiten zu rüsten.

Diese neue Praxis wiederum führte im Hochwasserjahr 2021 zu vielen Übertritten. »Grundsätzlich muss die Sicherheit der Talsperren neu berechnet werden«, fordert Geologe Strauß. Beispielsweise seien alle 93 Talsperren, die in Nordrhein-Westfalen Trinkwasser speichern, auf ein tausendjähriges Hochwasserereignis ausgelegt. Dennoch hielt die Steinbachtalsperre in der Eifel dem Starkregen im Juli 2021 nicht stand. Sie war konstruiert für 1200 Kubikmeter Regen, gefallen war aber rund das Doppelte, 2400 Kubikmeter, sie lief daher »unkontrolliert« über. »Künftig müssen wir die Retentionsräume erhöhen – die Becken vor den Staudämmen müssen größer werden«, sagt Strauß. Bislang aber ist auch hier die ernüchternde Erkenntnis: »Noch keines der Staubecken wurde in den vergangenen Jahren vergrößert.«

Wir sehen also, dass die historisch gewachsenen Städte nun vor einem schnellen Umbruch stehen – oder besser gesagt: stehen müssten. Bislang gibt es weder wirksame Gesetze noch finanzielle Unterstützung noch genügend ausgewiesene Expertinnen und Experten dafür, in den Zentren wirklich etwas zu verändern. Das ist für das Überleben in der Klimakrise nicht nur fahrlässig, sondern auch ein akuter Verlust für Bürgerinnen und Bürger: Eine klimagerechte Stadt ist lebenswerter, weil sie grüner und ruhiger ist und natürlich Hitzewellen besser ertragen lässt. Dieses naheliegende Urteil ist auch längst wissenschaftlich bestätigt, beispielsweise in einer Studie[32] des angesehenen Journals *Nature*.

Dort schreibt die Wissenschaftlerin Leila Niamir vom Mercator-Institut in Berlin, dass eine Anpassung der Lebensqualität und dem Komfort nichts entgegensteht. Im Gegenteil: Aktive Fortbewegung etwa zu Fuß oder per Fahrrad habe günstige Effekte auf das menschliche Wohlbefinden. So sind die städtebaulichen Lösungen immer auch ein gesamtgesellschaftlicher Fortschritt. Und das ist die gute Nachricht für alle Städte und Gemeinden.

Was wir tun können

Eine klimagerechte Stadt sieht anders aus als heute: Parkplätze weichen Grünflächen, zentrale Rückhaltebecken fangen Starkregen auf, einige Häuser müssen leergezogen werden. Ziergärten könnten zu Nutzgärten werden und lokales Obst und Gemüse liefern. Große Veränderungen stehen also bevor – umso wichtiger wäre es, alle Bürgerinnen und Bürger an der Planung von Resilienz zu beteiligen. Hierzu gibt es schon erfolgreiche Methoden, etwa Zukunftswerkstätten mit Vertretern und Vertreterinnen aus allen gesellschaftlichen Schichten, die sich dann Wege überlegen zu einer Stadt im Jahr 2050. Positive Beispiele könnten diskutiert werden, Kopenhagen etwa als gutes Beispiel für eine autofreie Stadt, Vancouver als grünste Stadt der Welt. Die Stadt der Zukunft kann für Klimaschutz und Anpassung an Extremwetterereignisse sorgen, etwa nach dem Modell einer Kreislaufstadt: Dinge werden wieder benutzt, sie werden repariert, unter Nutzerinnen geteilt. Abfälle sollten wiederverwertet, Abwässer aufbereitet werden, um sie im Umland als Felddünger zu nutzen. So wird die Stadt unabhängiger von externen Lieferungen – und insgesamt lebenswerter.

Auch jede Bürgerin und jeder Bürger kann zur Lösung beitragen: Wer auf das Auto verzichtet, gibt die Straßen frei für Grünflächen, wer über einen Garten verfügt, kann ihn mit Bäumen oder gar Gemüse bepflanzen, statt ihn zu betonieren. Jede grüne Insel in der Stadt hilft, bei Hitze zu kühlen, und lässt bei Starkregen Wasser versickern.

5 Landwirtschaft

So sichern wir unsere Ernten

Es gibt wohl kaum einen konservativeren Fleck in Deutschland als die Region um Traben-Trarbach an der Mosel. Die Dörfer hier sehen aus wie vor vielen Jahrzehnten, die Bürgermeister sind meist männlich und christdemokratisch, die meisten Touristen sind Rentnerinnen und Rentner, die sich vor Ort ein Stück Schwarzwälder Kirschtorte oder einen Schnitzelteller wünschen.

Auch an den steilen Weinhängen ist augenscheinlich alles so geblieben wie vor Jahrzehnten, ja, gar Jahrhunderten: Schnurgerade Linien an Reben wachsen von unten nach oben die Hügel hinauf. Die senkrecht gepflanzten Rebstöcke waren früher einmal praktisch, als noch Esel die Erntekörbe hochzogen.

Ausgerechnet hier hat die alteingesessene Winzerfamilie Louis Klein ihre Revolution gestartet: Sie stellt sich quer. Ihre Weinreben stehen nicht wie alle anderen Pflanzen an der Mosel senkrecht zum Hang, sondern waagerecht. Wer von Geschäftsinhaberin Ulrike Klein nun von den vielen Vorteilen dieser Anbauweise erfährt, kann sich nur wundern, dass sie in der gesamten Region die Erste und Einzige ist, deren Weinreihen von links nach rechts ziehen.

Zunächst einmal kann jeder dort oben entspannt stehen – zwischen den Reben ist nun eine rund 40 Zentimeter breite und vor allem flache Ebene. »Wenn es regnet, haben wir hier viel weniger Erosion – das Wasser fällt auf die Fläche und kann dort in Ruhe versickern und den Boden dauerhaft feucht halten.« Auch die Ernte und der Schnitt der Pflanzen fallen leichter – die Arbeiterinnen und Arbeiter stehen eben nicht auf einem 70 Grad steilen Hang, sondern flach auf dem Boden. »Dieser wahnsinnige Vorteil ist jedem einleuchtend. Und wenn nicht, dann jag' ich ihn noch einmal hoch und runter, dann weiß er's«, sagt Biowinzerin Klein lachend.

Kleins Reben, die quer zum Hang und damit auch quer zu allen anderen Reben und überhaupt zu jahrhundertealten Traditionen stehen, zeigen symbolisch, wie sehr sich die Landwirtschaft verändern muss, um in der Klimakrise zu überleben. Unsere Vorstellung von einer funktionierenden Kultur wird bald anders aussehen, und das nicht nur an der Mosel: Kilometerlange Monokulturen, Felder ohne Hecken oder Bäume und nackte Äcker werden abwechslungsreichen Pflanzungen, grün bedeckten Flächen und Maisfeldern mit buschiger Umrandung weichen, um noch ausreichend Ernte zu liefern. So sieht es zumindest die Wissenschaft.

Denn wie sehr die Lebensmittelproduktion unter langer Hitze leidet, konnten alle im Hitzesommer 2018 live beobachten: Die Kartoffeln blieben klein, wenn ihre Pflanzen nicht ganz eingingen, der Weizen brachte wenig Erträge. Die Folge: Chips und Pommes, Brot und Nudeln wurden deutlich teurer. Und was über viele Jahre auch noch manche optimistisch annahmen, nämlich dass wärmere Sommer die Erträge in Deutschland erhöhen und zu leckerem Wein gar in Norddeutschland führen, hat sich nicht bewahrheitet.

Auch nicht für Weinbäuerin Klein. Anfangs freute sie sich noch über die schönen Sommer, das war so Mitte der 2000er-Jahre. Die Trauben reiften früher, sie waren ungewöhnlich süß. Aber inzwischen weiß sie: Das Klimachaos gefährdet ihre Ernten. »Es ist ja nie gleich – einmal zu trocken, dann zu heiß, dann wieder zu feucht.« Zuletzt hatten sie drei trockene Jahre, 2021 dann »stöhnten sie« vor lauter Regen und hatten Angst, dass ihre Hänge abrutschen könnten, trotz der Querbepflanzung. »Das ist schon verrückt: Kaum haben wir uns auf ein Problem eingestellt, kommt das nächste.« Klein hat noch Glück, dass ihre Flächen nicht nur an einem Ort konzentriert, sondern auf sechs Flusskilometer verteilt sind, teilweise im Flachland, teilweise im Steilen. So ist auch das Risiko verteilt: Manchmal zerschneidet ein frühsommerlicher Hagel nur an einem ihrer Hänge die Weinblätter, manchmal gefährden Erdrutsche ein oder zwei Hänge, auch der Sonnenbrand, den Trauben erleiden können, trat nur lokal auf, sodass sie in der Summe stets genug ernten konnte für ihre Kundschaft. Andere Winzerinnen und Winzer hatten es schwerer, viele von ihnen geben auf, erzählt sie, oder die Kinder wollten den Betrieb nicht übernehmen – einfach, weil es manchmal gar nichts mehr zu ernten gibt. Eine dramatische Lage für eine Region, die weltweit für ihre Weinberge berühmt ist.

Zusätzlich entmutigt hat die Winzerinnen und Winzer auch die Flutkatastrophe im Ahrtal, in dem wenige Dutzend Kilometer von Kleins Betrieb entfernt ebenfalls viele Weinberge stehen. Oder standen. Ulrike Klein ist im Juni 2021 dort hingefahren, um ihren Kollegen zu helfen. Wenn sie davon erzählt, steigen ihr Tränen in die Augen, ihre Stimme bricht. »Wir haben die Weinberge halbwegs wiederhergerichtet «, erzählt sie. Weil es so warm und feucht war, wuchs das Grün der Reben wie Büsche. Sie hätten alle händisch das Grün gekürzt, damit die Trauben wieder frei liegen – für die Sonne, aber auch den Pflanzenschutz. Die wahnsinnig feuchte Luft, der durchnässte Boden hätten nämlich Pilze angezogen, schließlich mussten sogar mit dem Helikopter Fungizide gespritzt werden. »Wir haben gesagt: Die müssen sich jetzt um Haus und Hof kümmern, die standen im Schlamm – und wir helfen ihnen in den Weinbergen, damit sie wenigstens die Ernte halbwegs gesichert haben.«

Klein ist noch heute schockiert. »Die Natur ist einfach stärker«, gesteht Klein unter Tränen ein. Deutlich stärker als alles, was sie selbst sich zum Schutz vor der Klimakrise überlegen kann, um wenigstens die normalen Turbulenzen zu überstehen. Bei den großen Katastrophen, sagt sie schließlich, ginge es nur noch ums Überleben, nicht ums Ernten.

Auch Weinkeller hätten sie freiräumen müssen. »Wir mussten die Fässer mit Rotwein auslaufen lassen, weil die einen Schwappen ekliger Brühe abgekriegt haben. Da fließt dann die ganze Ernte weg. Bei Rotwein ist es so, dass man ihn mindestens ein Jahr im Keller liegen hat, bevor man den abfüllt. Da waren fast zwei Jahrgänge einfach weg, die müssen bei weniger als null anfangen.« Weinberge, die wirklich überflutet waren, konnten allerdings nicht mehr gerettet werden. Sie wurden komplett weggerissen und entwurzelt, manche Reben wurden von den Wassermassen auch regelrecht abrasiert. Und, noch gravierender für die Zukunft: Das aus Heizöltanks ausgelaufene Schweröl hat die Böden so stark verseucht, dass dort auf absehbare Zeit nichts mehr wachsen kann. Dieses Problem, das wir auch schon im Kapitel über die Risikogesellschaft beschrieben haben, kann so auch die Ernten in der Landwirtschaft bedrohen.

All diese Prozesse können dafür sorgen, dass Preise weltweit ansteigen. Denn selbst wenn Deutschland mal wieder ein klimatisch ruhigeres Jahr erlebt, kann die Klimakrise an anderen Standorten die Ernte schmälern. Im Winter 2021 hatte sich nach Angaben des Verbands der Getreide-, Mühlen- und Stärkewirtschaft (VGMS) der Preis für Hartweizen nahezu verdreifacht. Der Grund: Extremwetterereignisse in allen wichtigen Anbauregionen der Welt. Dieses Mal hatten Überschwemmungen in Frankreich und der nasse Sommer in Europa sowie Dürre und Hitze in den USA und Kanada zu enormen Ernteausfällen geführt. So hatte sich die Hartweizen-Erntemenge des wichtigsten Exporteurs Kanada 2021 fast halbiert. Das bedeutet: Das Angebot an Lebensmitteln wird künftig weltweit unsicher. Umso dringlicher wird die heimische Vorsorge. Wie sie aussehen kann, beweist ein Freilandexperiment in Bad Lauchstädt.

Das weltgrößte Experiment auf dem Acker

Einen Blick in die Zukunft wagt das Helmholtz-Zentrum für Umweltforschung mit dem flächenmäßig weltgrößten Klimaexperiment. In der Kleinstadt Bad Lauchstädt, etwa eine halbe Stunde von Halle entfernt gelegen, haben der Bodenbiologe Martin Schädler sowie weitere Wissenschaftlerinnen und Wissenschaftler auf rund sieben Hektar Versuchsflächen angelegt. Dort wirtschaften sie unter den voraussichtlichen klimatischen Bedingungen der zweiten Hälfte unseres Jahrhunderts, in der Spanne zwischen 2070 und 2100.

Etwas abgelegen vom kleinen Stadtkern erstrecken sich hinter DDR-Baracken und einem Parkplatz die Äcker. Die Versuchsstation wurde bereits vor über 120 Jahren gegründet und dient seither der Forschung. Die Wissenschaftlerinnen und Wissenschaftler haben auf den fruchtbaren Löß-Schwarzerde-Böden je nach Epoche unterschiedliche Pflanzenversuche gemacht: Ging es früher eher um neue Erkenntnisse über Erträge oder die Folgen der Düngung, soll heute die Anpassung der Pflanzen an den Klimawandel erforscht werden – und damit an Wetterextreme und langfristige Erwärmung.

Was das bedeutet, kann Martin Schädler anschaulich zeigen: Der Bodenbiologe steht auf einem Versuchsacker in einem drei Meter tiefen Loch. Er zieht einen Vorhang beiseite. Dahinter ist ein Querschnitt des Bodens zu sehen. Oben ist er schwarz, dann wird er hellbraun. »Die fruchtbare obere Schicht, auf der wir gehen, ist wie eine dünne Haut«, sagt er. »Wenn sie weg ist, stirbt der Boden.« Schädler deutet auf eine Seite der Grube. Die fruchtbare Schwarzerde ist gerade einen halben Meter dick. Darunter kommt nur noch Sand und Stein. »Dieser halbe Meter ist unser Kapital. Der Klimawandel entwertet es.«

Denn ist die »dünne Haut« auf den Äckern abgetragen, etwa durch Erosion nach einem Starkregen, ist es mit der Fruchtbarkeit vorbei.

In ihrem Experiment simulieren die Wissenschaftlerinnen

und Wissenschaftler den Klimawandel, so wie er sehr bald auch in Deutschland wirksam werden könnte, und setzen ihre Pflanzen diesen veränderten Bedingungen aus. Sie erhöhen die Jahresmittelwerte so stark, dass die prognostizierte Temperaturerhöhung um zwei Grad erreicht wird, sie geben den Gewächsen im Sommer 20 Prozent weniger Regen und im Frühling und Herbst jeweils 10 Prozent mehr. »Damit folgen wir einer Klimaprojektion, die in der Forschung Konsens ist«, sagt Schädler.

Für ihre Simulation haben sich die Forscherinnen und Forscher Hightech-Versuchsanlagen gebaut, die an Gewächshäuser erinnern. Die Stahlgerüste ragen rechts und links eines kleinen asphaltierten Weges empor, darunter liegen kleine Parzellen. An den Gerüsten über den Feldern, auf denen das Klima im Jahr 2070 produziert werden soll, sind bewegliche Foliendächer und Seitenwände angebracht. Sie lassen sich öffnen und schließen und werden über Sensoren so gesteuert, dass Regenmengen begrenzt und die Temperaturen künstlich hochgehalten werden.

Schädler zeigt auf eine Ackerfläche links des Weges: »Hier wachsen die Pflanzen unter unseren heutigen Wetterbedingungen.« Im Spätherbst gedeihen dort nur noch Wildgräser, im Frühling und Sommer aber auch Getreidesorten und Gemüse.

Damit alles realistisch und vergleichbar ist, wuchern die Pflanzen auf den Versuchsflächen alle auf denselben Mutterböden. Was die Forscherinnen und Forscher nicht nachstellen, ist der ansteigende CO_2-Gehalt in der Atmosphäre. In den vergangenen 40 Jahren erhöhte er sich um mehr als 20 Prozent und wird weiter steigen.

Klimawandelleugner argumentieren oft, dass dieser Anstieg das Pflanzenwachstum fördere – und damit negative Wirkungen des Klimawandels auf die Biotope ausgleiche. »Die CO_2-Forschung hat gezeigt, dass die direkten Auswirkungen von CO_2 allein auf die Pflanze häufig vernachlässigbar sind. Der indirekte Effekt von CO_2 durch seine Wirkung auf das Klima ist deutlich dramatischer einzuschätzen als der direkte Effekt auf die Pflanze«, so der Ökologe.

Wie stark die Auswirkungen sein werden, bilanziert Schädler nach sechs Jahren Klimaexperiment so: Die Ernteerträge werden in Zukunft massiv schrumpfen. Bereits in Jahren mit durchschnittlichen Wetterverhältnissen habe es auf den Ackerflächen mit simuliertem Klimawandel rund 20 Prozent weniger Ertrag gegeben. Im Jahr 2019 war es so warm, dass auf den normalen Feldern schon dieselben Bedingungen wie auf denen der Zukunft herrschten. Bei beiden gab es einen Ernterückgang von mehr als 50 Prozent. Und das, obwohl es in Wirklichkeit durchaus schlimmer kommen und sich die Erde weit mehr als um die hier angenommenen zwei Grad erhitzen könnte.

Die abnehmenden Ernten sind dabei nur der sofort sichtbare Teil des Problems. Gravierender ist das Bodensterben, das mit den Klimaveränderungen einhergeht. Es ist eine schleichende Apokalypse der wichtigsten Ressource in der Landwirtschaft, die Schädler beobachtet.

Auf den konventionellen Äckern mit dem Klima der Zukunft seien Bodenorganismen wie Milben und Springschwänze weniger und kleiner geworden, berichtet er. Auch Regenwürmer mögen Trockenheit und Wärme nicht: »Nach den Dürrejahren 2018 und 2019 waren sie nahezu ganz verschwunden«, so Schädler.

Vor allem in den Parzellen, die bei durchschnittlich zwei Grad Temperaturerhöhung gehalten werden, gibt es deutlich weniger Gewürm im Erdreich. Es ist eine Hiobsbotschaft. Das Getier wandelt organisches Material, wie beispielsweise Pflanzenreste, in Nährstoffe um. Es ist ein über Jahrmillionen etablierter Kreislauf, der die dünne Schicht der Schwarzerde erhält und immer wieder neues Leben spendet. Nehmen die Organismen ab, gibt es weniger Nährstoffe in der Schwarzerde. Es wachsen weniger Pflanzen und damit weniger organisches Material, das schließlich umgewandelt werden kann. Der Kreislauf des Lebens wird zum Teufelskreis.

Immerhin können die Forscherinnen und Forscher um Schädler von manchen Parzellen des Klimaexperiments in Bad Lauchstädt aber auch Hoffnung stiftende Beobachtungen vermelden:

So sind Flächen, auf denen viele unterschiedliche Sorten gleichzeitig gepflanzt wurden, offenbar deutlich resistenter gegen das veränderte Klima.

Auf zwei kleinen Grünlandflächen ist das eindrucksvoll zu sehen. Rechts ein Feld, das unter den Bedingungen von 2070 bewirtschaftet wird: Auf der grasgrünen Wiese blühen sogar Ende Oktober noch einige Blumen. »Dort haben wir über 60 Gräser und Kräuter ausgesät«, so Schädler. Trotz der höheren Temperaturen und weniger Regen ist die Parzelle in gutem Zustand.

Im Gegensatz zur Fläche direkt gegenüber, die dem aktuellen Wettergeschehen ausgesetzt ist. Aus der Erde lugen nur winzige grüne Keimlinge hervor. Dort haben die Forscherinnen und Forscher nachsäen müssen, weil diesen Sommer alles komplett abstarb. Der Unterschied: Auf dieser Fläche wurden Anfang des Jahres nur fünf Grassorten ausgesät.

»Je mehr Vielfalt, desto gesünder ist der Boden und desto widerstandsfähiger sind die Pflanzen«, sagt Schädler. Aus solchen Versuchen lernen die Forschenden. »Wir vermuten, dass die Folgen des Klimawandels zumindest bei Grünland durch größere Vielfalt abgefedert werden könnten.«

Am Ende des Rundgangs fragen wir den Biologen schließlich, wo er nach sechs Jahren des Zukunftsexperiments die größten Potenziale für die Klimaanpassung in der Landwirtschaft sieht. Auch wenn die Versuchsreihen noch nicht abgeschlossen seien, habe er schon eine Antwort: »Das Hauptpotenzial sehe ich darin, Böden schonend zu behandeln, Humus aufzubauen und so wenig mechanische und chemische Beanspruchung wie möglich zuzulassen.« Schädler hält vor allem ein aktives Bodenleben für den besten Schutz der Pflanze, die dem Klimastress ausgesetzt ist. »Lebt« der Boden, dann gibt es eine Struktur, und das knapper werdende Regenwasser kann besser im Boden verbleiben. Und natürlich eine Artenvielfalt und Fruchtfolgen – so könnten negative Auswirkungen von Extremjahren auf bestimmte Fruchtarten abgepuffert werden.

Kümmern wir uns also zunächst um den gar nicht zu überschätzenden Rohstoff der Landwirtschaft: den Boden. Mit seiner Gesundheit steht und fällt die Ernte – und die Widerstandskraft der Pflanzen gegen Hitze, Dürren und Starkregen. Winzerin Klein beachtet ebenfalls all die Regeln, die auch die Forschung für ein gesundes Bodenleben empfiehlt: Sie sät im Frühjahr Pflanzen auf die Steilhänge, die schließlich nach den Winterfrösten auf dem Boden verrotten und zu Humus werden. Klein belässt zum Beispiel zwischen ihren knorrigen Reben unzählige gelbe, violette und rosafarbene Blühpflanzen. Die dort lebenden Nützlinge sollen die Reben vor den neuen Schädlingen schützen, die ihrer Meinung nach bald über die Alpen ins Moseltal wanderten. Die Insekten sollen die neu auftretenden Probleme einfach wegfressen, wünscht sie sich. Einfach wird es sicher nicht, aber fruchtbarer Boden ist tatsächlich ein Schlüssel zur Rettung der Ernte bei Extremwettern.

Guter Boden, das neue Ziel

Lange Zeit galt der Boden in der konventionellen Landwirtschaft als nahezu leblos und veränderbar, er galt als ein Speicher für künstlichen Dünger und Wurzeln: Die Landwirte konnten ihn beliebig umgraben, häckseln und mit Pestiziden besprühen. Manche Kulturen wachsen inzwischen ganz ohne Erde in einer Nährstofflösung. Auch wegen dieser inzwischen jahrzehntelangen Sichtweise ist die deutsche Wissenschaft heute auf Samen und Sorten, CRISPR-Technik und Insektizide spezialisiert – und viel weniger darauf, wie wir einen humusreichen Boden, die Grundlage jeder gesunden, kräftig wachsenden Pflanze, aufbauen können.

Tatsächlich ist es sehr unwahrscheinlich, einzelne Pflanzen züchten zu können, die mit jedem Klimastress zurechtkommen. Sehr viel wahrscheinlicher ist es, wie der französische Agronom und Chemiker Konrad Schreiber es ausdrückt, dass eine grundsätzlich gesund gewachsene Pflanze besser mit Stress wie Hitze oder Nässe zurechtkommt – so wie auch grundsätzlich gesunde Menschen besser mit einer Grippe zurechtkommen.

Das Hauptproblem ist, dass die Pflanze zu ganz unterschiedlichen Zeitpunkten von Starkregen oder Dürre gestresst werden kann, die Extremwetterereignisse können somit verschiedene Wachstumsphasen betreffen. Wenn der Boden zur Aussaat zu trocken ist, kann die Saat nur unvollständig aufgehen. Es kann aber auch zu viel Wasser während der Winterperiode geben, sodass die Pflanzen aufgrund von Sauerstoffmangel ›ertrinken‹. Dieser Effekt tritt dann verstärkt auf, wenn die Ackerkrume verdichtet oder verschlämmt ist. Beide Probleme ließen sich durch einen humusreichen Boden abmildern – er ist für Regen durchlässiger und hält zugleich die Feuchtigkeit länger in Dürreperioden. Kräftig gewachsene Pflanzen vertragen auch Kälteeinbrüche besser, selbst kleine, aber kräftig gewachsene Keimlinge überleben Spätfrost nach der Aussaat besser.

»Trockenstress ist extrem schwierig mit Züchtungen auszugleichen«, sagt auch Andreas Stahl, Leiter des Instituts für Resistenzforschung und Stresstoleranz am Julius Kühn-Institut in Quedlinburg. Wie die Winzerin Klein hebt er hervor, dass die Folgen der Klimakrise jedes Jahr so unterschiedlich ausfallen, dass man ihnen mit einer Züchtung nicht beikommen könne. Eine bemerkenswerte Aussage für einen Wissenschaftler eines Instituts, das sich auf Züchtungen spezialisiert hat.

Stahl erzählt von den Leiden der Rapspflanze der vergangenen Jahre, einer der meistgesäten Pflanzen auf deutschen Äckern. Im August 2018 waren die Felder bei der Rapsaussaat zu trocken, die Samen hatten große Probleme, überhaupt aufzugehen. 2019 und 2020 war es zusätzlich im Frühjahr so trocken, dass die Körner von Raps und Wintermais nahezu leer blieben. 2021 wiederum war es zur sogenannten Kornfüllungsphase regnerisch, die Körner quollen auf, die Pflanzen drohten zu verschimmeln. »Der klimatische Stress ist zudem in Deutschland sehr unterschiedlich verteilt – er tritt mal mehr im Norden, mal mehr im Osten auf und dann noch zu unterschiedlichen Zeiten«, so Stahl.

Ein entscheidender Faktor ist auch hier der Boden: So ist Brandenburg mit seinen sandigen Böden substanziell von trockenheitsbedingten Ertragsrückgängen betroffen, andere Regionen mit lehmigen Böden fürchten eher Starkregen, der die Felder überschwemmt. Pflanzen auf humusreicher Erde, also einer Erde, die viel organisches Material – verrottete Pflanzenreste – enthält, kommen hingegen in jeder Region besser mit den Wetterkapriolen zurecht.

Schon seit einigen Jahren alarmieren Wissenschaftlerinnen und Wissenschaftler über die verarmten Böden, die keine Nährstoffe mehr enthalten und nicht mehr durch Humus zusammengehalten werden. Frankreich hatte zur Pariser Klimakonferenz 2015 die sogenannte 4-Promille-Initiative[1] gestartet, die weltweit den Humus aufbauen soll. Zuallererst, um CO_2 zu speichern – denn auch das kann Humus –, aber auch, um Ernten bei schwierigeren klimatischen Bedingungen zu retten. Das Ziel: landwirtschaftliche Böden jedes Jahr um 0,4 Prozent pro Jahr anzureichern.

Humus kann, so sagt es die weltweite Initiative, auf verschiedene Weise entwickelt werden. Der wichtigste Schritt ist es, den Boden nie mehr nackt zu lassen. Die Felder mit der blanken Erde im Frühjahr und Herbst, die wir auch heute noch als normale Äcker betrachten, sind in Wahrheit ökologische Katastrophen: In den schutzlosen oberen Schichten sterben Lebewesen ab, die offene Erde erodiert leicht bei Starkregen. Dagegen hilft es, die Böden zu bedecken, wie es die Natur beispielsweise ganz automatisch im Wald tut, denn sie kennt keine nackte Erde. Bedeckt werden kann sie mit Mulch, also Pflanzenresten und Blättern jeglicher Art, der durch die Arbeit von Bakterien und Kleinstlebewesen wieder zu fruchtbarer Erde wird. Das ist allerdings für große Flächen ein schwieriges Unterfangen, weil enorme Mengen dafür benötigt werden.

Praktikabler ist das Anpflanzen von Zwischenfrüchten: Landwirtinnen und Landwirte können etwa Senf oder Klee im Winter wachsen lassen und diesen dann vor der Saat oberflächlich unterpflügen oder in die im Winter abgestorbenen Pflanzenreste direkt reinsäen. So, wie es einst die Landwirtinnen noch in den 1960er-Jahren gemacht haben, bevor die künstliche Düngung aufkam. Wir sehen also auch hier: Eine Rückbesinnung auf Techniken, die wir gerade erst verlernt haben, ist Erfolg versprechend. Der Klimawandel zwingt uns, über vermeintliche Fortschritte neu nachzudenken.

Ein gesunder Boden kann also Pflanzen auf Extremwetterereignisse vorbereiten. Nun geht es um die Pflanzen selbst, die in ebendiesem Boden wachsen. Wie können sie auf Dürren und Starkregen vorbereitet werden? Und welche Pflanzen können in Deutschland künftig überhaupt noch wachsen?

Couscous statt Weizenbrot?

Je fruchtbarer die Erde ist, umso besser und kräftiger gedeihen die Pflanzen – so weit, so unumstritten. Tatsächlich aber müssen wir langfristig auch andere Früchte und Getreide anbauen, versichern uns verschiedene Forscherinnen und Forscher – auch wenn die Landwirte bislang noch nicht so viel davon hören wollen.

Verschiedene Expertinnen und Experten etwa sehen die Kartoffel in Gefahr, des Deutschen liebste Sättigungsbeilage. Seine 450 Sorten werden vorwiegend auf humosen, sandigen Böden angebaut, weil sich diese feinkörnigen Böden leicht erwärmen und ihre Erde gut bewegt werden kann, um die Pflanzen aufzuschütten und schließlich zu ernten. Darüber hinaus sind sandige Böden weitgehend steinlos, so wird die Ernte der Knollen nicht behindert. Allerdings benötigt die Kartoffel viel Wasser, weil sie ungünstigerweise nur mäßig ausgebildete Wurzeln besitzt, so sagt es Jörg Michael Greef, Leiter des Instituts für Pflanzenbau und Bodenkunde am Julius Kühn-Institut in Braunschweig. »Wir müssen dringend Alternativen für die Kartoffel finden. Unter Umständen rentiert sich der Anbau nicht mehr oder ist aufgrund der Beanspruchung der Ressourcen gar nicht mehr zu rechtfertigen.«

Harsche Worte für Thomas Herkenrath, den Präsidenten des Deutschen Kartoffelhandelsverbandes (DKHV). Er ist zugleich Inhaber und Geschäftsführer der Traditionsfirma Fritz Jungnickel in Neuss und schon seit mehr als 30 Jahren im Kartoffel-Geschäft. »Wenn Sie die Kartoffel abschaffen, können Sie unsere gesamte traditionelle Küche über den Haufen werfen«, erbost er sich. »Sie ist von unseren Tellern nicht wegzudenken.« Für ihn ist die Kartoffel das wichtigste Produkt im Supermarkt. »Wenn dort in den Grünabteilungen keine liegen, läuft die ganze Abteilung nicht«, so Herkenrath.

Aber auch er, der Kartoffel-Promoter, sieht Probleme am Horizont. »Um ein Kilogramm Kartoffeln zu produzieren, braucht die Pflanze rund 130 Liter Wasser«, sagt er. In der Regel reichten dafür die natürlichen Niederschläge aus. Bis zu den Hitzesommern 2018 und 2019: Da titelte selbst die *Bild*-Zeitung:[2] »Knollen-Alarm! Hitze macht die Kartoffel teurer«. Tatsächlich war die Ernte auf einem historischen Tiefstand, die Preise um 30 Prozent angestiegen.

Dabei ist die Kartoffel in Deutschland eine große Industrie mit wenigen Playern. Zehn Millionen Tonnen Kartoffeln werden im Schnitt pro Jahr produziert, einige, um damit Stärke zu erzeugen, andere für Pommes frites und Chips, wieder andere, um als Speisekartoffeln im Supermarkt zu enden. Aber ihr ganzjähriger Konsum beinhaltet für das Klima einige handfeste Nachteile: Nach der Haupternte im September müssen große Mengen gelagert und mit umstrittenen Keimhemmungsmitteln wie dem erst kürzlich verbotenen Chlorpropham eingesprüht werden. Dann landen sie in Kühllagern, wo wieder viel Energie eingesetzt wird. Es gibt also schon jetzt gute Gründe, weniger Kartoffeln zu essen – oder sie, wie früher, in Kellern einzulagern und ihre Triebe, die sie ohne Keimhemmer entwickeln, einfach abzubrechen.

Die Pflanzen müssen aber erst einmal die Klimaveränderung überstehen. Das große Problem sei die übermäßige Hitze, sie lasse die Blätter absterben, die Knollen blieben klein, sagt Herkenrath. Auch hier bedeutete die Anpassung an den Klimawandel also höhere Preise. Denn wer weniger erntet auf seinem Feld, muss pro Kilo mehr veranschlagen.

»Die Kartoffel ist ein Grundnahrungsmittel. Ihr muss bei einer möglichen Wasserknappheit Vorrang zugesprochen werden«, sagt er. Sonst sei die Ernte zu mager. »Da kommt eine große Diskussion auf uns zu«, sagt er – und stimmt zumindest in diesem Punkt mit Forscher Greef überein.

Er geht aber noch weiter. »Wir werden die bisherigen Hauptkulturen, wie etwa den Backweizen, nicht mehr in der hohen Intensität anbauen können«, prophezeit Greef. Denn der entscheidende Faktor, so werden wir später auch noch im Abschnitt über Wasserversorgung sehen, sei die Flüssigkeit. Wird das Wasser knapp, so Greef, würden auch die Pflanzenbestände dünner, weil der einzelnen Pflanze weniger Wasser zur Verfügung steht. Entsprechend mickerig ist dann auch der Ertrag. Das gilt übrigens auch für Mais, der noch durstiger ist als die Kartoffel.

Greef sieht zwei Entwicklungen voraus: Einerseits könnten sich die Sorten einer Feldfrucht ändern. Beispielsweise könnten die Landwirte von Backweizen – aus dem jedes übliche Brot und auch Haushaltsmehl besteht, das in Ein-Kilo-Beuteln zu kaufen ist – eher Hartweizen anbauen. Hartweizen eignet sich allerdings nicht für Brötchen oder Kuchen, sondern eher für Teigwaren wie Nudeln. Für Greef können künftig Pflanzen wie Sorghum den beliebten Weizen verdrängen. Sorghum ist ein Hirsengetreide, das bislang in vielen afrikanischen Ländern wächst und wenig Wasser benötigt. Es sind bis zu sieben Meter hohe Gräser mit kräftigem Stängel und langen, maisähnlichen Blättern.

Greef glaubt, dass sowohl die Kartoffel als auch der Weizen in Deutschland langfristig marginalisiert werden. »Der Ertrag wird sich verringern, selbst wenn man im Laufe der Zeit noch trockenresistentere Sorten finden wird.« Es würde so kommen wie im südlichen Europa: In den wasserarmen Regionen würde, so Greef, hauptsächlich noch Sommerweizen mit deutlich niedrigeren Erträgen erwirtschaftet, Kartoffeln werden zum Luxus.

Was der Wissenschaftler vorschlägt, ist allerdings eine riesige Veränderung: Zurzeit wächst der Weizen auf jedem dritten Quadratmeter Acker in Deutschland, er ist, dicht gefolgt vom ebenfalls problematischen Mais, eine der Hauptkulturen.[3] Das macht eines deutlich: Bei der Landwirtschaft müssen wir an großen Schrauben drehen, um sie auf die Zukunft vorzubereiten.

Lange hofften viele Landwirtinnen und Landwirte auf neue Sorten, die auch zu sehr nassen oder sehr trockenen Zeiten gute Ernten liefern würden. Allerdings ist diese Hoffnung bislang – zumindest für die großen Kulturen – unerfüllt geblieben. Keine Pflanze, so weisen es die Angebote der großen Saatguthersteller nach, kann sowohl mit viel Wasser als auch mit langer Dürre gut auskommen. Auch der Mais ist sehr wasserbedürftig und wird es schwer haben. Greef prophezeit: »Silomais zur Futter- und Biogasnutzung wird sich weniger lohnen, Körnermais hingegen wird lukrativer«, sagt Greef. Denn auch diese Frage wird sich stellen: Können wir es uns überhaupt noch leisten, unsere Ackerflächen zur Energiegewinnung oder zur Tierfütterung zu nutzen anstatt zur Produktion von Lebensmitteln, wenn die Erträge langfristig niedriger ausfallen? Und wenn zudem, wie wir noch sehen werden, das Wasser knapp wird?

Die Ernte – Tierfutter, Energiequelle oder Menschennahrung?

Den wenigsten dürfte bewusst sein, dass auf dem überwiegenden Teil der fruchtbaren Flächen in Deutschland nicht Lebensmittel angebaut werden, sondern Futter für Milchkühe oder Schlachttiere oder Mais für Biogasanlagen. Jedes zweite Feld mit den großen gelben Früchten ist für die Silage oder für Biogasanlagen bestimmt, eine Zahl, die sich in den vergangenen 15 Jahren verdoppelt hat.[4]

Unter Fachleuten sind die Biogasanlagen schon lange umstritten. Auch Schädler, der das Freilandexperiment in Bad Lauchstädt führt, kritisiert sie. »Bioenergie darf meines Erachtens nur gefördert werden, wenn dafür nicht extra landwirtschaftliche Flächen geopfert werden«, so der Forscher. Der Wirkungsgrad der Fotosynthese sei für die Energiegewinnung sehr gering. »Es ist ein Wahnsinn, dafür Flächen zu opfern, welche der Nahrungsmittelproduktion dienen können.« Biogas als regenerative Energie sollte nur gefördert werden, wenn dafür tatsächlich Biomasse genutzt wird, die bei anderen Prozessen quasi als Rest anfällt. Das könnten beispielsweise die Maispflanzen sein ohne die Kolben – wobei diese wiederum, wie wir weiter oben gesehen haben, auch wertvoll sind für den Aufbau von Humus.

Denn diese Flächen zur Energieerzeugung zehren an all den Ressourcen, die künftig auch für Lebensmittel knapp werden: fruchtbare Erde und Wasser. Auch das Julius Kühn-Institut glaubt, dass wir unsere Flächen künftig anders nutzen werden. Für Wissenschaftler Greef ist der Schlüssel hierzu vor allem ein geringerer Fleischkonsum. Fast drei Viertel der landwirtschaftlichen Anbaufläche inklusive der Grünlandflächen werden für die Futterproduktion, also für die Ernährung der Tiere genutzt, rechnet Greef vor. Zusätzlich werden noch erhebliche Mengen an Eiweißfutter aus externen Flächen importiert. »Wir müssen uns fragen: Wie viele Menschen oder Tiere sollen beziehungsweise können wir künftig noch versorgen?« Im Wege des Klimawandels wird es eindeutig zugunsten der pflanzlichen Erzeugung gehen müssen, urteilt Greef. »Das bedeutet auch eine konsequente Umstellung in unseren Ernährungsgewohnheiten.«

Tatsächlich wird sich die in Deutschland politisch sehr aufgeladene Debatte um das tägliche Schnitzel bald womöglich von selbst erledigen: Wenn wir heute nicht aktiv und vorbeugend entscheiden, wofür genau wir unsere Flächen nutzen wollen, wird der Klimawandel Fakten schaffen: Dürftige Ernten verknappen das Angebot an Lebensmitteln und insbesondere an Fleischprodukten. Wenn diese deutlich teurer werden, wird der Markt sich neu orientieren – so entscheidet der Klimawandel letztlich über unsere Ernährung.

Aber nur, wenn wir die Hebel, um diesen Prozess zu steuern, aus der Hand geben. Sehr viel besser wäre es doch, schon heute zu diskutieren, welche Ressourcen und Erträge wir priorisieren. »Wenn wir jetzt nicht gewichten, werden uns die unausweichlichen Folgen vor noch unlösbarere Situationen stellen, über die wir nicht mehr die Entscheidungsgewalt haben«, sagt Greef. »Wir können und werden es uns nicht mehr leisten, so viel Fleisch und/oder Milch zu konsumieren«, sagt Greef. Das ist für einen Wissenschaftler eine sehr deutliche politische Aussage.

Allerdings spielen dabei – zumindest derzeit – die Bauernverbände nicht mit. In diesem Lobbyverband, so haben wir es bereits in unserem Buch *Die Klimaschmutzlobby* aufgezeigt, sitzen viele Funktionäre, die große Tierbetriebe verwalten. Sie haben kein Interesse daran, ihre Einnahmequellen aus Schweinefleisch, Wurst und Hühnchen vorsorglich zu verändern.

»Davon, die Anzahl der Tiere gesetzlich zu verringern, halte ich nichts«, sagt Bernhard Krüsken, Generalsekretär des Deutschen Bauernverbandes. Anschließend bringt er das klassische Argument des Verbandes, dass darüber die Verbraucher entscheiden sollten, nicht die Politik: »Das kann nicht ohne die Nachfrageseite angegangen werden.« Wenn in Deutschland die Erzeugung zurückgefahren werde, würde das Angebot einfach von anderen Standorten kommen. Ein scheinbar triftiges Argument. Wenn es dann allerdings darum geht, die Verbraucherinnen und Verbraucher zu mehr pflanzlicher Kost zu bewegen und also die Nachfrage zu beeinflussen, ist Krüsken ebenso dagegen. »Die Konsumenten zu weniger Fleisch zu erziehen, etwa durch Veggiedays, finde ich schwierig, sie sollten frei wählen.«

Viele Landwirte hätten das Gefühl, dass Landwirtschaft und Fleischerzeugung als Feigenblatt beim Klimaschutz herhalten müssen. Flugreisen, urbane SUVs und 200 Quadratmeter große Wohnungen seien viele Male schädlicher für das Klima, so Krüsken. Abgesehen davon, dass dies jeweils auf die Menge ankommt – die Anzahl der gefahrenen Kilometer, die Kilogramm Fleisch, die verzehrt werden –, zeigen seine Aussagen vor allem eines: Vom

Bauernverband sind zunächst keine Veränderungen zu einer klimagerechten Landwirtschaft zu erwarten. Er setzt sich nämlich auch dafür ein, weiterhin Monokulturen über Subventionen zu fördern – obwohl künftig gerade Gemischtbetriebe mit vielen verschiedenen Früchten und Produkten resilient sein werden. Um diese vorteilhafte Vielfalt wird es im kommenden Kapitel gehen.

Sortenreicher Anbau bietet höheren Schutz

Martin Schulz lebt mit seinen 800 Schweinen und 10.000 Hektar Land direkt an der Elbe bei Lüchow-Dannenberg. Seine Tiere hätten es gut und lebten auf Stroh, sagt er, ihr Dung würde über eine Biogasanlage alle Häuser der 500 Einwohner in seinem Dorf mit Fernwärme versorgen. »Ich habe immer versucht, meinen Hof als Teil der Natur und der Umgebung zu verstehen«, sagt er. Schon allein deswegen wollte der 47-Jährige nie nur eine Kultur anbauen, das sei »wider die Natur«. Inzwischen aber hält er diese Monokulturen sogar für gefährlich.

»Ich habe die vergangenen Jahre als Landwirt nur überlebt, weil ich von allem so ein bisschen habe«, sagt er. Er baut verschiedene Getreide an, Mais und Zuckerrüben, verbessert seinen Boden mit Gründünger und baut für seine Schweine zu verschiedenen Jahreszeiten Eiweißpflanzen wie etwa Erbsen an. »Mit den neuen Wetterextremen kann man nicht mehr alles auf eine Karte setzen«, sagt er. Die letzten zehn Jahre sei »immer was Neues los, immer eine andere Katastrophe«. Schulz hat für sich selbst schon erkannt, was der Wissenschaftler Greef flächendeckend prophezeit: Der Landwirt hat sich schon »abgewöhnt«, Kartoffeln anzubauen, weil die so empfindlich seien und nach 14 Tagen Trockenheit nichts mehr abwerfen würden.

Denn Trockenheit ist auch Schulz' größtes Problem. Zu seinem Besitz gehören zwei sehr unterschiedliche Arten von Böden: Im Urstromtal der Elbe sind es die eher lehmigen und damit wasserspeichernden Marschböden, die für die Deiche hochgeschobenen Böden seien eher sandig. Insgesamt fällt in der Region nur 550 Millimeter Regen im Jahr, das ist unterdurchschnittlich für Deutschland.

Er glaubt, wie die meisten Forscherinnen und Landwirte, dass Monokulturen in Zukunft stärker leiden werden. »Wenn jemand auf seinem Hof hektarweise nur Mais anbaut und dessen Ernte in einem trockenen Sommer mager ausfällt, kann dies nicht ausgeglichen werden.« Schweinebauer Schulz hat schon früh viele verschiedene Kulturen angebaut, auch, um seine Tiere zu füttern. Denn in den Neuland-Richtlinien, einem Siegel für artgerechte Tierhaltung, nach dem er sich richtet, war es schon vor 30 Jahren vorgeschrieben, die Tiere mit heimischen Eiweißfuttermitteln zu ernähren, um so auf Importe verzichten zu können. Damals wurde es beschlossen, um die Regenwälder vor der Abholzung zu schützen, kaum jemand dachte an den Klimawandel. Heute aber hieße die Devise: »Besser diversifizieren als spezialisieren.« So habe er das Risiko gestreut. Wenn es im Juni mal nicht regnet, müsse er nur eine Kultur bewässern – und nicht gleich seine gesamte Fläche. Getreide etwa brauche vor allem im Mai Wasser, die Zuckerrübe und der Mais hingegen ab dem ersten Juli. »Diese reichhaltige Landwirtschaft verschafft mir Sicherheit, ich muss mich weniger ängstigen«, beschreibt es Bauer Schulz.

Dieser Pflanzenreichtum ist unter Landwirten tatsächlich ein neues Motto, denn lange Zeit herrschte der Tenor vor: »wachse oder weiche«. Betriebe stellten auf eine Kultur um und kauften kleinere Höfe auf, die ebenfalls nur noch mit ein und derselben Frucht, häufig eben Mais, Futterrüben oder Kartoffeln, bestellt wurden. Dabei ist wissenschaftlich bewiesen, dass der gleichzeitige Anbau verschiedener Früchte, also etwa Leguminosen als Untersaat zum Mais, oder der abwechselnde Anbau verschiedener Früchte auf ein und demselben Feld die Ernte steigern kann.[5] Diese Pflanzsysteme sind robuster – gerade auch bei schwierigen klimatischen Bedingungen. Sie sind aber auch zugleich arbeitsaufwendiger. Deshalb wird diese Anpassung zu vielen Veränderungen führen – im Preis, aber auch in der Arbeitswelt.

Schweinebauer Schulz beschreibt es so: Landwirte, die mit Monokulturen und Pflanzenschutzmitteln wirtschaften, sparen viele Stunden Arbeit am Tag. Sie sprühen mit großen Treckern Gift auf die Felder, säen und ernten dann mit ebenso großen Maschinen die eine Monokultur, die im Laufe des gesamten Jahres angebaut wird. »Ich hingegen bin 14 Stunden am Ackern. Da mit der Giftspritze drüberzuhuschen ist relativ einfach. Wer aber die Chemie auf dem Acker gen null fährt, der muss mehr hacken und viel genauer arbeiten.«

Zudem schmiedet Schulz ausgeklügelte Pläne, was wann auf die Felder kommt. »Wenn die Sommer trocken werden, müssen wir im Winter mehr anbauen«, sagt er. Auch wenn zwischen Oktober und März wegen des kurzen Tageslichts alles sehr langsam wachse. Zwischendrin sät Schulz noch Mischungen aus 10 bis 12 Arten zur Bodenbedeckung – Klee etwa, Senf, Leguminosen, Ölrettich. Diese Zwischenfrüchte werden umgepflügt und oberflächlich eingearbeitet zum Humusaufbau. »Es ist ein ständig wechselndes Kunstwerk«, sagt Schulz.

Die Vorteile von Schulz' »Kunstwerk« kann auch Schädler auf seinen Versuchsfeldern beobachten. Eine hohe Biodiversität habe einen »Versicherungseffekt«, sagt er. Bei den Grünlandflächen habe sich in den letzten Jahren gezeigt, dass die extensiv bewirtschafteten und artenreicheren Varianten gegenüber den extremen Klimaverhältnissen wie Trockenheit deutlich im Vorteil seien. Das ist auf den Versuchsflächen klar zu sehen – die intensiv genutzten und artenarmen Varianten sind fast alle abgestorben.

Doch wie sieht es mit den Folgen dieser Anbauweise bezüglich des Arbeitsaufwands und der Preisgestaltung aus? »Die Preise werden steigen, und wir werden mehr Arbeitskräfte benötigen«, sagt Schulz. Die Politik habe vergessen, dass Menschen immer essen müssen und mit der Klimakrise auch mal die Importe ausfallen. Die Preise seien unangemessen niedrig, und daher könne man keine angemessenen Löhne zahlen. »Ich kriege keine Mitarbeiter mehr. Die Zeitungen sind voll mit Stellenangeboten, aber meist meldet sich nicht mal ein Interessent.«

Tatsächlich hat dieser Teufelskreis schon vor einigen Jahrzehnten angefangen, als die Politik anfing, Landwirtinnen und Landwirte zu subventionieren, um die Preise niedrig zu halten. Nun tragen die Verbraucherinnen und Verbraucher zwar über ihre Steuern letztlich die öffentlichen Hilfen an die Landwirte mit, sind es aber gewohnt, weniger für Butter, Kekse und Äpfel zu zahlen, als die Landwirtinnen Arbeit in die Zutaten reinstecken. Eine große Rolle dabei spielen europäische Agrarsubventionen, auf die wir noch zu sprechen kommen.

Verschiedene Szenarien, etwa von der Beratungsgesellschaft McKinsey, die ansonsten eher Firmen zur Einsparung von Arbeitsstellen berät, gehen von einem signifikanten Anstieg von Jobs in der Landwirtschaft aus. McKinsey spricht von 1,3 Millionen[6] Menschen in Europa, die bis 2050 zusätzlich in der Landwirtschaft arbeiten können. Nach einer weiteren Studie, die im angesehenen Wissenschaftsmagazin *The Lancet*[7] veröffentlicht wurde, wird zudem in der Klimakrise dieselbe Anzahl an Arbeiterinnen und Arbeitern weniger produktiv sein: Bei brennender Hitze auf den Feldern beispielsweise müssten die Personen häufiger pausieren und könnten nur langsamer ernten. Die stressige Situation führe zudem zu zahlreicheren Unfällen, sodass sie häufiger vertreten werden müssen. Daher gehört laut den *Lancet*-Forschern die abnehmende Leistungsfähigkeit der Landwirtinnen und ihrer Abhilfe zu den größten Kostenfaktoren der Klimakrise – insbesondere in der Landwirtschaft. Denn sie findet draußen statt, bei Hitze und Starkregen, ohne dass sich die Arbeitenden in den Schatten begeben oder unterstellen könnten.

Bei geringeren Ernten ist aber auch klar: Die Ansprüche der Verbraucherinnen und Verbraucher an ihr Produkt müssen sich ändern. Sie seien sehr speziell und regional unterschiedlich. »Die

Engländer wollen schneeweiße Knollen, die Spanier nur dicke, die Schweizer nur kleine. Und alle wollen makellose Kartoffeln.« Bislang landen leicht angestoßene Waren häufig im Kompost. In trockenen Jahren aber sehe man sogenannte Lentizellen, kleine dunkle Flecken »wie Sommersprossen«. Eigentlich harmlos, aber die Knolle müsste tiefer geschält werden. »Für diese Ware kriegen sie bislang kein Geld mehr.« Das bedeutet: Auch die Kundinnen und Kunden müssen sich anpassen und künftig Ware mit kleinen Mängeln akzeptieren.

Die körperliche Arbeit wird unter diesen ungünstigeren Bedingungen ebenfalls ansteigen. Die Moselwinzerin Klein beobachtet, wie viel mehr Handarbeit heute ein Liter Wein benötigt. Die Kosten für die »manpower«, wie sie es nennt, werden immer höher. Pilzgift muss häufiger als früher gespritzt werden. Bei überdurchschnittlich nassen Jahren wie 2021 muss das Laub mehrfach statt nur einmalig entfernt werden, damit die Reben ausreichend Sonne abkriegen. Auch die plötzlich notwendige Bewässerung verlangt mehr Menschenarbeit ab.

Aber wo soll diese herkommen? Selbst bei Familie Klein, den vorbildlichen Winzern, zögern die Söhne, den Betrieb zu übernehmen. »Die kriegen ja hautnah am Küchentisch mit, wie wir immer wieder neu kämpfen müssen. Es ist einfach hart geworden.« Die Klimakrise trifft auch biologisch wirtschaftende Landwirte stark – denn diese Anbauweise ist in vielerlei Hinsicht, etwa für sauberes Trinkwasser, die bessere. Bei Extremereignissen aber sind ihre Felder bislang ähnlich ungeschützt wie die konventionellen.

Bio: Besser, aber nicht die alleinige Lösung

Weinbäuerin Klein hatte sich schon 2001 für den biologischen Weinbau entschieden, weil ihr Mann von den vielen Spritzmitteln Allergien entwickelte. »Wir hatten Glück und konnten auf die Erfahrungen von den Kollegen aus den 1980er- und 1990er-Jahren zurückgreifen – die hatten schon so viel ausprobiert.« Aber das »verrückte Klima«, wie Klein immer wieder sagt, treffe sie im Bioweinbau ebenso wie die konventionellen Kollegen.

Diese Erkenntnis dürfte viele Verbraucherinnen erstaunen, schließlich werden Bioprodukte immer beliebter – lange suggerierten sie, eine Lösung für viele Probleme zu sein. Allerdings ist dies nicht mehr der Stand der Forschung. Viele Expertinnen und Experten betonen inzwischen, dass die ökologische Landwirtschaft in ihrem Bemühen gescheitert sei, ein tragfähiges Konzept für die Lösung von zentralen Problemen der Landwirtschaft zu entwickeln.[8]

Der größte Unterschied ist: Landwirtinnen und Landwirte in Biobetrieben spritzen weniger Gifte, sie dürfen keine chemisch-synthetischen Insektizide und nur deutlich weniger Fungizide benutzen und keinen Kunstdünger. Das ist für die Gesundheit und Umwelt, für das Trinkwasser und die Biodiversität ein sicherlich bedeutsamer Fortschritt.

Für die Folgen der Klimakrise aber sind die biologisch erwirtschafteten Ernten ähnlich schlecht gerüstet wie die konventionellen: Auch Biobauern dürfen Monokulturen anbauen, auch ihre Saaten brauchen Wasser, auch ihre Erde ist im Sommer häufig ungeschützt der Hitze ausgesetzt, auch sie pflügen den Boden um und schaden so dem so wertvollen Humus.[9]

Dies bestätigten auch die Versuchsfelder in Bad Lauchstädt. Hier konnten die Forscher nach den ersten Jahren keinen deutlichen Unterschied im Ertrag zwischen konventionellem und ökologischem Anbau ausmachen. Allerdings würde in dem Experiment beim Ökoanbau auch nur die niedrigstmögliche Öko-Richtlinie angenommen und keine Maßnahmen der Bodenverbesserung wie etwa das Ausbringen von Kompost durchgeführt. Viel entscheidender als das Bio-Siegel ist hier also erneut die Qualität des Bodens – die in der ökologischen Anbauweise allerdings meist höher ist. »Es zeigt sich, dass wir im Ökoanbau unter Klimawandelbedingungen im Boden mehr Organismen haben, die auch der Pflanze helfen können, mit Trockenheit besser zurechtzukommen«, so der Experimentleiter Schädler. »Nach unseren Erkenntnissen liegt das am Verzicht auf Mineraldünger, Pestizide und der Fruchtfolge.«

Allerdings zeigt sich hier erneut die große Herausforderung: Durch die Klimakrise geschwächte Pflanzen können leichter von Schädlingen und Pilzen befallen werden. Umso schwerer fällt es dann, auf kurzfristig wirksame Gifte zu verzichten – und umso dringlicher ist es, nachhaltige Alternativen zu finden. Alternativen, die die Pflanzen und den Boden zugleich schützen.

Auch auf den Hängen im Dorf von Weinbäuerin Klein gediehen die Pilze in warmem und zugleich feuchtem Wetter wie im Sommer 2021 besonders gut. Während ihre Reben allerdings im Juli noch gesund aussahen, hingen an manchen Reben ihrer Nachbarn vertrocknete Trauben wie schlaffe, graue Rosinen an den Stöcken, sie konnten nicht mehr gekeltert werden.

Klein versucht es daher auch mit neuen Sorten. Sie hat schon vor vielen Jahren angefangen, alte Reben durch sogenannte PIWI-Sorten zu ersetzen – also durch pilzwiderstandsfähige Rebsorten. Zwei Hektar sind inzwischen mit diesen Trauben bepflanzt. Meistens kommen diese Weinstöcke aus südlicheren Regionen, die mehr UV-Strahlen und mehr Wärme vertragen und auch in Hitzejahren gute und gesunde Trauben liefern können. Es ist eine Wahl für Jahrzehnte: Eine Rebe braucht drei Jahre, bis sie groß genug ist, um Trauben zu produzieren. Und dann soll dieselbe Pflanze mindestens 25 Jahre tragen.

Viele Kollegen und Kolleginnen, erzählt Klein, seien heute neidisch auf ihre Entscheidung. »Da gibt's eben auch viele Personen, die sich das nicht trauen, weil sie dann Angst haben, sie kriegen es anschließend nicht vermarktet – hier ist ja der Markt auf Riesling eingestellt. Aber die Kunden stellen sich auch um«, glaubt Klein. Ohnehin würde sich der Riesling verändern, er trage mehr Alkohol als früher, und so habe sich auch der Geschmack gewandelt. Der Riesling, der es bis in die Weinfässer schafft, wird in der Klimakrise nicht mehr derselbe sein.

Tatsächlich bietet Kleins System mit der Mischung aus verschiedenen Kulturen, ihre naturnahe Anbauweise, größeren Schutz in der Klimakrise. Diese in der Forschung so getaufte »Agroforstwirtschaft« ist, wie wir nun sehen werden, eine berechtigte Hoffnung für die Klimaanpassung.

Agroforstwirtschaft und neue Felder

Mit dem Begriff Agroforstwirtschaft werden Landnutzungssysteme bezeichnet, die als Gegenteil von Monokulturen gelten. Dort werden Bäume oder Sträucher mit Ackerkulturen und/oder Tierhaltung auf ein und derselben Fläche kombiniert.[10] Das hat viele Vorteile: Die gemischten Kulturen streuen das Risiko bei Wetterextremen, wie wir im Abschnitt über sortenreichen Anbau gesehen haben. Zugleich sind sie insgesamt widerstandsfähiger und bringen mehr Ernte auf kleineren Flächen. »Agroforstwirtschaft ist eine wichtige Lösung für die Zukunft«, schreibt auch die Welternährungsorganisation FAO.[11]

Diese Form von Landwirtschaft ist längst bewährt in südeuropäischen Ländern wie Spanien, Portugal oder Griechenland: Hier sind rund zehn Prozent der Flächen so bewirtschaftet – in Deutschland nicht einmal ein Prozent. »Wo man auch hinfährt in der Welt, sieht man Bäume und Sträucher auf den Äckern, nur in Deutschland kommt das selten vor«, sagt Agrarforscher Tobias Plieninger, Landschaftsökologe an der Universität Kassel.

Dabei ziehe die Agroforstwirtschaft viele Insekten und Vögel an, schütze also den Reichtum an Tieren, die Biodiversität. Die Böden bleiben fruchtbarer und sind so resilienter bei Hitze und gegen Schädlinge.

Allerdings wird diese Lösung aktiv behindert durch den wichtigsten politischen Hebel der Landwirtschaft: Sobald ein Landwirt 20 Bäume auf sein Weizenfeld stellt, gilt die Fläche nicht mehr als Acker. Er muss sie vom Förderantrag abziehen und erhält keine Subventionen mehr für sie. Auf die fehlgeleiteten Subventionen werden wir am Schluss des Kapitels noch zu sprechen kommen, aber allein diese Anekdote zeigt: Die so wichtige Lösung Agroforstwirtschaft ist bislang ein politisch völlig vernachlässigtes Thema.

Ein wichtiger Baustein der Zukunft könnten die Hecken sein. Wie wertvoll sie sind, kann Alexandra Werdes erzählen, Vorsitzende des norddeutschen Vereins Die Heckenschützer. Früher habe sie in fernen Ländern wie Brasilien exotische Früchte bewundert, heute sagt Werdes: »Wir haben hier auch ›Superfruits‹ in unseren Hecken, aber keiner beachtet sie.« Werdes schwärmt von Hagebuttentee und Brombeermarmelade, von Himbeereis und Holundersaft – vielen aus dem »Hugo-Cocktail« bekannt –, von Fruchtgelees und »Schnäpsken« aus all den kleinen Strauchbeeren wie dem Sanddorn. In der Pandemie hat Werdes eine Crowdfunding-Kampagne für ihren Punsch aus Beerenfrüchten gestartet mit dem Namen »Keep on Punching«, sie sammelte in kurzer Zeit fast 19.000 Euro. »Die Leute wollen die alten Hecken und ihre vielseitigen Zwecke wiederentdecken«, sagt sie.

Mit ihrem Verein zieht Werdes gerade Hecken hoch, rund um die Felder bei Hamburg. Früher waren sie noch viel zahlreicher, mehr als die Hälfte des historischen Netzes sei inzwischen abgeholzt. Oder die verbleibenden werden schlecht gepflegt, weil sie von den Landwirtinnen und Landwirten, aber auch von den Städten mehr als Störfaktor denn als Bereicherung angesehen werden. »Viele Landwirte schneiden sie bis an den Rand, dann verholzen sie und tragen keine Früchte mehr.«

Werdes sieht ihren Verein als landwirtschaftliche Initiative, sie will die Stadt mit dem Land verbinden über diese Brückenbiotope, wie sie Hecken liebevoll nennt. Noch vor wenigen Jahren waren die traditionellen Hecken verschrien, es hieß, sie würden zu viel Schatten spenden und das Trocknen der Ernte verhindern. Hier hielt sich offenbar ein Vorurteil, wie es in vielen Bereichen zu beobachten ist: Menschen empfinden es als Rückschritt, zu alten Traditionen und Anbauarten zurückzukehren, es fühlt sich für viele wie ein Verrat am lange vermuteten Fortschritt an. Gerade in der Klimakrise können wir, das zeigt auch etwa die Renaturierung von Flüssen (siehe Kapitel 2), von früheren, naturnahen Lebensweisen lernen.

Landwirtinnen und Landwirte, so erzählt es Werdes, die sich auf eine Bepflanzung mit der Hecke eingelassen haben, hätten bei schwierigen Wetterlagen handfeste Vorteile gesehen. Als es in Brandenburg zu einem Sandsturm auf den Straßen und schließlich zu einer Massenkarambolage kam, blieben die Straßen an Hecken sicher: Diese hatten die Felder abgeschirmt und so den Boden gehalten, die Krume wurde nicht weggeweht. Auch in heißen Sommern bieten sie Windschutz, die Böden trocknen weniger aus. Die Erde rund um die Hecke ist zudem humusreicher und feuchter, weil sie im Windschatten liegt. Selbst bei Starkregen waren die »Heckenbauern« besser dran: Die Felder wurden weniger ausgeschwemmt, eine Erosion blieb aus. Und noch einen weiteren Vorteil bieten die Hecken: In ihnen nisten sehr viele Vögel, die sich wiederum von den Schädlingen wie Raupen auf den Feldern ernähren. Der heimische Vogel entfernt sich nicht mehr als 30 Meter weit vom Nest. Deswegen muss er direkt an dem Feld wohnen, um behilflich zu sein.

Klingt alles so überzeugend, dass man sich fragt, warum nicht alle Landwirte ihre Felder mit Hecken umsäumen. Eine Antwort darauf kennt Hans von Hagenow. Er ist seit fast 30 Jahren Geschäftsführer des Biohofes Bollheim in Nordrhein-Westfalen. »Ich frage mich stetig, wie wir noch etwas ökologischer wirtschaften können als bisher.«[12] Hagenow geht durch den Kuhstall, zwei Dutzend seiner Tiere mahlen lautstark Gras, die Morgensonne steht noch tief. »Seit fast 40 Jahren wirtschaften wir hier biologisch-dynamisch – aus Überzeugung!«

Hinter Hagenows Stall beginnen die Felder von Bollheim. Etwa drei bis vier Hektar seines insgesamt 200-Hektar-Betriebes seien Hecke. Für diese aber, und das ist der springende Punkt, werden ihm die europäischen Flächenförderungen von etwa 175 Euro pro Hektar abgezogen. Aber die Politik, so erklärt er bei einem Rundgang über seinen Hof, helfe ihm nicht dabei, sich anzupassen, im

Gegenteil: Bewirtschaftung nach dem gesunden Menschenverstand werde regelrecht bestraft.

Für die Biodiversität auf seinen Flächen würde Hagenow gerne noch mehr tun, doch ihm fehlt es dazu wie vielen Landwirtinnen und Landwirten an den nötigen Mitteln. Das ergab auch eine Studie[13] des Thünen-Instituts für Agrarklimaschutz in Braunschweig. Die Forschenden lobten darin die Hecken als »Klimaschützer« und »attraktive Strukturelemente in der Agrarlandschaft«. Sie stellten aber zugleich fest, dass es in den vergangenen Jahren kaum zu neuen Anpflanzungen kam. Der Förderdschungel überfordere Landwirtinnen und Landwirte. In jedem Bundesland gebe es andere Programme mit anderen Anforderungen und Angeboten. Zudem müsse künftig auch die Pflege von Hecken gefördert werden.

Die Ergebnisse der Thünen-Studie belegen: Um die in den letzten 60 Jahren gerodeten Hecken wieder neu anzupflanzen, würden nur 0,3 Prozent der landwirtschaftlichen Fläche benötigt. Damit würden die Agrarlandschaften robuster in der Klimakrise und würden diese zugleich abmildern: »Die grüne Hecke kann gleichzeitig zehn Millionen Tonnen CO_2 binden. Es gibt kaum eine Klimaschutzmaßnahme im Agrarbereich, mit der auf so wenig Fläche so viel Effekt erzielbar ist«, bilanziert die Studie.

Denn die Allrounder-Hecke hilft auch noch gegen weitere Klimaeffekte: Sie schützt Äcker vor Flächenbränden, die zunehmen werden. Ungeschützte, trockene Böden entzünden sich leicht zu einem Flächenbrand. Die meisten Feuerwehren mussten zwischen 2018 und 2020 dreimal so häufig Flächenbrände – also nicht diejenigen, die etwa in Häusern ausbrechen – löschen wie in den jeweiligen Jahren zuvor. Denn je höher die Temperatur steigt, umso geringer ist die Luftfeuchtigkeit – in der trockenen Luft wiederum steigt die Gefahr von Wald- und Flächenbränden stark an.[14] Ein Grund mehr für Maßnahmen, die Böden feucht und fruchtbar zu halten.

Verändere dich – oder weiche

Die Landwirtschaft auf klimatische Extreme vorzubereiten und Lebensmittel sicher zu produzieren bedeutet also einen großen Systemwechsel. Der über Jahrzehnte gewachsene Teufelskreis aus immer größeren Höfen, immer monotoneren, schutzloseren Feldern steht einer Anpassung diametral entgegen. An diesem Wandel sind bislang, so muss ehrlicherweise eingestanden werden, sowohl Klima- als auch Tier- und Landschaftsschützerinnen gescheitert. Groß ist die Angst vor der Veränderung. Selbst nach den sichtbaren Erfolgen von Winzerin Klein sind die Kollegen an den Nachbarhängen auch heute noch skeptisch über ihre Anbauweise. »Die meisten sagen dann, wir versuchen, erst einmal so weiterzumachen wie bislang – mit senkrechten Reben und ohne Bewässerung.« Neue Pflanzen würden sie aber erst gar nicht mehr setzen, weil sie ohnehin vertrocknen würden. Solche Betriebe, so prophezeit es Klein, »laufen dann ganz sicher aus«.

Wenn die alten Weingüter und Landwirtschaftsbetriebe auslaufen, bietet sich allerdings auch eine Chance für neue Formen der Produktion, für reichhaltigen, diversen Anbau auf den Feldern oder sogar in der Stadt. Anpassungsforscher Markus Keck, den wir schon aus dem Kapitel zum Städtebau kennen, prophezeit dem *Urban Gardening*, also dem Anbau in der Stadt, eine größere Zukunft. Der lokale Anbau könnte für ihn Teil einer Kreislaufstadt sein – einer Stadt also, in der Dinge wie in einem Kreislauf kursieren, daher weniger eingekauft und weniger als Abfall verbrannt werden muss. So könnten etwa Abwässer wiederaufbereitet werden, um sie im Umland als Felddünger zu nutzen. Die Ziergärten könnten zu Nutzgärten werden und lokales Obst und Gemüse liefern. »So wird die Stadt insgesamt unabhängiger von externen Lieferungen. Das ist bei den weiter ansteigenden Rohstoffpreisen besonders interessant«, sagt Keck.

Ein zunehmend regionaler Absatz der Ernteerzeugnisse kann diese Diversifizierung fördern – und ist zudem klimafreundlich, weil die Waren weniger transportiert werden müssen. Allerdings ist dieser Anbau vor allem für Obst und Gemüse interessant: Große Mengen Weizen oder Raps lassen sich regional oder lokal kaum absetzen, sie gehen häufig an Fabriken für beispielsweise Nudeln, Brot oder Rapsöl. Verschiedenste Sorten an Gemüse oder Obst, etwa Erdbeeren, lassen sich hingegen gut auf Märkten und an Ständen verkaufen.

In diesem Fall bedeutet Klimaresilienz eben auch, unabhängig zu sein von Lieferketten und Extremwetterereignissen in anderen Teilen der Erde. Das ist auch allgemein ein zentraler Punkt bei der Essensversorgung: Je vielseitiger und lokaler in den Regionen produziert wird, umso weniger sind sie anfällig für klimatische oder auch geopolitische Entwicklungen.

Auch hier gibt es positive Vorbilder. Manche Städte haben ihre Projekte für Nutzgärten mit Langzeitarbeitslosen begonnen, mit sehr vielversprechenden Erfolgen: Die Menschen arbeiten bewusst wieder manuell, werden in die Stadtteile integriert, bauen alternative Produktionswege zu den Großmärkten auf. »Das steht alles gegen den allgemeinen Trend und braucht daher besonders großen politischen Rückhalt«, sagt Keck.

Vereinzelt gibt es diesen auch. Die Europäische Union etwa fördert gerade die sogenannte Soziale Landwirtschaft, bei der landwirtschaftliche Betriebe und Gärtnereien Menschen mit körperlichen, geistigen oder seelischen Beeinträchtigungen integrieren. Dem liegt ein ebenso vielversprechendes wie zugleich noch unbekanntes Konzept der »essbaren Stadt« zugrunde. In Städten sollen Bürgergärten und kommunale Flächen genutzt werden, um Essen anzubauen. So hat es zum Beispiel das Inklusionsprojekt KreaVert in Andernach an der deutsch-französischen Grenze vorgemacht. In der Stadt lernten Langzeitarbeitslose Felder zu bestellen, sie mit Zugtieren wie Pferd und Esel zu bearbeiten, Bienenstöcke zu bewirtschaften, Lehmhütten zu bauen.

Oder auch das Projekt VivAge, bei dem Seniorinnen und Senioren sich auf Bauernhöfen gegen kleine Hilfen einmieten konnten. 2016 forschte die Hochschule HAWK Hildesheim/Holzminden/Göttingen zu den sogenannten »Hof und Alter«-Projekten und fand 12 Betriebe, bei der letztmaligen Datenaufnahme im Mai 2018 waren es schon 29 – darunter das Projekt Viva. Es ist also noch eine absolute Nische – aber ein möglicher Pfad mit vielen Vorteilen: Die dicht besiedelten Metropolen werden entlastet, denn sie müssen, wie wir im Stadtkapitel gesehen haben, mehr Grünflächen schaffen. Zugleich werden Dörfer wiederbelebt, die regionale Landwirtschaft aufgewertet.

Oft seien die Wartelisten für diese Zimmer auf dem Land – entgegen der anfänglichen Vermutung – sehr lang geworden, schreiben die Wissenschaftlerinnen der Hochschule HAWK Hildesheim/Holzminden/Göttingen.[15] Die betagten Mieterinnen und Mieter verüben meist körperlich leichte Arbeiten, manche kochen das Mittagessen für die Betriebsgemeinschaft, stellen Käse und Joghurt her, andere kümmern sich um Hühner oder ihre eigenen kleinen Nutzgärten. Das Fazit dieser Pioniere ist positiv: »Ihre Lebensqualität stieg an«, schreibt die Projektleiterin Claudia Busch. Aber noch hätten auch die Landwirtinnen und Landwirte viel mit Behörden zu kämpfen, denen das neue Modell suspekt ist, auch finanzielle Hilfen und Beratungen fehlen.

Dennoch zeigt diese neue, überraschende Wohngemeinschaft, dass in der Landwirtschaft noch viele neue Modelle umgesetzt werden können. Wie so häufig bei der Klimaanpassung brauchen wir nicht ein großes Projekt – sondern müssten deutschlandweit viele kleine Initiativen unterstützen. Auch wenn sie für manche klingen wie eine Zeitreise in die Vergangenheit. Hier zeigt sich wieder: Zur Anpassung gehört eine gewisse Rückbesinnung auf frühere Methoden und Lebensweisen dazu, ob es nun die Bauart der Häuser, die Renaturierung von Flüssen oder generationenübergreifende Hofgemeinschaften sind. Wichtig ist diese Rückbesinnung auch, um ein zweites überlebenswichtiges Gut zu retten: das Trinkwasser.

Wenn Trinkwasser knapp wird

Es gibt kaum eine Region in Deutschland, die wie die Lausitz die Gefährdung unseres Trinkwassers durch die Klimakrise gleich doppelt symbolisiert: Hier wird das Trinkwasser knapp durch geringere Niederschläge, und diese Knappheit wird noch zusätzlich befeuert von den Folgeschäden der fossilen Energieverbrennung. Im Braunkohletagebau in der ostdeutschen Lausitz wurden seit den 1970er-Jahren Milliarden Tonnen des klimaschädlichen Brennstoffes gefördert.

Die Kohlekraftwerke haben die gesamte Landschaft verschlungen. Nun soll in der Sandwüste einer der größten künstlichen Seen Deutschlands namens »Ostsee« entstehen. Doch es gibt ein Problem: Wegen Wassermangels ist er bislang nicht viel größer als eine Pfütze. So wie der Ostsee sollen auch noch weitere Tagegruben mit Wasser aufgefüllt werden. Doch schon im Sommer 2021 – der Ostsee war noch nicht einmal ansatzweise vollständig mit Wasser befüllt – entpuppte sich das als risikoreiche Planung. Denn Wasser ist in der Region ohnehin knapp. Nun kommen noch immer heißere Sommer hinzu. Und je größer die Wasserflächen, desto höher die Verdunstung. Das führte bereits in den vergangenen Jahren dazu, dass Wasserspeicher sich leerten und über die Versorgung von Berlin diskutiert wurde – die Hauptstadt liegt nämlich nur 130 Kilometer vom Ostsee entfernt. Expertinnen und Experten schätzen, dass allein durch die Verdunstung der künftigen »Seenlandschaft« der Lausitz jährlich bis zu 195 Millionen Kubikmeter Wasser verloren gehen könnten – das entspricht dem gesamten Wasserverbrauch von Berlin.[16] Im Masterplan Wasser der Hauptstadt steht deshalb auch: »Erhebliche Auswirkungen auf den ohnehin angespannten Wasserhaushalt der Spree sind zu erwarten, sofern nicht aktiv gegengesteuert wird.«[17] Die Berliner Wasserbetriebe feilen deshalb bereits an »Resilienzkonzepten«, darunter Maßnahmen wie ein höherer Anteil gereinigtes Abwasser oder die Nutzung von Regenwasser. Auch sollen Kiefernwälder langfristig in Laubwälder umgewandelt werden, weil diese mehr Wasser speichern können (siehe Kapitel 6).

Aber Berlin und die Lausitz sind nicht die Einzigen, die um ihr Trinkwasser kämpfen müssen. Allerdings ist den meisten Bundesländern nicht einmal klar, wie knapp es wird – sie können keine Karten oder aktuellen Daten vorweisen. Die transparenteste Wasserbehörde ist die sächsische. Das Land misst an etwa 1000 Orten mindestens einmal wöchentlich die Höhe des Grundwassers. Auf Karten ihrer Onlineseite zeigt sich, um wie viel der Grundwasserpegel in dem Bundesland bereits gefallen ist – und wie sehr er noch fallen wird.[18] Besonders beeindruckend sind die Prognosen: Heute noch ist die sächsische Karte überwiegend gelb, blau oder grün eingefärbt und zeigt damit ausreichende Wasservorräte an. Bis 2050 allerdings mehren sich die roten Mangel-Zonen, vor allem rund um die größte Stadt Leipzig.

Wir haben also zwei Probleme zu bewältigen: Einerseits müssen Pflanzen, also unsere Nahrung, bei künftigen Hitzewellen zunehmend bewässert werden, müssen Menschen mehr trinken. Ohnehin steigt der Wasserbedarf schon seit 20 Jahren kontinuierlich an: Seit 1998 hat sich der Bedarf laut einer Anfrage der Grünen im Bundestag verdoppelt.[19] Andererseits sinken die Grundwasserpegel, Flüsse fallen niedriger, Stauseen trocknen aus. All diese Faktoren werden zu Verteilungskämpfen rund um das Trinkwasser führen – um die sich bislang, so werden wir noch sehen, kaum jemand kümmert.

Wie viel Wasser uns künftig zur Verfügung steht, hängt auch davon ab, wie viel Niederschlag fällt. Da gibt es aber offenbar eine grundsätzliche Unsicherheit in der Prognose, sagt Agraringenieur Gunnar Lischeid vom Leibniz-Zentrum für Agrarlandschaftsforschung (ZALF). »Die globalen Klimamodelle können Temperaturen gut vorhersagen, bei den Niederschlägen ist das grundsätzlich schwieriger.« Denn entscheidend ist die Entstehung der Wolken durch Verdunstung, das seien aber sehr regionale Entwicklungen. Grundsätzlich ginge die Forschung aber davon aus, dass es in Skandinavien nasser, in Südeuropa trockener werde – und Deutschland in der Übergangszone zwischen beiden liege. Voraussichtlich werde es in Ostdeutschland im Winter etwas mehr regnen, im Sommer weniger. Und grundsätzlich würden die Niederschläge seltener, aber heftiger.

Lischeid prophezeit, dass Deutschland in Zukunft mehr Wasser für die Landwirtschaft reservieren muss. »Es herrscht ein großer Irrglaube, mit speziellen Züchtungen die Pflanzen an die Dürren anpassen zu können. Die Natur versucht schon seit 400 Millionen Jahren, trockentolerante Pflanzen hervorzubringen – sie hat es kaum geschafft.« Selbst Kakteen bräuchten eine bestimmte Menge an Wasser, um ein Kilogramm Masse zu schaffen. »Die widerstandsfähigsten Pflanzen können Durststrecken überdauern, aber sie wachsen dann nicht mehr.«

Landwirte aber können es sich nicht leisten, ihre Pflanzen jahrelang millimeterweise wachsen zu sehen, wie es Kakteen in der Wüste vermögen. Sie müssen ihr Getreide innerhalb von sechs bis acht Monaten und ihr Gemüse noch schneller ernten. »Wer Ertrag produzieren will, muss den Pflanzen ihr Minimum an Wasser gönnen«, so Lischeid. »Der Trinkwasserpegel sinkt allerdings seit den 1980er-Jahren.« Auch weil damals mit der Beregnung von Feldern angefangen wurde.

Denn bei sinkenden Pegeln muss künftig zwangsläufig über die erlaubten Mengen neu entschieden werden. Jede Landwirtin, jeder Industrielle muss die Wasserbehörden um Erlaubnis fragen, wenn etwa über Brunnen Grundwasser oder aus Flüssen Fließwasser entnommen wird. Dies regelt das bundesweite Wasserhaushaltsgesetz.[20] Die Erlaubnis wird für einen gewissen Zeitraum – meist drei oder fünf Jahre – erteilt und kann jederzeit aus bestimmten Gründen ohne Entschädigung widerrufen werden. Das bedeutet: Bei starker Knappheit können die regionalen Wasserbehörden in Zukunft recht schnell die Erlaubnisse entziehen oder die Menge verkleinern. Dafür bräuchte es aber klare Hierarchien, wer im Falle einer Knappheit zuerst bedient wird – eine Hierarchie, die laut dem Wasserforscher Lischeid in den allermeisten Behörden bislang nicht etabliert ist.

Inzwischen würden die Wasserbehörden weniger Genehmigungen an die Landwirte vergeben, Wasser zu pumpen – obwohl sie zeitgleich mehr Anträge erreichen. Eine gefährliche Entwicklung. »Wenn man dem Landwirt eine Genehmigung versagt, dann wird er aufhören.« Zwar könne die Beregnung noch optimiert werden, etwa durch eine tröpfchenweise Bewässerung über Schläuche direkt am Boden. Das sei aber sehr viel teurer.

Bislang gießen die meisten Landwirte über ihre sogenannten Beregnungsnetze: Eine Trommel führt 400 bis 500 Meter Schlauch, der in der Kultur ausgezogen wird und an dessen Ende ein Sprinkler Wasser versprüht, meist in einem Umkreis von 80 bis 100 Metern. Dann muss er wieder 100 Meter weitergezogen werden. Eine schon jetzt aufwendige Sache – auch deshalb werden nach Zahlen des Helmholtz-Instituts bislang nur drei Prozent aller Kulturen bewässert. In Zukunft wird sich diese Zahl aber auf 30 Prozent verzehnfachen.[21] Lischeid sagt schwierige politische Verhandlungen für die Verteilung des Wassers vorher. Das öffentliche Gut habe vor 10 bis 15 Jahren noch keinen interessiert – es würde aber zu einem sehr großen Thema werden, wenn etwa Seen trockenfallen, die sehr häufig auch aus Grundwasser gespeist werden. »Die regionalen Behörden und Landesregierungen müssen politisch entscheiden, wer das Wasser erhält. Zuerst müsste mit der Industrie verhandelt werden – dort ist viel mehr zu sparen als in der Landwirtschaft.«

Zwar wurde zuletzt monatelang über die durstige Autofabrik des Tesla-Konzerns in der Brandenburger Heide diskutiert. Sie ist aber nur die Spitze des Eisberges. Den wenigsten dürfte bewusst sein, wie viel Wasser tatsächlich zur Produktion von Konsumartikeln, aber auch von Energie benötigt wird. Beispielhaft zeigt dies eine Tabelle des Landesumweltamtes NRW. Sie listet die größten Wasserabnehmer. Für das Braunkohleland steht der fossile Konzern RWE an erster Stelle.[22] Allein im rheinischen Tagebau Hambach wurden 2019 rund 310 Millionen Kubikmeter Wasser entnommen. Zum Vergleich: Die Großstadt Köln liefert pro Jahr nur ein Viertel (80 Millionen Kubikmeter) an die privaten Haushalte.[23]

Auch eine Antwort der Bundesregierung, wiederum auf eine Anfrage der Grünen im Bundestag, zeigt die Wassermengen, die die Industrie und die fossilen und nuklearen Energieversorger verschlingen: Die Atom-und Kohleindustrien entnahmen im Berichtsjahr 2013 zusammen rund 20 Milliarden Kubikmeter Wasser pro Jahr, während auf die öffentliche Wasserversorgung – also das, was in den Privathaushalten, in Schulen, Büros und Krankenhäusern aus den Hähnen fließt – nur rund fünf Milliarden Kubikmeter entfielen. Das lebenswichtige Trinkwasser macht also bislang nur ein Viertel des Konsums in Deutschland aus – drei Viertel verschwinden in Fabrikhallen und Kraftwerken. Daneben sind auch die Landwirte vergleichsweise kleine Verbraucher: Auf die landwirtschaftliche Beregnung entfielen 0,3 Milliarden Kubikmeter oder gut ein Prozent des gesamten Wassers.[24]

Denn bislang kommt die Landwirtschaft zumeist noch mit den natürlichen Niederschlägen aus – noch, denn wie wir gesehen haben, wird es trockener und heißer, die Pflanzen also bedürftiger. Daher prophezeit die Bundesregierung auch im selben Dokument – ohne dafür eine Lösung vorzuschlagen –, dass »regionale Nutzungskonflikte insbesondere in den Sommermonaten« zunehmen werden.

Konflikte, die voraussichtlich zu mehr gerichtlichen Prozessen führen werden. Schon jetzt landen laut Expertinnen und Experten[25] vor den Verwaltungsgerichten zunehmend verschiedene Verfahren, in denen manchmal Wasserwerke auf eine höhere Entnahme pochen, manchmal auch Naturschutzverbände gegen den Konsum der Industrie Beschwerde einlegen.

So hatte der NABU gegen einen Brunnen für Coca-Cola in der Lüneburger Heide geklagt. Der US-Getränkehersteller entnimmt ohnehin schon rund 350.000 Kubikmeter Wasser pro Jahr in der Hansestadt Lüneburg und füllt dieses unter dem Markennamen ViO zur überregionalen Vermarktung in Flaschen ab. Künftig sollte dieselbe Menge zwischen Lüneburg und Reppenstedt bei Brockwinkel an der Landwehr abgepumpt werden. Nach jahrelangen Protesten zog der Konzern schließlich im Januar 2022 seinen Antrag zurück.[26] Der Landrat sagte daraufhin: »Die Diskussionen über das Projekt haben uns als Landkreis Lüneburg, unseren Kreistag und unsere Bevölkerung für die Lebensgrundlage Grundwasser sensibilisiert. Das ist wichtig.« Auch der Konzern Nestlé mit seiner Getränkemarke »Vittel« wurde harsch kritisiert und büßte Verkaufsflächen in Deutschland ein: Weil die Kritik an seiner massiven Förderung von Grundwasser im französischen Ort Vittel immer virulenter wurde, lehnte es ein Discounter ab, die Flaschen weiter zu vertreiben.[27] Anfang 2022 entschied sich Nestlé sogar, die Getränkemarke in Deutschland und Österreich vollständig vom Markt zu nehmen.[28]

Die Frage danach, wie wir unser kostbares Wasser nutzen, ist noch weitgehend unbeantwortet. Denn zum nackten Überleben braucht jeder Mensch nur rund zwei Liter am Tag – er verbraucht heute aber täglich 80 Liter aufwendig gereinigtes Wasser, etwa, um damit seine Toilette zu spülen oder das Auto zu waschen. Auch die meisten Industrien nutzen größtenteils trinkbares Wasser aus Staudämmen oder Oberflächenwasser. Die beiden Kreisläufe zu trennen, mahnen daher Umweltwissenschaftlerinnen und auch das Umweltbundesamt schon lange an.

Auch die Winzerfamilie Klein bewässert heute ihre jungen Setzlinge mit Trinkwasser. Ihre Vorfahren haben die kleinen Pflanzen noch ohne ihr Zutun groß gekriegt. »Früher ging das alles von selbst, heute kriegen wir die Reben nicht mehr hoch, sie verkümmern mit ihren kurzen Wurzeln.« Seit einer Flurbereinigung vor wenigen Jahren hat Klein Leitungen fest installiert. Die allerwenigsten Winzer verfügen allerdings über diese Plastikrohre, sie müssen mit einem 1000 oder 2000 Liter großen Fass auf dem Traktor das Wasser die Hänge hochbringen.

Das Problem: Eine junge Pflanze braucht pro Saison mindestens 25 Liter Wasser, bei fünftausend Reben pro Hektar kommen schnell viele Hektoliter zusammen. Eine Last, die nicht per Hand getätigt werden kann – und die teuer ist. Klein hat es kürzlich ausgerechnet, wie günstig es sie kommt, wenn natürlicher Regen fällt: Ein durchschnittlicher Niederschlag spart 3000 Euro Kosten an die Stadtwerke, sagt sie. Diese Summe macht klar: In Zukunft müsste an der Mosel und in allen anderen Teilen Deutschlands Regenwasser aufgefangen werden.

Schweinebauer Schulz hat schon vor einigen Jahren seine Wassergräben rund um die Felder zugeschüttet. So laufen die Wiesen zwar bei starkem Regen voller Wasser, aber es verbleibt eben auf den Feldern und wird nicht wie zuvor von der Elbe in die Nordsee gepumpt. Diese Technik funktioniert aber eben nur so lange, wie Niederschlag fällt. Im trockenen Sommer 2018 musste Schulz doppelt so viel beregnen, wie er eigentlich durfte. Nur weil sein persönliches Kontingent auf fünf Jahre berechnet wird und er vorher sparsam war, blieb er im rechtlichen Rahmen.

Für die trockenen Monate bräuchte es Rückhaltebecken, die, wie wir bereits festgestellt haben, auch bei Starkregen die Städte vor Überschwemmungen schützen. »Wir müssen uns beeilen«, so Schulz. »Solche Infrastrukturprojekte dauern Jahrzehnte.«

Die neue rot-grün-gelbe Bundesregierung will sich nun um neue Regeln für die Wasser-Konflikte kümmern. »Gemeinsam mit den Ländern entwickeln wir eine Leitlinie zur Wasserentnahme, die der öffentlichen Trinkwasserversorgung den Vorrang einräumt«, schrieb sie im Koalitionsvertrag.[29] Bis zum Frühjahr 2022 hatte die neue Regierung allerdings noch nicht an dieser Leitlinie gearbeitet.

Der größte Hebel: Die EU-Milliarden

Unsere Versorgung mit Lebensmitteln in Deutschland ist verwundbar: Trotz vielerlei züchterischer Fortschritte werden unsere Weizen-, Mais- und Salatpflanzen auch in Zukunft auf Wasser angewiesen sein, und sie werden gerade in besonders heißen oder besonders nassen Zeiten auf guten, humusreichen Boden angewiesen sein. Ja, selbst die lebensnotwendige Trinkwasserversorgung ist in Gefahr und muss neu ausgefochten werden.

Und wir haben festgestellt, dass alle Verbraucherinnen und Verbraucher mehr Geld ausgeben müssen, weil die Ernte mit mehr Arbeit verbunden sein und zugleich die Erträge sinken könnten. Wenn Landwirtinnen und Landwirte angemessen bezahlt würden, könnten sie in neue Hof-Formen investieren, etwa Hecken pflanzen, ihre Felder für den Humusaufbau mulchen.

Aber die zweite große Geldquelle – und damit Chance für Veränderung – entspringt nicht in deutschen Haushalten und auch nicht in Berlin, sondern in Brüssel: Die EU vergibt jährlich 60 Milliarden Euro an europäische Landwirtinnen und Landwirte, sie ist damit deren größte Einkommensquelle. Auch wenn einige Fördertöpfe inzwischen einen grünen Anstrich haben, hat die EU es dennoch versäumt, klimagerechte Anbauweisen zu fördern. Im Gegenteil, auch nach dem erst im Herbst 2021 verabschiedeten neuen Regelwerk wird das Geld nach der Größe der Fläche vergeben und nur in kleinerem Rahmen nach gesellschaftlichem oder ökologischem Nutzen. Viele Landwirtinnen und Landwirte würden gerne zukunftsweisender produzieren, doch das System hindert sie daran.

»Die gemeinsame Agrarpolitik erfüllt ihre Klimavorgaben nicht«, sagt auch Landschaftsökologe Plieninger. »Alle namhaften Agrarforscher sind sich einig darin, dass sich die Subventionen grundlegend ändern müssen, dass es kein Geld mehr pro Hektar geben sollte. Aber es gab auch in der neuen Förderperiode kaum einen Fortschritt.«

Die wenigsten Landwirtinnen und Landwirte schützen heute ihre Böden besser vor Erosion als früher. Eine offizielle Statistik[30] der EU zeigt: Nur minimale 2,6 Prozent der Böden sind heute weniger abrutschgefährdet als noch im Jahr 2000. Auch hier also: kaum Fortschritt durch die Regeln für EU-Subventionen. Die Höfe sehen heute, so beschreiben es viele Landwirte und auch Expertinnen, genauso aus wie vor zehn Jahren: Die EU-Klimaauflagen haben sie nicht verändert. Auch dies erklärt, warum immer mehr Ernten dürftiger ausfallen.

Was wir tun können

Verschiedene Umweltorganisationen, die Grünen und auch die UNO-Ernährungsorganisation FAO fordern[31] als Antwort auf die Klimakrise, künftig Subventionen nur noch an Bäuerinnen und Landwirte zu geben, die den Boden und die Biodiversität schützen. Indem sie Humus aufbauen, Hecken und Bäume anpflanzen, auf Gifte verzichten. Zwar läuft diese Förderperiode noch bis 2027. Allerdings haben verschiedene Notsituationen der vergangenen Jahre – die Coronapandemie, die russische Invasion in der Ukraine – gezeigt, wie schnell die EU reagieren kann, wenn sie eine Krise wirklich ernst nimmt. Und eine sichere Ernährung gehört zu den existenziellen Bedürfnissen. Diese könnten, so sind sich wiederum viele Forschende einig, gestillt werden, auch in der Klimakrise. Mit mehr Humus, diversem Anbau und agroforstwirtschaftlichen Höfen könnten bis 2050 alle Menschen ernährt werden, schreiben Forschende in einer *Nature*-Studie.[32] Zur Lösung gehört es auch, weniger Fleisch zu konsumieren und daher Wasser und Futter für die Schlachttiere zu sparen. Obwohl nur 17 Prozent des Kalorienbedarfs der Menschheit von Tieren stammen, benötigen sie 77 Prozent des globalen Agrarlands.[33]

6 Von sterbenden Fichten und türkischen Tannen

So retten wir unsere Wälder

»Allerliebst schossen die goldenen Sonnenlichter durch das dichte Tannengrün. Eine natürliche Treppe bildeten die Baumwurzeln. Überall schwellende Moosbänke; denn die Steine sind fußhoch von den schönsten Moosarten, wie mit hellgrünen Sammetpolstern, bewachsen. Liebliche Kühle und träumerisches Quellengemurmel. Hier und da sieht man, wie das Wasser unter den Steinen silberhell hinrieselt und die nackten Baumwurzeln und Fasern bespült. Wenn man sich nach diesem Treiben hinabbeugt, so belauscht man gleichsam die geheime Bildungsgeschichte der Pflanzen und das ruhige Herzklopfen des Berges. An manchen Orten sprudelt das Wasser aus den Steinen und Wurzeln stärker hervor und bildet kleine Kaskaden. Da läßt sich gut sitzen.[1]

Aus diesen Worten spricht eine tiefe Leidenschaft für den Wald, eine sinnliche Verbundenheit mit der Wildnis und Freude am reinen Naturerlebnis. Als der Student und Dichter Heinrich Heine im Jahr 1824 durch den Harz wanderte, eiferte er seinem großen Vorbild Johann Wolfgang von Goethe nach – und suchte dessen Naturbeschreibungen nahezukommen. In seinem Text kommen allerdings nur Tannen, Buchen und Eichen vor. Von der Fichte, dem heute dominierenden Baum im Harz, schreibt Heine nichts.[2]

Spazieren Wandernde heute auf des Dichters Spuren durchs Mittelgebirge in Sachsen-Anhalt, bietet sich ein weniger idyllisches Bild. Der Aussichtspunkt Köthener Hütte im Ostharz liegt traumhaft an sich kreuzenden Wanderwegen. Die kleine weiße Kapelle war einst ein romantischer Rastplatz für Spaziergängerinnen, gebaut rund 70 Jahre nach Heines Reisebericht. Heute sitzen Touristen besorgt auf den überdachten Bänken und schütteln die Köpfe. Aus rund 400 Höhenmetern blicken sie auf eine gescheckte Landschaft: grün mit vielen braunen Stellen. Wer bergab ins Tal wandert, steigt über umgeknickte Bäume, die quer auf den Wegen liegen. Über die Straße geht es vorbei am Drahtzug zum Krebsbachteich. Hier stehen die Wandernden dann leibhaftig mitten im traurigen Elend: Baumstümpfe und Wurzelgeflechte ragen aus den verwüsteten Böden, oftmals stehen noch ein paar einsame dünne Fichten auf leerer Flur, nur darauf wartend, im nächsten Sturm schutzlos abgeknickt zu werden. Auch eine Fahrt mit der Harzer Schmalspurbahn zum Brocken, dem höchsten Berg des Mittelgebirges, ist eine Tour durch nackte Baumgruppen, wie eine vergessene Filmkulisse eines dystopischen Blockbusters.

»Der Harz ist ein eindrückliches Beispiel dafür, dass ursprüngliche Laubwälder in Fichtenbestände umgewandelt wurden. Es ging darum, in relativ kurzer Zeit (80 bis 120 Jahre braucht die Fichte bis zur Hiebsreife) gutes Holz verkaufen zu können«, sagt Gunter Karste von der Nationalparkverwaltung Harz. Das habe viele Jahrzehnte gut funktioniert. Doch die Fichte sei für die meisten Flächen unter 700 Metern noch nie besonders gut geeignet gewesen. Sie habe schon immer »Stress« gehabt, sagt Karste. Der Botaniker kümmert sich auf dem Brocken um den berühmten Brockengarten – der seit dem Ende des 19. Jahrhunderts für Forschungen zu Pflanzen in Hochgebirgen genutzt wird. Die Monokulturen in dem Mittelgebirge hätten Insekten wie dem Borkenkäfer eine ideale Umgebung geboten. Der Klimawandel hätte dann die Stressfaktoren addiert. Das Ergebnis ist ein menschengemachtes Desaster. Ein Scheitern auf ganzer Linie.

Seit den Dürrejahren 2018, 2019 und 2020 jagt eine Schreckensmeldung die nächste. Der deutsche Wald ist in Gefahr – und Forstwissenschaftlerinnen, Waldbesitzende und Politikerinnen suchen fieberhaft nach Lösungen. Doch anders als bei einem Parkplatz, den man einfach entsiegeln, oder einem Deich, den man höher bauen kann, gibt es beim Wald keine schnellen Lösungen. Naturgemäß dauert die Anpassung hier Jahrzehnte – ein Wald wächst und erneuert sich nicht in ein paar Jahren. Der Zustand unserer Wälder ist nicht nur im Harz besorgniserregend. Laut der Waldzustandserhebung vom Frühjahr 2021 haben nur 21 Prozent der Bäume in ganz Deutschland noch vollständig intakte Kronen. Der schlechteste Wert seit Beginn der Auswertungen Anfang der 1980er-Jahre.[3] Selbst beim damaligen ersten »Waldsterben« war nur rund die Hälfte des Baumbestandes gefährdet. Unter den kranken Bäumen sind meist Fichten oder Kiefern, aber auch Laubbäume wie Eichen und Buchen. Insgesamt starben in den vergangenen Jahren zehnmal so viele Bäume wie im Durchschnitt – insgesamt 250.000 Hektar sind verloren und müssen neu aufgeforstet werden.

Besonders alarmierend ist die Zunahme des Insektenbefalls – allen voran der Borkenkäfer. Diese stellen die Hauptursache für das Entstehen von Schadholz dar. Grund für die Ausbreitung dieser Insekten sind höhere Temperaturen und wenig Niederschlag im Sommer, darüber sind sich Forstexpertinnen und -experten einig.[4] Es regnet zu wenig und zu unregelmäßig. In den vergangenen Jahren füllten sich die unterirdischen Wasserreserven oft nicht mehr, außerdem häuften sich Starkregenereignisse, die zu Erdrutschen oder Erosion führen. Die Wassermassen dringen nur oberflächlich in den Boden ein. Das meiste verdunstet. Gut kann man die Trockenheit mit dem Dürremonitor des Helmholtz-Zentrums für Umweltforschung beobachten.[5] Bei den drei animierten Karten fällt sofort auf, dass Anfang 2022 vor allem bei Tiefen um 1,80 Meter der Wassermangel am größten ist. Die

Dürre war in den vergangenen Jahren also so stark, dass diese Schichten noch nicht »wieder aufgefüllt« wurden. Die oberen Erdschichten sind mittlerweile aber wieder feuchter. Deshalb konnten sich auch die Fichten etwas erholen. Sie sind als Flachwurzler auf diese oberen Bodenschichten angewiesen, die schneller austrocknen, aber auch schneller wieder Wasser aufnehmen können.

Der Mensch als Zerstörer und Schöpfer

An diesem Waldsterben ist auch der Klimawandel schuld. Dürrejahre wie 2018 bis 2020 werden laut dem aktuellen Weltklimabericht wahrscheinlicher, je höher die Durchschnittstemperaturen steigen. Doch der deutsche Wald bringt besonders schlechte Voraussetzungen für eine Anpassung an die Klimakrise mit. Die Gründe dafür liegen in der Historie, ohne die wir weder das Sterben noch seine Rettung verstehen können. Der so von den Deutschen geliebte Wald ist eine vom Menschen geschaffene Landschaft – sei es durch Holzeinschlag, Aufforstung mit schnell wachsenden Monokulturen oder Abholzung für Siedlungen und Straßen. Nur noch drei Prozent der Wälder in Deutschland sind überhaupt noch sogenannte Naturwälder, also nicht bewirtschaftete und sich selbst überlassene Flächen.[6] Urwälder gibt es so gut wie gar nicht mehr in Deutschland. Es ist schwer zu verstehen, woran der deutsche Wald krankt und wie man ihn künftig schützen kann, wenn man nur die Gegenwart in den Blick nimmt. Ein Blick zurück in die Geschichte kann jedoch helfen, das große Wald-Dilemma bei der Anpassung an den Klimawandel zu verstehen. In der Geschichte gab es bis Ende des Mittelalters vielfältige Nutzungen des Waldes, beispielsweise auch durch den Anbau von Pflanzen auf Waldboden oder Viehhaltung. Bereits die Bauern in vor- und frühgeschichtlicher Zeit – also bis zum Frühmittelalter um 1000 n. Chr. – hätten ihre Umwelt nachhaltig verändert, schreibt der Waldhistoriker Hansjörg Küster.[7] Allerdings waren die noch nicht völlig sesshaft. »Wald wurde als Folge des prähistorischen Siedelwesens parzellenweise zerstört, und anschließend regenerierte er sich wieder, vielleicht mit einer veränderten Zusammensetzung an Baumarten«, so Küster. Doch das änderte sich dann im Mittelalter, als sich Bürgerinnen und Bürger in neu gegründeten Städten niederließen.[8]

Bereits mit Beginn des Bergbaus – je nach Region zwischen dem 16. und 19. Jahrhundert – wurde großflächig abgeholzt. Gleichzeitig begann man den Wald zu bewirtschaften. In der Folge verwandelten sich die Wälder mit einer hohen Baumvielfalt in weitgehend homogene Waldbestände – und das auch schon zu der Zeit, als Heine durch den Harz streifte. Mischwälder wurden schon relativ früh durch Nadelhölzer ersetzt. Deshalb lässt sich die Veränderung des deutschen Waldes nicht nur an seiner Fläche, sondern vor allem an seiner Zusammensetzung messen.[9]

Dieses Erbe verkompliziert nun die Anpassung an die Klimakrise. Die Wälder haben bereits seit Jahrhunderten mit dem Verlust ihrer Biodiversität zu kämpfen. Ihre Umwandlung in plantagenartige Wirtschaftsräume hält bis heute an – ganz unabhängig von den Problemen, die wir durch die Veränderungen des Klimas erleben. Die negativen Auswirkungen der Klimakrise ergeben zusammengenommen mit menschengemachten Landschaftsveränderungen einen komplexen und gefährlichen Cocktail.

Auch der Fichtenwald ist kein natürlicher »deutscher« Wald (früher kam die Fichte nur in höheren Lagen ab 700 Metern vor), sondern eine Art importierter »borealer Nadelwald«[10], der vor allem in weitaus nördlicheren Breiten vorkommt – allerdings in ganz anderen Dimensionen. Die Flächen etwa in Sibirien sind weitaus größer als in Deutschland. Waldbrände und der Borkenkäfer treten dort natürlicherweise auf – und das Absterben von Flächen ist angesichts der Größe des Waldes kein Problem. Dadurch wachsen neue Bäume von selbst nach, die Bestände erholen sich längerfristig von selbst. Doch auf den relativ kleinen

Waldstücken in Deutschland führt das im Verhältnis zur Fläche zu enormen Schäden.

»Historisch bedingt gibt es bei uns viele Wälder, die keine besonders guten Voraussetzungen für die zusätzlichen Belastungen durch die Klimakrise mit sich bringen«, meint der Forstwissenschaftler Stefan Tretter, den wir für unsere Recherche in einem bayerischen Privatwald besuchen. »Wir arbeiten zwar seit mehreren Jahrzehnten auf möglichst naturnahe Wälder hin, aber der Klimawandel verändert die natürlichen Rahmenbedingungen für die Wälder – und zu den bisherigen können wir auch nicht mehr zurück.« Man müsse nun versuchen, die Wälder so umzugestalten, dass sie resilienter werden – also widerstandsfähiger und besser für die Folgen des Klimawandels gerüstet sind. Gleichzeitig sollen sie aber möglichst naturnah – also ohne menschliche Eingriffe – bleiben und dann auch noch ihre gesellschaftlichen Funktionen erfüllen können. Dazu zählt etwa der Wirtschaftszweig der Holzindustrie, an dem Umsätze und Arbeitsplätze hängen, oder Naherholung und Tourismus.

Auf die Klimakrise zu reagieren, bedeutet deshalb auch, sich dem historisch gewachsenen Erbe zu stellen. Ohne die Geschichte des deutschen Waldes ist seine Zukunft nicht zu denken. Immerhin war es der deutsche Forstbeamte Hans Carl von Carlowitz, der zu Beginn des 18. Jahrhunderts das Konzept der Nachhaltigkeit erfand. Allerdings ging es dabei zunächst um rein wirtschaftliche Interessen: Vor allem der Bergbau verbrauchte viel Holz – daher bestand eine hohe Nachfrage und damit eine Motivation für die Aufforstung der abgeholzten Flächen. Erst später wurde der Begriff der Nachhaltigkeit dann mit ökologischen Ideen und Naturschutz verknüpft.

Die Geschichte von Carlowitz und den deutschen Forstakademien hat aber auch aus anderen Gründen viel mit unseren heutigen Problemen zu tun. Im Jahr 1713, wenige Monate vor seinem Tod, schlug er in einer Veröffentlichung eine nachhaltige Bewirtschaftung der Wälder vor.[11] Es ging darum, mit Augenmaß abzuholzen und gleichzeitig neue Bäumchen zu pflanzen –

und nicht zu warten, bis nichts mehr da ist (wie man es in vielen Teilen Europas lange praktizierte). Damit wurde Carlowitz der Vater der Nachhaltigkeit und ging in die Geschichte ein: Er entwickelte die erste Vorsorge für die nächsten Generationen, die erste echte langfristige Strategie bei der Ausbeutung natürlicher Ressourcen. Das perfektionierten die deutschen Forstwirte – und wurden zum Vorbild für andere Länder. Die damalige Erfolgsformel lautete: schnell wachsende Baumarten in optimalen Abständen. So entstanden Plantagenwälder. »Man hatte erkannt, dass Wälder nicht nur (…) ideelle Werte darstellen, sondern dass sich Holz auch zu Geld machen ließ«, schreibt der Biologe und Waldexperte Hansjörg Küster.[12] In der zweiten Hälfte des 18. Jahrhunderts wurden in ganz Deutschland Forstakademien gegründet – die erste 1763 im Harz. Dort wurde gelehrt, dass Nadelhölzer wie Fichten besonders Erfolg versprechend sind – obwohl diese bisher nicht großflächig in Deutschland wuchsen. Fichten waren sogar besonders gefragt, weil sie schnell wachsen und besonders hochwertiges Holz einbrachten. Außerdem ließen sie sich gut transportieren und wuchsen auch auf eher ungünstigen Böden. Waren die Böden extrem schlecht, empfahl man Kiefern.[13] Fichten wurden zum dominierenden Baum, und wie Küster schreibt, wurden sie bald »Preußenbaum« genannt, weil die Fichtenaufforstungen »säuberlich in Reih und Glied« standen. Man habe sie immer wieder »mit in exakter Marschordnung auftretenden militärischen Verbänden verglichen«.[14] Heute würde man die Lehren von Carlowitz vielleicht in einem anderen Licht sehen – sehr nachhaltig sind solche Plantagenwälder nämlich weder für die Biodiversität noch im Fall von Extremwetterereignissen.

Nach dem Zweiten Weltkrieg wurden die Lehren von Nachhaltigkeitserfinder Carlowitz auf die Spitze getrieben. Immer mehr Monokulturen aus schnell wachsenden Fichten und Kiefern entstanden – auch auf Flächen, wo früher Laubbäume wuchsen. Diese Bewirtschaftung sorgte seit dem 18. Jahrhundert zumindest regional dafür, dass die Waldfläche langsam wieder zunahm. So erholten sich die Waldbestände, die von extremen Abholzungen gebeutelt waren. Deutschland konnte seinen Waldverlust seit dem Mittelalter wieder etwas ausgleichen. Aber erst im 20. Jahrhundert nahm der Wald deutschlandweit wieder zu. Heute ist rund ein Drittel der Fläche bewaldet, und der »Holzvorrat« ist so groß wie seit Jahrhunderten nicht mehr.[15]

Trotzdem stellt sich mit der Klimakrise nun die Frage, wie nachhaltig diese Aufforstungen waren. Viele unserer Wälder sind alles andere als natürlich. Allein die Fichte macht etwa ein Viertel der Bäume aus – und mehr als die Hälfte der Holzernte. Alle Nadelbäume zusammen übersteigen bei Weitem den Laubbaumbestand. Doch die Nadelbäume kommen mit den Klimaveränderungen besonders schlecht klar[16] – Fichten sind sogenannte Flachwurzler und reagieren deshalb besonders anfällig darauf, wenn es zu wenig regnet. Sie können keine Wasservorräte aus tieferen Erdschichten erreichen. Außerdem lebt auf ihnen der Borkenkäfer, der einem gesunden Baum wenig schadet, aber einem durch Dürre oder Sturm geschwächten Baum den Garaus macht.

Wie sollten wir also den deutschen Wald umbauen, damit er zukunftsfähig und gegenüber der Klimakrise resilient wird? Müssen wir zurück zum vormittelalterlichen Naturwald oder können wir die bewirtschafteten Wälder klug umgestalten? Die Antworten darauf sind vielschichtig, denn an der Genesung des Waldes ist eine ganze Reihe von Akteuren interessiert. Auch die Anforderungen an den Wald werden immer größer: Bauholzquelle, Naherholungsgebiet, Rettung des Klimas und der Arten. Doch gleichzeitig wird er auch immer verwundbarer. Seit den Dürrejahren gibt es nicht nur Streit um seine Nutzung, sondern es herrscht auch Uneinigkeit über die Art und Weise, wie er umgebaut und gerettet werden soll. Ein echtes Anpassungsdrama um das allerheiligste Kulturgut der Deutschen.

Der Klimawald der Zukunft

Was haben die Türkische Tanne, die Orientbuche und die Libanon-Zeder gemeinsam? Sie wachsen alle auf einem kleinen Flurstück in Bayern. Nein, dort findet nicht die diesjährige Bundesgartenschau statt. Die exotischen Baumarten wachsen dort, weil die Bayerische Landesanstalt für Wald und Forstwirtschaft sie bereits vor zehn Jahren pflanzen ließ.

An einem feuchtkalten Novembertag sehen wir uns diese Testfläche für Klimabäume genauer an. Vom Bayreuther Bahnhof nimmt uns der Forstwissenschaftler Stefan Tretter mit seinem Auto mit. Nach einer halben Stunde biegen wir von einer Landstraße in einen Waldweg und halten an einem abgezäunten Waldstückchen. Tretter prüft, ob wir die richtigen Schuhe dabeihaben, und rät zur Regenjacke. »Heute ist es richtig ungemütlich.« Er schiebt den Drahtzaun etwas zur Seite, wir schlüpfen durch und stehen mitten in der Baumplantage. »Fällt Ihnen was auf?«, fragt Tretter. »Schauen Sie diese Baumreihe hinunter.« Tatsächlich – der Anblick ist ungewöhnlich: Die Bäumchen stehen zwar in Reihen und sind recht symmetrisch verteilt. Aber sie sind komplett unterschiedlich: Die Bäumchen sind zwischen zwanzig Zentimeter und drei Meter hoch. Einige sehen eher mitgenommen aus, andere sind herbstlich bunt, einige haben braune Nadeln und sind fast abgestorben, daneben stehen kräftigere Exemplare, ganz im grünen Nadelkleid, dahinter wieder Bäumchen mit bunten Blättern, die mal größer, mal kleiner sind.

Die eingezäunten drei Hektar sind in 21 Parzellen unterteilt, erzählt uns Stefan Tretter. Auf jeder Parzelle wächst eine von sechs »alternativen« Baumarten in drei Wiederholungen – und auf drei weiteren eine heimische Art, die Stieleiche. Stefan Tretter will herausfinden, welche Bäume für den Zukunftswald in Deutschland infrage kommen. Wenn der Forstbeamte sich längst in den Ruhestand verabschiedet hat, wird das Experiment immer noch weiterlaufen. Allein bis die Testbäume ausgewachsen sind, sind schon anderthalb Beamtenleben vorbei.

Die sechs Baumarten auf Tretters Testflächen sind aus über 150 Arten weltweit ausgewählt. Sie müssen nicht nur höhere Temperaturen gewohnt sein, sondern auch mit weniger Wasser klarkommen, wirtschaftlich interessantes Holz bieten und nicht invasiv sein – also sich nicht wild und unkontrolliert ausbreiten. »Wir werden ein Portfolio von Bäumen finden müssen, die besonders resistent sind, die Klimakrise gut überstehen und sich gut in einen naturnahen Wald integrieren lassen«, meint Stefan Tretter während des Spaziergangs über die Testfläche. Er zeigt auf einen saftgrünen Nadelbaum, der uns bis zu den Schultern reicht. *Abies bornmuelleriana* oder auch Türkische Tanne genannt. »Diese Baumart gehört zu den vielversprechenden Arten, sie hat eine relativ hohe Überlebensrate, verbreitet sich nicht unkontrolliert und übersteht auch Hitze und Trockenperioden relativ gut«, erklärt uns der Forstkenner.

Das gibt Hoffnung – aber vielleicht noch wichtiger: Es zeigt auch die Probleme, aus denen Forschende wie Tretter lernen. Auf einer Testparzelle wächst die Türkische Tanne eher schlecht als recht, in anderen gedeiht sie prächtig. Für ein Foto posiert der Forstwissenschaftler vor einer feuerroten Orientbuche, die im nebligen Novemberforst regelrecht leuchtet. Auch bei dieser Baumart gab es viele Ausfälle, etliche mussten neu gepflanzt werden. »Daran sieht man, dass wir viele verschiedene Baumarten an verschiedenen Stellen testen müssen«, meint Tretter. Schon auf den paar Quadratmetern können der Boden und die Wasserverhältnisse so unterschiedlich sein, dass manche Arten an einigen Stellen gut anwachsen und an anderen verdorren.

Einige Baumarten kommen mit späten Frosteinbrüchen im Frühling weniger gut klar, von manchen Testarten wie dem Lebensbaum (*Thuja plicata*) sind auf dem Feld bei zahlreichen Exemplaren nur noch vertrocknete Triebe übrig, auch bei der Libanon-Zeder lichten sich die Reihen. Während bei den »alternativen Arten«, wie Tretter sie nennt, nach zehn Jahren recht viele Bäume kleinwüchsig sind oder mitgenommen aussehen, bildet die sogenannte Referenzbaumart, die heimische Stieleiche, die als Vergleich daneben gepflanzt wurde, fast schon einen kleinen Wald. Das kann auf den anderen Versuchsflächen, etwa in der Schweiz oder in Thüringen, ganz anders aussehen. Dort, so die Forscher der Landesanstalt, sind der Wuchs und die Überlebensraten der neuen Baumarten teilweise deutlich besser. Doch auch das könnte sich mit dem Klimawandel immer noch ändern.

Der Forstbeamte Tretter ist stolz auf seine kleine Plantage – immerhin war seine Abteilung wohl eine der ersten in Deutschland, die solch ein Waldexperiment unter dem Aspekt des Klimawandels startete. Schon immer seien in Deutschland auch exotische Bäume ausgetestet worden. Die Forschungen zum veränderten Klima sind aber noch relativ jung. »Wir können uns bei der Klimakrise auf nichts verlassen«, sagt er. »Wir müssen alles nutzen, was wir haben, um den Wald auf die nächsten Jahrzehnte vorzubereiten – je mehr Daten, Modellierungen und Testresultate wir haben, desto besser.«

Nur mit einem möglichst guten Datensatz über Bäume und deren Eigenschaften können Forscherinnen und Forscher Informationen für die Praxis erarbeiten. So kann von den Waldbesitzenden entschieden werden, wo es sich lohnt, welche Arten zu pflanzen. Eine »schwarze Liste« mit Bäumen, die nicht mehr gepflanzt werden sollten, kann ebenso hilfreich sein wie Empfehlungen.

Außerdem müsse man in Zukunft auf Mischwald setzen, denn Vielfalt sei das Zauberwort für die Klimaanpassung im Wald. »Auf vielen Beinen steht man besser«, sagt Tretter. Dafür sprechen auch die Rückschläge auf den Anbauflächen. Viele der Testbäumchen hätten mehrmals nachgepflanzt werden müssen, was dem Forschungsteam der Landesanstalt durchaus einige Sorgen bereitet hatte. Doch dank der Rückschläge hätte man viel gelernt.

Der Standort in Bayern ist nur eine von fünf Flächen, auf denen die Bayerische Landesanstalt zusammen mit Forschungseinrichtungen in Thüringen, Österreich und der Schweiz austestet, welche nichtheimischen Baumarten künftig eine Ergänzung für zunehmend gefährdete heimische Baumarten wie die Fichte sein können. Nicht alle der Baumarten, die hier bei Bayreuth wachsen, würden irgendwann einmal eine echte Alternative. Es geht Tretter und seinen Kolleginnen eher darum, Möglichkeiten zu testen. Denn in Deutschland gibt es überall verschiedene Böden, Witterungsbedingungen und Umwelteinflüsse, die sich jeweils stetig mit dem Klimawandel verändern. Es gibt also kein Pauschalrezept für den einen widerstandsfähigen Baum, der dem Extremklima trotzen kann. Die Suche nach dem Wald, der den kommenden Veränderungen standhält, ist kleinteilig und mühsam.

Noch sind die heimischen Baumarten vielen eingeführten Arten hinsichtlich der oben aufgeführten Merkmale weit überlegen – und sie sollen laut den Empfehlungen der Landesanstalt auch die erste Wahl bleiben. Aber die Klimaprognosen geben den Forstwissenschaftlern eine besonders schwierige Aufgabe: Wie soll sich ein Ökosystem anpassen, das Jahrzehnte braucht, um überhaupt zu entstehen? Bis eine Fichte ausgewachsen ist – in der Forstwirtschaft heißt das Umtriebszeit –, vergehen 80 bis 120 Jahre. Bei der Buche sind es 120 bis 160 Jahre, die Pappel braucht »nur« 30 bis 50 Jahre. Das heißt, es ist unmöglich, auch nur annähernd real zu testen, wie sich junge Tannensetzlinge oder alte Buchen unter den Bedingungen einer Welt im Jahr 2100 verhalten, in der das Klima weltweit um zwei bis drei Grad angestiegen sein wird. Allerdings gibt es bereits Klimamodelle für Bäume. Die geben der Fichte in Deutschland auf den allermeisten Standorten keine große Chance mehr und sagen Baumarten wie Lärche und Kiefer eine schwierige Zukunft voraus.[17] Andere wie Eichen und Tannen könnten sich als robuster erweisen. Doch selbst wenn diese Baumarten bisher relativ gut dastehen – niemand kann vorhersagen, welche Schädlinge und Pilze in den nächsten Jahrzehnten die Wälder befallen. Auch die Folgen von Extremwetterereignissen sind schwer zu kalkulieren. Denn künftig kann es nicht nur zu extremen Dürren, intensiveren Stürmen und Hitzewellen kommen, sondern weiterhin auch zu Kälteperioden und Spätfrost, die frisch ausgetriebene Pflanzen schädigen. Nur eine Vielfalt beim Austesten und ein valider Datensatz können dabei helfen, den Wald in Deutschland resilient zu machen. Ein Restrisiko bleibt immer.

Multitalent Wald: Sein Schutz ist pures Eigeninteresse

Die Suche nach klimagerechten Baumarten ist also durchaus herausfordernd, läuft allerdings weitgehend abseits der Öffentlichkeit ab. Viel mehr Aufmerksamkeit erfährt hingegen die politische Debatte, die sich um den kranken deutschen Wald rankt. Denn der Wald ist nicht nur ein Wirtschaftsraum oder Sehnsuchtsort – er muss mittlerweile einer ganzen Reihe von Ansprüchen gerecht werden.

Die einen wollen ihn komplett sich selbst überlassen, damit sich Tier- und Pflanzenarten wieder dauerhaft und ungestört ansiedeln können. Nur so könnten das massenhafte Artensterben gestoppt und die Wälder wieder gesund werden, so der Ruf vieler Naturwald-Verteidiger.

Gleichzeitig entdeckt die Baubranche Holz als klimafreundlichen Baustoff und Ersatz für Beton und Glas. Mit seinem »Bauhaus Erde« hat sogar einer der bekanntesten Klimaforscher Deutschlands – Hans Joachim Schellnhuber – ein Projekt ins Leben gerufen, das dem Wald eine ganz neue Bedeutung gibt. Er will durch Holz den gesamten Bausektor vom Klimasünder zum Klimaretter machen. »Holz hat fantastische thermische Eigenschaften«, schwärmt Schellnhuber. »Sie können mit Holz alles machen, sogar Fensterscheiben herstellen.« Bei einem steigenden CO_2-Preis würde das die Betonhersteller zunehmend in enorme Schwierigkeiten bringen. Außerdem ersetzt man mit Holz nicht nur klimaschädliche Baustoffe, sondern schafft einen dauerhaften CO_2-Speicher. »Holz entzieht der Atmosphäre mittels Fotosynthese CO_2«, meint der Klimaforscher. Würden die Bäume geerntet, deren Holz dauerhaft in Häuser verbaut und dann wieder aufgeforstet, würde jeder Hausbau zum Klimaprojekt.

Auch politisch wurde der (lebende) Wald als Klimaschützer entdeckt. Er soll als CO_2-Speicher dafür sorgen, dass Emissionen aus anderen Bereichen kompensiert werden. So steht es zumindest auch im novellierten Klimaschutzgesetz vom August 2021.[18] Bäume und Pflanzen nehmen während ihres Wachstums CO_2 aus der Luft auf und verarbeiten dieses durch Fotosynthese zu Sauerstoff und Kohlenhydraten. Deshalb gilt das Pflanzen von Bäumen als eine vielversprechende Klimaschutzmaßnahme, der Atmosphäre wieder CO_2 zu »entnehmen«. Sogar der großflächige Anbau von schnell wachsenden Pflanzen wird diskutiert, die dann verbrannt und deren CO_2 anschließend unter der Erde gelagert werden könnte (die sogenannte BECCS-Technologie steht für »Bioenergy with Carbon Capture and Storage«). Der Erhalt und das Schaffen von Grünflächen und Wald sind deshalb immer auch eine Klimaschutzmaßnahme, Fachleute nennen das »Klima- oder CO_2-Senke« – weil sie Kohlendioxid »schlucken«. Der aktuelle Weltklimabericht hält solche CO_2-Speicherungen durch Pflanzen oder Böden[19] für besonders vielversprechend, da die Kosten niedrig und die Potenziale, CO_2 aufzunehmen hoch seien.[20]

Derzeit sind viele Landnutzungen wie Grünland, trockengelegte Moore oder Ackerflächen allerdings eine Treibhausgasquelle – keine CO_2-Senke. Wald ist neben (feuchten!) Mooren die einzig realistische Treibhausgassenke, also ein Speicher von Treibhausgasen. Doch wie groß dieser Wald-CO_2-Speicher wirklich ist, weiß nach den Dürrejahren (2018 bis 2020) niemand so genau. Die einen nehmen an, dass der deutsche Wald im Jahr 2019 rund 30 Millionen Tonnen CO_2 aufnahm. Dem gegenüber stehen rund 870 Millionen Tonnen CO_2-Ausstoß in deutschen Kraftwerken, Industrien oder von Autos.[21] Andere rechnen noch mit dem Wert von 2017 von über 60 Millionen Tonnen oder knapp darunter. Wieder andere gehen sogar davon aus, dass der Wald aufgrund seiner Schäden bald zu einer CO_2-Quelle werden könnte – wenn zu viel Totholz vermodert oder Böden durch Erntemaschinen aufgerissen werden.

All diese Entwicklungen sind von den meisten politischen Akteuren in Deutschland nicht gewünscht, vielmehr sollen Wälder durch ihre CO_2-Aufnahme Emissionen aus Landwirtschaft oder Industrie ausgleichen. Laut dem novellierten Klimaschutzgesetz von 2021[22] sollen solche Senken wie Wald, aber auch Moore und Grünland mit mindestens 25 Millionen Tonnen pro Jahr an das nationale Klimaziel angerechnet werden (bis 2030, danach mehr). Dabei räumt sogar das Bundesumweltministerium ein, dass sich die »Waldsenke« durch die Dürre der vergangenen Jahre verringert hat. Das könnte die Klimalücke bei der Landnutzung noch vergrößern, schreibt auch der Wissenschaftliche Waldbeirat der Bundesregierung.[23] Die Autorinnen und Autoren prognostizieren »eine erhebliche störungsbedingte Verringerung der Kohlenstoffspeicherwirkung europäischer Wälder in den Jahren 2021–2030«. Die Intensität von Störungen durch Feuer, Windwurf und Insekten habe zugenommen.

Bei den Senken-Zielen im Landsektor nur auf den Wald zu setzen, ist also ein riskantes Spiel. Vor allem in Zeiten von zunehmendem Extremwetter. Das sehen auch andere Waldkennerinnen und -kenner so. Sie sind bei der Klimaleistung des Waldes zurückhaltend – und sehen den Wald noch lange nicht gerettet. Andreas Bolte vom Thünen-Institut für Waldökosysteme in Eberswalde teilt die Hoffnung des Ministeriums nicht, dass sich die Zahlen in absehbarer Zukunft wieder auf Vorschadensniveau einpendeln. Das große Absterben habe die produktivsten Fichtenwälder getroffen. Deren Ausfall als CO_2-Senke könne nicht ohne Weiteres durch die restlichen Wälder kompensiert werden. Gleichzeitig werden die Wälder immer älter, und die sogenannten Einbindungsraten, also das Vermögen, CO_2 in einem bestimmten Zeitraum zu binden, nehmen ab, warnt Andreas Bolte. Wenn dann gleichzeitig noch Bäume absterben, muss enorm viel wiederbewaldet werden, um das wieder wettzumachen. Doch selbst das geht nicht von einem Tag auf den anderen. »Junge Bäume speichern erst mal relativ wenig CO_2, deshalb werden wir bis 2040 auf den heute abgestorbenen Waldflächen nicht wirklich auf den Wald als Senke zählen können«, glaubt Andreas Bolte. Erst wenn die Bäume einen gewissen Umfang und Höhe gewonnen haben, könnten sie auch größere Mengen CO_2 aus der Luft speichern.

Der Wald ist in der Klimakrise ein Risikopatient und sein Zustand so kritisch wie nie. Obwohl er noch lange nicht gesund ist, wird er bereits verplant. »Die Ansprüche der Politik an den Klimaschützer Wald sind zu groß und die richtigen Maßnahmen umstritten«, sagt Forstwissenschaftler Bolte.

Wirtschaftswald vs. Naturwald

Gerade weil es so viele Unsicherheiten und zugleich verschiedene Interessen am Wald gibt, lässt sich trefflich darüber streiten, wie ein klimaangepasster Wald aussehen sollte: Dessen Bäume und Pflanzen sollten möglichst Extremwetterereignissen trotzen und gleichzeitig noch alle Ansprüche erfüllen. Dabei macht es einen enormen Unterschied, ob man den Klimawald als Nutzwald oder Naturwald plant. Denn was für das eine Waldstück die idealen Baumarten sind, ergibt vielleicht für den Bauholz-Abnehmer ökonomisch keinen Sinn. So eignet sich Nadelholz laut Experten eher für die Konstruktion, Laubbäume für Möbel oder kurzlebige Holzprodukte. Hingegen müssten für einen echten CO_2-Speicher-Wald vor allem Laubbäume wie Buchen oder Eichen gepflanzt werden. Andere Laubbäume wie Pappeln lassen sich im großen Stil fast gar nicht gewinnbringend verkaufen.

Politische Akteure und Waldbesitzende müssen jetzt bestimmen, welche Art von Wald sie für die Zukunft anlegen und für welchen Zweck er einmal gut sein soll. Doch das ist mit einem Abstand von mindestens 50 Jahren – denn so lange brauchen die Baumsetzlinge, um sich zu entwickeln – extrem schwer vorauszusagen. Ganz davon abgesehen, dass niemand weiß, wie der Klimawandel in den nächsten Jahrzehnten unsere Prioritäten verändern wird.

Kein Wunder, dass deshalb unter Waldexpertinnen und -experten helle Aufregung herrscht. Das zeigt sich an einem handfesten Wissenschaftsstreit. Im Februar 2020 veröffentlichte der Pflanzenökologe Ernst-Detlef Schulze eine Studie im Fachmagazin *Global Change Biology – Bioenergy*, wonach Wirtschaftswälder einen größeren Beitrag zum Klimaschutz leisten würden als Naturwälder.[24] Der Grund: In naturbelassenen Wäldern halte sich der CO_2-Haushalt die Waage, weil durch die Fotosynthese zwar CO_2 aufgenommen werde, aber auch durch Zersetzung von Biomassen, wie im Wald verbleibendem Totholz, auch wieder CO_2 freigesetzt werde. In bewirtschafteten Wäldern mit einer regelmäßigen Holzernte würde der positive Klimaeffekt überwiegen, weil das Holz als CO_2-Speicher nach seiner Lebenszeit verwendet würde – und so fossile Brennstoffe ersetze und nicht als Totholz im Wald vergammele. Für Landbesitzende, die den Wald seit jeher vor allem als Einkommensquelle betrachten, ist das eine willkommene These. Wenn der Wirtschaftswald tatsächlich ein guter, ja sogar ein besserer Klimaschützer als der Naturwald wäre, dann hätte man Klimaschutz und Wirtschaftsinteressen versöhnt.

Doch so einfach ist es leider nicht. Nach der Veröffentlichung von Schulzes Papier liefen vor allem die Naturschützerinnen und -schützer unter den Waldkennern Sturm. Die Naturwald Akademie titelte kurze Zeit später: »Studie des Max-Planck-Institutes für Biogeochemie mehrfach widerlegt« und erklärte gemeinsam mit naturnahen Waldliebhabern wie Peter Wohlleben, dass hier mit »falschen Daten und Rechenfehlern« versucht wurde, eine extrem umstrittene Theorie zu stützen. Ein Vertreter der Naturwald Akademie behauptete sogar, »dass die Klimaschutzwirkung von ungenutzten und geschützten Wäldern sogar bis zu zweieinhalbmal so groß sein könnte als diejenige von forstwirtschaftlich genutzten«.[25] Die Kritiker nennen auch den Grund für ihren Aufschrei: Bund und Länder diskutierten gerade darüber, wie die »Ökosystemleistungen des Waldes« künftig gefördert werden. Käme nun heraus, dass Wirtschaftswälder viel mehr für den

Klimaschutz bringen, würden womöglich vorrangig diese unterstützt – und Naturwälder hingegen vernachlässigt. Das ist sicher auch ein Grund, warum private Waldbesitzende sich derzeit plötzlich als die größten Klimaschützer präsentieren. Die Zahlenschlacht unter den Expertinnen und Experten ist damit eröffnet.

Der Streit zwischen den beiden Lagern – den Verteidigern des Naturwaldes auf der einen und den Verfechtern des Wirtschaftswaldes auf der anderen Seite – spitzt sich zu. Die einen denken vor allem an den Natur- und Artenschutz, die anderen wollen in einem vom Klimawandel geschädigten Wald ihren Wirtschaftszweig erhalten. Beide Lager halten sich für die größeren Waldretter und glauben, dass ihre Flächen besser gegen die Folgen der Klimakrise gewappnet seien.

Die privaten Waldbesitzenden sehen sich in der aktuellen Waldkrise als Opfer, nicht als Schuldige. Das betont die Interessenvertretung der privaten Waldbesitzenden »AGDW – Die Waldeigentümer«.[26] »Der Wald ist der erste große Geschädigte des Klimawandels«, erklärt uns Irene Seling, Hauptgeschäftsführerin der AGDW – Die Waldeigentümer. Sie vertritt rund zwei Millionen private sowie die kommunalen und körperschaftlichen Waldbesitzenden in Deutschland, die rund zwei Drittel der Waldfläche bewirtschaften. Betroffen seien alle Baumarten, neben Fichtenbeständen auch Eichen und alte Buchenbestände, beklagt Seling. Die große Mehrzahl der Waldbesitzenden treibe den Waldumbau voran und stelle sich bei der Baumartenwahl breit auf, behauptet sie. Der Wirtschaftswald sei Teil der Lösung – und laut Seling ein größerer Klimaschützer als der Naturwald. Auch den Folgen des Klimawandels könne er künftig besser trotzen, und beim Thema Artenvielfalt sei er dem naturbelassenen Wald mindestens ebenbürtig.

Naturwald-Befürworterinnen und -befürworter vertreten eine gegensätzliche Ansicht. Für sie wird ein Wald erst zu einem resilienten Klimaretter-Wald, wenn man ihn so gut es geht in seinem natürlichen Zustand belässt. Nicht die gezielte Steuerung, sondern das Absterben geschwächter Bäume und die selbstregulierende Kraft des Waldes und seiner Naturverjüngung (aus den Samen entstehen neue Bäume) führe dazu, dass er sich an die Veränderungen des Klimas anpassen kann. Würden Wälder wieder sich selbst überlassen, könnte man auch den jahrhundertelangen Rückgang der Artenvielfalt aufhalten – so die Hoffnung. Einer der überzeugtesten Verfechter dieser Position ist Peter Wohlleben – mittlerweile nicht nur Förster, sondern auch Bestsellerautor und Medienstar. Er wirft der Forstwirtschaft vor, die Naturwälder und ihre natürlichen Prozesse systematisch zu zerstören. Eingriff und Steuerung behindern demnach die Selbstheilung und den Aufbau von Widerstandskräften des Naturwaldes. Überlasse man die Wälder sich selbst, würden diese sich auf die veränderten Temperaturen und Klimabedingungen einlassen, so Wohlleben. »Wenn das Klima nicht mehr passt, ändern sie es einfach, indem sie sich gemeinsam schützen, die Temperatur runterkühlen und es sogar regnen lassen können.«[27]

Gemeint ist damit, dass eine Selbstregulation des Waldes eher bei der Anpassung hilft als eine noch stärkere Intervention, erklärt uns Pierre Ibisch, Biologe an der Hochschule für nachhaltige Entwicklung Eberswalde (HNEE). »Wir plädieren dafür, dem Wald alles zu lassen, was kühlt und puffert. Und wir plädieren für die Naturverjüngung (natürliches Nachwachsen der Bäume), solange sie sich noch einstellt«, so Ibisch.

Die totale Zerstörung ist demnach eine Chance, es besser zu machen, den Wald resilient werden zu lassen. Ibisch versucht das auch in der Praxis zu beweisen. Wir fahren mit ihm ins brandenburgische Treuenbrietzen, wo er uns einige seiner Testflächen zeigen will. Es ist ein warmer Tag im Juni. Der Professor steht auf einer mit Baumleichen übersäten Fläche. Mit seinem Bart, der blauen Strickjacke und dem schwarzen Hut sieht Pierre Ibisch fast verwegen aus. Er strahlt Ruhe und Erfahrung aus und lässt sich von seinen Kritikerinnen und Kritikern nicht aus dem Konzept bringen. Ibisch ist für seine Forschungen durch die ganze

Welt gereist, hat länger in Bolivien gearbeitet. Auch dort ging es um die Wiederbelebung von Naturwäldern. Doch egal ob Südamerika oder Brandenburg: Das Problem ist für Ibisch dasselbe. Intensive Waldnutzung und Abholzung zerstören wertvollen Naturwald und reduzieren die Artenvielfalt. Doch die Gründe für die Zerstörung, das Ausmaß und die Folgen sind je nach Region verschieden.

In Brandenburg verschlang im Hitzesommer 2018 ein Waldbrand in nur wenigen Tagen 400 Hektar Kiefernwald. Räummaschinen luden danach die Stämme auf Laster und zerrten die Wurzeln mit schwerem Gerät aus dem Boden. Übrig geblieben ist eine Mondlandschaft. Über den sandigen Boden pfeift der Wind.

Ibisch kniet nieder und lässt den trockenen Sand durch seine Finger rinnen. »Das passiert, wenn Monokulturen angepflanzt werden«, sagt der Biologe. Viele deutsche Wälder in Deutschland seien zu Kiefern- oder Fichtenplantagen verkommen. Insekten wie der Borkenkäfer, die sich unter bestimmten Umständen massiv vermehren, hätten darin leichtes Spiel. Auch die zunehmende Trockenheit setze solchen Forsten stark zu.

»Ein Funken, und der Wald brennt«, sagt Ibisch. Und die Forstleute von Treuenbrietzen hätten nach dem Feuer gleich den nächsten Fehler begangen. »Durch das Aufräumen ging jede Menge CO_2 aus dem Boden in die Atmosphäre«, sagt der Professor. Der Großteil des Kohlenstoffs stecke im Boden und in den Wurzeln der Bäume. Die Räummaschinen würden den Waldboden aufreißen und ihn so aufwühlen und zerstören. Übrig bleibe nährstoffarmer Sandboden, der kaum Wasser speichern könne.

Als wir uns näher umsehen, trauen wir unseren Augen kaum: Trotz des Debakels stehen schon wieder Kiefernsetzlinge in den Rinnen. »Die Waldbesitzer wollten so schnell wie möglich wieder pflanzen und reiten sich damit immer weiter ins Unglück«, sagt Ibisch, »nicht der Brand war die Katastrophe, sondern die Räumung und Aufforstung danach.«

Ibisch will zeigen, wie es besser geht. Wenige Hundert Meter von der Mondlandschaft entfernt stehen die toten Bäume noch. Zusammen mit Kolleginnen und Kollegen hat Ibisch 15 Versuchsflächen angelegt, mit denen das Forscherteam beweisen will, dass ein katastrophal geschädigter Forst am besten ganz allein zum Klimaschutzwald auswächst. Überlässt man die Natur sich selbst, entsteht ein Wald, der durch Vielfalt resistent ist gegen Extremwetter und als dauerhafter CO_2-Speicher taugt. Er verweist auf internationale Studien, die belegen, dass unbewirtschaftete Wälder die größten CO_2-Senken sind.[28] Allein in den USA würden die borealen Naturwälder genug atmosphärisches CO_2 binden, um die nationalen jährlichen Nettoemissionen um 11 Prozent zu reduzieren.[29]

Tatsächlich ist im Wald von Treuenbrietzen schon wieder Leben zu erkennen. Unter dem grünen Moos am Boden ist die Erde noch rabenschwarz und voll von Asche. Bei jedem Windhauch knarzen die nackten Holzstämme – aber zwischen ihnen summen Insekten und zwitschern Vögel. »Nach dem Brand war alles schwarz und still«, erzählt Ibisch, »aber schon zwei Vegetationsperioden später hat sich ein Moosbett gebildet, und Abertausende kleine Sträucher und Bäumchen wachsen.« In ein paar Wochen werde am Boden alles grün sein, verspricht der Biologe. »Wenn wir die Natur in Ruhe lassen, dann entsteht auch ein nachhaltiges Ökosystem.«

Ibischs Forschung zeigt: Bäume zu pflanzen ist meistens keine gute Idee, um Wald zu erschaffen. Stattdessen ist es billiger und ökologisch sinnvoller, die Natur selbst walten zu lassen. Andere Expertinnen und Experten stimmen zu. Schlecht geplante Pflanzprojekte könnten schnell großen Schaden anrichten.[30]

Eine Reihe von Untersuchungen gibt Ibisch recht. Inzwischen ist ein großes Forschungsprojekt auf den Brandflächen bei Treuenbrietzen entstanden. Dutzende Forscherinnen und Forscher von acht Institutionen untersuchen das Ökosystem. Auf einigen Flächen gibt es bereits wenige Jahre nach dem Brand nachweislich mehr Pflanzenarten, aber auch mehr Insekten und Pilze. Moose und unterirdische Pilzgeflechte bilden sich. Langfristig führe das zu weniger Erosion, und der Boden könne mehr Feuchtigkeit halten. Das wiederum fördere das Wachsen der Bäume, so Ibisch.

Zusammen mit seinen Studierenden führte Ibisch im Sommer 2021 einfache Temperaturmessungen durch: An einem besonders heißen Tag verglich er die Oberflächentemperaturen am Boden der freigeräumten Flächen mit den jungen Kiefersetzlingen mit jenen »wilden« Flächen, auf denen das Totholz verblieb. Auf Ersteren lag die Temperatur bei über 65 Grad. Bei einem Totholzstamm in einem Mischwald wurden dagegen nur 35 Grad gemessen und auf den »wilden« Versuchsflächen im frisch abgebrannten Wald auf einem schwarzen Totholz rund 59 Grad, unter dem Stamm jedoch nur 36 Grad. Ibisch will damit zeigen: Ein Naturwald bietet einen besseren Schutz – auch für Extremwetter. Doch noch etwas stört den Biologen. Er wirft vielen Forstakteuren vor, eine »Karbonisierung der Waldbewertung« zu betreiben – und damit viele natürliche Funktionen des Waldes auszublenden.[31] Wälder würden als Holzproduktions- bzw. Kohlenstoffspeicherautomaten behandelt – und man mache sich die Illusion, sie ließen sich »beliebig intensiv bewirtschaften«. Dabei werde ihr natürliches Gefüge zerstört, denn Wälder seien mehr als nur »eine Ansammlung von Bäumen«, schreiben Ibisch und seine Kolleginnen in Forschungsaufsätzen. Sie seien »komplexe Systeme, in denen Organismen aller Art – von Bakterien und Pilzen bis hin zu Pflanzen und Tieren – verschachtelt und integriert mehr oder weniger voneinander abhängen«. Außerdem fungierten sie als Wasserspeicher, und ihre Böden könnten vor allem durch das Totholz besonders humusreich werden. Deshalb kommen sie auch zu dem Schluss: »Je länger ein Wald ohne Nutzung sich selbst organisieren kann, desto größer die Strukturvielfalt, Biomasse, Komplexität und Resilienz.«[32] Das alles sei nicht gegeben, wenn diese Ökosysteme »zu mehr oder weniger kurzlebigen Baumbeständen transformiert werden«.

Diese Sichtweise teilt auch Gunter Karste von der Nationalparkverwaltung Harz. Er muss die Wiederaufforstung auf den abgestorbenen Flächen begleiten – und hat selbst erfahren, wie anfällig eine Nadel-Monokultur in Zeiten der Klimakrise ist. Daraus müsse man nun lernen. Im Nationalpark Harz werden jetzt etwa Rotbuchen, aber auch Erlen, Traubeneichen und Bergahorn angepflanzt. Den Bäumen wird aber auch genug Freiraum gelassen, damit sich der Wald selbst entwickelt.

Karste meint, er habe nichts gegen Wirtschaftswälder – allerdings müsse man auch ihre Grenzen anerkennen: »Einen Wald kann ich nicht pflanzen«, meint Karste. »Dieser kann nur im Ergebnis von biologischen Prozessen über viele Baumgenerationen hinweg entstehen.« Dafür bräuchte man Flächen ohne Nutzungsdruck – also ohne permanente Holzernte. Ein Wirtschaftswald könne nicht die »ökologischen Funktionen« eines naturnahen Waldes erfüllen, immerhin findet dort kein geschlossener natürlicher Kreislauf statt. Die Alters-, Sterbe- und Zerfallsphase sind im Nutzungsforst gar nicht möglich, da die Bäume vorher abgeholzt und verwertet werden. Auch er hält den Naturwald für widerstandsfähiger gegenüber Extremwetter – und bei der Anpassung an den Klimawandel deshalb für die bessere Wahl. Deshalb sollte es seiner Meinung nach künftig mehr Naturwälder geben – auch wenn die Forstwirtschaft nicht »verteufelt« werden sollte.

Allein mit Naturwäldern könne man weder den Klimaschutz noch die Anpassung angemessen regeln, meint hingegen der Forscher Henrik Hartmann, Pflanzenwissenschaftler am Max-Planck-Institut für Biogeochemie. Er versucht zwischen den Fronten zu vermitteln – ähnlich wie auch Andreas Bolte. In einem Naturwald würde erst mal mehr CO_2 eingelagert – das sei richtig, so Hartmann. Doch ob dieser Effekt auch langfristig bestehen bleibt, sei fraglich. »Genauso wie man nicht unendlich viel Wasser in eine Badewanne laufen lassen kann – irgendwann fließt weiteres Wasser durch den Überlauf ab –, so sind Ökosysteme in ihrer Biomasse-Tragfähigkeit begrenzt«, so der Forscher. Alte Wälder würden, wenn Störungen wie Brände oder Holzentnahme nicht wieder »Platz« schaffen, irgendwann an ihre

Grenzen kommen. Die regelmäßige Entnahme von Kohlenstoff im Wirtschaftswald könne dann längerfristig zu einer größeren Speicherfähigkeit führen.

Beim Wirtschaftswald würde durch die Entnahme von Holz ein »dynamisches System« geschaffen – das Potenzial zur CO_2-Speicherung sei mindestens genauso hoch oder sogar höher. Vor allem aber käme es auf die Nutzung des Holzes an – wird es verbrannt, gibt es überhaupt keinen Klimanutzen, beim Verbauen in Häusern sehr wohl. »Natürlich sollten nicht alle Wälder Wirtschaftswälder werden«, meint auch Hartmann. Denn zumindest für den Artenschutz müsste auf jeden Fall ein höherer Prozentsatz an alten Naturwäldern bestehen bleiben.

Es ergebe laut Hartmann Sinn, eine Mischung aus beiden Ansätzen zu finden – denn niemand wisse genau, wie der Klimawandel den deutschen Wäldern in 50 Jahren zusetzt. Für die Anpassung an den Klimawandel bräuchte es eine Mischung vieler Baumarten, die längerfristig Fichten- und Kiefernmonokulturen ersetzen müssten. Dazu zählen auch Weiden und Pappeln – also auch das, was wild auf den Flächen von Pierre Ibisch nachwächst. Hartmann kann dessen Frust zum Teil auch nachvollziehen: Wenn Waldbesitzende ihre Flächen nach einem Brand oder Borkenkäferbefall einfach wieder mit denselben Sorten bepflanzen, sei das wenig zielführend. Sie müssten zuerst Klimamodelle konsultieren und überlegen, welche Baumarten in Zukunft am besten abschneiden. Bei einer andauernden unkoordinierten Aufforstung wäre die nächste Katastrophe vorprogrammiert. Ein »Weiter so« gebe es einfach nicht.

Der Biologe Ibisch hingegen meint, dass es keine Beweise gebe, dass ein solches »dynamisches System« eines bewirtschafteten Waldes widerstandsfähiger sei. Er hält es für sinnvoller, wenn Wälder als Ökosysteme verstanden werden statt als »Baumgruppen«. In vielen Regionen, wo Försterinnen und Förster stark eingegriffen oder Bäume aus anderen Regionen eingeführt haben, würden sich bereits Probleme zeigen, meint Ibisch. Auch vermeintlich vielversprechende Baumarten täten sich jetzt bereits schwer.

Die Debatte Naturwald oder Wirtschaftswald ist dem Waldexperten Andreas Bolte vom Thünen-Institut für Waldökosysteme zu pauschal. Es komme immer darauf an, welche Bäume bereits in dem betreffenden Wald wachsen, wie der Wald am Ende bewirtschaftet und was aus seinen Produkten wird. Naturwälder ergäben beispielsweise bei älteren Buchenwäldern Sinn, weil das Holz meist nicht in langlebige Produkte, sondern in die Verbrennung gehe. Außerdem würden alte Buchen im Vergleich zu anderen Baumarten im Alter noch viel Kohlenstoff einbinden. Deshalb sollte man diese Bäume möglichst nicht abholzen und verwerten. »Dafür müssten aber Entschädigungen an die Waldbesitzenden gezahlt werden, damit diese die Nutzung an den Klimaschutz abtreten. Gleichzeitig sollten auf einem großen Anteil der Waldfläche stabile und produktive, bewirtschaftete Mischwälder weiterhin Rohholz für einen größer werdenden Bedarf an klimaschonendem Holzbau und an langlebigen Holzprodukten liefern«, sagt Bolte.

Die Idee, die Wälder möglichst in Ruhe zu lassen und nur begrenzt einzugreifen, lehnt Andreas Bolte in ihrer Ausschließlichkeit ab. Es sei keinesfalls ausgemacht, dass sich die Natur bei der Geschwindigkeit des Klimawandels allein regulieren könne. »Vielleicht wachsen auf den sich selbst überlassenen Flächen Bäume, die in 20 bis 30 Jahren extreme Probleme mit den neuen klimatischen Bedingungen haben«, so Bolte.

Doch die Naturschützer wie Ibisch behaupten nicht, dass auf ihren Flächen alle Bäume eine optimale Überlebenschance haben. Sie sagen nur, dass sich durch die Selbstregulierung zunächst widerstandsfähigere Wälder ergeben. Und dass die Wälder durch ihre Vielfalt weniger anfällig für die Klimafolgen sind. Niemand könne garantieren, so Ibisch, dass alle Baumarten die nächsten Jahrzehnte Klimakrise überstehen, wenn sie ungebremst weiterläuft.

Es scheint fast so, als würden die Forscherinnen und Forscher teilweise aneinander vorbeireden. Im Grunde sind sie sich nur in dem Punkt einig, dass es nicht mehr so weitergehen kann wie bisher. Und dass Monokulturen in Zeiten der Klimaanpassung toxisch sind. Das Problem: Niemand hat ein Pauschalrezept. Klar ist aber, dass alle wieder einen Schritt auf die Natur zumachen wollen – das ist die einzige Möglichkeit, den Wald zu retten. Wie konsequent man das Konzept des natürlichen Waldes jeweils umsetzen will, ist allerdings angesichts der Ansprüche an den Wald noch die Gretchenfrage – und am Ende tobt eine Schlacht mit Daten und Studien: Kann man den Wald nach Jahrhunderten der Bewirtschaftung sich selbst überlassen? Besitzt die Natur Selbstheilungskräfte, oder haben wir schon zu viel zerstört?

Dass die Wälder schon heute anfälliger sind als gedacht, befürchtet der Forscher Henrik Hartmann. In einer Studie untersuchte er zusammen mit einem Team die Anfälligkeit von Wäldern in ganz Europa durch Stürme und Schädlingsbefall zwischen 1979 und 2018. Die Autorinnen und Autoren werteten dafür Datensätze zu wetterbedingten Waldschäden und von Satellitenbildern aus. Das Ergebnis: Seit dem Jahr 2000 seien die Bäume vor allem durch einen erhöhten Schädlingsbefall gefährdet. Der wiederum lässt sich auf die höheren Durchschnittstemperaturen – und damit direkt auf den Klimawandel – zurückführen. Über 60 Prozent der Biomasse in den europäischen Wäldern – insgesamt über 33 Milliarden Tonnen – seien allgemein klimabedingten Risiken ausgesetzt.[33] Hartmann warnt deshalb, dass es in Deutschland nicht nur ein »Fichtenproblem« gebe. Auch Laubbäume und Kiefern seien bedroht – und solche Wälder würden in ihrer jetzigen Form laut Hartmann ohne menschliche Hilfe nicht überleben können.[34]

Die Forschenden um Ibisch führen hingegen an, dass gerade alte Naturwälder kühler bleiben als Wirtschaftswälder. Das schütze vor dem Austrocknen der Böden und sorge für einen besseren Wasserspeicher. Nicht ohne Grund würden Forscher und Umweltschützerinnen in anderen Ländern wie den USA den Stopp des Holzeinschlags fordern.

Das hört sich alles nach Klimaschutz an – hat aber viel mit Klimaanpassung zu tun: Das eine funktioniert nicht ohne das andere. Der Streit zwischen Naturschützern und Waldnutzern um die Zukunft des Waldes ist weiterhin unentschieden. Die Befürworter des Wirtschaftswaldes argumentieren aber mittlerweile nicht nur damit, dass man einen Wald in Zeiten der Klimakrise »steuern« müsse, um ihn zu schützen. Sie haben noch ein viel mächtigeres Argument auf ihrer Seite: den Klimaschutz. Denn mit Holz können energieintensive Baustoffe wie Beton oder Stahl ersetzt werden. Das CO_2 kann jahrhundertelang gespeichert werden.

»Wir brauchen eine gute Kombination aus Waldsenke und einer Senke durch die Produktion von Holzprodukten«, glaubt auch Andreas Bolte. Dafür plädiert auch die Regierung. Man müsse »die Verwendung des Rohstoffs Holz neu denken«, meint das Bundesumweltministerium.

Doch es gibt auch hier einige Haken: Wie kann man sicherstellen, dass aus Bäumen auch langlebige Holzprodukte werden?

Das BMU erkennt ganz richtig: »Holzprodukte unterscheiden sich durch ihre Lebens-/Nutzungsdauer teilweise erheblich.« Möbel und Bauholz sorgten für eine »langfristige Einbindung des Kohlenstoffs«, andere Produkte wie Obstkisten und Paletten eher nicht. Bleibt also, mehr zu recyceln und weniger wegzuwerfen oder zu verbrennen. Sei das erfüllt, könne eine »Senkenwirkung des Waldes« auch durch Wirtschaftswälder sinnvoll sein. Andreas Bolte meint auch, dass die Energie für Herstellung und Transport in die CO_2-Bilanz des Holzes und in die Klimarechnungen einfließen muss. Das lohne sich meist nur mit langlebigen Holzprodukten. Zudem gehe ein Teil der Holzernte derzeit in den Export, etwa nach China oder Nordamerika, und würde leider nicht in deutschen Holzhäusern verbaut.[35]

Holzprodukte haben eine unterschiedliche Lebensdauer. Einige Bäume wandern gleich ins Feuer, andere werden zu Paletten oder Verpackungsmaterial verarbeitet und landen ebenfalls schon nach wenigen Wochen wieder auf dem Müll und/oder in der Verbrennungsanlage. »Bei einer sofortigen energetischen Nutzung findet keine Speicherung des Kohlenstoffs statt«, schreibt das Ministerium sogar selbst. Es geht von Halbwertszeiten von zwei Jahren für Papier, 25 Jahren für Holzwerkstoffe und 35 Jahren bei Sägeholz aus. Seit 2013 sind Holzprodukte als CO_2-Speicher in den nationalen Klimabilanzen »inventarisiert«.[36] Dem ging eine Einigung der UNO voraus. Die Länder der Klimarahmenkonvention einigten sich darauf, die Produkte als CO_2-Speicher mit in die Waldsenke einzurechnen.

Trotzdem sind auch hier Wissenschaftlerinnen und Wissenschaftler eher skeptisch. Denn der Anteil von langlebigen Holzprodukten im Bausektor ist bisher mit nur rund 20 Prozent recht niedrig. Auch bei hochwertigen Möbeln ging er zurück, dafür gibt es immer mehr Spanplatten, die schon nach wenigen Jahren im Müll landen.[37] Die CO_2-Speicherleistungen der meisten Holzprodukte würden vermutlich überschätzt, schreiben die Autoren einer Studie über den Wald als Kohlenstoffspeicher.[38] Rund die Hälfte alles entnommenen Holzes würde »energetisch genutzt« – habe also eine Klimabilanz, die gleich null ist. Das finden nicht nur die Autoren, sondern viele Waldexpertinnen klimapolitisch unsinnig. Überhaupt ist der Wald als Energielieferant nicht geeignet – beispielsweise als Hackschnitzel für Holzöfen oder Biogas –, da die CO_2-Bilanz niemals ausgeglichen ist, sondern durch Ernte und Transport am Ende negativ wird. Außerdem belastet die Holzverbrennung die Luftqualität durch einen hohen Feinstaub- und Rußausstoß.[39] In einem offenen Brief erklärten im Jahr 2021 rund 500 Wissenschaftlerinnen und Wissenschaftler aus zahlreichen Ländern, dass beim Verfeuern von Holz »für jede erzeugte Kilowattstunde Wärme oder Strom wahrscheinlich zwei- bis dreimal so viel CO_2 ausgestoßen wird wie bei der Verwendung fossiler Brennstoffe«. Es sei »fehlgeleitete Tendenz«, ganze Bäume zu fällen oder große Teile des Stammholzes für Bioenergie abzuholzen. Dadurch würde Kohlenstoff freigesetzt, der andernfalls in den Wäldern gebunden bleiben würde.[40] Laut dem Kritischen Agrarbericht von 2022 gefährde die hohe Energieholzernte bereits jetzt die Biodiversität und die Funktion von Wäldern in Europa als wirksamem Kohlenstoffspeicher.[41]

Die Potenziale für Holz als CO_2-Speicher sind groß – immerhin hat Deutschland mit Abstand den größten »Holzvorrat« aller EU-Länder in seinen Wäldern. Aber wenn es zu Wegwerfholz wird oder in den Ofen wandert, ist es klimapolitisch sicherlich besser, es einfach im Wald zu lassen – so argumentieren auch die Befürworter des Naturwaldes.

»Holz, das heute verbrannt oder für minderstoffliche Nutzungen verwendet wird, hat im Mittel CO_2 aus 70–120 Jahren Fotosyntheseleistung gespeichert, und es erfordert den gleichen Zeitraum, um diese Menge am Entnahmeort zu fixieren«, schreiben die Forstwissenschaftler und Pflanzenökologen der Studie. Das stehe »im deutlichen Kontrast« zu den radikalen CO_2-Minderungen, die von der Bundesregierung gefordert würden. Einfach gesagt: Jeder Holzscheit, der heute leichtfertig ins Feuer geworfen oder zu einer minderwertigen Palette wird, ist wie die Aufnahme eines neuen Kredits: Es dauert ewig, bis man ihn wieder abbezahlt hat.

Ist der Wald krank, kann er weniger CO_2 speichern oder weniger Holz bereitstellen. Und auch die Idee, durch langlebige Holzprodukte einen CO_2-Speicher zu schaffen, kann nur aufgehen, wenn der Wald gesund ist. Schadholz kann die Baubranche nicht gebrauchen. Deshalb appelliert der Waldrat auch bei allen Klimarechnungen, den »gegenwärtigen Waldzustand und insbesondere das Risiko für Störungen stärker zu berücksichtigen«. Außerdem müsse es vielfältige »Anpassungsoptionen« geben. Für den Wald gilt also: ohne Anpassung kein Klimaschutz.

Kein Plan für die Waldrettung

Vielfalt, valide Daten und gute Klimamodelle – mit diesem Mix könnten wir es schaffen, unseren Wald zu retten. Waldexperten wie Andreas Bolte oder der Pflanzenökologe Hartmann wissen: Es gibt nicht die eine Lösung. Die vergangenen Forst-Generationen haben mit dem Wirtschaftswald und seinen Monokulturen ein schwieriges Erbe in Zeiten des Klimawandels hinterlassen. Mit der traditionellen Forstwirtschaft allein können diese Herausforderung nicht angegangen werden. Auch eine reine Naturwald-Strategie kann nicht alle Probleme lösen – jedenfalls nicht, wenn man zusätzlich noch andere Bereiche der Industrie in ihren Klimabilanzen entlasten will.

Beim Wirtschaftswald darf man sich auch nicht darauf verlassen, dass sich schon alles wieder einrenken wird. Wenn schon mit Klimaschutz argumentiert wird, dann dürfte Holz nicht zu Wegwerfprodukten werden und ins Feuer wandern – oder nach China oder in andere Länder exportiert werden. Selbst der Verband der Holzindustrie meint: Die Stämme könnte auch die deutsche Bauwirtschaft gut gebrauchen. Allerdings müsse hier die Regierung tätig werden und das Bauen mit Holz attraktiver machen, damit diese mit Betonbauten konkurrieren können. Bisher ist dazu in Deutschland wenig passiert, die neue Regierung will das zumindest ins Auge fassen. Außerdem muss ein gutes Recyclingsystem aufgebaut werden, damit Holzabfälle nicht einfach verbrannt, sondern wiederverwendet werden. Nur so kann man garantieren, dass der CO_2-Kreislauf geschlossen bleibt.

Auch die Holzindustrie muss sich anpassen: »Wir können nicht erwarten, dass wir weiterhin nur dicke Fichten ernten, sondern sollten auf neuartige Verarbeitungen umsteigen«, so Hartmann. Beispielsweise könnte man Bauholz genauso gut aus gehäckselten Pappeln herstellen und zu Platten und Balken verpressen. »Dann müssen die Leute auf Astlöcher verzichten, aber technisch ist das längst möglich.«

Denn auch die meisten Laubbäume mit hoher Holzqualität

sind für die Branche keine Alternative. Sie wachsen viel zu lange, bis sie erntereif sind. Zudem wird der Buche von der Klimawissenschaft keine allzu rosige Zukunft vorausgesagt. Sie brauche zu viel Kälte und Feuchtigkeit. Und auch die große Hoffnung der Holzwirtschaft, die Douglasie, die lange als guter Kandidat für einen Ersatz der Fichte stand, dürfte sich als Enttäuschung herausstellen. Nach den vergangenen Sommern hat auch diese Baumart stark unter dem Borkenkäfer und der Hitze gelitten, wenn auch nicht so stark wie die Fichte.

Auch neue Baumarten müssten jetzt intensiver untersucht werden, fordern Pflanzenökologen wie Hartmann. Er begrüßt deshalb Experimente wie von der Bayerischen Forstverwaltung. Man könne sich nicht auf die Erkenntnisse aus der Vergangenheit, Daten und Prognosen verlassen. Vielmehr müssten in den nächsten Jahren systematisch alle Charakteristika von solchen Baumarten zusammengetragen und untersucht werden, die in einem sich verändernden Klima die größten Überlebenschancen haben könnten. Neben Testflächen der Landesämter gibt es auch Langzeitstudien an Bäumen, etwa im berühmten Arboretum in Wuppertal, wo bereits seit dem 19. Jahrhundert nicht einheimische Baumsorten angepflanzt und untersucht wurden. Mittlerweile ist daraus ein kleiner Wald mit den unterschiedlichsten Nadelhölzern geworden. Anfang der 1970er-Jahre pflanzte man dort dann gezielt Bäume, um sie auf Umwelteinflüsse zu untersuchen.

Doch die Klimaanpassung ist erst seit rund zehn Jahren wirklich Thema unter Forstwissenschaftlerinnen und -wissenschaftlern. Seitdem entstehen immer mehr Testflächen in ganz Deutschland, wo Bäume gezielt nach ihrer Klimaverträglichkeit untersucht werden – und wie sie auf Hitzestress, Wassermangel und die lokalen Böden reagieren.

Neben diesen Forschungsbestrebungen müssen für Waldbesitzende aber auch dauerhaft Anreize geschaffen werden, nicht nur Monokulturen anpflanzen, sondern auf verschiedene Baumarten zu setzen. Sie sollten bestenfalls eine wissenschaftliche Beratung an die Hand bekommen, welche Bäume auf ihren Flächen längerfristig sinnvoll sind – und nach dem aktuellen Stand der Forschung den Folgen des Klimawandels am ehesten standhalten. Außerdem müsste schonender geerntet werden, um den Ökosystemen und den Böden bei der Ernte nicht zu sehr zu schaden.

Damit mehr Naturwälder entstehen, müssten Bund und Länder Waldbesitzende gezielt entschädigen, damit sie das Totholz nicht beseitigen und auch ältere, erntereife Bäume nicht fällen. Das Bundesumweltministerium in Berlin plädiert dafür, so viel Totholz wie möglich im Wald zu lassen. Das fördere die Artenvielfalt.[42] Doch bisher ist es nur ein Plädoyer. Aber nette Worte werden die Waldbesitzenden kaum zum Umdenken bewegen. Ähnlich wie in der Landwirtschaft müsste der Staat hier fördernd eingreifen, um die Prioritäten von einer kapitalistischen Perspektive, wo es vor allem um Profit und Quantität geht, hin zu einer »systemischen« Perspektive umzusetzen. Eben genau nach dem Plädoyer der Forscherinnen und Forscher, dass der Wald mehr ist als die Summe seiner Teile. Das Umweltministerium schreibt auf unsere Anfrage, dass man den Anteil von Naturwald von derzeit drei auf fünf Prozent erhöhen wolle, damit sich »die Natur ungestört entwickeln« könne. Bereits heute seien die meisten Flächen mit natürlicher Waldentwicklung in öffentlichem Besitz. »Private Waldbesitzende beteiligen sich bislang kaum an der Zielerreichung«, heißt es vom BMU. Bisher könnten Flächenanteile, die dauerhaft aus der Nutzung genommen werden, finanziell entschädigt werden. Man diskutiere aber derzeit über weitere Fördermöglichkeiten.

Denn bisher scheint das nicht auszureichen, um näher an die Zielmarke der fünf Prozent heranzukommen. Viele Waldbesitzende denken noch in Kubikmetern Holz, welches sie irgendwann verkaufen können und das den Wert ihres Waldstücks steigert. Eine Waldfläche mit langsam wachsenden Laubbäumen oder krummem Wildobst ist da wenig hilfreich – es sei denn, man entlohnt dies als »Systemleistung« für Arten- und Klimaschutz in vergleichbarer Höhe.

Auf einschlägigen Waldbesitzenden-Seiten ist relativ schnell herauszulesen, worum es derzeit geht: »Ein ›verwildertes‹ Waldstück mit Mischwald, das jahrelang nicht gepflegt wurde, ist eher etwas für den Gärtner-Typ, der Spaß daran findet, mit seiner Motorsäge in einem Waldstück ›erzieherisch‹ tätig zu werden«, heißt es in einem Ratgeber für den Waldkauf. Und weiter: »Auf der Suche nach Rendite landet man unweigerlich bei schnell wachsendem Nadelwald (Fichte, Douglasie), der einen großen Anteil an hochpreisigem Sägeholz hervorbringt«[43], rät der *Wald-Prinz* seinen Leserinnen und Lesern. Weder die alarmierenden Erkenntnisse der Forschenden noch die schweren Verluste der vergangenen Jahre durch Borkenkäfer und Dürre konnten diese Perspektive bisher grundlegend ändern.

Das lässt nur einen Schluss zu: Der Staat muss steuernd eingreifen, sonst wird noch eine neue Generation Nadelhölzer »in Reih und Glied« gepflanzt – die Folgen sind für Waldbesitzende, den Klimaschutz und am Ende für uns alle fatal.

Ganz konkret könnte etwa helfen, den Anbau von Wildapfelsorten zu vergüten – wenn dafür keine Fichte gepflanzt wird. Ähnlich wie in der Landwirtschaft müsste hier im Interesse aller dem rein an Mengen gebundenen Profitstreben ein Riegel vorgeschoben werden. Bei den Kriterien für Entschädigungszahlungen ist mittlerweile immerhin eine Förderung von Nadelhölzern ausgeschlossen. Die Waldbesitzenden konnten Gelder beantragen, wenn sie stattdessen auf »Naturverjüngung«, also das natürliche Nachwachsen des Waldes, setzen.[44] Doch diese Hilfen waren zeitlich begrenzt – und umfassten nur rund 500 Millionen Euro.[45] Waldexpertinnen und -experten schätzen, dass für den bisher noch gesunden, aber potenziell gefährdeten Wald eine deutlich höhere Summe nötig wäre.

Bisherige Förderungen der Klimaanpassung gehen Forschern wie Henrik Hartmann nicht weit genug: »Es geht nicht nur um das Pflanzen von Bäumen, sondern um die Vergütung von verschiedenen Leistungen, die uns die Waldökosysteme bieten, etwa Kohlenstoffspeicherung, Luftreinhaltung, Niederschlag-Abflussregulierung oder Artenschutz.« Wenn alle Waldbesitzenden explizit für diese Leistungen entlohnt würden, dann gäbe es ein echtes Umdenken. Die Forstwirtschaft wäre dann schlagartig mehr als nur das Management von »Brotbäumen«, wie die besonders ertragreichen Baumarten auch genannt werden. »Das würde Sinn ergeben, da wir derzeit ohnehin nicht abschätzen können, welche Baumarten künftig gut wachsen und ertragreich sein werden«, so Hartmann. »Wir müssen weg vom Zwang des Holzertrags und brauchen viel mehr Freiräume für die Waldbesitzer.« Es müsse deshalb dauerhaft eine Möglichkeit geben, den Wald einfach in Ruhe zu lassen – ohne dass daraus gleich ein Verlustgeschäft wird.

»Nicht jeder Wald kann alles können«, meint auch Forstwissenschaftler Bolte. Deshalb müsse man steuernd eingreifen und den Waldbesitzenden ein vernünftiges Fördersystem und Erklärungen an die Hand geben.

Gleichzeitig muss man auch fragen, was die Gesellschaft vom Wald erwartet. Und wie beschrieben sind die Ansprüche hoch – und die Ressourcen begrenzt. Es muss ein gesellschaftlicher Konsens entstehen. Was hat Vorrang: der Klimaschutz, die Gesundheit der Menschen, der Artenschutz oder die Holzproduktion? Und welche dieser Ansprüche lassen sich miteinander verbinden?

Bisher sind die politischen Maßnahmen eher dürftig. Die Waldbesitzenden können zwar nach Katastrophen wie den Dürrejahren 2018 bis 2020 finanzielle Hilfen beantragen, doch das ist nur ein schmales Trostpflaster für einen chronisch kranken Patienten. Die Waldinventur der Bundesregierung findet nur alle zehn Jahre statt – ein erstaunlich großer Zeitraum in Zeiten des Klimawandels.

Der Waldeigentümerverband AGDW hat bereits eine genaue Vorstellung davon, wie der Staat seinen künftigen Klimawald unterstützen sollte: Er fordert einen »Mindestlohn für Bäume«, der die Waldbesitzenden für ihre Klimaschutzleistung entlohnen soll. Der soll sich an dem deutschen CO_2-Preis von 30 Euro (2022) auf Heizöl, Erdgas, Benzin und Diesel orientieren. Derzeit wären das 1,7 Cent pro Jahr für einen Baum oder rund 135 Euro pro Hektar Forstfläche.

Doch müsste dann nicht auch der Staat das Recht haben, genauer zu steuern, was zu welchem Zweck gepflanzt werden soll? Auch Expertinnen und Experten sehen den Vorstoß des AGDW kritisch: »Die Honorierung der Klimaschutzleistung von Wäldern ist durchaus nachvollziehbar«, meint Andreas Bolte. Doch es gebe keine Garantie für die CO_2-Ersparnis. »Wenn Wälder durch Waldschäden und Vorratsabbau zukünftig zur CO_2-Quelle werden, dann müssten die Waldbesitzer nach der Logik auch dafür bezahlen.« Ansonsten würde man hier dem Prinzip von »Nutzen privatisieren und Schäden kommunalisieren« folgen. Besser wäre daher eine umfassendere Honorierung auch anderer Ökosystemleistungen wie der Bereitstellung von sauberem Trinkwasser, Erholungsraum und Lebensraum für Tiere und Pflanzen, meint Bolte.

Die neue Bundesregierung hat das Problem erkannt – versteht aber die Dimension noch nicht, meinen die von uns befragten Experten. So schlägt sie im Koalitionsvertrag vor, keine alten Bäume in staatlichen Buchenwäldern zu ernten und somit mehr Alt- und Totholz zu belassen. Allerdings hält der Bund nur vier Prozent der Waldfläche. Der Rest ist privat oder gehört Ländern und Kommunen. Auch den Vorschlag, künftig mit sogenannten Rückepferden statt mit Maschinen den Großteil der Baumernte zu bestreiten, damit der Boden geschont wird, halten Experten für wenig förderlich. »Es ist unrealistisch, so jährlich Millionen Kubikmeter Holz zu ernten«, meint Andreas Bolte. Die Idee, mit Drohnen Baumsamen auszubringen, hält er technisch für interessant, aber für die Praxisanwendung noch zu wenig ausgereift. Was noch wirklich fehle, sei der Blick auf das Ganze – und ein stimmiges Gesamtkonzept für die nächsten Jahrzehnte.

Die Grabenkämpfe um die Nutzung des deutschen Waldes müssen enden – auch, damit die besten Lösungen für einen klimaresilienten Wald gefunden werden können. Es gibt die ewige Konkurrenz um Forschungsgelder, und es fehlt eine bundesweite Austauschstelle oder Koordinierung. Jede Forstanstalt hat ihre eigenen Pläne und Ideen. Und der Bund springt ein, wenn die Katastrophe schon passiert ist. Forscher wie Henrik Hartmann bemängeln das, was wir bei unseren Recherchen auch beim Hochwasserschutz oder bei der Anpassung der Städte an den Klimawandel beobachten konnten: »Jeder forscht auf seiner Testfläche rum«, so der Wissenschaftler. Es fehle aber wieder mal der Blick fürs große Ganze – und ein echter Systemwechsel, der den Herausforderungen der nächsten Jahrzehnte angemessen ist.

Was wir tun können

Der Kampf für einen widerstandsfähigen Wald ist ein Wettlauf mit der Zeit. Je länger die Forstwirtschaft nicht umlenkt, desto anfälliger sind die Wälder der Zukunft. Für ein Umsteuern fordern Expertinnen und Experten die Einrichtung eines nationalen Zentrums für Wald- und Holzforschung, wo Forschende koordiniert und gemeinsam am Klimawald der Zukunft arbeiten. Alle bisherigen Versuche auf Testflächen und Daten über Baum- und Holzarten müssen gebündelt werden und Förderprogramme länger als nur drei Jahre laufen. Die Lehren von Carl von Carlowitz, der zu Beginn des 18. Jahrhunderts die Nachhaltigkeit erfand, müssen neu gedacht werden. Das Denken in Kubikmetern Holz pro Fläche darf nicht mehr das alleinige Paradigma der Forstwirtschaft sein. Ein Wald mit nur ein bis zwei Baumarten gehört der Vergangenheit an, nur Varietät kann uns schützen. Dafür muss die holzverarbeitende Industrie über eine neue Verarbeitung von neuen Holzarten nachdenken, klimaschädliche Holzexporte gestoppt, mehr recycelt und Holz der Verbrennung entzogen werden. Dafür muss auch politisch steuernd eingegriffen werden: Es muss ein nachhaltiges Fördersystem her, das belohnt, wenn Waldbesitzende sich von Wissenschaftlern beraten lassen und Arten- und Klimaschutz berücksichtigen. Allein die Zahlung von Entschädigungen nach Extremwetterereignissen oder Schädlingsbefall wird das nicht ändern. Die waren in den vergangenen Jahren zwar auch an ökologische Kriterien gebunden, sind bisher aber zeitlich begrenzt. Dauerhaft muss ein Waldbesitzender auch die Möglichkeit haben, dank anderer »Systemleistungen« überleben zu können, indem er seinen Wald beispielsweise zu einem Naturwald umgestaltet. Dieses Honorar muss sich nach den Holzpreisen richten – sonst besteht kein Anreiz zur Umstellung. Politik und Gesellschaft müssen sich zudem einigen, wie viele Waldflächen es etwa für die Holzproduktion oder den Klima- oder Naturwald geben sollte. Auch beim Wald gilt: Das Löschen des Feuers nach dem Großbrand ist nötig, allein, es wäre besser, den Brand überhaupt erst zu verhindern.

Und auch jeder Einzelne kann etwas tun. Holz ist in Zeiten der Klimakrise ein wertvolles Gut: Es enthält gebundenes CO_2. Je mehr Holzprodukte wir als Verbraucher wegwerfen und diese dann in einer Müllverbrennungsanlage landen, desto schneller wird auch der CO_2-Speicher eines jeden Holzproduktes obsolet. Erinnern wir uns, wie lange ein Baum braucht, um zu wachsen und damit CO_2 zu speichern! Wegwerfprodukte mit Holz sind deshalb nicht nachhaltig – Möbel oder Baustoffe hingegen schon. Und je länger sie halten, desto besser.

7 Mythos Moore

Klimakiller oder Klimaretter?

Wer eine Zeitreise in die vergangenen Jahrhunderte unternehmen will, muss sich mit Benjamin Herold treffen. Der Biologe steht mit schwarzen Gummistiefeln im Matsch des Sernitzmoores im brandenburgischen Greiffenberg und stößt einen Kammerbohrer metertief in den Untergrund. Die Metallstange lässt sich problemlos im Boden versenken – so als wäre der Untergrund aus einer teigigen Masse. Dann zieht er den Bohrer langsam heraus und präsentiert stolz eine rund zwei Meter lange Erd-Wurst. »Jetzt können Sie die Jahrhunderte anfassen«, sagt Herold und ermuntert uns, die braune Masse zwischen den Fingern zu zerreiben und daran zu riechen. Pro Jahr bildet sich rund ein Millimeter Torf – die ersten 20 Zentimeter sind also rund 200 Jahre. Am unteren Ende der Bodenprobe kommen wir auf etwa 2000 Jahre. Die Erde wechselt zwischen einem Schwarz am oberen bis zu einem fast hellbraunen Ton am unteren 2000-Jahre-Ende. Reibt man die »ältere« Erde zwischen den Händen, werden sogar noch kleine Holzteile und Pflanzenreste sichtbar – so als wären sie gestern gerade unter die Erde gekommen. »Da könnte noch ein germanischer Fürst oder ein Auerochse rübergelaufen sein«, lacht Herold, der als Mitarbeiter des Biosphärenreservates Schorfheide-Chorin auch gern Schulklassen oder andere Moor-

Interessierte auf dem Gelände herumführt. Er kennt schon die ungläubigen Blicke seiner Besucherinnen und Besucher. »Das Moor ist wie ein riesiges Archiv, und man kann es sogar anfassen.« Am oberen Ende der Stange, wo der Torf schwarz ist, hatte er Luftkontakt – und hat sich bereits zersetzt, erklärt der Moor-Guide. Nach dem Kontakt mit Sauerstoff bleibt nur der Kohlenstoff übrig – und ein paar Krümel.

Das Moor ist so ein gutes Geschichtsbuch, weil das Wasser das organische Material konserviert. Hier bei Greiffenberg im Norden Brandenburgs haben Wissenschaftlerinnen und Wissenschaftler und Umweltbehörde dieses »Museum« wieder lebendig gemacht. Es ist eines der wenigen Projekte, wo Moore und Natur wieder in einen Zustand versetzt werden – um wieder ihr natürliches Gleichgewicht zu finden. Doch es sind nur wenige von Abertausenden Hektar, die der Mensch im Laufe der Geschichte zerstört hat. Ähnlich wie beim Wald hat der Eingriff des Menschen eine Landschaftsform komplett verändert – und versucht in Zeiten der Klimakrise nun langsam wieder das Rad zurückzudrehen.

Früher war das Moor für die Bauern im Brandenburger Greiffenberg ein Ärgernis. Für Pflugscharen oder Pferdekarren unzugänglich, weder als Weide- noch als Ackerland brauchbar. Sie mussten die gefährliche Feuchtebene weit umfahren, es gab unsäglich viele Mücken, und Krankheiten wie Tuberkulose machten ihren Familien zu schaffen. Nur mit dem Stechen von Torf konnten die Greiffenberger Bauern aus dem Moor Geld machen. Es gab also viele Gründe, um die sumpfigen 800 Hektar trockenzulegen. Unter großen Mühen zogen sie im 18. Jahrhundert Gräben durch den matschigen Untergrund. So lief das Moor teilweise leer.

Ein Moor zu entwässern ist leichter gesagt als getan: Diese Landschaftsform zu zerstören ist kein einfaches Unterfangen. Das Sernitzmoor bei Greiffenberg war ursprünglich zu unwegsam für die Landwirtschaft. So versuchten vor über 150 Jahren zuerst Kleinbauern, zuletzt in den 1970er-Jahren, sogenannte Meliorationskombinate das Moor trockenzulegen, um Heu zu ernten.

Das Scheitern der DDR-Planwirtschaft war das Glück der Biologen wie Benjamin Herold, der nun rund 50 Jahre später mit seinen Kollegen versucht, das Moor zu retten.

Der Wind hat sich gedreht, die Prioritäten radikal verändert. Nicht nasse, sondern trockengelegte Moore sind in Zeiten des Klimawandels die Bedrohung: Werden Moore entwässert, gelangt der Luftsauerstoff in den Boden und zersetzt den Torf, der aus abgestorbenen Pflanzenresten besteht. So entweichen große Mengen CO_2, Methan und Lachgas. »Wenn wir von Mooren reden, dann reden wir eigentlich von Wasser«, sagt Herold. Der Wassergehalt in Torf kann mit teilweise 95 Prozent höher sein als im Bier. »Wenn Sie ein Stück Torf auf der Heizung trocknen lassen, werden Sie sehen, dass am Ende nur ein paar wenige leichte Krümel übrig bleiben.«

Auch durch das Torfstechen wurden und werden in Deutschland bis heute Moore »geleert«, etwa in Niedersachsen. Dort wird der Torf gestochen und als Blumenerde verkauft – die Abbaufläche geht aber laut den Behörden stetig zurück, auch weil es mittlerweile zahlreiche Alternativen gibt.[1]

Moore sind eine Art tickende Zeitbombe – je länger sie trocken liegen, desto mehr CO_2 entweicht. In der Landwirtschaft sind die trockenen Moore sogar der Klimakiller Nummer eins: Mit einem Anteil von 38 Prozent sind sie die größte CO_2-Quelle – je nach Studie gleichauf mit oder sogar vor der Tierhaltung. Immerhin fast fünf Prozent der deutschen Kohlendioxidemissionen setzen die entwässerten Feuchtgebiete frei, heißt es in der Moorschutzstrategie der Bundesregierung – das ist doppelt so viel wie der innerdeutsche Flugverkehr oder ein Viertel des Pkw-Verkehrs.[2] Würden alle Moore wiedervernässt, könnten die deutschen Klimaschutzziele 2030 in der Landwirtschaft auf einen Schlag übererfüllt werden.

Doch mindestens genauso wichtig wie für den Klimaschutz sind Moore für die Anpassung an die Folgen des Klimawandels. Denn die Degradierung der einstigen Moorböden – laut der Deutschen Emissionshandelsstelle[3] sind immerhin mehr als

90 Prozent nicht mehr in ihrem natürlichen Zustand – ist nicht nur ein ökologisches Desaster. Dieser Vorgang gefährdet auch unser Überleben in der Klimakrise. Was kaum jemand thematisiert: Trockene Moore können bei Hitze oder Starkregen gefährlich werden. Sie können sich in flammende Infernos verwandeln oder gefährliche Sturzbäche verursachen.

Ist der Boden einmal oxidiert und das gespeicherte CO_2 entwichen, sind seine Funktionen unwiderruflich verloren – dann spricht man von degradierten Böden. Übrig bleibt ein totes Gemisch, das weder Wasser speichern noch Insekten oder Organismen einen Lebensraum bieten kann. »Die Zerstörung ist ab einem bestimmten Punkt nicht mehr rückgängig zu machen«, erklärt der Biologe Herold. Die dauert zwar Jahrzehnte, manchmal je nach Tiefe des Moores bis zu 100 Jahre. Doch rückholbar sind die verlorenen Bodenschichten nicht mehr. Soll ein Moor »gerettet« werden, müssten teilweise sogar »tote« Erdschichten abgetragen werden, um an die wasserspeichernden Fähigkeiten der noch intakten Torfschichten zu kommen.

Die Folgen dieser Moorzerstörung bekamen viele Landwirte erstmals im Hitzesommer 2018 zu spüren, in dem Dürre herrschte: Selbst wenn es regnete, konnte das Wasser die tieferen Schichten des ausgetrockneten Torfes nicht mehr erreichen. Die Pflanzen verdorrten. Torfbrände, wie auf dem Bundeswehrgelände bei Meppen, sind ebenfalls Klimakiller. Dort brannte der schwer löschbare Torf einen Monat lang und setzte mindestens 300.000 Tonnen CO_2 frei. Auch in den darauffolgenden Sommern brannten immer häufiger Moorböden, darunter in Niedersachsen und Schleswig-Holstein – die Mehrheit der Moore befindet sich in Norddeutschland. Die Böden sind besonders schwer zu löschen und können die Einsatzkräfte Tage, teils Wochen beschäftigen.

Doch nicht nur bei Hitze und Trockenheit – auch bei Überflutungen können trockene Moorböden zur tödlichen Falle werden. Trockene Moorböden können extrem schlecht Wasser aufnehmen. Während sie in ihrer ursprünglichen Form wie ein

Schwamm wirken, sind sie nun wie ein trockenes, hartes Handtuch, an dem das Wasser abperlt. Gibt es also ein Starkregenereignis, dann sickert das Wasser nicht in den Boden, sondern fließt an der Oberfläche ab – Richtung Straße oder dem nächsten Gefälle, wo es großen Schaden anrichten oder sogar zur tödlichen Gefahr werden kann. Hochwasserexperten bestätigten uns, dass solche Nebeneffekte bisher kaum beachtet würden. Gerade bei kommunalem Hochwasserschutz müsste auch eine Untersuchung der Böden Standard sein, um die Gefahr bei einem solchen Ereignis abschätzen zu können. Noch besser sei es, solche Flächen erst gar nicht als landwirtschaftliche Flächen auszuweisen. Das Problem: Bis heute sind mehr als 90 Prozent der Moore in Deutschland entwässert. Auf über 75 Prozent dieser trockenen Moorflächen wachsen Monokulturen, oder sie werden als Grünland für die Viehhaltung genutzt. Auf einigen Flächen wurden auch Siedlungen und Straßen gebaut. Für die meisten Moorschützer ist gerade der Anbau von Monokulturen wie Mais ein ökologisches Verbrechen. Weder Insekten noch Vögel oder Wildblumen können dort heimisch werden. »Der trockene Torf geht durch den Ackerbau in die Luft und zurück bleibt eine kohlenstaubartige Oberfläche, in die kein Regen mehr eindringen kann«, erklärt Vera Luthardt von der Hochschule für Nachhaltigkeit in Eberswalde (HNEE). »Bis in die 1990er-Jahre hat man in ganz Deutschland Moore trockengelegt, um sie für die Landwirtschaft zu nutzen«, sagt Luthardt.[4]

Rechnet man die Moorflächen zusammen, die bis heute von der Landwirtschaft oder Siedlungen genutzt werden, kommt man auf die stolze Summe von über 13.000 Quadratkilometern. Das entspricht der Landesfläche von Nordirland.[5] Das verwundert kaum, denn ursprünglich waren in Deutschland fünf Prozent der Fläche mit Mooren bedeckt. Einige sind bereits unwiderruflich degradiert. Die größten Flächen liegen in der Norddeutschen Tiefebene, Mecklenburg-Vorpommern und dem Alpenvorland. Der geringe Anteil der Restmoore zeigt nicht nur das Ausmaß der Zerstörung, sondern auch die Probleme, vor denen die politischen Akteure stehen: Selbst wenn anerkannt würde, dass diese Flächen schleunigst wieder in ihren natürlichen Zustand versetzt werden müssen, besteht auch hier eine große Flächenkonkurrenz: Wer will schon freiwillig sein Grundstück, Feld oder seine Weide hergeben? Das ist nur einer der Gründe, warum bisher nur vier Prozent aller Moorflächen (ob trocken oder feucht) überhaupt Naturschutzgebiete sind. Dass es ökologisch verantwortungslos und gar gefährlich ist, Moore trockenzulegen und sie ausgasen zu lassen – darüber wird politisch erst seit einem recht kurzen Zeitraum nachgedacht.

Bei Landwirten stößt diese Haltung immer noch weitgehend auf Unverständnis. Immerhin sei man im »gesellschaftlichen Auftrag der Erschließung von Moorgebieten und Sicherstellung der Ernährung nachgekommen«, erklärt der Deutsche Bauernverband auf unsere Nachfrage. Die Kultivierung von Mooren für Siedlungen, Lebensmittelerzeugung und Infrastruktur seien eine »kulturhistorische Leistung von Generationen«. Deshalb dürften die Landwirtinnen und Landwirte nun nicht zu »Opfern eines politischen Richtungswechsels werden«.

Leben mit den Mooren: Die Vision

Das Moor bei Greiffenberg ist ein ökologisches Vorzeigeprojekt. Im Schilf rascheln Nager und Amphibien, Vögel zwitschern, die Luft ist angenehm feucht und kühl. Unter einer Schwarz-Erle grast eine Herde Wasserbüffel, in der Ferne plätschert die Sernitz.

Die Wiedervernässung der Moore ist genau wie ihre Zerstörung keinesfalls einfach. Während sich die Torfschichten mit rund einem Millimeter pro Jahr relativ langsam aufbauen, schreitet ihre Zerstörung weitaus schneller voran, mit rund einem Zentimeter pro Jahr.

In Greiffenberg haben Landesamt für Umwelt und Biosphärenreservatsverwaltung mit der Moorrettung schon begonnen: Unter den argwöhnischen Blicken der Anwohnerinnen und

Anwohner wurden mit Baggern die toten Torfschichten abgetragen und damit die Entwässerungsgräben verfüllt. Schon innerhalb weniger Monate saugte sich die Erde mit Wasser voll – und das Moor fing wieder an zu leben. Dennoch dauert es Jahre, bis das Ökosystem wieder halbwegs hergestellt ist. Die Dürren der letzten Jahre hätten das Projekt zuletzt sogar gefährdet, berichtet Biologe Herold.

Viel problematischer als die Wiedervernässung ist es, geeignete Flächen zu finden. In Greiffenberg musste sich das Landesamt für Umwelt mühsam die einzelnen Grundstücke zusammenkaufen. Ein Moor kann nicht gestückelt funktionieren. Nur auf zusammenhängenden Flächen ergibt eine Wiedervernässung Sinn.

Die Anwohnerinnen und Anwohner von Greiffenberg tolerierten die Wiedervernässung: Im Gegensatz zu ihren Vorfahren sind sie auf seine landwirtschaftliche Nutzung nicht mehr angewiesen. Die Artenvielfalt rund um das Moor ist heute ein Segen und kein Fluch mehr. Mittlerweile lebt dort die besagte Herde Wasserbüffel. Ein Landwirt pflegt die Tiere und verkauft das Fleisch an örtliche Bioläden. Und wegen der Wasserbüffel und einem »Moor-Erlebnispfad« strömen sogar Touristen in die Region. Dennoch: Das Projekt bleibt bisher eine Ausnahme. Die meisten Landwirtinnen und Landwirte sind nicht an der Renaturierung der Moorflächen interessiert – selbst Ökobauern weigern sich. Allein der Klimaschutz wird kaum einen Landbesitzenden überzeugen, auf seine Einnahmen zu verzichten. Die Angst vor einem nassen Boden, der weniger Profit abwirft, ist zu groß. Weil aber die meisten Moorflächen Landwirten gehören, forschen Moorexperten wie Benjamin Herold und Vera Luthardt daran, wie die Flächen rentabel bewirtschaftet werden können, ohne sie zu zerstören. Da Enteignungen extrem unbeliebte politische Maßnahmen sind, müssen die Besitzer eben überzeugt werden.

Die Wissenschaftlerinnen und Wissenschaftler schlagen vor, wertvolle Rohrkolben, Schilf oder Torfmoose auf dem wiedervernässten sumpfigen Untergrund anzubauen oder Wasserbüffel zu halten – sie nennen das »nasse Landwirtschaft« oder in der Fachsprache auch »Paludikultur«[6] genannt. »Die Nachfrage nach Rohrkolben und Schilf ist groß, vor allem als Dämm- oder Baustoff«, erklärt Friedrich Birr, wissenschaftlicher Mitarbeiter der Arbeitsgruppe Moor an der Hochschule Eberswalde. Allerdings ist die Umstellung nicht einfach, gibt Birr zu: »Das Gelände ist schwerer zugänglich, und Arten wie der Wasserbüffel sind ganz anders zu handhaben als normale Weidekühe.« Doch es wird derzeit viel geforscht, beispielsweise am Moor Centrum in Greifswald. Dort geht es um die Vermarktung von Torf-Alternativen wie Torfmoosen für den Gartenbau. Auch in den Niederlanden haben Forschende und Landwirte die Paludikultur für sich entdeckt. Da große Teile des Landes unter dem Meeresspiegel liegen, haben sie ein Interesse daran, dass das Land sich wieder anhebt. Das geht nur, wenn trockengelegte Moorflächen wieder nass werden. Dieses Phänomen konnten wir auch an der Nordsee im Ipweger Moor beobachten – auch dort hat sich das Land durch Entwässerung und Eindeichung abgesenkt. In Zeiten des steigenden Meeresspiegels ist das keine gute Ausgangssituation (siehe Kapitel 3). Intakte Moore sind deshalb nicht nur Klima-, sondern auch Küstenschützer.

Die größte Hürde aber ist die Politik: EU-Agrarsubventionen, von denen auch deutsche Landwirtinnen und Landwirte abhängen, gibt es nur für bestimmte Pflanzen- und Tierarten. Schilfanbau ist nicht förderwürdig – deshalb gibt es keine Flächenprämie. Hingegen fördert die EU Maismonokulturen auf trockengelegten Moorböden – mit bis zu 300 Euro pro Hektar. Deshalb entscheiden sich kaum Landwirte für die Umstellung: Wer will schon in eine ungewisse Zukunft steuern und dafür noch die lukrativen Subventionen aufgeben?

Der Deutsche Bauernverband macht sehr deutlich, dass er solche Ideen für Hirngespinste hält: »Mit Schilfrohr und Wasserbüffeln lässt sich nicht ansatzweise ein Einkommen erzielen, das mit der derzeitigen landwirtschaftlichen Nutzung vergleichbar wäre.« Womit der Verband unter den jetzigen Bedingungen sogar recht hat. Die Betriebe bräuchten »eine wirtschaftliche Perspektive und Planungssicherheit«. Außerdem solle alles auf Freiwilligkeit beruhen. Man dürfe die Betriebe nicht mit »immer neuen Auflagen aus der Bewirtschaftung bzw. in wirtschaftlich unattraktive Paludikulturen« drängen. Allerdings drängt die Landwirte bisher niemand – im Gegenteil. Die Intensivbewirtschaftung ist immer noch das bei Weitem lukrativste, während Alternativen wie die Paludikultur eben überhaupt nicht gefördert werden. Immerhin findet aber auch der Bauernverband es nicht komplett abwegig, Moore wiederzuvernässen – wenn genügend Anreize geschaffen oder Entschädigungen gezahlt werden. Doch der Verband dämpft die Euphorie: Für die gesamte Moorfläche von über einer Million Hektar in Deutschland sei das »volkswirtschaftlich nicht verhältnismäßig«.

Die Moorschutzstrategie der alten Bundesregierung vom September 2021 will immerhin »Anreize setzen« und sich dafür einsetzen, die »Fehlanreize« der europäischen Förderung »abzubauen«. Vordergründig geht es um Klimaschutz – nicht um Anpassung: Der Moorschutz soll die jährlichen Emissionen aus Moorböden bis 2030 um mindestens fünf Millionen Tonnen CO_2 senken.[7] Die Wiedervernässung landwirtschaftlich genutzter Moorflächen spart laut Bundesumweltministerium pro Hektar und Jahr 10 bis 35 Tonnen. Doch in der Strategie steht nicht, was das genau für die Flächen bedeutet – und wie viele Felder und Viehweiden am Ende wieder zu Mooren werden müssten. Das Greifswalder Moor Centrum rechnete in einer Stellungnahme im Jahr 2020 aus, dass bei einer mittleren Minderungsrate von 20 Tonnen CO_2 pro Hektar und Jahr bis 2030 rund 250.000 Hektar wiedervernässt werden müssten, also jährlich um die 25.000 Hektar.[8] Laut dem Centrum ist auch das immer noch zu wenig – es müssten sogar 50.000 Hektar sein, wenn man streng nach dem deutschen Netto-Null-Ziel bis 2045 rechnet.

Doch die eigentliche Frage ist doch: Woher die Flächen nehmen? Es ist dieselbe Frage wie beim Hochwasserschutz oder bei der Begrünung der Städte: Welche Flächen wollen wir wofür verwenden? Und wie einigen wir uns in der Gesellschaft, was Vorrang hat?

Denn umgerechnet bedeutet das: Pro Jahr müssten ab dem jetzigen Zeitpunkt Flächen von der Größe Frankfurt am Mains wiedervernässt werden. Diese Zahlen will zwar kein Ministerium bestätigen, aber sie ergeben sich aus den oben beschriebenen Einsparungen. Die Umsetzung wirft unweigerlich die Frage von Enteignungen oder auch Entschädigungszahlungen für Landwirtinnen und Landwirte auf.

Doch nicht nur landwirtschaftliche Betriebe müssten Flächen aufgeben. Fast noch schwieriger sind Hindernisse wie vorhandene Siedlungs- und Verkehrsinfrastrukturen – sprich Straßen und Ortschaften. Auch Windkraft- und Solaranlagen gibt es auf einigen Moorflächen. Das will die Bundesregierung nun sogar fördern, wie sie in einem Eckpunktepapier zur »Agri-Photovoltaik« Anfang 2022 schrieb.[9]

Die Ampelkoalition hat sich im Koalitionsvertrag zudem vorgenommen, »alternative Bewirtschaftungsformen zu stärken«. Wie genau das aussehen soll, bleibt abzuwarten.

Wissenschaftlerinnen und Wissenschaftler sind ebenfalls skeptisch. Es sei unwahrscheinlich, dass bis 2030 in großem Umfang Moorflächen wiedervernässt würden, schreiben die Mitglieder des Waldbeirates der Bundesregierung.[10] Schließlich setze man nur auf freiwillige finanzielle Anreize, außerdem würden »ganze hydrologische Landschaftseinheiten« gebraucht – denn Moore ergeben nur im Zusammenhang Sinn. Das setze »sehr lange Planungsvorläufe« voraus.

Ein Gutachten der Deutschen Energie-Agentur (dena) warnt zudem vor einer Zunahme von Flächenkonkurrenzen um Anbaufläche für »Futtermittel sowie Feldfrüchte und intensives Weideland« – vor allem für Niedersachsen, wo es die meisten Moorflächen gibt.[11] Die Gutachter befürchten eine Verlagerung der landwirtschaftlichen Produktion ins Ausland – wo die Standards nicht so hoch seien. Deshalb raten die Studienautoren, dass die Wiederherstellung der Moore mit Maßnahmen zur Reduktion des Konsums von Fleisch- und Milchprodukten umgesetzt werden müsse.[12] Denn im Gegensatz zu Grünlandflächen können auf den Moorflächen nicht ganze Rinderherden gehalten werden, sondern nur ein Bruchteil der herkömmlichen Herdengrößen.

Als Angestellter im Brandenburger Landesamt für Umwelt beschäftigt sich Benjamin Herold bereits seit Jahren mit diesem Problem. Er meint, dass gerade ältere Landwirtinnen und Landwirte keine Kraft für eine Umstellung hätten – auch weil es für kleinere Betriebe ohnehin finanziell schwierig sei. Mit einem geeigneten Anreizsystem, beispielsweise durch Förderungen und Beratung, könnte man aber die neue Generation von Landwirten vielleicht überzeugen. »Da gehört auch etwas Pioniergeist und Experimentierfreude dazu«, meint er, »aber den haben die meisten Landwirte ohnehin.« Aber nicht nur die Landwirte, sondern die Gesellschaft müsste ihre Prioritäten ändern. Erst wenn ökologisches Bauen rentabler ist, als überall Beton und Metall zu nutzen, wird Schilfrohr einen echten Markt haben. Und der Absatz von regionalem Büffelfleisch ist nur eine Lösung, wenn Massentierhaltung sich nicht mehr lohnt beziehungsweise nicht mehr nachgefragt wird und die Menschen anfangen, weniger, aber dafür besseres Fleisch zu essen.

Was wir tun können

Damit Landwirtinnen und Landwirte motiviert werden, trockengelegte Moore wiederzubeleben, braucht es echte Anreize. Um Moore wieder mit Leben zu füllen, müssen sie aus der Naturschutzecke heraus. Nicht nur Leuchtturmprojekte in Biosphärenreservaten, sondern auch Perspektiven für Landwirte sollten geschaffen werden. Dafür müsste es eine Förderung für die Umstellung auf den Anbau von Schilf, Rohrkolben und Torfmoos oder die Ansiedlung von Wasserbüffeln geben. Wissenschaftlerinnen und Klimaschützer fordern deshalb eine Änderung der europäischen Förderpolitik.[13] Bisher sind viele Feuchtgebiete nicht »beihilfefähig«. Mit der neuen Förderperiode der EU-Hilfen wurde immerhin erstmals anerkannt, dass Paludikulturen nicht mehr grundsätzlich von der Förderung ausgeschlossen werden sollen.[14] Allerdings heißt das laut Experten des Greifswalder Moor Centrums nicht, dass nun die Förderungen fließen. Es werde wohl auf die Auslegung durch Behörden ankommen, wie die Reform in Deutschland umgesetzt wird. Noch sei unklar, ob es eine deutliche Verbesserung gibt. Auch von der Auszahlung von Flächenprämien, wie sie etwa ein Maisfeld bekommt, sei man noch weit entfernt. Einen echten Systemwechsel kann es jedoch nur geben, wenn keine Steuergelder mehr an Landwirtinnen und Landwirte fließen, die landwirtschaftliche Nutzung auf entwässerten Moorflächen betreiben. Eine neue Berufsgruppe des »Moorklimawirtes« könnte so geschaffen werden.

8 Hochgebirge

Wenn der Berg rutscht

Auf Deutschlands höchsten Berg gelangt man heute in weniger als zehn Minuten. Die nagelneue Seilbahn kann bis zu 580 Personen pro Stunde auf die Zugspitze transportieren und durchquert dabei drei Klimazonen. Zwar stockt dem Besuchenden schon etwas der Atem, wenn sie mit der gläsernen Gondel an den Felsspitzen vorbeiziehen, aber das Naturerlebnis ist ansonsten eindrücklich und leicht konsumierbar. Während früher Bergsteiger unter Lebensgefahr die Gipfel erklommen, können heute Touristinnen und Touristen die Alpen stürmen, ohne die geringste Kraftanstrengung. Berge sind heute ein Synonym für Panoramablick, Gipfelrestaurant und Insta-Selfie. Doch die neue Leichtigkeit täuscht.

Die Geologen, mit denen wir auf der Zugspitze und in den Schweizer Alpen unterwegs waren, brachten das relativ gut auf den Punkt: »Gebirge sind die instabilsten Landschaftsformen, denn alles, was oben ist, will auch wieder herunter«, sagt uns der Geograf Michael Dietze, mit dem wir in der Schweiz unterwegs waren. Damit sind nicht die Touristinnen und Touristen im Panoramarestaurant gemeint, sondern Steine, Geröll und Felsbrocken.

Wie verheerend solche Unglücke in Gebirgen sein können, zeigte ein Erdrutsch im Februar 2021 im Himalaja.[1] Die Erdmassen lösten eine Sturzflut aus und rissen Hunderte Menschen und Häuser mit sich. Wie aus dem Nichts raste die Flutwelle ein Tal entlang und entwurzelte Bäume, zerstörte Häuser, Brücken und Dämme. Ein Handyvideo zeigt das ganze Ausmaß der Katastrophe, die sich in Nordindien ereignete. Die Amateurfilmer wurden Zeugen einer verheerenden Sturzflut, bis zu 200 Menschen starben. Die Wassermassen rissen Brücken und Straßenabschnitte mit. Zwei Kraftwerke wurden unter den Fluten und Gesteinsmassen begraben. Zahlreiche Dörfer in der betroffenen Region wurden evakuiert.

Die Ursachen für solche Katastrophen sind nicht immer eindeutig: Zunächst sprachen die Behörden in Indien von einem »abgebrochenen Gletscher«, der in einen Fluss gerutscht sei und die Sturzflut ausgelöst habe. Viele Forscherinnen und Forscher gehen aber davon aus, dass es sich um eine Stein- und Eislawine handelte, die wahrscheinlich auf einen überhängenden Gletscher oder Eismassen prallte, dann weiterraste und am Ende eine Sturzflut im Tal auslöste.

Der genaue Hergang des Ereignisses beschäftigte Geologinnen und Geologen auf der ganzen Welt. Denn es ging nicht nur um ein singuläres Unglück. Die Forschenden waren an der Ursache für die Sturzflut interessiert, um daraus Schlüsse für Gefahren in anderen Hochgebirgen zu ziehen.

Wenige Monate später erschien eine erste Studie.[2] Die bestätigte, dass die anfängliche Fels- und Eislawine sich relativ schnell in einen außergewöhnlich großen Erdrutsch verwandelte, der Geröll von mehr als 20 Metern Durchmesser vor sich herschob, dann zwei Wasserkraftwerke zerstörte und so eine Flutwelle auslöste.

Über 50 Forscherinnen und Forscher beteiligten sich an der Studie über das Unglück in Indien.[3] Das Ergebnis: Das Ereignis zeige, dass die Erderwärmung das Risiko solcher Ereignisse erhöhe. Anhand von Satellitenbildern konnten sie zeigen, dass sich bereits seit einiger Zeit größere Eismassen aus dem Bergrücken lösten und ins Tal rutschten.

Auch wenn es hierzulande Unglücke wie im Himalaja noch nicht gab, könnten sich ähnliche Vorfälle häufen. Nicht unweit von der Zugspitze gab es auch 2021 wieder Tote. In der beliebten Höllentalklamm bei Garmisch-Partenkirchen kamen kurz nach unserem Besuch im August 2021 zwei Menschen durch eine Flutwelle ums Leben, weitere Besuchende wurden verletzt. Ein starker Regen hatte die Flutwelle in der Schlucht ausgelöst und eine Holzbrücke mit sich gerissen, auf der die Wanderer standen.

Das Risiko im Gebirge steigt durch Extremwetterereignisse und Klimawandel – daran gibt es also keinen Zweifel. Die ohnehin instabile Landschaft wird noch unsicherer. Forscherinnen versuchen die Veränderungen schnellstmöglich nachzuvollziehen und zu verstehen. Nur so können künftig Frühwarnsysteme aufgebaut und Menschenleben gerettet werden, egal ob im Himalaja oder in den deutschen Alpen.

Im eisigen Herzen der Zugspitze

Auf der Zugspitze kann man an sonnigen Tagen 400 Berggipfel aus vier Ländern bestaunen. Es ist ein beeindruckendes Alpenpanorama, das man bei Backkartoffeln oder Torte von der Holzterrasse des Gipfelrestaurants bewundern kann. Der Schnee blendet so stark, dass die Besucherinnen und Besucher ohne Sonnenbrille kaum auskommen. Doch das Idyll trügt. Die Zugspitze ist einer der Orte in Deutschland, wo man dem Klimawandel in Echtzeit zuschauen kann. Und die Folgen dieser rasanten Veränderungen versuchen Forschende mit Experimenten und langen Versuchsreihen zu verstehen.

Wir sind mit einer Gruppe von Geomorphologen unterwegs, die uns auf eine Reise ins Innere von Deutschlands höchstem Berg mitnehmen, der Zugspitze. Die Forschungsgruppe ist bunt gemischt: Die Professoren und Doktorandinnen aus Deutschland und den USA sind froh über den kleinen Ausflug. Anne Voigtländer, Geomorphologin am GeoForschungsZentrum Potsdam

(GFZ), kommt gerade von einem nahe gelegenen Bergmassiv. Dort hat sie sich mit ihrem Kollegen abgeseilt und umständlich mehrere Messgeräte angebracht – kein Einsatz für Anfänger, wie sie uns erzählt.

Nach dem Kaffee auf der Touristen-Terrasse steigen wir in eine weitere kleine Seilbahn. Sie fährt hinüber zum Schneefernerhaus, ein in den Berg gebautes Gebäude. Früher war hier ein luxuriöses Hotel, bis eine Lawine alles zerstörte. Seit 1999 ist es die höchstgelegene Forschungsstation Deutschlands. Hier messen Wissenschaftlerinnen und Wissenschaftler den CO_2- oder Aerosolgehalt der Luft, es gibt eine Wetterstation – und für uns wichtig: einen Zugang zum einzigen in Deutschland begehbaren Permafroststollen, dem Kammstollen. Vom Inneren des Schneefernerhauses geht eine Tür direkt in den Berg. Es sind die alten Stollen, die auf die österreichische Seite führen. Wir laufen gebückt die in den Fels geschlagenen Gänge entlang, manchmal stoßen wir mit unseren Helmen an die Decke, es ist kalt und feucht. Das Gestein ist von einem dünnen Wasserfilm bedeckt, an manchen Stellen tropft es. Wir sind mittendrin – im Herzen der Zugspitze. Der Weg ist anstrengend, aber wir sind auch aufgeregt und neugierig. Wir kommen an eine Stollenkreuzung. Links geht ein weiterer Tunnel ab, am Ende sehen wir Licht: »Komm, ich muss euch was zeigen«, sagt Michael Krautblatter, der Leiter der Forschungsgruppe. Er ist Geologe und hat an der TU München eine Professur für Hangbewegungen. Am Ende des Seitengangs angekommen, scheint uns plötzlich die Sonne ins Gesicht. Wir blinzeln – und stehen an einem Abgrund. Es geht mindestens 20 Meter in die Tiefe. »Früher sind hier die Skifahrer ganzjährig von Österreich durch den Tunnel auf den unten liegenden Gletscher auf die deutsche Seite gefahren.« Doch dieser Gletscher existiert beinahe nicht mehr. Unten gibt es noch ein paar Schnee- und Eisreste – über 80 Prozent sind bereits dauerhaft verschwunden. Von den ohnehin nur fünf Gletschern, die es in Deutschland überhaupt gibt, werden bald nur noch vier übrig bleiben.[4]

Das ist ein Vorgeschmack auf das, was uns noch im Inneren

der Zugspitze erwartet. Ein paar Hundert Meter weiter halten wir vor einem kleinen dunklen Eingang, der mit Holz verbarrikadiert ist. Die Geologen beseitigen die Latten mit wenigen Handgriffen. Krautblatter und seine Kollegen winken uns hinein, und schon rutschen wir auf Knien in den höchstens ein Meter hohen Stollen, der als Boden eine dicke Eisschicht hat und an dessen Wänden Eiskristalle schimmern – wie eine Kristallhöhle. Es ist der letzte verbliebene Permafrost in Deutschland – und er ist dabei, zu verschwinden. »Permafrost heißt, dass ein Boden oder Gestein mehr als zwei Jahre hintereinander ganzjährig gefroren sind. Taut er im Sommer auf, dann ist es kein Permafrost mehr«, erklärt Krautblatter. Wir schieben uns auf Knien weiter vorwärts, die Taschenlampen unter den Arm geklemmt, unser Atem sind kleine weiße Wölkchen, hier ist es mehrere Grade unter null. Langsam wird es eng, es sind mindestens sieben Leute in dem kleinen Eisstollen. Dann zeigt der Geologe auf eine Markierung im Stein: »Bis hierhin ist der Stollen in den Hitzesommern 2018 und 2019 aufgetaut«, so Krautblatter. »Wir rechnen damit, dass es nicht mehr lange dauert, bis hier überhaupt kein Permafrost mehr ist.« In rund 10 bis 15 Jahren könnte der Stollen permafrostfrei sein. Dann gefriert es maximal noch im Winter. Deshalb wollen die Forschenden diese Zeit noch ausnutzen, um zu verstehen, was die Schmelze mit dem Berg macht. Was die Geologen in dem Eisstollen untersuchen, gleicht einer Liveübertragung der Klimakrise: Sie untersuchen die Folgen der Schmelzprozesse und wie sich der Berg verändert, wenn die Temperaturen in den Sommern immer öfter und länger Höchstwerte erreichen.

Dafür hat Krautblatter an den Wänden des Kammstollens 140 Elektroden angebracht. Damit verfüge er über 1500 Messkombinationen. »Das ist wie bei einer Hirntomografie: Wir schicken elektrische Impulse in den Stein und schauen uns an, ob er gut leitet oder nicht.« Wenn er aufgetaut ist, leitet er gut – ist noch viel Eis im Gestein, schlecht. »Wir haben hier die Chance, den Fels vor und nach dem Auftauen zu beobachten – ungestört und über Jahre«, so der Geologe.

Doch warum ist es so wichtig zu wissen, wann und wie das Eis im Berg schmilzt? Die Geologinnen und Geologen sagen: weil das den ganzen Berg verändert. Je mehr er taut, desto instabiler ist der Fels – und Forschende wie Krautblatter versuchen zu verstehen, was genau im Gestein passiert. Verliert der Fels an Stabilität, kann es zu Hangrutschungen, Felsstürzen oder Erdrutschen kommen. Dann können auch Touristen, Wanderinnen oder Anwohner gefährdet sein – schon ein Stein in der Größe eines Apfels kann einen Menschen töten, wenn seine Geschwindigkeit groß genug ist. Bereits seit über zehn Jahren erforschen Wissenschaftlerinnen und Wissenschaftler deshalb die Tauprozesse.

Bereits 2013 schrieb der Schweizer Geograf und einer der Autoren des Weltklimaberichts, Simon Allen, dass Hangrutschungen in den europäischen Alpen in den vergangenen Jahrzehnten aufgrund des Klimawandels zugenommen haben.[5] Michael Krautblatter hat 2013 dazu ein mechanisches Modell entwickelt, das zeigt und berechnen kann, wie erwärmende Felsen instabil werden können. Das Problem: Vor allem kurzfristige ungewöhnlich warme Temperaturerhöhungen – beispielsweise bei Hitzewellen über mehrere Wochen – seien noch weitgehend unerforscht, erklärte der Schweizer damals. Kein Wunder, dass sich auch bald seine deutschen Kollegen auf die Suche machten – schließlich ist mit herabfallenden Steinen oder gar Felsbrocken nicht zu scherzen. Heute heißt es in Schweizer Fachblättern alarmierend, dass dringend die Siedlungspolitik an die neuen Gegebenheiten angepasst werden muss.[6]

Was im tauenden Gestein passiert und ob sich am Ende Teile aus der Felswand lösen, hängt von der Beschaffenheit des Berges ab. In den Stollen, wo es keinen Permafrost mehr gibt, ist die Oberfläche feuchtnass, zwischen den Gesteinsbrocken ziehen sich feine Adern mit poröser erdartiger Masse. Wir zerreiben die erdige Substanz zwischen den Fingern. »Das war früher alles gefroren, und nun bahnt sich das Wasser durch diese kleinen Spalten mit zerriebenen Steinchen seinen Weg«, erklärt uns die Geomorphologin Anne Voigtländer. Dadurch wird der Fels potenziell instabiler. »Wir wissen leider oftmals nicht, wie perforiert der Berg wirklich ist – aber unsere Aufgabe ist es, die Risikostellen ausfindig zu machen.«

Leben retten – mit Frühwarnsystemen

Risiken erkennen und Leben retten – dafür forschen die Geologinnen und Geologen in Hochgebirgen wie den Alpen. Und sie versuchen, besonders gefährdete Stellen rund um die Uhr zu überwachen. Zum Beispiel am Hochvogel im Allgäu, einem Berg rund 70 Kilometer westlich der Zugspitze. Dort droht in den nächsten Jahren ein massiver Felssturz. Am Gipfel klafft ein 5 Meter breiter und 30 Meter langer Riss. Dieser wächst monatlich um rund einen halben Zentimeter. Vertieft sich der Riss, könnten rund 260.000 Kubikmeter Gestein zu Tal stürzen – das entspricht über 100 olympischen Schwimmbecken, voll mit Geröll und Felsbrocken. Durch Starkregen oder andere Extremwetterereignisse könnten Felsbrocken sich schneller lockern, ihr Abbruch werde damit immer unberechenbarer.

Die Geologinnen und Geologen um Krautblatter und das GeoForschungsZentrum Potsdam haben den Gipfel des Hochvogels komplett verkabelt. Sie haben beispielsweise sechs Seismometer installiert, außerdem verfolgen die Forschenden jede Bewegung mit GPS-Sensoren, Drohnen oder Laserscannern. Es ist der wahrscheinlich am besten überwachte Ort Deutschlands. Die Geologen können anhand der gemessenen Spannungen im Berg Veränderungen wie die Bildung von Rissen beobachten, und die Seismometer – auch Geofone genannt – können die kleinsten Erschütterungen aufzeichnen. Rund drei bis vier Tage vor dem großen Felssturz hoffen die Forschenden, das Ereignis vorhersagen und so frühzeitig warnen zu können, aber es gibt bisher zu wenige Standorte, wo dies genau beobachtet wurde.[7] Die größten Bewegungen gab es bisher nach langen oder heftigen Regenschauern, dann nimmt die gemessene Frequenz am

Berg plötzlich zu. Wenn die Bewegung einen gewissen Schwellenwert überschreitet, bekommt der Geologe eine SMS auf sein Handy. Diese Information reicht er gleich an den Bürgermeister des anliegenden Dorfes weiter. Der kann dann vor Ort Straßen und Wanderwege sperren.

Zwar liegen im Umkreis keine gefährdeten Dörfer oder befahrenen Straßen – dennoch könnten Wanderer in der Nähe unterwegs sein. Im Fall X müsste das Gelände großflächig abgesperrt werden. »Ein Spontanabsturz ist immer noch möglich«, meint Krautblatter. »Wir rechnen aus den wenigen bekannten Ereignissen mit einem Unsicherheitsbereich von Ereignissen, die sich kaum ankündigen.«

Die Hochvogel-Studie ist für die Forschenden auch ein Experiment: Mit den Daten und Erkenntnissen aus dieser Langzeitbeobachtung lernen sie solche Bewegungen im Berg besser einzuschätzen. Solche Frühwarnsysteme werden unter dem Namen »AlpSenseRely« derzeit in verschiedenen Orten ausgetestet. Längerfristig sollen daraus bestmögliche Frühwarnsysteme für Hochgebirgsregionen entwickelt werden, anhand der Testläufe soll die Zuverlässigkeit von solchen Systemen eingeschätzt werden – perspektivisch auch für den Himalaja.[8] Aber auch kleinskalige Erdrutsche und Steinschläge können schon größeren Schaden anrichten.

Die Forschenden befürchten, dass durch Starkregen und Temperaturschwankungen immer mehr riskante Stellen im Gebirge entstehen könnten. Auch das Umweltbundesamt schreibt, dass Steinschläge an Steilhängen in der Regel auf starke Niederschlagsereignisse oder Tauwetterlagen zurückgehen. Dabei werde das Gestein durch das Wasser gelöst. »Bei solchen Massenbewegungen wirken gewaltige Kräfte, die für Gebäude, Infrastrukturen und Personen eine massive Gefährdung darstellen können.«[9] Diese Erdrutsche – oder »gravitative Massenbewegungen« – könnten durch den Klimawandel noch zunehmen. Das bestätigen auch die Forschungen des Geologen Krautblatter. Je heftiger und je mehr Regen in kurzer Zeit fällt, desto höher die Gefahr für Hangrutschungen und Felsabstürze. Doch sie sagen auch: Eine großflächige Überwachung ist derzeit noch nicht möglich – aber zumindest können künftig größere touristische Hotspots damit gesichert werden.

Zum Beispiel die gut besuchte Höllentalklamm bei Garmisch-Partenkirchen, wo pro Tag bis zu 2000 Personen durchlaufen. Dort scannen die Forschenden die Felsen mit Lasern. So können sie vorhersagen, wann sich größere Felsbrocken bewegen. »Unsere Sensoren an einem Felsturm sind auf 0,01 Millimeter genau. Wir checken jeden Morgen, bevor die Klamm aufmacht, ob sich die Felswände um mehr als einen halben Millimeter bewegt haben«, so Krautblatter. Wenn sich der mit Instrumenten überwachte Block zu sehr bewegt, muss die Klamm gesperrt werden. Die Flutwelle, die im Sommer 2021 zwei Touristen in den Tod riss, konnte dieses System allerdings nicht vorhersagen.

Die Sicherheit von Touristen im Gebirge beschäftigt nicht nur Forscherinnen und Forscher. An einem Septembertag trifft sich im Schneefernerhaus auf der Zugspitze ein Kreis von Menschen, die besorgt sind: Bürgermeister, die bayerische Bergwacht, der Deutsche Alpenverein, Vertreter der Landesregierung und die Geologen der Technischen Universität München. »Wir haben ein systematisch höheres Risiko, auch für Kletterer und Touristen«, erklärt Krautblatter, der die Konferenz für sein Projekt AlpSense-Rely organisiert hat. Es gebe keine hundertprozentige Sicherheit, aber man könne die Frühwarnsysteme verbessern. Die Teilnehmenden der Konferenz diskutieren über flächendeckende Warnsysteme via Apps und Textnachrichten. Am besten sei es aber, wenn über verschiedene Wege gewarnt würde, da ist man sich einig. Denn auch im Fall eines Stromausfalls, oder wenn jemand sein Handy nicht zur Hand hat, muss die Warnung die Menschen erreichen.

Die Vertreter der bayerischen Bergwacht erklären uns in einem Gespräch, dass die Einsätze im Gebirge in den vergangenen Jahren zugenommen hätten. Offizielle Zahlen gebe es jedoch nicht.

Ob die Anzahl der Verletzten und Toten durch Murenabgänge oder Steinschläge mit der Zunahme von Extremwetterereignissen zusammenhängt, kann niemand wirklich beantworten – dazu gebe es einfach keine Daten. Die Bergwacht geht davon aus, dass nicht nur der Klimawandel, sondern auch der Leichtsinn zu mehr Opfern führt. Es gebe das Phänomen, dass viele Wanderinnen und Wanderer die Warnungen auf Schildern absichtlich ignorieren würden. Der Leichtsinn und das blinde Vertrauen in Online-Kartendienste wie Google Maps würden ebenfalls dazu führen, dass sich immer mehr Menschen im Gebirge verirren und schließlich auch zu Schaden kommen würden. Am Ende dürfte es eine Mischung sein: Viele Touristen suchen das Abenteuer, das extreme Erlebnis, und überschätzen dabei ihre Kräfte und die vermeintliche Hilfe durch technische Wegweiser. Gleichzeitig steigen die Gefahren im Gebirge durch extreme Wetterereignisse an.

Risiko Wanderwege

Auch der Deutsche Alpenverein ist um die Sicherheit von Wanderinnen und Wanderern besorgt. Seine Mitglieder sind in Bayern für ein riesiges Wegenetz verantwortlich. Die Folgen des Klimawandels sind auch für den über 150 Jahre alten Traditionsverein mittlerweile ein Thema. Für ihn arbeiten viele ehrenamtliche Helfende, meist Rentnerinnen und Rentner, die sich um die Wanderwege kümmern. Und wer im Gebirge zu jeder Saison unterwegs ist, bemerkt klimatische Veränderungen und ihre Folgen unweigerlich. Wir sprechen mit Robert Kolbitsch. Er ist »Ressortleiter Hütten und Wege« beim Deutschen Alpenverein. Sein Job ist es, die 323 Hütten und 30.000 Kilometer Wegenetz so instand zu halten, dass sie jederzeit erreichbar und begehbar sind.

»Als Wegewart kriegst du die Klimakrise hautnah mit«, sagt Kolbitsch. Er beobachte mehr abgerutschte Hänge, mehr Starkregen, der Wege überspült und Mauern fortreißt. »Manchmal ist der Weg einfach nicht mehr zu erkennen vor lauter Schlamm und Steinen, dann müssen wir einen neuen finden.«

Er beobachtet, dass Starkregen heute viel länger an einer Stelle stehen bleibt, zudem fällt durch die gestiegene Temperatur auch in hohen Lagen viel häufiger Regen – das viele Wasser schiebe Geröll und Schlamm nach unten. Vor allem in den Talkesseln häufe sich das »Geschiebe«, wie er das braune Schlammgemisch mit Steinen bezeichnet, in hohen Hügeln an.

»Wir stehen vor einem massiven Problem«, sagt Kolbitsch. Wege und Hütten seien nicht mehr sicher. »Die Berge waren schon immer ein für Menschen hartes Gelände. Aber heute müssen wir kämpfen, kämpfen, kämpfen, um hier oben zu überleben.« Auch die Einheimischen seien sprachlos. »Sie kennen diese Wetterkapriolen nicht.«

Erdrutsche und Felsstürze habe es schon immer gegeben, das sei nichts Neues im Gebirge. »Aber noch nie passierten sie so häufig. Die Auswirkungen sind eklatant.

Auch die Berghütten würden nicht verschont. Sie bezeugen, dass sich die Berge, diese scheinbar so unbeweglichen Naturgrößen, als eine der Ersten in der Klimakrise verändern. Die hölzernen und steinernen Häuser wurden schon im 19. Jahrhundert gebaut, an Orten, die damals als sicher galten – und die es auch über ein gutes Jahrhundert lang waren. Aber heute kämpfen sie darum, weiterhin Bergfreunde beherbergen zu können.

Für die Geraer Hütte im hinteren Valsertal wurde es zwischenzeitlich schwer, das Essen auf die rund 2400 Meter hoch gelegene Holzhütte zu bringen: Die Materialseilbahn wurde von einer Mure gestreift, der vier Meter hohe Steinwall davor hat nichts genützt. »Da waren wir auch etwas ratlos«, sagt Kolbitsch. Die Schutzmauer sei nicht mehr zu sehen gewesen, sie war komplett unter Geröll verschüttet.

Auch die Trinkwasserversorgung der Hütten ist nicht mehr gesichert. Sie ist überlebenswichtig, schließlich erreichen Wanderinnen und Wanderer ihre Übernachtungsstätte häufig nur nach mehrstündigen oder sogar mehrtägigen Wanderungen und sind auf die Getränke im Haus angewiesen. In der Regel, so Kolbitsch, gebe es da oben, auf 2000 bis 2500 Metern Höhe, keine Quellen. Die Hüttenwarte bedienten sich stattdessen aus dem Oberflächenwasser, meist Schneefeldern, die abgebaut und gereinigt werden. Zuletzt gab es allerdings da oben schlicht zu wenig Schnee.

»Diese Schneefelder werden immer kleiner, so wie der Gletscher. Die Hütten haben immer öfter Probleme, sich mit Trinkwasser zu versorgen.« Regenwasser könne eine Alternative darstellen, aber der Niederschlag sei viel unvorhersehbarer als ein monatelang konserviertes Schneefeld. »Wir hatten viele Hütten, in denen ab August oder spätestens September das Wasser knapp wird. Dann sind die Duschen und Waschbecken gesperrt, und manchmal muss die komplette Hütte schließen.« Das sei etwa schon auf dem Taschachhaus passiert, in den Ötztaler Alpen auf 2434 Metern gelegen. Sie wurde vor mehr als 150 Jahren erbaut, eine viel genutzte Hütte, schließlich liegt sie inmitten zahlreicher Dreitausender. Sie musste 2019 zum ersten Mal in ihrer Geschichte schließen, die Wirte konnten nicht mehr kochen, die Klospülung funktionierte nicht, Hände konnten nicht gewaschen werden. Auch manche Gipfel, der Höhepunkt eines jeden Wandertages, können nicht mehr erstiegen werden. »Manche Gipfel brechen schlicht auseinander, die Felsen stürzen ab – sie sind viel seltener gefroren als früher.«

Durch den tauenden Frost droht aber noch eine zweite Gefahr: Die Hütten stehen buchstäblich auf wackeligem Grund. Die Landshuter Europahütte beispielsweise droht zurzeit am Hang abzurutschen. »Dort dringt Wasser in Hohlräume, dort wo vorher Permafrost das Fundament stabilisierte.«

Die Freude am Bergwandern wird zunehmend zu einer finanziellen Frage: »Wir erhalten sowohl in Bayern als auch in Österreich Fördergelder für die Erhaltung der Hütten und der Wege, aber den Großteil bewältigen wir mit den Beiträgen unserer Mitglieder«, sagt Kolbitsch. Zum Glück habe der Alpenverein auch in Pandemiezeiten neue Mitglieder gewonnen, inzwischen sind es rund 1,3 Millionen.

Aber nur weil die meisten Menschen ehrenamtlich arbeiteten, könnten die Kosten überhaupt gedrückt werden. Kosten, die natürlich höher sind als im Flachland. Bauen im Gebirge sei grundsätzlich 25 Prozent teurer, weil die Logistik eine Herausforderung ist: Hubschrauber müssen Material hochfliegen, Handwerker müssen zu Fuß zur Baustelle gelangen, manches Baumaterial steht gar nicht zur Verfügung.

Auch für die Versicherung der Hütten hat sich der Alpenverein eine eigenständige Lösung überlegt: Zwar seien sie gegen Elementarschaden versichert, also gegen Muren, gegen Felssturz, gegen Lawinen. Wegen der Klimakrise aber seien die Versicherungsbeiträge enorm gestiegen.

Die rote Ampel im Tal des Todes

Nicht nur Hütten und Wanderwege, sondern auch Dörfer sind gefährdet. Wir fahren mit dem Geografen Michael Dietze vom GeoForschungsZentrum Potsdam in die Schweiz, um uns eine solche gefährdete Siedlung näher anzuschauen. Über Österreich gelangen wir ins schweizerische Graubünden, eine ruhige und eher strukturschwache Region. Ohne ansässige Industrie, aber mit vielen verstreuten Bauernhöfen und Kühen auf der Alm ist Graubünden ein idyllisches Urlaubsziel. Als wir uns über atemberaubende Gebirgsserpentinen unserem Ziel nähern, haben wir nur Augen für das Bergpanorama. Gleich eine ganze Reihe von schneebedeckten Gipfeln erstreckt sich vor uns, dazwischen grüne Täler und bewaldete Bergränder. Doch dann biegen wir um einen Bergrücken und fahren an einer Ampel vorbei, die ohne direkt ersichtlichen Sinn plötzlich am Straßenrand steht und Grün anzeigt. Links neben uns geht es steil nach oben. Auf den ersten Blick sieht es hier aus, als hätte einer einen Sandkasten mit Steinen ausgeschüttet. Auf der Wiese rechts und links neben der Straße liegen vereinzelte Felsbrocken, ein paar von ihnen sind locker über zwei Meter groß. »Sie können sich vorstellen, was für eine Wucht die haben, wenn die von dort oben loskullern«, sagt der Geomorphologe Dietze. Er erforscht diesen »Sandkasten« seit einigen Monaten. Denn es dürften noch viel mehr Steine werden. Der Hang des anliegenden Berges oberhalb von Brienz ist in Bewegung – und das nicht zu knapp. Pro Jahr bewegt sich der vordere Teil des Berges rund acht Meter nach vorn, Richtung Tal.[10] Dort, wo die lockeren Felsbrocken und Steine normalerweise ankommen, liegt das Dorf Brienz. Einer der Riesensteine kam keine 20 Meter von einem Restaurant entfernt zum Stehen.

Wir sitzen bei Sonnenschein auf der Terrasse und fragen die Kellnerin, ob sie keine Angst habe, dass der nächste Brocken ihr Haus oder die Gäste trifft: »Ich habe mich dran gewöhnt. Außerdem kommen mittlerweile mehr Gäste, weil sie den Berghang und die Steine sehen wollen.« Sie selbst habe vor dem Restaurant gestanden, als der dicke Brocken vor ihre Terrasse gerollt sei. »Wir haben ihn herunterrollen sehen und waren wie versteinert«, so die Kellnerin. »Dann ist er auf die Straße geknallt und hat dann seine Richtung geändert und ist aufs Feld gerollt.« Das hört sich abenteuerlich an – doch eigentlich werden die Bewohnerinnen und Bewohner des kleinen Dorfes gewarnt, wenn solche großen Steine von dem instabilen Berg herunterkommen.

Die Schule gegenüber dem bröseligen Hang, der rund zwei Kilometer nach oben reicht, wurde bereits geschlossen. Zu gefährlich wäre es, hier noch Kinder vorbeizulassen. Auf der Frontseite der alten Schule sind jetzt Geräte angebracht, die jede Bewegung des Hanges registrieren. Kommen Steine oder gar Felsbrocken in Bewegung, schaltet die Warnampel an der Straße auf Rot. Dann können keine Autos mehr unterhalb des Hanges vorbeifahren. Sind die Bewegungen besonders heftig, werden die Dorfbewohnerinnen und Dorfbewohner per SMS gewarnt. »Ich schlafe nur noch mit dem Handy neben dem Bett«, sagt uns die Kellnerin.

Nach dem Essen stellen wir uns unten an die Ampel. Jetzt steht sie auf Rot. Und tatsächlich: Weit oben rumpelt es. Unwillkürlich zucken wir zusammen. Die Geowissenschaftler warnten zuvor: Wenn sich so eine Lawine aus Steinen in Bewegung setzt und hangabwärts an Geschwindigkeit zulegt, kann auch ein faustgroßer Brocken zum Todesgeschoss werden. Je nach Wegstrecke kann solch ein Stein etwa 80 Kilometer pro Stunde erreichen. »Heute geht es, weil schönes Wetter ist«, meint Micha Dietze. »Wenn es regnet, dann verzeichnen wir eine extreme Zunahme von Hangbewegungen.«

Warum das der Geomorphologe so genau weiß, zeigt er uns bei einer Inspektion seines »Open-Air-Labors«. Er nutzt den abbrechenden Berg für eine seiner Studien. Außerdem will er ein neues Frühwarnsystem testen, das vielleicht bald an gefährlichen Berghängen auf der ganzen Welt installiert werden könnte. Wir fahren mit dem Auto bis auf 1700 Meter. Ein schmaler Pfad führt in den Wald hinein. Rechts und links tun sich Spalten im Boden auf. Die Wissenschaftler warnen zur Vorsicht, man dürfe den Pfad auf keinen Fall verlassen. Einige Spalten haben schon Bäume verschluckt, bei manchen sieht man den Boden nicht. »Hier bricht der Berg ab«, erklärt Dietze.

Nach 20 Minuten strammem Fußmarsch bergauf und einem Balanceakt auf dem schmalen Bergpfad kommen wir an eine Lichtung. Für seine Beobachtungen hat Dietze hier sogenannte Geofone ausgelegt – einige nur wenige Meter von dem bröckelnden Abhang und den Bergspalten entfernt. Diese kleinen Geräte sind wie ein Mikrofon, das ständig »zuhört«, wenn es im Berg »knackt«, erklärt uns der Geomorphologe. Er holt hinter einem Strauch eine graue Plastikkiste hervor. Darin ist eine Batterie, mit der die »Erd-Mikrofone« betrieben werden. »Solche Sensoren nutzt man normalerweise, um Erdbeben zu detektieren«, so Michael Dietze. Die aufgezeichneten Frequenzen können sich die Wissenschaftler dann in Ruhe anhören. Eigentlich sind die meisten für das menschliche Ohr kaum zu hören, doch man kann sie verstärken. Der Geomorphologe zeigt uns seine Auswertungen auf dem Computer. Die Geräusche des Berges sehen aus wie Audiosequenzen in einem Musikprogramm. Wellenartige schwarze Wölkchen, die zu- und abnehmen. Sie sind auf die Millisekunde genau datiert. Daraus kann man schließen, wann genau und mit welcher Geschwindigkeit sich größere Brocken bewegt haben. Und dann lassen die Wissenschaftler noch ihr liebstes Instrument aufsteigen: eine Fotodrohne, die noch zusätzlich visuelles Material und 3-D-Informationen über die Veränderungen am Berg liefern soll. Sie zieht ihre Kreise über den Hang und scannt jeden Zentimeter seiner Oberfläche.

Allein innerhalb eines Monats sind laut den Daten der Forschenden über 300 »Ereignisse« an diesem Abhang passiert. Als Ereignis zählt, wenn sich einer oder mehrere Steine lösen. Die kleinsten hätten Fußballgröße, andere würden einem Kleinwagen ähneln. Das Team aus Geologinnen und Geologen ist sich außerdem sicher: Es kommt auf die Regenmenge an. Je mehr und stärker es regnet, desto heftiger sind die Bewegungen am Berg und desto mehr Material wird »mobilisiert«. »Wir wollen wissen, wie sich Landschaft verändert, wenn sich das Klima ändert«, meint Micha Dietze. Geomorphologen wie er werden künftig immer wichtiger: Ihre Beobachtungen tragen dazu bei, die Auslöser von größeren Katastrophen besser zu verstehen und damit die Opferzahl bei einem Ereignis zu verringern. Sie hören dem Berg zu – und lernen ihn so kennen.

»Jedes Jahr verlieren weltweit Hunderte Menschen ihr Leben, weil wir keine Frühwarnsysteme haben«, sagt auch Niels Hovius, Leiter des GFZ Potsdam. Selbst Geomorphologe, begleitet er seine Mitarbeitenden in Brienz. Hovius hat mit den Forschungsergebnissen von Michael Dietze viel vor. Künftig könnten solche Geofone-Kisten wie hier in Brienz überall in Hochgebirgen verteilt werden. Wenn man diese mit einem Funksender ausstattet, könnten Wissenschaftler so die Bewegungen zumindest an den bekannten instabilen Stellen ständig überwachen. Gibt es Auffälligkeiten, könnten sie eine Warnkette in Gang setzen und über verschiedene Wege die Bürgermeister oder Stadtverwaltungen informieren. Teuer muss das auch nicht sein. Eine Kiste kostet laut dem GFZ rund 3000 Euro. Dafür könnten für ärmere Länder später auch Kredite, etwa von der Weltbank, eingesetzt werden. Das sei aber noch »Zukunftsmusik«, sagt Direktor Hovius. Erst mal müsse sich das System beweisen. Das Interesse sei aber groß – auch in anderen Hochgebirgen wie dem Himalaja. »Mittlerweile ist auch das nötige Risikobewusstsein da, was die Folgen des Klimawandels betrifft«, meint Hovius. »Durch die Gletscherschmelze wird unglaublich viel Wasser frei und kann katastrophale Überschwemmungen auslösen. Die Frequenzen solcher Katastrophen werden immer geringer.«

Risikokarten und rote Zonen

Im schweizerischen Brienz kann man live miterleben, welche Gefahr solch ein instabiler Hang für eine Siedlung darstellt. Doch um die Bewohnerinnen und Bewohner muss man sich weniger Sorgen machen, wenn der Abhang von Forschenden überwacht wird. Problematischer wird es bei Siedlungen, die in Risikogebieten liegen und wo es solche Geräte vom GFZ Potsdam noch nicht gibt. Die Schweiz gilt unter Forschenden als vorbildlich in der Aufklärung über künftige Risiken von Steinschlag und Rutschungen. Über das Geoportal[11] der einzelnen Kantone kann jede Bewohnerin und jeder Bewohner sehen, ob ihre Siedlung wenig, mittel oder stark für Rutschungen gefährdet ist. Die Karte für Brienz ist zu großen Teilen rot schraffiert – also sind der gesamte Ortskern und seine darunter liegenden Wiesen und Wanderwege stark bedroht. Diese Karten sind obligatorisch – und haben dazu geführt, dass etwa in der Weinregion »Bündner Herrschaft« ein weitläufiges Luxusresort mit Hotel, Restaurant und Wellnessbereich nicht gebaut wurde: Die Gefahr eines unvorhersehbaren Steinschlages für Personen im Freien sei zu groß, entschied die Gemeinde.[12]

Das Schweizer Magazin *Fachleute Naturgefahren* schreibt recht eindeutig: »Die Intensivierung (…) der Ausdehnung der Siedlungen und der Infrastrukturen in potenzielle Gefahrengebiete und der Wertsteigerung vergrößern das Schadenspotenzial und damit die Risiken in Bezug auf Naturgefahren laufend.«[13] Heißt im Klartext: Es wird immer attraktiver, im Gebirge zu wohnen, Gemeinden werden wagemutiger, aber die Risiken sind hoch – vor allem durch die Klimakrise, wie die Autoren in der Ausgabe weiter schreiben.

Auch in Deutschland gibt es einige solcher Stellen, die durch die Folgen zunehmender Extremwetter noch instabiler werden – und damit zu echten Gefahrenquellen für Touristen und Anwohnende. In Deutschland hingegen verfügen nicht einmal alle Berggebiete über aussagekräftige Karten (dazu später mehr). Der Geomorphologe Michael Dietze verbaut seine Geofone beispielsweise auch an den berühmten Kreidefelsen auf Rügen. Auch hier tragen Regen und Witterung seit Jahrhunderten, mal langsam und mal schnell, die Oberfläche des Felsens ab. Der obere Rand droht abzubrechen, bereits heute fallen regelmäßig größere Brocken oder gar ganze Kliffabschnitte auf den steinigen Strand unterhalb der Steilküste. »Trotzdem laufen die Leute auf den Pfaden auf der oberen Kante entlang – auch am Strand gibt es leichtsinnige Spaziergänger«, meint Michael Dietze.

Auch das Unglück im Ahrtal, das rund einen Monat geschah, bevor wir mit Michael Dietze und seinen Kollegen in der Schweiz unterwegs waren, hat mit Erdrutschungen zu tun (siehe dazu auch Kapitel 2 und 3). Das Ereignis zeigt recht anschaulich, dass im Extremfall mehrere ungünstige Bedingungen die Katastrophe verschlimmern können. Kurz nach den fatalen Überschwemmungen Mitte Juli 2021 begannen die Wissenschaftlerinnen und Wissenschaftler das Gebiet mit einer Laserdrohne abzufliegen. »Wir mussten schnell handeln, sonst wäre eine Rekonstruktion durch die Aufräumarbeiten nicht mehr möglich gewesen«, so Dietze. Mit hochauflösenden 3-D-Modellen konnten die Forschenden dann dank der Aufnahmen berechnen, wo es Erdrutsche gegeben hatte, welche Böden sich bewegt hatten, wie das Wasser geflossen war und welche Rolle beispielsweise Bäume in der Flutkatastrophe gespielt hatten. »Wir können mit ziemlicher Sicherheit sagen, dass nicht nur fehlende Rückhaltebecken, sondern auch asphaltierte Waldwege oder Drainagerohre für die Entwässerung von Wiesen die Folgen der Flut noch verschlimmert haben«, so der Geograf. Durch die Sättigung der Böden mit Wasser und erodierte Böden nahm die Fließgeschwindigkeit des Wassers enorm zu, heißt es in der Studie der Forschenden.[14] Dadurch gewann auch der Flutstrom an Kraft zu und riss alles mit, was sich am Ufer der Ahr befand. So verstopften Brücken mit Schutt, Holz und Müll und trugen zusätzlich zur großflächigen Überschwemmung in den Ortschaften bei. Das Problem seien also nicht nur die Zunahmen solcher Starkregenereignisse, sondern auch die schlechtere Bodenbeschaffenheit: Sind die Wälder krank, die Wege asphaltiert und die fruchtbaren Bodenschichten durch Trockenheit und Winde abgetragen, dann begünstigt das Flutwellen. »Die Fluten bewegen sich schneller, mobilisieren mehr Geröll und verursachen mehr Erosion als bei vergleichbaren Regenfällen der Vergangenheit«, heißt es in einem Artikel zur Studie.

Auch das Umweltbundesamt warnt, dass »gravitative Massenbewegungen« durch die klimawandelbedingten Niederschlagsveränderungen zunehmen werden.[15] Dabei würden »gewaltige Kräfte wirken, die für Gebäude, Infrastrukturen und Personen eine massive Gefährdung darstellen können«. Regelmäßig würden Straßen, Bahnlinien und Gebäude durch Erdrutsche beschädigt oder zerstört, so das Amt weiter. Doch es gebe ein Problem: Die Vorhersage »gestalte sich schwierig«. Denn die Erdrutsche oder Schlammlawinen könnten sich innerhalb von wenigen Minuten ankündigen und in einer kurzen Zeitspanne zu einer großen Gefahr werden. Andere Hangrutschungen würden sich über Jahre unbemerkt entwickeln und sich dann bei einem Starkregen plötzlich beschleunigen.

Der bekannteste Erdrutsch in Deutschland ereignete sich in Erftstadt während der Flutkatastrophe im Sommer 2021. In dem Ort bei Köln rutschte der Boden nahe einer Kiesgrube am Fluss Erft weg, nachdem Starkregen die Grube geflutet hatte. Es wurden mehrere Gebäude mitgerissen – wie durch ein Wunder gab es keine Toten. Die Bilder des Kraters gingen um die Welt.

Doch wie viele Menschen in Deutschland und Europa potenziell von Erdrutschen bedroht sind und welche Auswirkungen Starkregen, Dürren oder extreme Kälteereignisse haben, ist nicht bekannt. Die Weltraumorganisation NASA versucht seit Jahren, mit ihren Satelliten und einem Meldesystem der »Landslide-Reporter« eine globale Übersicht über solche Ereignisse zu bekommen.[16] Die Weltkarte zeigt eine hohe Anzahl von Erdrutschen unter anderem in Chile, den USA, China, Indien und Teilen Europas. In Deutschland gab es laut der NASA-Karte vor allem in der Nähe von Freiburg häufiger Erdrutsche, aber auch vereinzelt bei Heidelberg, Stuttgart und Frankfurt am Main sowie auf Rügen. Weitaus mehr Vorfälle sind dagegen in der Schweiz und Österreich, aber auch Tschechien und Italien verzeichnet.

Bereits 2016 versuchte ein Forschungsteam aus 27 europäischen Ländern eine Datenbank über Erdrutsche mit Todesfolgen zusammenzustellen – und hat dafür Hotspots in Europa kartiert.[17] In einem Zeitraum von 20 Jahren registrierten die Forschenden 476 größere Erdrutsche in den EU-Mitgliedstaaten, bei denen Menschen ums Leben kamen. Das sind immerhin über 23 pro Jahr. Dabei starben insgesamt fast 1400 Menschen, über 780 wurden verletzt. Was auffällt: Die Ereignisse häufen sich. Waren es in den 1990er-Jahren noch unter 100 Vorfälle pro Jahr (Erdrutsche mit und ohne Todesfolgen), häufen sie sich seit Ende der 2000er. Im Jahr 2014 wurden bereits über 300 Erdrutsche registriert.

In Deutschland gab es vergleichsweise wenige tödliche Unfälle – aber erstaunlicherweise traten Erdrutsche nicht nur in der Alpenregion auf, sondern auch in anderen deutschen Mittelgebirgen. Die Studie errechnete einen jährlichen finanziellen Schaden von rund 300 Millionen Euro – das ist im Vergleich zu anderen Ländern niedrig, zeigt aber gleichzeitig, dass die Gefahrenlage trotzdem keineswegs gering ist.

Was die Wissenschaftlerinnen und Wissenschaftler bemängelten: Sie mussten für die Daten alte Zeitungsberichte auswerten, lokale Behörden befragen oder Feuerwehr-Notrufe auswerten. »Regelrecht investigativ« hätte man vorgehen müssen, heißt es von den Autorinnen und Autoren.

Offensichtlich geht es den Geologen am Berg heute so, wie vielen Klimaexperten seit Jahrzehnten: Ihre Modelle werden immer ausgefeilter, ihre Prognosen konkreter – aber niemand möchte politische Schlüsse daraus ziehen. Diese lückenhafte Datenlage fällt uns ebenfalls bei unseren Recherchen auf. Welche Orte gefährdet sind, kann man in sogenannten Risikokarten für Geogefahren nachschlagen. Für Bayern findet man diese Karten im Umweltatlas, der online abrufbar ist. Zoomt man dort in die Ortschaften hinein, beispielsweise in der Umgebung von Garmisch-Partenkirchen, dann wird schnell klar, dass hier viele Stellen rot – für besondere Geogefahr – gekennzeichnet sind, obwohl dort Häuser oder ganze Siedlungen stehen. Da gibt es beispielsweise »Anfälligkeit für flachgründige Hangabbrüche« oder »tiefreichende Rutschungen«.[18] Viele Informationen datieren allerdings aus dem Jahr 2010 oder noch früher, sie haben also noch nicht die neuerlich erkannte größere Gefahr der Klimakrise berücksichtigt. Und schon jetzt sind Siedlungen oder ihre direkte Umgebung rot eingefärbt – etwa warnt die Karte im Gebiet »Am Brünnl« nahe der Bundesstraße vor »Steinschlag/Blockschlag mit Wald«, ebenso vor »flachgründigen Hangabbrüchen«. Dasselbe gilt für Gebiete direkt oberhalb des innenstadtnahen Brunnhäuselwegs und für die Hänge über dem Klinikum Garmisch-Partenkirchen und dem Freibad Kainzenbad, direkt neben der Schanze. Alle diese Angaben sind allerdings schon mehr als ein Jahrzehnt alt – und nach allem, was Forschende sagen, müssten heute weitaus mehr Regionen rot schraffiert sein.

Wir fragen nach beim Bayerischen Landesamt für Umwelt, wie häufig solche Rutschungen oder Steinschläge stattfinden und ob es eine Übersicht von gefährdeten Siedlungen gibt. Die Antwort ist beunruhigend: »Eine regelmäßige Aktualisierung dieser Objekte ist gewöhnlich nicht erforderlich.« Und weiter: »In Bayern ist uns keine Statistik bekannt, die Murenabgänge und

Erdrutsche sowie deren Auswirkungen erfasst.« Durch die Gefahrenkarten sollten laut der Behörde vor allem gefährdete Gebiete »von Wohnbebauung und wichtiger Infrastruktur freigehalten« werden. Doch ist dem wirklich so? Sind diese Karten auch im Baurecht verankert? Auf den Karten jedenfalls sind etliche Häuser in solchen rot markierten Gebieten. Allerdings könne aus der »bloßen Kennzeichnung als ›rote Fläche‹ noch nicht das Vorliegen einer konkreten Gefahr gefolgert werden«, heißt es im »Hinweisblatt« des Bayerischen Umweltministeriums.[19] Weiter oben im Merkblatt steht allerdings als Definition der »roten Fläche«: »Eindeutiger Hinweis auf mögliche Gefährdung«.

Garmisch-Partenkirchens Oberbürgermeisterin Elisabeth Koch nimmt die Rutschungen und Steinschläge schon lange als bedrohlich und zunehmend häufiger wahr. Schon 2010 musste sie den Wanderweg am Ferchenbach dauerhaft sperren, weil der poröse, sogenannte Partnach-Schieferstein bei kräftigen Regenfällen leicht abrutscht. Die Stadt hat schon eine Menge gegen die Folgen von Starkregen unternommen, sie hat etwa für einen Zuflussbach für den Partnachfluss einen ein Kilometer langen Nebenkanal geschaffen, der bei Starkregen Wasser umleiten soll. Aber die Rote Karte möchte auch im CSU-geführten Rathaus niemand so recht ernst nehmen. »Die Hangrutsche und Erdrutsche betreffen nur vereinzelt Häuser. Aufgrund dieser Gefahren-Karte des Landesumweltamtes müssen wir keine Häuser oder Hotels umsiedeln«, sagt sie.

Auch Tourismusverbände spielen die Gefahren durch die Klimakrise herunter. Es hätte »schon immer« Berghänge gegeben, die aus Sicherheitsgründen nicht betreten werden sollen, schreibt der Verband Chiemsee-Alpenland Tourismus. »Daran hat sich im letzten Jahr nichts geändert.« Andere Tourismusverbände antworten trotz mehrfacher Nachfragen nicht.

Dabei wären Umsiedlungen und ein Verbot von Neubauten, so sind sich viele Forschende einig, für einige Einwohner der einzig sichere Weg. »In den roten Gebieten dürfte man eigentlich nicht mehr bauen und leben«, sagt Philipp Blum, Professor für

Ingenieurgeologie am Karlsruher Institut für Technologie (KIT). Viele Bundesländer würden ihre Karten aufgrund des Fachkräftemangels viel zu selten aktualisieren. Dabei seien sie sehr wichtig für die Einwohnerinnen und auch für künftige Käufer. »Jeder muss die Gefahr realistisch einschätzen können.«

»In diesen Gebieten sollten die Gemeinden keinen Bebauungsplan mehr ausweisen.« Blum ist Mitverfasser der europaweiten Studie zu den Erdrutschen und zeigt sich besorgt über das fehlende Risikobewusstsein und die lückenhafte Datenlage. In vielen Bundesländern gebe es zudem zu wenig Fachkräfte, um die Karten regelmäßig zu aktualisieren. Außerdem müssten diese Erkenntnisse auch in die Bewertungen beim Hausverkauf einfließen und neue Besitzerinnen und Besitzer über die Lage ihres Hauses informiert werden.

Also müssten solche Karten doch verbindlich sein und bei einem Hauskauf oder der Ausweisung eines Baugebietes beigelegt werden? Wir fragen bei den Landesämtern nach. Doch wie so oft bei unserer Recherche gibt es kaum klare Antworten. Nach langen Mailwechseln stehen wir am Ende immer wieder vor einem Paragrafenhaufen, den niemand wirklich kommentieren will. In diesem Fall ist es besonders eklatant: Der »Bauleitplan« sieht (natürlich!) vor, dass »umweltbezogene Auswirkungen auf den Menschen und seine Gesundheit« berücksichtigt werden. Eine Gemeinde müsse sich daher mit einer solchen roten Fläche – »im Rahmen der Abwägung mit den bestehenden Risiken – auseinandersetzen«. Hierzu sollte ein Geologischer Dienst hinzugezogen werden. Auf den ersten Blick liest sich das nett, auf den zweiten wird klar: Es ist freiwillig. Wenn eine Gemeinde sich nicht damit »auseinandersetzen« will, muss sie auch keinen Geologischen Dienst oder sonstige Expertinnen und Experten herbeizitieren, sondern baut einfach.

Wir fragen auch beim zuständigen Landesamt in Baden-Württemberg nach, doppelt hält besser. Der Grund: Jedes Land geht mit den Risikokarten anders um. Vielleicht sind die Karten ja in Baden-Württemberg Pflicht. Aber hier ist es noch wilder:

Dort erfahren wir immerhin, dass die Karten auf der »Hinweisstufe« erarbeitet werden – sie sind also nicht verbindlich, sondern nur zu Informationszwecken einsehbar. Dafür gibt es hier eine Bezahlschranke. Für Behörden und Kommunen ist sie frei zugänglich, wollen private Nutzerinnen und Nutzer sie einsehen, müssen sie zahlen. Warum eigentlich? Sollte das Landesamt nicht froh sein, wenn die Bürgerinnen und Bürger diese Karten nutzen und sich über ihre Sicherheit informieren? Scheinbar nicht.

Hinzu kommt: Selbst wenn man als Bürgerin oder Bürger weiß, dass es solche Karten gibt – was leider kaum der Fall ist –, müssen sie umständlich auf der Seite des Amtes gesucht werden. Erst auf Nachfrage schickt eine Mitarbeiterin schließlich einen Link.[20]

Das nützt vor allem der Immobilienbranche: Denn solche unverbindlichen Karten hinter einer Bezahlschranke und auf unauffindbaren Unterseiten stören zumindest die Preisbildung am Häusermarkt nicht. Wie in dem Schweizer Fachblatt so schön stand, würde das ja die »Wertsteigerung« stören.

Noch verwunderlicher ist zudem, dass es wieder keine Daten über Unfälle oder Betroffene gibt. Auch in Baden-Württemberg gibt es kein »Ereigniskataster« mit Erdrutschereignissen und möglichen Opfern, schreibt das Landesamt. In anderen Bundesländern gibt es jedoch solche Datenbanken – sie seien aber kaum bekannt und würden nur händisch nebenbei gepflegt, erklärt uns ein Geogefahren-Experte in einem Gespräch. Recht ausführlich erscheint etwa die Rutschungsdatenbank von Rheinland-Pfalz.[21] Obwohl auch hier auf den ersten Blick nicht erkennbar ist, was bei den Ereignissen genau passiert ist und wie viele Menschen zu Schaden kamen. Außerdem sind die Daten von einigen Bundesländern nicht miteinander verbunden, und es gibt keine einheitlichen Dokumentationsstandards.

Diese Beispiele legen nahe, dass die Datensammlung vielleicht in der deutschen Bürokratie einfach noch nicht gelernt sein könnte. Dabei haben wir in Deutschland von allen möglichen Sachen ganze Datenschwämme: Wir wissen, wie viel Wild auf unseren Straßen angefahren wird, wie viele Menschen täglich durch die Partnachklamm laufen oder Kreuzfahrtpassagiere von Corona betroffen sind. Sollten wir uns nicht auch einfach und verbindlich zu klimabedingten Gefahren informieren können?

Was wir tun können

Das Risikobewusstsein für Erdrutsche, Steinschläge und Murenabgänge ist mittlerweile gewachsen. Immerhin gibt es in Deutschland Gefahrenkarten, und auch Landesentwicklungspläne erwähnen das gestiegene Risiko durch klimawandelbedingte Extremwetter. Doch viele Bürgerinnen und Bürger wissen gar nicht, dass es diese Gefahrenkarten gibt und wo sie diese einsehen können. Hinzu kommt, dass jedes Bundesland anders verfährt, manche haben eine Bezahlschranke, andere nicht. Für die bessere Verbreitung dieser teils lebenswichtigen Informationen darüber, ob das eigene Haus, die Wohnung oder die nähere Umgebung durch Erdrutsche gefährdet ist, müssten diese Informationen in einem zentralen Register allen Menschen zugänglich sein. Außerdem müsste es beim Kauf/Verkauf einer Immobilie verpflichtend sein, dass die Karten und nötigen Informationen über die Gefahrenkarten beigelegt werden. Diese Kritik haben wir bereits in Kapitel 2 und 3 für die Hochwasser-Risikokarten angemerkt. Erst dann können sich Hausbesitzer auf die Gefahr einstellen und gegebenenfalls Schutzmaßnahmen ergreifen oder die Gemeinde auf potenzielle Risiken aufmerksam machen. Hilfreich wären auch eine systematische Untersuchung über die Häufigkeit von Erdrutschen und ein bundesweites Register, wo Tote, Verletzte und Schäden eingetragen werden. Auch Frühwarnsysteme, wie sie das GeoForschungs-Zentrum in Potsdam entwickelt, könnte man in Gebirgen großflächiger einsetzen. So können Gefahren frühzeitig erkannt werden. Mit einem entsprechenden Warnsystem – etwa über Textnachrichten – würden Anwohnende frühzeitig gewarnt.

9 Homo insipiens

Der uneinsichtige Mensch

> *»Fossilienfunde haben gezeigt, dass mehr als 98 Prozent aller Arten, die jemals existiert haben, ausgestorben sind. Und wir, die einzigen unter allen Lebewesen, sind diejenigen, die über das mögliche Aussterben unserer eigenen Art nachdenken können.«*[1]

Ein typischer Tag in Deutschland. Vor den Schulen stauen sich schon um acht Uhr morgens die Autos, Eltern hupen, drängeln sich in die letzte Parklücke, um ihre Kinder noch rechtzeitig zum Unterricht zu bringen. Sie sind gestresst, die Tochter hat gestern wieder einen Asthmaanfall bekommen, wie heutzutage jeder zehnte Mensch unter 18 Jahren,[2] sie schimpfen ihre Kinder an, weil sie mal wieder den Schulranzen vergessen haben. Sie sind auch gestresst, weil der Job wartet, aber die Straßen wie immer verstopft sind, egal ob vor der Schule, auf der Autobahn oder auf den letzten Metern zum Büro oder zur Fabrik. Mittags gibt es dann wie jeden Tag ein undefinierbares Stück Fleisch in der Kantine, dazu geschmacksfreie Tomatenstücke aus Gewächshäusern in Südspanien. Nach dem Essen kommt die Müdigkeit, die durch fettige Kost ausgelöst wird, zusätzlich erschlafft die von vielerlei Feinstäuben belastete Luft den Körper. Wenn langsam der Feierabend naht und sich die Menschen wieder in den Stau stellen oder nach einem Parkplatz suchen, haben sie erneut durchschnittlich zwei Stunden in ihrem Kraftfahrzeug verbracht, bevor sie meist frühabendlich in einen Supermarkt gehen, um dort Lebensmittel zu kaufen, die insgesamt 320 zugelassene künstliche Zusatzstoffe enthalten können. Auch wegen dieser industrialisierten, zu süßen, salzigen und fettigen Nahrung sind inzwischen zwei Millionen Kinder und mehr als die Hälfte aller Männer über 40 Jahren in Deutschland übergewichtig. Nach dem stressigen Tag geht es nach Hause, sich irgendwas zu Essen warm machen oder beim Lieferdienst bestellen, den Fernseher anschmeißen, Füße hoch. Vielleicht war auch vorher noch Zeit für ein Gespräch mit der Therapeutin, schließlich ist jeder fünfte Mensch heute depressiv, ähnlich viele haben Angstzustände, Phobien und Essstörungen oder alles auf einmal.[3]

Nein, unsere Gesellschaft ist in der Mehrheit heute nicht glücklich und gesund. Wir könnten entspannter, ausgeschlafener, heiterer und fitter sein. Trotzdem verharren wir in alten Mustern. Warum das so ist, wollen wir in diesem Kapitel verstehen.

Die Prometheus-Falle

Wir halten an Gewohnheiten fest, die uns nicht guttun, die widersinnig sind und unser Überleben und das der nächsten Generationen gefährden. Wir laufen den eingetretenen Pfad weiter – selbst, wenn wir erkannt haben, wie schlecht es uns damit geht – und schlimmer: Wir treiben die Zerstörung weiter voran. Jede Abweichung wird hinterfragt, der Weg selbst nicht. Das Vertrauen in die alte Welt ist stärker. Die Pioniere, Prophetinnen und Warner sind meist in der Minderheit – auch wenn sie medial mittlerweile sehr präsent sind.

Erst eine Katastrophe ändert oftmals den Blick, löst echte Veränderungen aus. Waldbrände, Überschwemmungen und Hitzetote führten zu einer radikalen Hinterfragung des bisherigen

Systems. Doch selbst dann halten viele Menschen noch an dem Althergebrachten fest. Dafür werden Risiken in Kauf genommen, es wird mit der Natur gepokert und mit dem Klima russisches Roulette gespielt. Gleichzeitig schließen wir teure Rentenversicherungen ab und installieren uns Antivirenprogramme auf dem Rechner. Wir haben einen Sinn für Vorsorge und Resilienz. Doch der geht leider nur selten über unsere eigenen vier Wände hinaus.

Doch warum »ticken« wir so? Waren wir als Spezies schon immer mit so wenig Resilienz ausgestattet? Waren wir immer blind für die Vorsorge, blind und ignorant gegenüber neuen Realitäten? Oder gibt es Hoffnung darauf, dass der Mensch seine alteingesessenen Gewohnheiten ändert, wachen Auges in die Zukunft schaut und seine eigenen Prognosen und Klimaszenarien ernst nimmt und sich schützt?

Die Antwort kann kein Ja oder Nein sein. Das wäre entweder ein unvorsichtiger Vertrauensvorschuss oder ein misanthropisches Abmoderieren jeglicher Lösungen, die wir in unserem Buch versuchen zu beschreiben.

Es gibt eine »*slow hope*«, eine langsame Hoffnung, meint der Historiker Christof Mauch. Der Direktor des Münchner Rachel Carson Centers beschäftigt sich schon länger mit dem Veränderungswillen und dem lemminghaften Verhalten unserer Spezies – und ist auf historische Spurensuche gegangen. In der Geschichte gibt es laut Mauch etwas »Universelles«, das sich wie ein roter Faden durch alle Epochen zieht: der Drang der Menschen zu Wagemut und Risikobereitschaft.[4] Er nennt es das »Prometheus-Syndrom«. Es ist ein Herausfordern des Schicksals, ein Sichanlegen mit den Göttern (bei Mauch die Natur).

Die Legende des Prometheus ist dabei der Urmythos, der diesen Konflikt beschreibt: Der Mensch erlangt die Kontrolle über das Feuer – er stiehlt es von den Göttern – und muss dafür gefesselt an einem Felsen bis in die Unendlichkeit dafür büßen.

Diese griechische Sage überträgt Mauch auf das Verhältnis des Menschen zur Natur: Durch die Entdeckung des Feuers, die Ausbeutung des Bodens und fossiler Ressourcen, habe der Mensch zwar sein Leben komfortabler gemacht – er sei aber gleichzeitig in »ökologische Fallen« getappt und habe »evolutionäre Fehler« begangen. Die würden ihn nun verwundbar machen – und in letzter Konsequenz sein Überleben gefährden. Dabei stößt er immer wieder auf ein Muster: Der Mensch kann sowohl zerstörungswütig sein, kurzsichtig, gierig und dumm als auch immer mal wieder einsichtig, demütig und respektvoll vor der Natur.

Mauch beschreibt damit recht anschaulich, was uns als Autorinnen durch den Kopf ging, als wir dieses Buch schrieben. Denn über die Anpassung an den Klimawandel nachzudenken, bedeutet nicht nur in die Zukunft, sondern auch in die Vergangenheit zu blicken. Wir mussten verstehen, dass Anpassung auch heißt, mit den ökologischen Verbrechen der vergangenen Jahrhunderte abzurechnen. Wir bekommen nun die Rechnung für Eingriffe in natürliche Ökosysteme vorgelegt, die wir so lange unwidersprochen als Fortschritte und Erfolge verkauften. Extremwetterereignisse wie Dürre, Starkregen und andere Folgen des menschengemachten Klimawandels gefährden unsere essenzielle Infrastruktur, unseren Wohnraum und unsere Waldgebiete. Deshalb müssen wir diese Landschaftsgeschichte verstehen, damit wir künftig mit den Naturgewalten und den Risiken des Klimachaos leben können. Wir müssen uns eingestehen: Ja, wir haben dem Himmel das Feuer gestohlen und damit Prozesse ausgelöst, die wir nicht mehr unter Kontrolle haben. Nun müssen wir versuchen, damit zu überleben.

Gleichzeitig schreiten diese Prozesse in der Klimakrise in einer Geschwindigkeit voran, die für die Menschheitsgeschichte einmalig ist. So steigen Wachstumskurven und CO_2-Kurven seit Jahrzehnten rasant an. Auch technologische Entwicklungen rasen in solch einem exponentiellen Tempo voran, dass Politik, Zivilgesellschaft, Bürgerinnen und Bürger komplett abgehängt werden, wie es auch der Autor Christian Stöcker beschreibt: »Wir leiden an den Anpassungsschwierigkeiten – ständige Ablenkung, mangelnde Smartphone-Etikette, Desinformation, Propaganda, Mobbing, Konformitätsdruck, überhitzte, überhastete Debatten und so weiter – und bringen sie doch nicht mit ihrer eigentlichen Ursache in Verbindung: dem irrwitzigen Veränderungstempo, das uns alle oft genug überfordert. Menschen sind anpassungsfähig, aber nicht unbegrenzt schnell.«[5]

Die Geschwindigkeit ist nicht nur für uns toxisch. Denn parallel dazu gibt es eine ökologische Spirale des Verlustes, die sich immer schneller dreht – erinnert sei nur an die berühmte Anthropozän-Studie des Chemikers und Klimaforschers Will Steffens, der mit zahlreichen Funktionen den menschlichen Fußabdruck im Ökosystem seit dem 18. Jahrhundert dokumentiert.[6] Das Ergebnis: In einer kurzen Zeitspanne hat der Mensch mit seiner Lebensweise seine Umwelt massiv verändert. Spätestens seit den 1950er-Jahren lassen sich in wichtigen Bereichen steile Anstiege verzeichnen, egal ob es um die CO_2-Konzentration in der Atmosphäre, das Artensterben, den Wasserverbrauch oder um die Begradigung von Flüssen geht.

Wir sind in einer deliranten Lage: Die Zunahme an Geschwindigkeit weitet sich auf alle Lebensbereiche aus, die technologischen Quantensprünge suggerieren schnelle Scheinlösungen für alle Dilemmata der Menschheit. Unsere Urgroßeltern kannten noch keine Plastiktüten, heute bedroht ein ganzer »Plastikozean« das Überleben der Meere. Unsere Eltern kannten in ihrer Kindheit – je nach Geburtsjahr – noch kein Internet, heute verbringen wir täglich Stunden mit surfen, googlen und streamen.

Wir wiegen uns in Sicherheit, Apps und Smartspeaker vereinfachen unseren Alltag, und wir schauen mit 3-D-Brillen in die Zukunft. Wir nehmen die Realität immer weniger wahr, die Distanz zur Wirklichkeit und zum Fassbaren nimmt zu, warnt auch der Philosoph Byung-Chul Han in seinem Buch *Undinge*.[7] Wir ziehen uns in die Welt des Digitalen zurück, alles verkommt zur Information. Und Informationen kommen und gehen, ohne tiefer in unser Bewusstsein zu dringen. Die echten Erlebnisse nehmen ab – und damit auch das Verweilen, die Langsamkeit und die emotionale Bindung an die Wirklichkeit. Wie soll so eine echte Sorge entstehen und ein vorausschauendes, kluges Denken? Wie sollen wir daran denken, wie unsere Wohnungen, Städte und Landschaften mit künftigen potenziellen Hitzewellen zurechtkommen? Sicher gab es Unvernunft und Leichtsinn schon vor der Digitalisierung. Dennoch gibt es heute ein recht ungünstiges Zusammentreffen von dieser Entfremdung und gleichzeitiger Zunahme von Risiken durch den Klimawandel.

Technik täuscht Sicherheit vor

Doch der Kontrast zwischen dieser digitalen Welt, in der alles innerhalb weniger Klicks lösbar scheint (Byung-Chul Han), und der wahren Lage des Planeten ist drastisch: Noch nie in der Menschheitsgeschichte gab es so viele Unsicherheiten wie heute, die Welt um uns herum war selten so zerbrechlich und wir Menschen noch nie so verwundbar. Denken wir nicht nur an unsere westliche Welt, sondern an Millionen Menschen, die sich ohnehin bereits in prekären Lagen befinden und unterversorgt sind, wird das Bild noch düsterer. »Im Zuge der Digitalisierung haben wir jedes Materialbewusstsein verloren«, schreibt Byung-Chul Han. »Wir beuten die Erde deshalb so brutal aus, weil wir die Materie für tot erklären und die Erde zu Ressourcen degradieren.«[8]

Sind wir also zum Schicksal des Prometheus verdammt? Müssen wir büßen für die Zerstörung der Landschaften und das, was wir Böden, Ozeanen und der Luft angetan haben?

Christof Mauch meint: Der Mensch hat grundsätzlich das intellektuelle und emotionale Potenzial, sein Überleben zu sichern und für einen Wohlstand für alle zu sorgen. Dem steht allerdings unser Drang im Weg, alles Unangenehme und Negative wegzuschieben und »den Kopf in den Sand zu stecken und vorzutäuschen, dass alles schon in Ordnung sei«. Menschen verfielen schnell der Illusion von Stabilität und Sicherheit.

Diese Illusion gab es vielleicht schon immer – doch sie wird immer mächtiger, je mehr sich die Menschen von der Natur entfremden und ihre Leben in die Hände von Technologien legen. Das verändere ihr Verhältnis zur Umwelt, meint auch die Technikhistorikerin Martina Heßler von der Universität Darmstadt.[9] »Menschen haben im Laufe der Zeit in einer hoch technisierten Welt viel Wissen über Natur verloren oder vergessen. Das zeigt sich schon daran, dass Menschen die Anzeichen für Gewitter nicht mehr ›lesen‹ können oder am Meer die Flut nicht ernst nehmen.« Außerdem könne Technisierung zu einem erhöhten Sicherheitsgefühl führen und die damit geschaffenen Sicherungen wieder konterkarieren. Etwa beim Autofahren: Es sei häufig beobachtet worden, dass Sicherheitstechnik wie der Airbag oder der Sicherheitsgurt zu einem trügerischen Gefühl der Sicherheit führte, sodass die Fahrenden wieder unvorsichtiger wurden.

Dieser Trugschluss, die Technik würde uns schon retten, ist aus der Debatte um Klimaschutz allbekannt. Viele Politikerinnen und Bürger hoffen darauf, dass irgendwann Treibhausgase aus der Luft gesaugt werden können, um weiterhin so verschwenderisch leben zu können wie jetzt. Denselben Mechanismus konnten die Autorinnen auch in Gesprächen für dieses Buch über die Anpassung feststellen. Die Bergwacht in Bayern erklärt uns, dass Wanderinnen und Wanderer immer unvorsichtiger werden und eher ihren Smartphones vertrauen als Warn- und Hinweisschildern am Wegesrand. Oder die ungebrochene Lust an Flüssen oder am Strand zu wohnen – für den romantischen Blick aufs Wasser – in der Hoffnung, das eigene Haus halte Hochwasser schon aus. Verstärkt wird diese »Sicherheits-Illusion« noch dadurch, dass schlimme Ereignisse auch nicht jedes Jahr, sondern in längeren Abständen eintreten. »Mit der fehlenden Erfahrung, was diese bedeuten können, werden die Gefahren dann leicht unterschätzt oder einfach vergessen«, meint Heßler. Der Klimahistoriker Christian Pfister spricht sogar von der »Katastrophenlücke«.[10] Er beobachtete, dass sich in der Schweiz fast

100 Jahre lang, zwischen 1882 und 1976, kaum Naturkatastrophen ereigneten. Dies führte dazu, dass sie unterschätzt wurden.

Immerhin habe sich das in jüngster Zeit etwas verändert, meint Martina Heßler: Das Risikobewusstsein sei aufgrund der bereits erfahrenen Katastrophen und des Klimawandels viel größer geworden. Doch allein das Wissen darüber bedeutet noch keine Veränderung.

Resilienz und Klimakrise: Ultrakomplex und abstrakt

Warum sich die Menschen so schwer auf Veränderungen einlassen und ihnen Resilienz – also das systematische Aufbauen von Widerstandskraft – so schwerfällt, ist die entscheidende Frage, meint der Historiker Helmuth Trischler. Er leitet das Deutsche Museum in München. In den vergangenen zehntausend Jahren seien Resilienz und Nachhaltigkeit noch nie die große Stärke des Menschen gewesen. Diese Schwäche werde nun noch vergrößert durch die Komplexität der Klimakrise: Sie sei eine doppelte Grenzüberschreitung – eine Krise über Ländergrenzen und über Sektoren hinweg. »Wir denken meist nur in Containern, deshalb ist es so schwierig, ganzheitlich umzudenken«, meint Trischler im Gespräch mit den Autorinnen.

Dieses von Trischler beschriebene Phänomen der fehlenden Ganzheitlichkeit begegnete uns vor allem in Kontakten mit Behörden. Der Verwaltungsapparat tut sich besonders schwer, einen systematischen Wandel umzusetzen. Jede Verwaltungseinheit arbeitet für sich, jede Kommune, jedes Bundesland macht seine eigenen Regeln – und Erfahrungen und Lösungen werden nicht oder nur punktuell über Forschungskreise oder Ländergrenzen hinweg geteilt. Nur deshalb wirkt die Forderung des Katastrophenexperten Neisser (siehe Kapitel 1), alle Akteure sollten sich für den Schutz von gefährlichen Störfallbetrieben an einen Tisch setzen, geradezu revolutionär – auch wenn sie eigentlich banal ist.

Große Teile der Gesellschaft seien zudem in »historischen Entwicklungspfaden« gefangen, sprich in eingeschriebenen kulturellen Verhaltens- und Denkweisen, meint der Museumsdirektor. Es brauche viel Aufwand, um die eingetretenen Pfade zu verlassen. Lieber verharrten die Menschen in Stau, Depression und schlechtem Essen, als ihr Leben zu ändern. Diese »Pfadabhängigkeit« hat man bereits bei der Energiewende über die vergangenen 30 Jahre beobachten können – das haben wir eindrücklich in unserem letzten Buch *Die Klimaschmutzlobby* beschrieben.

Dieselben Beharrungskräfte wirkten auch auf die Wissenschaft – was einmal als Erfolg versprechend galt, wird so schnell nicht wieder aufgegeben, meint der Historiker.

Für die Anpassung an den Klimawandel gibt es noch weitere Hürden: Sie ist sehr komplex, und man kann keine eindeutig Schuldigen ausmachen. Bei vielen anderen Katastrophen gibt es eindeutige Verantwortliche – etwa beim Terrorismus oder auch bei völkerrechtswidrigen Angriffskriegen. Bei den von uns betrachteten Klimafolgen aber sind beispielsweise Städte dafür verantwortlich, für mehr Grün zu sorgen, zugleich wollen die Anwohnenden ungern ihre Parkplätze aufgeben, und überhaupt fehlt das Geld. Eine sehr unübersichtliche Situation. Außerdem gehe es beim Klima immer um Wahrscheinlichkeiten – und die werden von der Wissenschaft auch kommuniziert. Doch genau das überfordere die Menschen – Trischler nennt das mangelnde »Ambiguitätstoleranz«. Das sei für die Öffentlichkeit eine »Zumutung«. »Nehmen Sie ein einfaches Beispiel: Wann werden welche Klima-Kipppunkte eintreten, und was bedeutet das für mein Eigenheim? Die Zusammenhänge sind ultrakomplex.«[11]

Der Mensch – unvernünftig seit Jahrtausenden

Durch die wissenschaftliche Erkenntnis hat diese Komplexität im Laufe der Geschichte zugenommen. Früher wurde Komplexität oder fehlendes Wissen durch Religion oder Esoterik kompensiert – was aber ebenfalls nicht dazu führte, dass die Menschen »vernünftiger« handelten. Laut Historiker Trischler versäumten die Menschen bereits vor Tausenden Jahren, ihre Städte resilient zu machen, folgten ihrem Leichtsinn statt der Vorsicht, vertrauten Göttern statt Erfahrungen und griffen zu lukrativen Angeboten, statt erst einmal zu überlegen. »Bereits vor Hunderten Jahren mussten ganze Städte aufgegeben werden, weil Naturkatastrophen zu viele Opfer forderten und Zerstörungen anrichteten«, erläutert Trischler. Oftmals waren diese Probleme auch hausgemacht – ähnlich wie heute. Flüsse wurden umgeleitet und an falschen Stellen aufgestaut, Häuser nicht ausreichend gegen Stürme oder Erdbeben gesichert, Seen leer gefischt und ganze Landstriche entwaldet. »Das ist eine anthropologische Konstante«, stellt der Historiker fest.

Doch der Mensch ist kein *Homo insipiens* (uneinsichtiger Mensch) – jedenfalls nicht nur. Es gibt auch positive Beispiele. So hat er im 17. Jahrhundert durch die Wiederaufforstung den Begriff der Nachhaltigkeit geschaffen, er hat geschafft, das Ozonloch zu schließen, das Waldsterben der 1980er-Jahre durch Kohlefilter zu stoppen – und fast 200 Staaten haben sich 2015 gemeinsam zum Kampf gegen die Klimakrise bekannt. Doch immer wieder steht er vor demselben Dilemma: Der Eigennutz übertrumpft das kollektive Interesse. Und im schlechtesten Falle muss die Gemeinschaft für egomanische Dummheiten und Selbstüberschätzung bezahlen.

Erschwert wird die Anpassung an den Klimawandel aber nicht nur durch Egoismus, langsame Behörden, starre Strukturen oder ein ideologisches Festhalten am »Althergebrachten«. Die Ablehnung von ökologischen Lösungen – beim Klimaschutz wie bei der Anpassung – geht oft noch viel tiefer. Der britische Historiker David Blackbourn beschreibt die Angst vor dem Zurückweichen vor der Natur als ein Urtrauma, das eingeschrieben ist in unsere Kulturgeschichte. »Die Eroberung der Natur war eine Art Pakt mit dem Teufel. Faust bemüht sich, das gefahrvolle Element zu bändigen und neues Land zu schaffen, indem er ›die Erde mit sich selbst versöhnet‹, und er hat Erfolg damit, doch der hat einen Preis.«[12]

Blackbourn konnte in seinem Buch recht anschaulich am Beispiel Preußens zeigen, dass die Trockenlegung der Moore nicht dadurch entstand, dass zu wenig Essen für die Bevölkerung vorhanden war, sondern Friedrich II. seine Bevölkerung vermehren wollte – für die Wirtschaft und vor allem als Kanonenfutter für seine Armee.[13]

Auch damals herrschte die Überzeugung vor, die Natur bändigen und sich unterwerfen zu können. Zurückhaltung liegt nicht in der Natur einer (patriarchal geprägten) Gesellschaft, die auf Besitz und Kontrolle aus ist. Denn dieses Denken ist noch stärker verwurzelt, als sich manche das vielleicht vorstellen. So schreibt uns der Deutsche Bauernverband über die extrem klimaschädliche Trockenlegung der Moore doch tatsächlich, dass die Urbarmachung von Mooren für Siedlung, Lebensmittelerzeugung und Infrastruktur eine kulturhistorische Leistung von Generationen darstelle. Auch die Technikgläubigkeit gehört zu diesem »alten« Denken.

Viele meinen, wir müssten uns nicht anpassen, weil es im Falle eines Falles irgendeine technische Lösung gäbe. Ein Trugschluss. Wer die zerstörten Dörfer, die wie Kieselsteine fortgerissenen Brücken und Autos im Ahrtal erblickt und wer grausam ertrunkener oder erschlagener Menschen gedenkt, kann die Kraft der Natur und die Schwäche des Menschen im Katastrophenfall einschätzen. Ein zum Orkan aufgebrauster Wind kann Autos wie Blätter durch die Luft wirbeln lassen, ein kleiner Fluss kann durch Starkregen zum reißenden Strom werden. Im Ahrtal saßen die Menschen nach dem Unglück meist fassungslos in ihren provisorischen Garagen und auf ihren Schutthalden. Niemand rechnete damit. Eine Anwohnerin sagte: »Wenn ich die Erde wäre, würde ich auch gegen uns Menschen vorgehen.« In diesem Moment wurde die Natur, die Erde, wieder zu einem Akteur – und nicht zu einer passiven Masse, die wir formen, wie wir wollen.

Trotzdem bleibt die Frage, warum wir Menschen am Schlechten festhalten, an der morgendlichen Wut hinter dem Lenkrad, an brodelnd heißen Industriezonen und Häusern, die bei der nächsten Springflut unterzugehen drohen. Julia Scharnhorst vom Bundesverband der Psychologen hat eine Erklärung dafür: »Alles Vertraute gibt Sicherheit.« Menschen gingen ungern ins Ungewisse, sie hätten Angst vor allem Neuen – auch wenn das Alte nicht gut ist.

Nach vielen Studien kommen Psychologinnen nämlich zu einem ähnlichen Schluss wie die oben genannten Historiker: Der Mensch ist viel weniger rational, als wir gemeinhin glauben. »Manche Dinge, wie ein Hauskauf, werden weitgehend rational abgewogen, Argumente gesammelt, die Raten durchgerechnet. Aber wenn es um tägliches Verhalten geht und darum, aus Gewohntem auszubrechen, wenn etwa das Haus doch nicht so glücklich macht – da schaltet sich der Kopf dann wieder aus.« Der Mensch neige dazu, nach diffusen Gefühlen zu handeln – oftmals im Widerspruch zu dem, was eigentlich vernünftig wäre.

Tatsächlich treffen wir nur eine Minderheit der Entscheidungen überlegt. Über die meisten Dinge – esse ich Nachtisch, mache ich die Glühbirne an oder aus – denken wir kaum noch nach, und das sei wichtig, so Scharnhorst, um sich nicht in einem ständigen Denkfluss zu ermüden. Die Gewohnheit soll uns eigentlich das Leben erleichtern, indem wir nicht jede einzelne Handlung überdenken müssen. Das Problem: »Wenn die Gewohnheiten einmal da sind, sind sie sehr stabil.«

Hinzu kommt, was in der Klimaforschung schon lange ein Riesenthema ist: die sogenannte kognitive Dissonanz. Sie hilft uns, um es positiv auszudrücken, uns nicht infrage zu stellen. Oder auch: Sie führt dazu, dass wir uns ständig selbst betrügen können. Der amerikanische Sozialpsychologe Leon Festinger[14] hatte diese Verhaltensweise schon in den 1950er-Jahren eindrücklich beschrieben: Er schleuste sich in eine Sekte in Wisconsin ein, die davon überzeugt war, dass am 21. Dezember 1954 die Welt in einer Sintflut untergehen würde, ihre Anhänger würden aber als Einzige von Außerirdischen gerettet werden. Dann kam der

Stichtag – und es passierte natürlich nichts. Doch die Anhänger rebellierten nicht etwa oder stellten die Prognosen infrage. Nein, sie waren weiterhin von den Prophezeiungen überzeugt – und erfanden nun hinzu, dass Gott sie nur habe prüfen wollen. Das klingt wie eine lustige Anekdote, fast absurd, aber sie spitzt nur zu, was wir alle täglich tun: Wir glätten die Widersprüche zwischen unserem Handeln und der Wirklichkeit, zwischen dem, was eigentlich passieren müsste, und dem, wie wir uns verhalten. Da wir falsche Gewohnheiten ungern aufgeben, finden wir sehr viele Gründe, sie aufrechtzuerhalten. Das hat schon maßgeblich dazu geführt, dass unsere persönliche Klimabilanz in den vergangenen Jahren nicht besser wurde. Weil wir uns beispielsweise einredeten, wenn wir auf ein paar Autofahrten verzichteten, können wir unbesorgt in den Urlaub fliegen. Diese irrationale Dissonanz erleben wir auch bei der Anpassung. Der letzte Starkregen hat zwar den Keller unterspült – aber nächstes Mal wird es bestimmt nicht so schlimm. Die neue Glasfront am Haus heizt das Wohnzimmer im Sommer enorm auf – aber die Sommer sind in Deutschland ja ohnehin nicht so sonnig. Beide Szenarien entsprechen nicht der Realität, aber helfen uns, unsere Entscheidung zu legitimieren, die Dissonanz, den Missklang, zu reduzieren.

Die einfachste Möglichkeit dafür wäre, so Psychologin Scharnhorst, den Klimawandel einfach komplett zu leugnen. Wer das tut, braucht sein Verhalten nicht zu ändern, kann weiter in den Urlaub fliegen und braucht sich nicht um Starkregen und Hitzewellen zu sorgen. Das ist eine sehr einfache Strategie, die sich lange Zeit industrienahe Interessengruppen wie das Heartland-Institute in den USA zunutze gemacht haben. Inzwischen aber ist eine große Mehrheit der Deutschen von der Klimakrise und ihren fatalen Folgen überzeugt – die Strategie funktioniert nicht mehr. Der Leidensdruck, eben doch etwas zu verändern, ist größer geworden. Oder, wie es Scharnhorst ausdrückt: »Wenn eine Südseeinsel untergeht, tangiert mich das wenig, aber seitdem im Ahrtal Menschen ertrinken, rückt es deutlich näher.«

Besser klare Entscheidungen als ständiges Grübeln

Für die Klimaanpassung könnte sich die Politik vor diesem Hintergrund aber eine weitere Regel zunutze machen: Der Mensch ist zwar eigentlich denkfaul, will sich nicht von Gewohntem verabschieden. Wir kommen aber besser mit durchgreifenden Regeln zurecht als mit vielen kleinen Entscheidungen. Es fiele also leichter zu sagen: »Ich mache bei ausreichender Helligkeit alles aus, auch die Glühbirne, alle Wege bis zu fünf Kilometer lege ich zu Fuß oder mit dem Fahrrad zurück«, anstatt jedes Mal zu überlegen, ob das Wetter gut genug ist, um sich aufs Rad zu schwingen.

Diese Erkenntnis, dass Menschen besser mit klaren, in jeder Situation geltenden Regeln zurechtkommen als mit ambivalenten, könnten sich Städte und Entscheidungsträgerinnen im Bund zu eigen machen – und so das tun, was angesichts künftiger Extremereignisse angebracht ist: die Klimaanpassung als die über allem stehende Regel zu akzeptieren und festzuschreiben, verbindlich und umfassend – nicht optional. Dann würden Stadträte nicht diskutieren, ob noch eine Grünfläche für einen Supermarkt weichen müsse, dann würden die Länder genug Geld für Notstromaggregate in Krankenhäusern bereitstellen, dann wären Siedlungen in Hochwassergebieten unmöglich. Davon sind wir, so haben unsere Recherchen bewiesen, noch sehr weit entfernt, aus vielen politischen und finanziellen Gründen. Aber die Psychologie spielt eben auch eine wesentliche Rolle.

Ein weiterer Faktor, der Menschen motiviert, ihr Verhalten zu ändern, sich also künftig auf die Klimakrise vorzubereiten, ist die Selbstwirksamkeit. Wir neigen schneller zum Handeln, wenn wir etwas bewirken und dies auch wahrnehmen. Wenn wir beispielsweise mitbestimmen dürfen, wie das eigene Viertel, die eigene Straße, das eigene Wohnhaus sich an die Klimakrise anpassen kann. Das würde bedeuten, Bürgerinnen und Bürger sehr viel mehr in Entscheidungen miteinzubeziehen. Wenn sie selbst über Klimapolitik entscheiden dürfen, dann fallen ihre Beschlüsse unter Umständen mutiger aus als gedacht.

Das zeigte zum Beispiel der Bürger-Klimarat in Frankreich: Dort versammelten sich 2020 weder per se ökologisch eingestellte Menschen noch wurden die Gelbwesten besonders an ihm beteiligt. Stattdessen berieten sich dort 150 Personen, die von einem Wahlforschungsinstitut zufällig angerufen wurden. Sie sollten die französische Bevölkerung *en miniature* abbilden. Zu der Überraschung vieler, nicht zuletzt von Frankreichs Präsident Emmanuel Macron, einigten sie sich auf insgesamt 149 vergleichsweise radikale Vorschläge.

So sollte künftig auf Autobahnen ein Tempolimit von 110 Kilometern pro Stunde gelten, beschlossen die Klimarätinnen und -räte. Inlandsflüge sollten ab 2025 verboten werden, ebenso neue Flughäfen generell und Werbung für klimaschädliche Produkte wie beispielsweise Autos. Fleischgerichte sollten in Kantinen durch vegetarische Alternativen ersetzt werden. Finanziert werden sollten die klimapolitischen Vorhaben durch eine Klimasteuer, gezahlt von Wohlhabenden. Am Ende brach Macron sein Versprechen und setzte die Ergebnisse nur teilweise um – aber das schmälert nicht den Erfolg des Klimarates: Er hatte bewiesen, dass Bürgerinnen und Bürger vernünftig und vorausschauend handeln können. Sie entschieden sogar gegen ihre Interessen und stimmten einem Flugverbot zu, weil sie selbstwirksam wurden und ihre Stimme zählte.

Auch Psychologin Scharnhorst gibt sich optimistisch. Die Menschheit habe es insgesamt geschafft, die Kurve zu kriegen. Bei den Atomwaffen etwa hätte es jahrzehntelang die Möglichkeit gegeben, dass »einer auf den roten Knopf drückt«. Das sei verhindert worden. »Und sehen Sie sich doch das Ende der Atomkraft an: Eine CDU-geführte Regierung hat dies eingeleitet. Die Partei hat früher Demonstrationen in Brokdorf mit aller Macht verhindert.« Allerdings räumt Scharnhorst ein: Die Menschheit habe häufig sehr lange gebraucht – und für ihr Fehlverhalten hohe Preise gezahlt. Die Frage sei nun, ob der allen innewohnende Überlebensinstinkt größer werden kann als das Festhalten an Gewohnheiten.

Doch wie der Krieg in der Ukraine eindrücklich gezeigt hat, fallen Regierungen auch schnell wieder zurück in überwunden geglaubte barbarische Muster. Es gibt Fortschritte, aber gleichzeitig scheinen Gewalt und Machtstreben diese wieder über den Haufen zu werfen. Mit einem entscheidenden Problem: Wir haben nicht mehr unendlich lange Zeit.

So schön sieht die angepasste Welt aus

Doch es gibt auch Mittel und Wege, wie wir Klimaschutz und Anpassung noch schaffen können – das zeigt auch der im April veröffentlichte dritte Teil des Weltklimaberichtes. An dem wirkten rund 300 Spitzenwissenschaftler aus aller Welt mit, Tausende kommentierten die Entwürfe.[15] Mit vielen Maßnahmen – und das konnten wir auch in diesem Buch zeigen – können nicht nur Emissionen gesenkt, sondern auch das Wohlbefinden von vielen Menschen gesteigert werden. Veränderung des Lebensstils bedeutet nicht unbedingt etwas Schlechtes. Veränderung – so die Botschaft des Weltklimarates – kann uns ein besseres Leben bescheren. Und das sagen nicht »irgendwelche« Aktivisten, sondern das sagen und quantifizieren uns die schlauesten Köpfe, die wir auf der Welt haben.

Auch der Historiker Mauch entwickelt Hoffnung auf Veränderung – aber eben eine langsame Hoffnung. Immerhin hätte es auch Perioden der Weltgeschichte gegeben, wo der Mensch sich von einem Altruismus leiten ließ und echte Anstrengungen unternahm, um den Schaden einzudämmen, den er der Umwelt zugefügt hat.

Und genau an diese Möglichkeit sollten wir glauben – das ist auch das Plädoyer dieses Buches. Uns stehen alle Werkzeuge zur Verfügung, es gibt hoch spezialisierte Expertinnen, kreative Wissenschaftler und viele engagierte Menschen, die überall auf der Welt gegen die Zerstörung und unser Überleben kämpfen. Doch dafür müssen wir unsere inneren »Schweinehunde« überwinden, die uns seit Menschengedenken begleiten. Wir müssen die ausgetretenen Pfade verlassen, die uns in die Katastrophe führen. Dazu gehört es auch, unsere Ideen von Wohlstand, Glück, Wachstum und Fortschritt zu überdenken. Es geht darum, mit dem historisch konstanten Glauben an Stabilität und dem blinden Vertrauen in Technologie und Fortschritt zu brechen – und zu beweisen, dass der Mensch in der Mehrheit ein gemeinwohlorientiertes Wesen, ein *Homo sapiens* und kein *Homo insipiens* ist. Zeigen wir, dass wir eine Spezies sind, die Nachhaltigkeit und ein Leben mit der Natur nicht als eine ökologische Weltanschauung, sondern als einzigen Weg begreift, dauerhaft auf der Erde zu überleben.

Um diese allumspannende Krise und ihre vernichtenden Folgen zu meistern, müssen wir aus unseren Denkmustern raus – müssen unser Denken und Wahrnehmen auf eine ganz neue Stufe heben. Wir müssen uns vorstellen, wie es ist, seine Kinder zu Fuß oder mit dem Fahrrad zur Schule zu bringen, wie es ist, viel mehr regionales Gemüse und Obst zu kaufen, wie es vielleicht auch ist, weniger zu arbeiten, weniger zu konsumieren, weniger Geld auszugeben. Und Muße zu finden. Um es mit Byung-Chul Han zu sagen: »Nachhaltigkeit allein reicht nicht aus, um unseren Umgang mit der Erde von Grund auf zu revidieren. Notwendig ist ein ganz anderes Verständnis der Erde und der Materie.«[16]

Ein Ausblick

Dieses Buch soll Menschen helfen, in der Klimakrise zu überleben. Es soll Mut machen, sich auf die kommenden Extremwetterereignisse vorzubereiten, und konkret zeigen, wie wir in Zukunft sicherer leben, besser essen, reisen und arbeiten können. Wenn Sie bis zu diesen Seiten gekommen sind, liebe Leserinnen und Leser, dann wissen Sie das bereits.

Denn dieses Buch ist kein weiteres »Klimabuch«. Dieses Buch gehört nicht in die Öko-Ecke. Dieses Buch will seinen Lesenden auch keine Angst machen vor kommenden Dürren, Hochwassern und Überschwemmungen. Sondern sie ermächtigen, den erschreckenden Prognosen etwas entgegensetzen zu können.

Wir haben während dieser Recherche Deutschland neu kennengelernt. Wir waren an der Nordseeküste, im Harz, an der Mosel, in Bayreuth, auf der Zugspitze und an vielen Orten mehr – und kamen stets zu ähnlichen Schlüssen: Wir müssen handeln, um in der Klimakrise zu überleben. Und zwar jetzt.

Wir standen in verschlammten Wohnzimmern von Flutopfern, haben die Stille toter Wälder erfahren, in hässlichen Betonstädten geschwitzt und die Eiskristalle des letzten Permafrosts an der Zugspitze berührt. Aber wir haben auch viel Schönes gesehen. Vieles, das es zu beschützen gilt. Die Menschen, die wir trafen, waren unglaublich besorgt. Die Tränen einer Weinbäuerin an der Mosel haben uns berührt, die Ideen eines Städteplaners in Duisburg haben uns fasziniert, und die Weitsicht eines Landschaftsökologen an der Nordsee hat uns beeindruckt. Es gibt ihn, den Willen der Veränderung in Deutschland, es gibt das Streben nach Resilienz und Erfindungsgeist. Aber leider haben die Menschen mit diesem Willen meist keine Macht.

Als wir mit unseren Recherchen begannen, stand das 1,5-Grad-Ziel der Pariser Übereinkunft bereits auf der Kippe. Wenige Monate vor dem Erscheinen dieses Buches kam der erste Teil des Weltklimaberichtes 2021 heraus und bestätigte die traurige Vermutung: Wir werden die dramatischen Folgen dieser Erwärmung sehr wahrscheinlich schon in den nächsten zehn Jahren erleben. Wir können die Klimakrise nicht mehr aufhalten – und sollten uns auch nicht dieser gefährlichen Illusion hingeben, dass uns irgendeine Technologie oder ein starker Mann schon retten wird.

Deshalb müssen wir alle wissen, was auf uns zukommt und wie wir uns dagegen schützen können. Es geht um Sie, liebe Leserinnen und Leser, es geht um Ihr Leben und das Ihrer Lieben: um die Hausbesitzerin, die ihr Haus vor Überschwemmungen schützt, um die Tochter, die ihre alte Mutter vor der nächsten Hitzewelle schützt, um den Landwirt, der seine kommenden Ernten retten will.

Mitten in der ersten Corona-Welle kursierte eine Karikatur mit drei sich aufbäumenden Wellen: Auf der ersten, kleineren stand »Covid-19«, auf der zweiten, mittleren »Wirtschaftskrise« und auf der letzten, alles überragenden »Klimakrise«. Nun kommt noch eine weitere Welle hinzu: ein Krieg, der vielen Tausend Menschen das Leben kosten wird und Millionen zur Flucht zwingt. Doch die Klimakrise bleibt die größte anzunehmende Katastrophe. Diese Veränderungen im Klimasystem werden uns alle weltweit überrollen, und zwar für Jahrzehnte und gar Jahrhunderte. Trotzdem stehen wir gerade ziemlich schutzlos vor diesem Desaster.

Uns hat überrascht, dass in einem reichen Land wie Deutschland so wenig vorgesorgt wird. Während bei abrupt auftretenden Krisen wie der Coronapandemie oder dem Krieg in der Ukraine nahezu ohne Diskussion Milliarden auf den Tisch gelegt werden, reden Politiker und Talkshow-Moderatorinnen ständig von den hohen Kosten für Klimaschutz und Klimaanpassung.

In dieser Diskussion um die Kosten der Vorsorge wird es versäumt, die um ein Vielfaches höheren Kosten von Nichtstun zu benennen. Dies war einer der Gründe, warum es Deutschland verpasst hat, in den vergangenen 20 Jahren konsequenten Klimaschutz zu betreiben. Das haben wir in unserem ersten gemeinsamen Buch, *Die Klimaschmutzlobby*, sehr eindrücklich beschrieben – und dem widerspricht heute kaum jemand mehr. Doch auch bei der Anpassung an den Klimawandel gilt: In wenigen Monaten kann man das Land nicht umbauen. Lassen wir es nicht zu, dass wir dieselbe fatale Verzögerung auch bei der Anpassung an den Klimawandel wiederholen. Emissionen einzusparen und für Hitzewellen und Hochwasser vorzusorgen, erfordert eine langfristige Planung und einen profunden Umbau unserer fossilgesteuerten Gesellschaften.

Doch diese Erkenntnis hat die politische Praxis kaum verändert. Deutschland sieht heute ähnlich aus wie vor 10 oder 20 Jahren – aber die Welt, das Klima hat sich geändert. Und beide werden sich in den kommenden Jahrzehnten noch viel dramatischer wandeln. »In Deutschland leben wir in einer Gesellschaft mit einer Infrastruktur, die Mitte des 20. Jahrhunderts geplant und angelegt wurde. Das hat damals Sinn ergeben, ist heute aber nicht mehr zeitgemäß«, meint die Anpassungsforscherin Daniela Jacob. Sie beschäftigt sich seit 30 Jahren mit der Klimakrise, und ihr ist anzumerken, wie oft sie schon gemahnt hat, dass sich endlich etwas ändern muss. Kluge Leute wie sie haben auch uns die Augen geöffnet.

Dabei ist Deutschland im Gegensatz zu anderen Staaten in einer privilegierten Lage. Der frühere Präsident von Kiribati, Anote Tong, beschreibt schonungslos, wie mühsam sich die Bewohner des Inselstaates im Pazifik auf die Klimakrise vorbereiten. »Ich habe gesehen, wie die Leute von Kiribati Küstenmauern aus Korallen gebaut haben, weil sie nichts anderes zur Verfügung haben. Ich habe gesehen, wie Häuser vom Meer weggeschwemmt wurden, ohne dass es Ersatz gäbe«, sagt Tong anlässlich des Klimaberichts m Frühjahr 2022. Der pazifische Inselstaat könnte nach verschiedenen Studien[1] schlicht und einfach im steigenden Meereswasser untergehen. »Meine Leute in Kiribati zahlen den Preis für die Abhängigkeit der Welt von fossilen Brennstoffen. Leider ist unsere Anpassungsfähigkeit durch unseren Mangel an finanziellen Ressourcen stark eingeschränkt.«

Die Inselbewohnerinnen und -bewohner müssen ihre jahrhundertelange Heimat Kiribati wahrscheinlich für immer verlassen. Diese menschliche Tragödie in der Südsee zeigt nicht nur, wie dramatisch die Folgen der Klimakrise für einen Großteil der Menschheit werden. Der Vorgang zeigt auch, in was für einer bevorzugten Situation wir uns in Deutschland befinden. Denn niemand rechnet hierzulande damit, dass unser Land flächendeckend untergehen wird, auch wenn tatsächlich einige Küstengegenden unbewohnbar werden. Und außerdem haben wir – anders als die 120.000 Mikronesier von Kiribati – alle finanziellen und organisatorischen Möglichkeiten, uns zu schützen.

»Es geht schon alles seinen Gang«

Umso fahrlässiger erscheint nach unseren Recherchen das Handeln von Regierungen und Bürgermeisterinnen: Bislang hat sich Deutschland nicht auf die Klimakrise vorbereitet.

Wir wurden von zahlreichen Behörden und Ministerien stets beschwichtigt: Es passiert schon was, man solle sich keine Sorgen machen, alles geht seinen Gang. Auf unsere Anfragen antworteten die Verantwortlichen mit paragrafengespickten Absätzen und komplizierten Regelungen und Richtlinien – da rauchen auch Journalistinnen die Köpfe. Das soll aber suggerieren: Wir kümmern uns schon. Es gibt keine Leerstellen. Und selbst da, wo das Unglück schon passiert war, etwa bei der Flutkatastrophe im Ahrtal oder beim Fichtensterben im Harz, wollte niemand Verantwortung übernehmen und eine Kehrtwende einleiten. Die Verwaltung in Deutschland – das wurde immer wieder klar – ist einer der größten Bremser für echte Veränderung.

Wir konnten uns bei unseren Reisen und in Gesprächen mit unzähligen Expertinnen und Experten selbst ein Bild davon machen, wie wenig sich Deutschland auf die kommenden Hitzewellen, Dürren und Starkregen vorbereitet hat. Die Städte sind so flächendeckend betoniert und damit für Hitzewellen so anfällig wie eh und je, Acker und damit unsere Lebensmittelproduktion sind weiterhin Erosionen und Bodensterben schutzlos ausgesetzt, in den Krankenhäusern kümmert sich niemand darum, die Notstromaggregate tatsächlich zu überprüfen, und in Altenheimen gibt es keine flächendeckenden Kühlsysteme. Und nicht zuletzt ist unsere Natur schwer angeschlagen: Die Wälder sind krank, die Moore vertrocknet, die Flussufer bebaut und die Küsten begradigt. Wer die Natur nicht schütze, schade auch dem Menschen, erklärt die Anpassungsexpertin Daniela Jacob.[2] »Endlich wurde mit dem Weltklimabericht deutlich gemacht, dass Klimawandel, Ökosysteme und unser menschliches Überleben zusammenhängen.«

Trotzdem fließen kaum finanzielle Ressourcen in die Anpassung. »Jedes Autohaus wirbt mit mehr Geld für seinen verkaufsoffenen Sonntag als die Städte für Solardächer oder Wärmedämmung«, sagte uns ein besorgter Städteforscher, der anonym bleiben will. Es wird in Deutschland wenig Geld in Prävention, aber sehr viel Geld in Schadensbeseitigung gesteckt. Letzteres geschieht auch, um das herkömmliche Lebens- und Wirtschaftsmodell so weiterzuführen und nach der Katastrophe zu signalisieren: Es wird alles wieder gut. Aber nichts wird wieder gut. Wir müssen uns verändern, und es ist mit ein paar Windrädern und Solaranlagen nicht getan.

Eine große Aufgabe wäre es, künftig öffentliches Geld richtig anzulegen. Etwa nur noch Landwirtinnen und Landwirte zu subventionieren, die Monokulturen zu Agroforstflächen umwandeln oder Landwirtschaft auf Moorflächen fördern, Investitionen in Krankenhäuser nur noch zu finanzieren, wenn sie auch dem Schutz vor Wetterextremen dienen, naturnahen Tourismus zu fördern statt Hotelhochburgen an eingedeichten Küsten. Waldbesitzende könnten auch für das Stilllegen von Flächen entschädigt werden oder Naturschutzbehörden Moore von Landwirten abkaufen. Es müsste der Blick für naturnahe Lösungen geweitet werden – und diese dürfen nicht mehr als »Ökoprojekte« abgetan werden. Das Zusammenspiel von Natur und Mensch muss zur Grundlage von Fördermaßnahmen und Gesetzen werden.

Denn wir wissen: Wer sich jetzt nicht anpasst, wird später sehr viel höhere Rechnungen begleichen müssen. Weil die Menschen im Ahrtal arglos in Flusstälern bauen durften, muss nun die Allgemeinheit Milliarden beisteuern, um ihre Siedlungen wiederaufzubauen. Genauso verhält es sich mit dem Klimaschutz: Wenn wir heute nicht Emissionen einsparen, kosten uns die Schäden durch Extremwetter künftig jährlich Milliardenbeträge – und auch die Anpassung wird noch um ein Vielfaches teurer.

Diesen Zusammenhang zwischen Klimaschutz und Anpassung zeigt unsere Recherche sehr deutlich: Wir haben erlebt, wie aufwendig es ist, auch nur kleinste Änderungen durchzusetzen, etwa, ein paar Parkplätze in Innenstädten zu Grünflächen umzuwandeln. Mit jeder weiteren Erhitzung der Erde werden die nötigen Investitionen in die Vorsorge größer – noch heißere Städte, noch trockenere Sommer, noch häufigere Starkregen bedeuten, dass noch umfassendere Investitionen in Grünflächen und Rückhaltebecken nötig sind. Jedes Zehntelgrad, um das die Erde sich aufheizt, wird einen Unterschied darin machen, wie drastisch wir umbauen müssen. Und auch, wie weit wir einige unserer Essensgewohnheiten und Lebensräume aufgeben müssen.

Denn auch die Anpassung stößt an Grenzen. Beispielsweise bei Pflanzen. Keine Züchtung hat es je vermocht, sich von Niederschlag unabhängig zu machen. Weniger Wasser bedeutet immer weniger Ertrag – wir können und sollten dies abmildern, mit

Hecken und Humus und Tröpfchenbewässerung, aber die künftige Ernte wird mit jedem Dürretag kleiner ausfallen. Technologie und Erfindungsgeist werden irgendwann nicht mehr ausreichen. Deiche kann man nicht unbegrenzt in die Höhe bauen, Klimaanlagen oder Heizungen sind auf ein stabiles Energiesystem angewiesen, das bei Stürmen, aber auch Dürren oder Überflutungen nicht kollabiert. Und auch eigentlich stabile Ökosysteme können zusammenbrechen. »Es gibt Grenzen, bei denen wir nichts mehr machen können«, sagt der Leitautor des Weltklimaberichtes zu den Klimafolgen, Hans-Otto Pörtner. Die Ökosysteme würden ab einem bestimmten Temperaturlevel schlicht kollabieren, auch wenn man sie regional zu schützen versucht.

Deshalb ist dieses Buch über das Überleben in der Klimakrise immer auch ein Plädoyer für mehr Klimaschutz.

Glücklicherweise ist auch dies eine positive Erkenntnis unserer Recherchen: Sich an die Klimakrise anzupassen, heißt in den meisten Fällen auch, die Klimakrise abzumildern. Viele Schutzmaßnahmen sparen zugleich Treibhausgase ein. Wenn Städte grüner und damit fußgängerfreundlich werden, gehen Menschen eher zu Fuß oder nehmen den Bus. Wenn Hecken die Maisäcker vor heißem Wind schützen, speichern sie zugleich CO_2. Wenn Flächen natürlich aufgeforstet werden, spenden sie Schatten, schützen den Boden und entziehen der Luft Kohlendioxide. Salzwiesen und Schilfkulturen an den Küsten fördern die Artenvielfalt und entziehen der Atmosphäre ebenfalls CO_2. In Deutschland gibt es laut Untersuchungen ein riesiges Potenzial für die Wiederherstellung und Renaturierung von Landschaften: Insgesamt könnten 20 Prozent der Landesfläche wieder in ihren ursprünglichen, stabilen Zustand versetzt werden. Größten Anteil haben dabei die Wälder, aber auch auf Grünland, organischen Böden und Auen könnte neuer Lebensraum geschaffen werden.[3]

Rettung durch Rückzug

Ob bei Hochwasser, Mooren oder Städten – in vielen Kapiteln kommen wir zu dem Schluss, dass nur ein geordneter Rückzug des Menschen eine nachhaltige Lösung sein kann. Nach Hunderten Jahren Siedlungs- und Straßenbau, Trockenlegung von über einer Million Hektar Moor, Abholzung von Wäldern für Bergbau und Landwirtschaft, Begradigung von Flüssen und Küsten müssen wir uns die Frage gefallen lassen, welche Folgen diese Eingriffe hatten – egal wie berechtigt oder nötig sie in der Geschichte vielleicht waren. Dabei geht es um mehr als »nur« um Naturschutz. Vielmehr sollten wir die Umwelt als Mitwelt betrachten, deren Veränderungen am Ende auch unser Leben, unsere Gesundheit und das Überleben künftiger Generationen gefährden. Mit der Klimakrise und der Zunahme von Extremwetterereignissen spüren wir seit ein paar Jahren die Folgen dieser Eingriffe. Die Vorsorge für ein Überleben in der Klimakrise bietet die historische Chance, uns neu mit der Natur und ihren Gewalten zu arrangieren. Dazu gehört auch, einen Schritt zurückzutreten und zumindest einen Teil der vereinnahmten Landschaften wieder zurückzugeben. Das hat viele Vorteile: für unsere Sicherheit, unsere Gesundheit und für den Artenschutz. Fachleute nennen solche Ansätze auch »Naturbasierte Lösungen« (NBS) und klar ist, dass sie von Politikerinnen und Politikern lange nicht ernst genommen wurden. Nicht alle dieser Lösungen, wie das blinde Aufforsten von Flächen, sind sinnvoll. Aber die Wiederherstellung von Ökosystemen mit Verstand und Augenmaß kann sehr wohl für die Anpassung an die Klimakrise, für unseren Schutz und die Rettung der Arten sinnvoll sein. Durch die doppelte Krise von Klimawandel und massivem Verlust an Biodiversität – oder sagen wir es klar heraus: das sechste Massenaussterben – bekommen solche Ideen nun langsam Aufwind. Allerdings viel zu langsam. Laut Wissenschaftlerinnen und Wissenschaftlern könnten diese NBS auch nachweislich zu einem erheblichen Rückgang der Emissionen führen.[4]

Zwei Beispiele aus diesem Buch: Salzwiesen am Meer dienen nicht nur Zugvögeln als Rast- und Ruheplatz und bieten 800 weiteren Vogel- und Insektenarten ein Zuhause, sondern sind auch ein langfristiger Küstenschutz und somit wichtig für die Naherholung und den Tourismus. Wiedervernässte Moore können nicht nur für den Klimaschutz wichtig sein, sondern auch landwirtschaftlich ganz andere Perspektiven eröffnen – auch wenn das bedeutet, dass wir über unsere Bauweisen (Holz und Schilfrohr statt Stahl und Beton) oder unsere Essgewohnheiten (weniger Milch- und Fleischprodukte) nachdenken müssen. Auch diese Umstellungen können uns wiederum nützen: Mit weniger Fleisch lebt man gesünder, Holz und Ökodämmstoffe isolieren besser. Auch in den Innenstädten müssten Parkplätze und mehrspurige Straßen für Grünflächen weichen, die einst zubetoniert wurden, um an heißen Tagen Menschen und Gebäude abzukühlen. Anpassung bedeutet oftmals, sich zurückzuziehen und mit weniger auszukommen. Beides löst aber, trotz der rationalen Vorteile, bei vielen Menschen einen Abwehrreflex aus.

Der Bauernverband etwa verwies auf die »kulturhistorische Leistung von Generationen« der »Urbarmachung« deutscher Landschaft. Oder die Stadtverwaltung von Ahrweiler schreibt von der Unmöglichkeit, Tausende Menschen ihrer Heimat zu berauben, sollten sie umgesiedelt werden. Besonders eindrückliche Beispiele für diese abwehrende Haltung konnten uns Klimaschutzmanager erzählen – sie, die eigentlich dafür bezahlt werden, die Städte zu verändern, werden oft nicht gehört. Als hätte man sie pro forma eingestellt, ohne sie je wirksam arbeiten lassen zu wollen. Diesen Eindruck vermitteln auch viele Studien: Sie werden angefertigt, aber niemand scheint wirklich vorzuhaben, ihre Empfehlungen, etwa zur Entsiegelung von Städten, ernst zu nehmen. Auch das ist eine Erkenntnis nach monatelangem Wälzen der Literatur: Es mangelt ebenso wie beim Klimaschutz nicht an Beweisen und Tatsachenfeststellungen. Es ist alles bekannt, belegt und eigentlich sonnenklar. Letztendlich verursachen die Erkenntnisse aber »Störgefühle« bei Menschen, die auf den Feldern, im Rathaus oder in der Bundespolitik so weitermachen wollen wie bislang. Dieses Festklammern an alten Denk- und Produktionsweisen hat sich als fatal für uns alle erwiesen.

In einem Interview erklärte eine Expertin, man solle sich die Mailantwort der Stadt Ahrweiler »gut aufheben« und bei der nächsten Flut wieder rausholen. Es sei erschreckend, wie wenig die Menschen trotz des Schocks nach der Flut dazulernten. Die nächste Katastrophe muss nicht unbedingt morgen passieren – aber in vielen Orten sind potenziell folgenschwere Prozesse bereits im Gange. Und die »ungünstigen Umstände«, die beim Wetter bisher für unwahrscheinlich gehalten wurden, treten immer öfter ein. Deshalb sollten wir unser Risikoverhalten dringend überdenken.

Zudem ist es eine Illusion zu glauben, dass wir bisher keinen *retreat*, also Rückzug, hatten. Viele Menschen in Deutschland mussten in den vergangenen 100 Jahren ihre Koffer packen und ihre Häuser verlassen – nur aus anderen Gründen. Tausende Menschen mussten für den Braunkohletagebau in Ost- und Westdeutschland weichen. Immer noch sind komplette Dörfer im Rheinland vom Abbaggern bedroht. Ihre Heimat wurde ihnen für die Gewinnung einiger Kilowattstunden Strom genommen – durch eine begrenzte Ressource, die irgendwann verbraucht ist. Rechtfertigen zwei oder drei Jahre Stromversorgung die unwiederbringliche Vernichtung ganzer Landschaften? Oder die Umsiedlungen für Flughäfen und Autobahnen, wo ebenfalls im Zuge von Abrissarbeiten Menschen ihre Wohnungen verlassen mussten?

Viele Bürgerinnen und Bürger mussten also nicht für ihr Überleben, sondern für privatwirtschaftlichen Profit ihre Heimat verlassen. Die betroffenen Menschen wurden meist entschädigt und mit neuen Wohnungen und Siedlungsflächen versorgt – doch genauso könnte das auch beim Thema Klimaanpassung funktionieren. Was für die Braunkohle und die Autobahnen möglich war, sollte auch für den ökologischen Umbau und den Schutz aller möglich sein.

Viele kleine Schritte statt Gigantomanie

Im Laufe unserer Recherchen ist uns außerdem eines klar geworden: Es geht nicht mehr darum OB, sondern vor allem WIE wir uns an die Klimakrise anpassen wollen. Dass wir uns schützen müssen, ist schon lange Konsens.

Doch genauso wie beim Klimaschutz und der Energiewende scheiden sich auch beim Thema Anpassung die Geister bezüglich der Frage nach dem WIE. Halten die einen die Atomkraft, CO_2-Endlager und Gaspipelines auf dem Weg zur Klimaneutralität für unerlässlich, verweisen die anderen darauf, dass die erneuerbaren Energien nicht nur sauberer, sondern auch risikoärmer, sozialer und regionaler sind. Doch da gibt es noch das zeitliche Dilemma: So versäumte die Regierung in den Jahren unter Ex-Kanzlerin Angela Merkel bis 2021 schlicht den eigentlich nötigen Ausbau der erneuerbaren Energien in einem angemessenen Maße, trotz der jahrelangen Appelle von Klimaforschern, Energieexpertinnen und Umweltverbänden. Da nun nur noch wenige Jahre bleiben, um die Transition zu schaffen, rufen Interessengruppen wieder dazu auf, erneut auf Atom- und neue Gaskraftwerke zu setzen. Auch die Untergrundspeicherung von CO_2 könnte bald großflächig als Rettungsanker verkauft werden – weil es einfach nicht mehr anders geht und das annehmbarer ist, als ein weiterer Anstieg der CO_2-Konzentration in der Atmosphäre.

Ähnlich könnte es auch bei der Anpassung ablaufen: Ökologischer Hochwasserschutz, der Umbau von Städten, die Wiedervernässung von Mooren oder der Waldumbau brauchen Zeit – und wir sollten sie jetzt anpacken, bevor das Klima gänzlich außer Kontrolle gerät. Versuchen wir es doch dieses Mal besser zu machen und die Fehler des Klimaschutzes nicht zu wiederholen. Verschlafen wir auch diese Entwicklung, könnte es uns so gehen wie bei der Energiewende: Am Ende bleiben uns nur großtechnische Lösungen, die entweder Unmengen von Energie und Geld verschlingen oder sogar unabsehbare Risiken mit sich bringen.

Wie der Ozeanograf und Klimaforscher Joakim Kjellsson im Gespräch mit uns zur Bedrohung durch Hochwasser treffend feststellte: Es ist einfacher, die Gesellschaft klimafreundlich umzugestalten, als irgendwann zweifelhafte Megaprojekte wie einen Nordsee-Damm zu bauen. Denn selbst wenn hier mit einem Aufwand in Milliardenhöhe gigantomanischen Schutzwälle aus dem Boden gestampft werden – solche Projekte können die Bevölkerung nur teilweise schützen. Für andere Gefahren durch den Klimawandel wie Hitze oder Krankheiten müssen wieder ganz andere Maßnahmen her. Es gibt leider nicht die eine technische Lösung, auf der wir uns am Ende des Tages ausruhen können.

Das Versagen des Föderalismus in der Klimakrise

Eine weitere Konstante zog sich durch unsere Recherchen: Es gibt bisher vor allem viele Pläne zur Klimaanpassung und wenige Verpflichtungen, viel kluge Worte, aber wenig Umsetzung. Selbst wenn Risiken genau benannt werden, heißt das nicht, dass die Unternehmen auch verpflichtet werden, nachzubessern. Konkrete Pläne mit Maßnahmen und Zeitpläne zur Umsetzung gibt es kaum. Das meiste bleibt recht nebulös. Dabei fällt besonders der Kontrast zwischen den vielen Studien, Strategiepapieren und detaillierten Risikoanalysen und der Praxis auf: Erstere werden nämlich meist auf Bundesebene (manchmal auch auf Landesebene) geschrieben – ohne jeden Bezug zu oder Austausch mit den Stadtverwaltungen, Gemeinden oder Planungsbüros. Die Empfehlungen des Umweltbundesamtes kann, muss man sich aber nicht durchlesen. Zwar hat die Behörde in den vergangenen Jahren einiges getan, um in den Dialog mit den Akteuren vor Ort zu kommen – doch die Reichweite von Konferenzen oder Gesprächen hat ihre Grenzen. Auch das Bundesinnenministerium überschüttet uns mit Berichten und Analysen, wo »Maßnahmen bzw. Anpassungsoptionen« beschrieben oder »mögliche Szenarien« aufgemacht werden.

Auf die Frage hin, welche Verpflichtungen und Maßnahmen denn nun hinsichtlich der neuen Erkenntnisse zum Klimawandel umgesetzt werden, wird es noch undurchsichtiger. Das Ministerium verweist auf »branchenspezifische Leitfäden und Normen«, etwa DIN-Normen oder ISO-Normen – und auf eine noch unausgegorene EU-Richtlinie. Dort werden die Mitgliedstaaten aufgefordert, bei der Anpassung an den Klimawandel zu handeln – doch am Ende muss jedes Land diese in geltendes Recht umwandeln. Allerdings passiert dies aber noch nicht (zum Zeitpunkt unserer Anfrage).[5]

Dass die hehren Pläne des Bundes erst langsam in die deutschen Behörden durchsickern, liegt auch am Föderalismus: Was die Behörden des Bundes ausbaldowern, muss nicht unbedingt immer an der Basis ankommen. Oftmals werden die schönen Pläne an die Länder weitergereicht, dort werden sie dann zur Kenntnis genommen. Wie streng die Umsetzungen sind oder gar Kontrollen durchgeführt werden, ist Sache von Landesbehörden oder Stadtverwaltungen und Gemeinden. Eine Übersicht, wie gut der Schutz vor Klimarisiken bereits umgesetzt wurde, existiert deshalb nicht.

Eine gute Nachricht gibt es aber auch: Die seit Herbst 2021 amtierende rot-grün-gelbe Bundesregierung nimmt die Vorsorge offenbar ernster als ihre schwarz-rote Vorgängerin. Die grüne Umweltministerin Steffi Lemke erkannte an, dass das Land bisher auf Extremwetterereignisse wie die Flutkatastrophe vergangenen Sommer »nicht ausreichend vorbereitet« sei. Ihr Sofortprogramm vom Frühjahr 2022 sei deshalb »der Auftakt zu einer systematischen, umfassenden und vorsorgenden Anpassungspolitik«.

Das Paket sieht bis 2026 zusätzliche 60 Millionen Euro vor, um Städte und Gemeinden für Extremwetterereignisse zu wappnen. Lemke plant außerdem mehr als 100 Stellen für sogenannte Klimaanpassungsmanager bis Ende dieses Jahres. Wie wir gesehen haben, sind diese Summen gering angesichts der großen Aufgabe für Städte, Küsten und für die kritische Infrastruktur. Auch die Schaffung von 100 neuen Stellen für Klimaanpassungsmanager bringt nur echten Fortschritt, wenn diese mehr Einfluss auf die Stadtpolitik nehmen können als bisher. Aber offensichtlich wird nun auch in der Regierung erkannt, wie dringlich die Klimaanpassung ist.

Anpassung für eine hohe Lebensqualität

Ähnliches gilt für die Bürgerinnen und Bürger selbst. Die Angebote sind bereits da – jeder kann die Risikokarten im Netz einsehen und sich beim HochwasserKompetenzCentrum beraten lassen. Doch sind diese Informationen häufig auf Unterseiten versteckt, sie sind nur schwer zu finden. Daher nutzen nur wenige Menschen diese Möglichkeiten. Denn wie viele Menschen fragen beim Kauf eines Hauses danach, ob der Keller sicher vor Überflutungen ist? Außerdem kostet eine Beratung zu Hochwasser derzeit zwischen 400 und 800 Euro.[6] Ähnlich wie bei der Energieberatung müsste der Staat sich dafür einsetzen, dass die Hausbesitzerinnen und -besitzer diesen Service flächendeckend annehmen – und die Beratung finanziell fördern. Außerdem braucht Deutschland auch hier mehr Fachkräfte.

Augenblicklich halten wir ein System für normal, das viele Verlierer kennt: die Natur, unsere Gesundheit und Sicherheit. Warum wir trotzdem darin verharren, hat das Kapitel über den uneinsichtigen Menschen gezeigt. Dabei, auch das wurden viele Expertinnen nicht müde zu betonen, geht es hier um unser Leben. Um das nackte Überleben bei Katastrophenfällen. Aber es geht auch darum, in welchem gesundheitlichen Zustand, mit welcher Lebensqualität wir die nächsten Jahrzehnte verbringen wollen.

Und für die Lebensqualität entscheidend ist nun mal die Gesundheit. Studien beweisen inzwischen, was uns auch Klimamanager, Architektinnen und Landwirte prophezeiten: Klimaschutz und Klimaanpassung können unser Wohlbefinden steigern. Forscherinnen einer *Lancet*-Studie[7] benannten die Vorteile einer Lebensweise, die sowohl Emissionen einspart als auch mit Hitze und Überschwemmungen besser zurechtkommt. Radfahren und weniger Fleisch und verarbeitete Lebensmittel zu essen, verbessert letztlich die Gesundheit aller Bürgerinnen und Bürger. Die britischen Forschenden nennen sogar eine konkrete Zahl: Jährlich könnten rund 160.000 Menschen in Deutschland viele Jahre länger leben. Das steht so auch im dritten Teil des Weltklimaberichtes vom April 2022: »Teile unseres derzeitigen Lebensstils sind nicht nur klimaschädlich, sondern schaden auch unserer Gesundheit und sind mit hohen Kosten für die Allgemeinheit verbunden«, sagt der Autor Felix Creutzig vom Mercator Research Institute on Global Commons and Climate Change (MCC). »Unser heutiges fossiles System ist zutiefst unlogisch und kontraproduktiv in jeglicher Hinsicht.«

Dass mehr Bewegung, erholsame Spaziergänge im Grünen und eine natürliche Ernährung gesünder sind, liegt einerseits auf der Hand. Andererseits ist es ein wichtiges Symbol dafür, wie hilfreich die Klimaanpassung für unser gesamtes Leben sein kann. Denn das ist der Lichtblick unserer Recherchen: Klimaanpassung wird zurzeit noch versäumt, verschleppt und unterfinanziert. Aber sie ist, im Kern, ein Weg zu einem besseren und gesünderen Leben.

Dieser Vision einer gesünderen Welt steht unser jetziger Lebensstil gegenüber: In der Bundesrepublik beispielsweise ist mehr als die Hälfte aller Frauen und Männer übergewichtig oder sogar adipös; ein Grund dafür ist eine Infrastruktur, die Menschen zum Autofahren statt zum Bewegen animiert. Zivilisationskrankheiten wie Diabetes mellitus sind die Folge. Viele Menschen sterben daher früher, als sie es bei einem gesünderen Lebensstil würden.

So hat die Klimakrise zwei Bedeutungsebenen: Einerseits ist sie die größte Bedrohung für unser Überleben. Andererseits stellen Klimaschutz und Klimaanpassung die »größten Chancen für unsere Gesundheit« dar, wie es Forschende immer wieder betonen.

Sich konkret auf Hitzewellen und Überschwemmungen vorzubereiten hat auch noch eine weitere, meist unbeachtete positive Folge: Konkrete Projekte in den Innenstädten, auf den Feldern, im Wald erlösen die Menschen aus ihrer Ohnmacht. Viele Betroffene im Ahrtal beschreiben das Gefühl als besonders belastend, nichts gegen die Naturgewalten tun zu können. Nun aktiv zu werden, sich konkret auf das kommende Hochwasser vorzubereiten, konkret nach Verschattungen für heiße Räume zu suchen, hilft dabei, diese diffuse Angst zu lindern.

Resilienz bedeutet also sehr viel mehr, als nur unser Leben vor dem Tod zu schützen. Vielmehr geht es um die Frage, wie wir besser leben können, wie wir unsere Städte verändern wollen, wie unsere Wälder bepflanzen, wie wir Urlaub machen wollen und welche Produkte wir essen und produzieren wollen. Denn das ist die Chance, die uns die Klimakrise – neben all den Gefahren – bietet: Sie öffnet ein Fenster für grundlegende Veränderungen zum Besseren. Zu grüneren Städten, lokal produzierter Nahrung, vielfältigen Wäldern und lebendigen statt leer geräumten Landschaften.

Das Entscheidende ist: Was lange Zeit als nebensächlich belächelt wurde, wird in den kommenden Jahrzehnten überlebenswichtig. Ein rücksichtsvoller Umgang mit der Umwelt und damit auch mit uns selbst hat gerade deshalb mehr Aufmerksamkeit verdient. Dieses Buch hat daher nicht nur darüber aufgeklärt, welche Gesetze und konkreten Anpassungsmaßnahmen in Deutschland noch fehlen. Sondern es hat, so hoffen wir, auch Lust darauf gemacht, sich auf den grundlegenden Wandel zu einer menschen- und klimagerechten Gesellschaft einzulassen.

Danksagung

Wir danken allen Expertinnen und Experten, Kollegen und Kolleginnen, die sich für uns und unsere Fragen Zeit genommen haben. Manchmal haben wir sie lange gelöchert mit unserem Wissensdurst. Sie waren immer geduldig. Der unermüdlichen alltäglichen Arbeit von Forscherinnen und Forschern, engagierten Landwirten, Klimaschutzmanagerinnen, Förstern, Umweltschützern und einigen tapferen Verwaltungsbeamten ist es zu verdanken, dass sich in Deutschland etwas bewegt – für den Klimaschutz und das Überleben in der Klimakrise. Wir wünschen ihnen allen mehr Sichtbarkeit, Durchhaltevermögen und viel Kraft.

Wir verdanken dieses Buch auch unseren Familien sowie unseren Freundinnen und Freunden, mit deren Unterstützung und Wohlwollen wir dieses Buch geschafft haben. Die aufreibenden Reisen durch die Republik, lange Abende am Schreibtisch, stundenlangen Telefonate und Zoomkonferenzen haben unsere Liebsten mit Geduld und Güte getragen. Ihre Ratschläge, Korrekturen und Kommentare haben uns stets geholfen. Deshalb geht ein riesengroßer Dank an Leandro Riccieri, Bettina und Stefan Götze, Ute Werner, Dirk Broßke, Mona K., Jörg Staude sowie an Holger, Louis und Noah, Margret, Heinz und Katrin Joeres, an

Katarina Huth, Gesa Steeger, Olivia Gerstner, Helena Donecker und Rebecca Marshall.

Und nicht zuletzt geht ein riesiges Dankeschön an unsere sehr geschätzte Lektorin Charlyne Bieniek und ihren Kollegen Martin Kulik, die uns erneut kompetent und mit großem Verständnis durch das Projekt begleitet haben.

Anmerkungen

Einleitung

1 https://news.climate.columbia.edu/2021/10/04/attribution-science-linking-climate-change-to-extreme-weather/.
2 https://www.germanwatch.org/sites/germanwatch.org/files/2021-01/cri-2021_table_10_countries_most_affected_from_2000_to_2019.jpg
3 https://www.thetimes.co.uk/article/germany-knew-the-floods-were-coming-but-the-warnings-didnt-work-cn99wjxzs.
4 https://www.bmuv.de/pressemitteilung/steffi-lemke-praesentiert-sofortprogramm-klimaanpassung.
5 https://www.aerztezeitung.de/Medizin/Immer-mehr-Hitzetote-in-Deutschland-415275.html.
6 https://www.ipcc.ch/report/ar6/wg2/resources/press/press-release.
7 https://refubium.fu-berlin.de/bitstream/handle/fub188/31218.2/20-V2_Working_Paper_KFS_Voss_Zukunft_Bev%c3%b6lkerungsschutz.pdf?sequence=6&isAllowed=y.
8 https://www.umweltbundesamt.de/sites/default/files/medien/376/dokumente/03-01_national_risk_atlas_mexico_20190914.pdf.
9 https://www.umweltbundesamt.de/themen/wirtschaft-konsum/anlagensicherheit/beispiele-guter-praxis-im-natech-risikomanagement#für-welche-bereiche-sind-beispiele-vorhanden.
10 Antwort des Bundesumweltministeriums auf unsere Anfrage: Die Anzahl an bewilligten Anträgen für den angefragten Zeitraum 2020/2021, bei denen Kommunen/öffentliche Einrichtungen eine Zuwendung erhalten.

11 https://www.bagfw.de/veranstaltungen-alt/detailseiten-statistik-2016/detailseite-gesamtueberblick.
12 https://www.aerztezeitung.de/Medizin/Immer-mehr-Hitzetote-in-Deutschland-415275.html.
13 https://www.thetimes.co.uk/article/germany-knew-the-floods-were-coming-but-the-warnings-didnt-work-cn99wjxzs.
14 Die Auswahl umfasst alle Landkreise (294) und kreisfreien Städte (106) Deutschlands.
15 https://wblau.medium.com/climate-change-journalisms-greatest-challenge-2bb59bfb38b8.

Leben in der Risikogesellschaft

1 https://www.aerztezeitung.de/Panorama/Evakuierungen-Sorgen-Hilfsbereitschaft-421321.html.
2 Antwort des Bundeswirtschaftsministeriums und der Bundesnetzagentur im Dezember 2021. Der Risikoplan: https://www.bmwi.de/Redaktion/DE/Downloads/P-R/risikovorsorgeplan-strom-bundesrepublik-deutschland.pdf?__blob=publicationFile&v=4.
3 Vorschlag für eine RICHTLINIE DES EUROPÄISCHEN PARLAMENTS UND DES RATES über die Resilienz kritischer Einrichtungen CER-RL – COM(2020) 829 final. https://eur-lex.europa.eu/resource.html?uri=cellar:74d1acf7-3f94-11eb-b27b-01aa75ed71a1.0007.02/DOC_1&format=PDF.
4 Ebd., S. 33.
5 https://www.bbk.bund.de/DE/Themen/Kritische-Infrastrukturen/kritische-infrastrukturen_node.html.
6 https://www.bbk.bund.de/SharedDocs/Downloads/DE/Mediathek/Publikationen/PiB/PiB-11-abschaetzung-hitzewellen-starkregen.pdf?__blob=publicationFile&v=7.
7 Interview mit den Autorinnen am 01.02.2021.
8 Nationale Strategie zum Schutz kritischer Infrastrukturen (KRITIS-Strategie), 2009.
9 https://eur-lex.europa.eu/legal-content/DE/TXT/HTML/?uri=CELEX:52020PC0829&from=EN.
10 https://www.kritis.bund.de/SharedDocs/Downloads/Kritis/DE/Sektorstudie_Energie.pdf?__blob=publicationFile.
11 https://www.scinexx.de/dossierartikel/eine-vermeidbare-katastrophe/.
12 https://www.bbk.bund.de/SharedDocs/Downloads/DE/Mediathek/Publikationen/PiB/PiB-11-abschaetzung-hitzewellen-starkregen.pdf?__blob=publicationFile&v=7, S. 115.

13 https://www.dkgev.de/fileadmin/default/Mediapool/1_DKG/1.7_Presse/1.7.1_Pressemitteilungen/2022/2022-01-17_Anlage_Bestandsaufnahme_2021.pdf.
14 https://www.welt.de/wirtschaft/article179994506/Hitzewelle-Erste-Kraftwerke-vor-der-Abschaltung.html.
15 https://www.tagesspiegel.de/wirtschaft/hitze-in-deutschland-kraftwerke-muessen-die-produktion-drosseln/22879976.html.
16 Bardt, Hubertus; Biebeler, Hendrik; Haas, Heide (2013): Einfluss des Klimawandels auf die deutsche Energieversorgung, Wirtschaftsdienst, ISSN 1613–978X, Springer, Heidelberg, Vol. 93, Iss. 5, pp. 307–314.
17 https://www.bbc.com/news/world-56085733.
18 https://www.politifact.com/article/2021/feb/16/natural-gas-not-wind-turbines-main-driver-texas-po/.
19 Zweiter Fortschrittsbericht zur Deutschen Anpassungsstrategie an den Klimawandel, Bundesumweltministerium 21.10.2020, S. 15.
20 Klimawirkungs- und Risikoanalyse 2021 für Deutschland – Teilbericht 4: Risiken und Anpassung im Cluster Infrastruktur, Umweltbundesamt 2021, S. 25.
21 Ebd.
22 Über intelligente Netze kann man dann auch die ganzen Autobatterien als Speicher nutzen oder flexible Reservekraftwerke hoch- und runterfahren – dadurch hat das intelligente Stromsystem eine gewisse Autonomie, um Erzeugung und Bedarf anzupassen.
23 Klimawirkungs- und Risikoanalyse 2021 für Deutschland – Teilbericht 4: Risiken und Anpassung im Cluster Infrastruktur, Umweltbundesamt 2021, S. 25.
24 https://www.bmwi.de/Redaktion/DE/Downloads/P-R/risikovorsorgeplan-strom-bundesrepublik-deutschland.pdf?__blob=publicationFile&v=4.
25 Unter dem Bundesumweltministerium angesiedelt.
26 https://www.kas-bmu.de/mitglieder-der-kas-alphabetisch.html.
27 Vorkehrungen und Maßnahmen wegen der Gefahrenquellen Niederschläge und Hochwasser – Fassung 12/2011. Die TRAS 310 wurde am 24.02.2012 im Bundesanzeiger veröffentlicht.
28 Technische Regel für Anlagensicherheit 310: Vorkehrungen und Maßnahmen wegen der Gefahrenquellen Niederschläge und Hochwasser, Vorschlag an das BMU gemäß Beschluss der Kommission für Anlagensicherheit vom 03.12.2021.
29 Ebd., Seite 37.
30 Technische Regel für Anlagensicherheit: Vorkehrungen und Maßnah-

men wegen der Gefahrenquellen Wind, Schnee- und Eislasten (1. Überprüfung, Vorschlag von Änderungen an das BMU).
31 Behörden und Experten für Standsicherheit von baulichen Anlagen (Experten der Baubehörden, Prüfstatiker) mit den Behörden und Experten für Anlagensicherheit (wie nach § 29b Bundesimmissionsschutzgesetz behördlich bekannt gegebene Sachverständige für Anlagensicherheit).
32 https://www.lanuv.nrw.de/verbraucherschutz/lebensmittelsicherheit/futtermittel/faq-zur-nutzung-landwirtschaftlicher-flaechen-nach-der-ueberschwemmung.
33 https://peri.umass.edu/toxic-100-air-polluters-index-current.
34 https://nj.gov/health/eoh/rtkweb/documents/fs/1609.pdf.
35 https://www.bmu.de/fileadmin/Daten_BMU/Download_PDF/Chemikaliensicherheit/seveso_iii_bericht_bf.pdf.
36 https://www.bmu.de/fileadmin/Daten_BMU/Download_PDF/Chemikaliensicherheit/seveso_iii_bericht_bf.pdf.
37 https://www.shell.de/promos/about-us/a-short-summary-of-our-story/_jcr_content.stream/1519792637051/a857c5bb4fba085c1c9ceb9e948342dc61927d28/manufacturing-rhinelandhistory.pdf.
38 https://www.shell.de/ueber-uns/projects-and-sites/shell-rheinland/ueber-uns.html.
39 https://www.bundestag.de/resource/blob/434430/35fc29d72bc9a98ee71162337b94c909/drs_268-data.pdf.
40 Interview mit den Autorinnen am 23.12.2021.
41 https://www.bgr.bund.de/DE/Themen/Endlagerung/Langzeitsicherheit/Szenarien/szenarien_klima.html?nn=1542224.
42 https://www.bundestag.de/endlager-archiv/blob/434430/bb37b21b8e1e7e049ace5db6b2f949b2/drs_268-data.pdf.
43 Interview mit den Autorinnen am 04.01.2022.
44 https://www.bundestag.de/resource/blob/434430/35fc29d72bc9a98ee71162337b94c909/drs_268-data.pdf, S. 100.
45 https://de.statista.com/infografik/20000/geschaetzte-menge-des-atommuells-in-europa/.
46 https://www.spiegel.de/wissenschaft/technik/einlagerung-von-atommuell-koennte-erst-2080-abgeschlossen-sein-a-4b7e5864-929f-4a75-a6e9-fa947a516b04.
47 https://www.schleswig-holstein.de/DE/Landesregierung/V/_startseite/Artikel/160222_Brunsbuettel.html.
48 Grundgesetz für die Bundesrepublik Deutschland Art 91a: (1) Der Bund wirkt auf folgenden Gebieten bei der Erfüllung von Aufgaben der Län-

der mit, wenn diese Aufgaben für die Gesamtheit bedeutsam sind und die Mitwirkung des Bundes zur Verbesserung der Lebensverhältnisse erforderlich ist (Gemeinschaftsaufgaben): 1. Verbesserung der regionalen Wirtschaftsstruktur, 2. Verbesserung der Agrarstruktur und des Küstenschutzes.

Das Wasser kommt I

1 https://www.swr.de/swraktuell/rheinland-pfalz/koblenz/flutkatastrophe-kann-sich-jederzeit-wiederholen-100.html und https://www.cicero.de/innenpolitik/flut-politik-katastrophe-weltanschauung-ideologie-klima.
2 Weather Attribution Group: Rapid attribution of heavy rainfall events leading to the severe flooding in Western Europe during July 2021, 23.08. 2021. https://www.worldweatherattribution.org/heavy-rainfall-which-led-to-severe-flooding-in-western-europe-made-more-likely-by-climate-change/.
3 https://www.bundestag.de/dokumente/textarchiv/2021/kw34-de-hochwasser-854470.
4 https://adra.de/jetzt-spenden/katastrophenvorsorge/, https://www.deutschlandfunk.de/schutzmassnahmen-bei-extremwetter-die-lehren-aus-den-100.html
5 Anfrage der Autorinnen.
6 SWR-Datenanalyse zur Flutkatastrophe an der Ahr: Noch 2 Vermisste – Aktuelle Daten und Fakten, 24.11.2021.
7 Laut Aussage von Roggenkamp die Ortschaft Adenau.
8 Anfrage an das Umweltministerium von Rheinland-Pfalz, siehe oben.
9 Generalanzeiger: Die ersten Flächen sind gerodet. 90 neue Bauplätze in Heppingen, 31.3.2016.
10 *Rhein-Zeitung*: https://www.rhein-zeitung.de/region/aus-den-lokalredaktionen/kreis-ahrweiler_artikel,-wurden-bauwillige-in-flutzone-gelockt-neubaugebiet-in-heppingen-wirft-fragen-auf-_arid,2324159.html.
11 Bebauungsplan Landskroner Straße Süd: https://www.bad-neuenahr-ahrweiler.de/fileadmin/redaktion/stadt/immobilien/Bebauungsplan_Landskroner_Strasse_-_Sued_gesamt.pdf.
12 Anfrage der Autorinnen.
13 https://sgdnord.rlp.de/fileadmin/sgdnord/Wasser/UESG/Ahr/Arbeitskarten/Ueberschwemmungsgebiet_Ahr-Arbeitskarten_Zukunftskonferenz.pdf.
14 Neue Karte der Genehmigungsbehörde, Gebiet auf S. 84. https://

sgdnord.rlp.de/fileadmin/sgdnord/Wasser/UESG/Ahr/Arbeitskarten/Ueberschwemmungsgebiet_Ahr-Arbeitskarten_Zukunftskonferenz.pdf.

15 https://www.swr.de/swraktuell/rheinland-pfalz/koblenz/land-stellt-bei-zukunftskonferenz-plaene-zum-wiederaufbau-an-der-ahr-vor-100.html.

16 https://www.dresden.de/de/stadtraum/umwelt/umwelt/hochwasser/vergangenheit.php.

17 Hochwasserschutz in Sachsen: Land in Voraussicht, DIE ZEIT, 30.07.2021.

18 Ebd.

19 David Blackbourn: *Die Eroberung der Natur. Eine Geschichte der Deutschen Landschaft*, München 2008, S. 14.

20 Siedlungsrückzug – Recht und Planung im Kontext von Klima- und demografischem Wandel, Umweltbundesamt, Climate Change 21/2016.

21 GFN – Gesellschaft für Freilandökologie und Naturschutzplanung mbH: Biodiversität wiederherstellen, Klimaneutralität erreichen: Potenzialräume für die Renaturierung von Ökosystemen in Deutschland Mai 2021.

22 Mathias Scholz, Dietmar Mehl, Christiane Schulz-Zunkel, Hans Dieter Kasperidus, Wanda Born und Klaus Henle: Ökosystemfunktionen von Flussauen. Analyse und Bewertung von Hochwasserretention, Nährstoffrückhalt, Kohlenstoffvorrat, Treibhausgasemissionen und Habitatfunktion. Bundesamt für Naturschutz 2012.

23 https://biologischevielfalt.bfn.de/archiv/detail.html?no_cache=1&tx_ttnews%5Btt_news%5D=4488&cHash=948446969fa35ec51a27ea2cb8418d9a.

24 Gesetz zur Ordnung des Wasserhaushalts (Wasserhaushaltsgesetz – WHG) § 76 Überschwemmungsgebiete an oberirdischen Gewässern.

25 Wertänderung von Grundstücken in Wasserschutzgebieten, Überschwemmungsgebieten sowie Vorrang- und Vorbehaltsgebieten für die öffentliche Wasserversorgung und den Hochwasserabfluss und -rückhalt, Endbericht, Technische Universität München 2005.

26 Sebastian Alexander Kropp: Hochwasserrisiko und Immobilienwerte: Zum Einfluss der Lage in überschwemmungsgefährdeten Gebieten sowie zu den Folgen von Überschwemmungsereignissen auf den Verkehrswert von Wohnimmobilien, Dissertation, Bonn 2016, S. 81.

27 Ebd., S. 219/220.

28 Die Ausschüsse sind angeblich unabhängige Gremien von Immobilienexperten laut Bundesbaugesetz.

29 Kropp: Hochwasserrisiko und Immobilienwerte S. 84.

30 Ebd., S. 125.

31 Umweltbundesamt: Klimaresilienz stärken: Bausteine für eine strategische Klimarisikovorsorge, Stand: November 2021.
32 Mehr Fortschritt wagen: Bündnis für Freiheit, Gerechtigkeit und Nachhaltigkeit, Koalitionsvertrag, 24.11.2021.
33 Hochwasserpolder sind Flächen, die nahe dem Gewässer gezielt überflutet werden können. Sie werden auch als Retentionsgebiete bezeichnet.
34 Christian Sebald: Jeder Polder kann Leben retten, Süddeutsche Zeitung, 12.07.2021.
35 https://auenweiden.de/.
36 https://www.deutschlandfunk.de/ueberschwemmungen-schon-vergessen-100.html.
37 Antwort der Bundesregierung auf die Kleine Anfrage der Abgeordneten Lisa Badum, Dr. Bettina Hoffmann, Christian Kühn (Tübingen), weiterer Abgeordneter und der Fraktion BÜNDNIS 90/DIE GRÜNEN, Drucksache 19/32030, 9. September 2021.
38 Anfrage der Autorinnen.
39 https://www.flussgebiete.nrw.de/system/files/atoms/files/emr_bestandsaufnahme_2004_emscher.pdf.
40 https://www.nationalpark-unteres-odertal.eu/das-gebiet/zahlenfakten/#:~:text=Der%20Nationalpark%20Unteres%20Odertal%20geh%C3%B6rt,Fl%C3%A4che%20von%20%C3%BCber%2010.000%20Hektar.
41 Bekanntmachung des deutsch-polnischen Abkommens über die gemeinsame Verbesserung der Situation an den Wasserstraßen im deutsch-polnischen Grenzgebiet (Hochwasserschutz, Abfluss- und Schifffahrtsverhältnisse), 12. Juni 2015.
42 Tomas Morgenstern: Ein Schiff wird kommen, Neues Deutschland, 15.5.2015; Kaskade von Staudämmen: Polen plant Bau von Staustufen in der Oder, RBB 22.1.2021.
43 »Ausbaupläne an der Oder – Gefahren für Natur und nachhaltige Nutzung«, Leibniz-Institut für Gewässerökologie und Binnenfischerei, 2020, S.4.
44 Je nach Zuständigkeit sind diese Karten meist auf den Seiten der Landesbetriebe für Hochwasserschutz und Wasserwirtschaft zu finden.
45 https://www.hkc-online.de/de.

Das Wasser kommt II

1 https://www.gdv.de/de/themen/news/rasante-reise-der-verwuestung-20636.
2 https://hooge.de/die-hallig/informationen/aufwarftung.

3 Bericht der Arbeitsgruppe HALLIGEN 2050: Möglichkeiten zur langfristigen Erhaltung der Halligen im Klimawandel, Kiel, April 2014.
4 »Infolge der klimabedingten Beschleunigung des Meeresspiegelanstieges sind künftig vermehrt höhere Sturmflutwasserstände zu erwarten.« Fachplan Küstenschutz Halligen, https://www.schleswig-holstein.de/DE/Fachinhalte/K/kuestenschutz_fachplaene/Halligen/1_Einleitung/1_0_0_Einleitung.html;jsessionid=056023EE39B9A0C2506BB6AA68DB93F2.delivery2-replication.
5 Steigende Meere, Correctiv Multimedia-Story 2016: https://searise.correctiv.org/de/explore/countries/DEU.
6 Benjamin H Strauss, Scott A Kulp, D J Rasmussen, Anders Levermann: Unprecedented threats to cities from multi-century sea level rise, Environmental Research Letter, Oktober 2021.
7 IPCC, 2019: IPCC Special Report on the Ocean and Cryosphere in a Changing Climate.
8 IPCC Special Report on the Ocean and Cryosphere in a Changing Climate, Summary for Policy Makers, September 2019, S. 10.
9 https://sealevel.nasa.gov/ipcc-ar6-sea-level-projection-tool.
10 Umfrage unter Forschern: Meeresspiegel könnte bis 2100 um mehr als einen Meter steigen, Der SPIEGEL, 08.05.2020.
11 Umweltbundesamt: Klimawirkungs- und Risikoanalyse für Deutschland 2021, Teilbericht 3: Klimarisiken im Cluster Wasser, S. 155.
12 Neuer UNO-Weltklimabericht: Kritische Schwelle der Erderwärmung könnte schon 2030 gerissen werden, SPIEGEL, 09.08.2021.
13 IPCC Report AR6, S. 345.
14 Sturmmonitor des Helmholtz-Zentrums: https://coastmap.hzg.de/portal/apps/sites/#/stormmonitor-de/.
15 https://www.sturmflut-monitor.de/.
16 Tom Roth, *CO_2 – Welt ohne Morgen*, Lübbe Verlag, Köln 2021, S. 48f.
17 Antwort der Postbank.
18 Erste Abbrüche an Pirolataldünen, 31.1.2022, https://www.langeoognews.de/langeoog-aktuell/aktuelles/erste-abbrueche-an-pirolataldueneN/.
19 Interview mit den Autorinnen am 01.10.2021.
20 Rahmenkonzept für die Gemeinde Pellworm Erweiterung des Biosphärenreservats »Schleswig-Holsteinisches Wattenmeer und Halligen« um die »Biosphäre Pellworm«, Stand Dezember 2020, S. 71.
21 Angaben des Bundesumweltministerium u. a. https://www.bmu.de/themen/wasser-ressourcen-abfall/binnengewaesser/hochwasser-vorsorge.

22 Wissenschaftlicher Dienst Bundestag, Meeresspiegelanstieg und seine Auswirkungen auf die Bevölkerung, 2018.
23 Deutschlandfunk, 27.07.2020: Ostfriesland – Im Kampf gegen die Wassermassen.
24 NLWKN-Betriebsstelle Norden, Geschäftsbereich Planung und Bau.
25 Wasser- und Bodenverband Barthe/Küste, auch unter: https://wbv-barthe-kueste.de/gewaesserunterhaltung/schoepfwerke/.
26 Auskunft des Umweltministeriums Schleswig-Holstein und des Niedersächsischen Landesbetriebes für Küstenschutz auf Anfrage der Autorinnen.
27 Umweltbundesamt: Klimawirkungs- und Risikoanalyse für Deutschland 2021, Teilbericht 3: Klimarisiken im Cluster Wasser, S. 156.
28 Umweltbundesamt: Klimawirkungs- und Risikoanalyse für Deutschland 2021, Teilbericht 3: Klimarisiken im Cluster Wasser, S. 168.
29 Klimaanpassung an weichen Küsten: Fallbeispiele aus Europa und den USA für das schleswig-holsteinische Wattenmeer, WWF 2015.
30 https://www.nwzonline.de/wesermarsch/kultur/ausdeichung-soll-abgewendet-werden_a_5,1,1018034269.html und die Dokumente der Planungsgruppe: https://docplayer.org/78048697-Kompensation-tiefwasserhafen-jadeweserport-kuestenschutz-zwischen-konflikt-und-win-win.html.
31 CO_2-Äquivalente. Siehe: Tab. 5 in Tiemeyer, Freibaurer, Borraz u. a. 2020. A new methodology for organic soils in national greenhouse gas inventories: Data synthesis, derivation and application. Ecological Indicators 109:105838.
32 Als Qualmwasser bezeichnet man Wassermengen, die im Boden unter dem Deich durchgedrückt werden und binnendeichs wieder austreten, wenn der Pegel im Fluss hoch ist. Siehe: https://www.samtgemeinde-elbmarsch.de/agenda21/qualmwasser.html.
33 http://www.nordwestreisemagazin.de/kueste/aussendeichsmoor.htm.
34 Fachagentur Nachwachsende Rohstoffe: https://baustoffe.fnr.de/ und Fraunhofer Institut für Bauphysik: https://www.ibp.fraunhofer.de/de/projekte-referenzen/baustoff-aus-rohrkolben.html.
35 Umweltbundesamt: Klimawirkungs- und Risikoanalyse für Deutschland 2021, Teilbericht 3: Klimarisiken im Cluster Wasser, S. 168/69.
36 https://www.stern.de/genuss/ein-wahrzeichen-muss-fallen--legendaere-strandbar-auf-pfaehlen-in-st--peter-ording-wird-abgerissen-9348596.html.
37 David Blackbourn: *Die Eroberung der Natur. Eine Geschichte der Deutschen Landschaft*, Pantheon Verlag, München 2008, S. 157.

38 Ebd., S. 159.
39 Alexander Schuller, *Sturmflut über Hamburg. Die Nacht, in der eine Stadt ertrank*, Edition Hamburger Abendblatt 2012, S. 201.
40 Ebd.
41 GFN – Gesellschaft für Freilandökologie und Naturschutzplanung mbH: Biodiversität wiederherstellen, Klimaneutralität erreichen: Potenzialräume für die Renaturierung von Ökosystemen in Deutschland Mai 2021.
42 Sjoerd Groeskamp, Joakim Kjellsson: NEED: The Northern European Enclosure Dam for if Climate Change Mitigation Fails.

Hitze und Starkregen

1 https://www.gdv.de/de/medien/aktuell/klimawandel-zahl-der-hitzetage-seit-den-1950er-jahren-verdreifacht--70978.
2 https://www.dwd.de/DE/presse/pressemitteilungen/DE/2020/20200702_dach_news.html.
3 Ebd.
4 https://www.ey.com/de_de/news/2021/12/ey-kommunenstudie-dezember-2021.
5 https://www.bundesbaublatt.de/artikel/bbb_Mehr_Dachbegruenungen_fuer_den_Klimaschutz_3649934.html.
6 www.cdn.cdp.net.
7 https://www.zeit.de/2021/28/armin-laschet-cdu-klimaschutz-bundestagswahl.
8 https://dubisthalle.de/mobiles-gruenes-zimmer-rollt-durch-halle-stadt-wirbt-fuer-baumpatenschaften-und-bauwerksbegruenung.
9 https://www.bundesregierung.de/breg-de/themen/vorteile-der-foederalismusreform-449498.
10 https://www.umweltbundesamt.de/themen/klima-energie/treibhausgas-emissionen/emissionsquellen#energie-verkehr.
11 http://heatresilientcity.de/ergebnisse/.
12 https://www.bpb.de/nachschlagen/datenreport-2021/umwelt-energie-und-mobilitaet/330362/pkw-verfuegbarkeit.
13 https://static.agora-verkehrswende.de/fileadmin/Projekte/2018/OEffentlicher_Raum_ist_mehr_wert/Agora-Verkehrswende_oeffentlicher-Raum_Factsheet_Auflage-3_WEB.pdf.
14 https://www.bpb.de/nachschlagen/datenreport-2021/umwelt-energie-und-mobilitaet/330362/pkw-verfuegbarkeit.
15 https://www.klimaticket.at/.

16 https://www.sciencedirect.com/science/article/pii/S2772411522000052#!.
17 https://www.dwd.de/DE/presse/pressemitteilungen/DE/2020/20200702_dach_news.html.
18 https://www.die-gruene-stadt.de/baeume-in-der-stadt.pdfx.
19 http://heatresilientcity.de/fileadmin/user_upload/heatresilientcity/files/Konzepte/ersatzpflanzungen_in_der_erfurter_oststadt_beschreibung.pdf.
20 https://www.dibt.de/de/
21 https://www.bda-bund.de/wp-content/uploads/2009/03/Manifest_Vernunft_fuer_die_Welt.pdf.
22 https://www.sueddeutsche.de/panorama/hochwasser-wuppertal-landgericht-wuppertal-bleibt-nach-ueberflutung-geschlossen-dpa.urn-newsml-dpa-com-20090101-210717-99-416983.
23 https://www.bundesbaublatt.de/artikel/bbb_Sanierungsfahrplan_Bundesliegenschaften_1441756.html.
24 https://www.bundesregierung.de/breg-de/themen/klimaschutz/klimaneutrale-bundes-gebaeude-1952362.
25 https://www.stadtbild-deutschland.org/forum/index.php?thread/7180-altbauanteil-bei-wohngeb%C3%A4uden-nach-zensus-2011/.
26 https://www.api-site.paris.fr/paris/public/2019%2F6%2F20190703_communication%20rafraichissement_pm.pdf.
27 https://www.bda-bund.de/events/sorgeumdenbestand-bauten-als-rohstofflager.
28 https://www1.wdr.de/daserste/monitor/extras/pressemeldung-hochwasser-100.html.
29 https://www1.wdr.de/daserste/monitor/extras/pressemeldung-hochwasser-100.html.
30 https://www.umweltbundesamt.de/sites/default/files/medien/1410/publikationen/2019-05-29_texte_55-2019_starkregen-stadtentwicklung.pdf.
31 https://www.umweltbundesamt.de/sites/default/files/medien/1410/publikationen/2019-05-29_texte_55-2019_starkregen-stadtentwicklung.pdf.
32 https://www.nature.com/articles/s41558-021-01219-y.

Landwirtschaft

1 http://4p1000.org.
2 https://www.bild.de/geld/wirtschaft/wirtschaft/knollen-alarm-duerre-macht-kartoffeln-teuer-63706250.bild.html.

3 https://www.destatis.de/DE/Presse/Pressemitteilungen/2016/08/PD16_269_412.html.
4 https://www.maiskomitee.de/Fakten/Statistik/Deutschland/Anbaufl%C3%A4che_Silomais.
5 https://www.nature.com/articles/s41477-020-0680-9.
6 https://www.mckinsey.com/business-functions/sustainability/our-insights/How-the-European-Union-could-achieve-net-zero-emissions-at-net-zero-cost.
7 https://www.thelancet.com/journals/lanplh/article/PIIS2542-5196(21)00170–4/fulltext.
8 https://www.zeit.de/2021/47/tierhaltung-bio-huehner-lebensmittel-kontrolle/seite-4.
9 https://www.oekolandbau.de/landwirtschaft/pflanze/grundlagen-pflanzenbau/landtechnik/unterschiede-oeko-konventionell/.
10 Mit dem Begriff Agroforstwirtschaft werden Landnutzungssysteme bezeichnet, bei denen Gehölze (Bäume oder Sträucher) mit Ackerkulturen und/oder Tierhaltung so auf einer Fläche kombiniert werden, dass zwischen den verschiedenen Komponenten ökologische und ökonomische Vorteilswirkungen entstehen.
11 https://www.fao.org/forestry/agroforestry/en/.
12 https://correctiv.org/aktuelles/klimawandel/2019/09/19/kleine-veraenderungen-grosse-wirkung/.
13 https://www.thuenen.de/de/infothek/presse/pressearchiv/pressemitteilungen-2021/hecken-sind-klimaschuetzer/.
14 https://www.researchgate.net/publication/260487902_Evaluation_of_meteorological_forest_fire_risk_indices_and_projection_of_fire_risk_for_German_federal_states.
15 http://www.hawk-hhg.de/holzminden/default.php.
16 Jörg Staude: UBA-Tagung zu Braunkohleausstiegs-Folgen – Mit der Wünschelrute auf Wassersuche, Klimareporter, 16. November 2021.
17 Zwischenbericht zum Masterplan Wasser, Beschluss des Berliner Senats vom 20.07.2021, S. 7.
18 https://www.umwelt.sachsen.de/umwelt/infosysteme/ida/pages/map/default/index.xhtml;jsessionid=58AF5FC897D8E4B5780B46CCA2589296?mapId=a39d636c-358c-440c-b913–686ddd118e83&overviewMapCollapsed=false&mapSrs=EPSG%3A25833&mapExtent=190745.5163375994%2C5552212.748294683%2C590578.4742695994%2C5757127.139234833.
19 https://dserver.bundestag.de/btd/19/127/1912713.pdf.
20 https://www.gesetze-im-internet.de/whg_2009/.

21 Gespräch der Autorinnen mit Dietrich Borchardt vom Helmholtz-Institut, Februar 2022.
22 https://www.lanuv.nrw.de/fileadmin/lanuvpubl/3_fachberichte/fabe106.pdf.
23 https://blog.rheinenergie.com/index.php/detailseite-reingeblickt/tropische-temperaturen-dank-hoch-helmut-spitzenwert-bei-wasserverbrauch-in-koeln.html.
24 https://dserver.bundestag.de/btd/18/129/1812915.pdf.
25 Gespräche der Autorinnen mit sächsischen und niedersächsischen Verwaltungsgerichten.
26 https://www.landkreis-lueneburg.de/fuer-unsere-buergerinnen-und-buerger/leben-im-landkreis/umwelt-und-klimaschutz/wasserwirtschaft-und-hochwasserschutz/grundwasser/aktuelle-wasserrechtsverfahren.html.
27 https://www.manager-magazin.de/unternehmen/nestle-zieht-umstrittenes-wasser-vittel-zurueck-a-b994026c-572f-4c69-8dc1-2e6de5d8081b.
28 https://www.handelsblatt.com/unternehmen/handel-konsumgueter/mineralwasser-nestle-nimmt-vittel-vom-deutschen-markt/28029738.html.
29 https://www.spd.de/fileadmin/Dokumente/Koalitionsvertrag/Koalitionsvertrag_2021-2025.pdf.
30 https://ec.europa.eu/eurostat/statistics-explained/index.php/Agri-environmental_indicator_-_soil_erosion#Introduction.
31 https://mk0eeborgicuypctuf7e.kinstacdn.com/wp-content/uploads/2020/10/Open-letter-on-CAP-and-Green-Deal_final.pdf.
32 https://www.nature.com/articles/s41558-019-0591-9.epdf.
33 https://www.boell.de/de/2018/01/10/die-endlichkeit-der-landwirtschaft.

Von sterbenden Fichten und türkischen Tannen

1 Heinrich Heine: Die Harzreise, Anaconda Verlag, Köln 2010, S. 53.
2 Literaturhistorikerinnen und -historiker mögen beurteilen, ob Heine hier vielleicht die Fichten für Tannen hielt. Denn zu diesem Zeitpunkt dürften im Harz schon große Flächen mit Fichten wiederaufgeforstet gewesen sein.
3 https://www.bmel.de/DE/themen/wald/wald-in-deutschland/waldzustandserhebung.html.
4 Geringere Sommerniederschläge werden die Wasserverfügbarkeit für die Fichten reduzieren und höhere Temperaturen die Entwicklungs-

und Vermehrungsraten des Käfers beschleunigen. Aus: Oliver Jakoby u. a.: Borkenkäfer im Klimawandel – Modellierung des künftigen Befallsrisikos durch den Buchdrucker (Ips typographus).

5 https://www.ufz.de/index.php?de=37937.

6 https://www.bmu.de/themen/naturschutz-artenvielfalt/naturschutz-biologische-vielfalt/waelder/nationale-waldschutzpolitik.

7 Hansjörg Küster: *Geschichte des Waldes. Von der Urzeit bis zur Gegenwart*, München 1998, S. 101.

8 Ebd., S. 102.

9 Bernd-Stefan Grewe: *Wald, Europäische Geschichte Online*, hrsg. vom Institut für Europäische Geschichte (Mainz), 2011.

10 Borealer Nadelwald, auch Taiga genannt, ist die nördlichste Waldform der Erde.

11 Ebd.

12 Hansjörg Küster: *Geschichte des Waldes. Von der Urzeit bis zur Gegenwart*, München 1998, S. 185.

13 Ebd., S. 188ff.

14 Ebd., S. 189.

15 Bundeswaldinventur-Bericht 2018, Bundesministerium für Ernährung und Landwirtschaft.

16 Ebd., S. 15.

17 https://www.lwf.bayern.de/mam/cms04/boden-klima/dateien/w63-provisorische-klima-risikokarten-als-planungshilfen.pdf und https://www.waldwissen.net/de/lebensraum-wald/klima-und-umwelt/klimawandel-und-co2/konzept-und-landesweite-hauptergebnisse und für alternative Baumarten: https://www.fva-bw.de/fileadmin/publikationen/sonstiges/180201steckbrief.pdf.

18 Erstes Gesetz zur Änderung des Bundes-Klimaschutzgesetzes, 18. August 2021.

19 Beispielsweise durch schonenderes Pflügen CO_2 im Boden halten oder durch Ausbringen von Steinstaub oder Mineralien können Böden sogar zusätzlich CO_2 aufnehmen, siehe: https://www.spiegel.de/wissenschaft/natur/klimawandel-steinstaub-auf-dem-acker-koennte-milliarden-tonnen-co2-binden-a-cfd5e825-fde6-45b2-bae7-2f7483273c12.

20 Mitigation of Climate Change, Summary for Policymakers IPCC, 4. April 2022, S. SPM7, S. 50.

21 Statistisches Bundesamt (Destatis): Zahl der Woche Nr. 40 vom 5. Oktober 2021.

22 Bundes-Klimaschutzgesetz (KSG), Fassung von August 2021, Paragraf 3a.

23 Geplante Änderung des Klimaschutzgesetzes riskiert Reduktion der potenziellen Klimaschutzbeiträge von Wald und Holz, Stellungnahme des Wissenschaftlichen Beirates für Waldpolitik, 22. Juni 2021.
24 https://www.mpg.de/14452850/nachhaltige-wirtschaftswalder-ein-beitrag-zum-klimaschutz.
25 https://naturwald-akademie.org/forschung/positionen/waldschutz-ist-besser-fuer-klima-als-holz-nutzung/.
26 Arbeitsgemeinschaft Deutscher Waldbesitzerverbände.
27 »Wenn das Klima nicht mehr passt, ändern Bäume es einfach …«, Interview mit dem RBB, 19.10.2021. https://www.rbb-online.de/rbbkultur/radio/programm/schema/sendungen/der_morgen/archiv/20211019_0600/kultur_aktuell_0910.html.
28 »Intact forests – largely free from human intervention except primarily for trails and hazard removals – are the most carbon-dense and biodiverse terrestrial ecosystems, with additional benefits to society and the economy.« In: William Moomaw/Tufts University u. a.: Intact Forests in the United States: Proforestation Mitigates Climate Change and Serves the Greatest Good, Juni 2019.
29 Ebd.
30 Grüner Ablasshandel: Das Millionengeschäft mit den Klimabäumen, Der SPIEGEL Ausgabe 15/2021.
31 Hans Dieter Knapp, Siegfried Klaus, Lutz Fähser (Hrsg.):*Der Holzweg. Wald im Widerstreit der Interessen*, Oekom Verlag, München 2021, S. 179.
32 Ebd S. 177.
33 Giovanni Forzieri u. a.: Emergent vulnerability to climate-driven disturbances in European forests, Nature Communications, Februar 2021.
34 Gabriel Popkin: Forest Fight, Science Magazine, Dezember 2021.
35 Dort kann dann die Verwendung nicht mehr nachvollzogen werden. Außerdem addieren sich die Transportkosten auf die Klimabilanz.
36 Vom Thünen-Institut für Holzforschung in Hamburg.
37 Rainer Luick et al.: Urwälder, Natur- und Wirtschaftswälder im Kontext von Biodiversitäts- und Klimaschutz. Teil 1: Funktionen für die biologische Vielfalt und als Kohlenstoffsenke und -speicher, in: Naturschutz und Landschaftsplanung 53(12):12–25, Dezember 2021.
38 Hans Dieter Knapp, Siegfried Klaus, Lutz Fähser (Hrsg.): *Der Holzweg. Wald im Widerstreit der Interessen*, München 2021, S. 183.
39 U. a. Josep G. Canadell & E. Detlef Schulze: Global potential of biospheric carbon management for climate mitigation, in: Nature 2014, Umweltbundesamt: https://www.umweltbundesamt.de/themen/heizen-

holz, Deutsche Umwelthilfe zum Heizen mit Holz: https://www.duh.de/cleanheat/.
40 https://www.klimareporter.de/images/dokumente/2021/02/ScientistLetter_WoodBurning_2021.pdf.
41 https://www.kritischer-agrarbericht.de/fileadmin/Daten-KAB/KAB-2022/KAB_2022_244_248_Ballenthien_Richter.pdf.
42 Anfrage der Autorinnen vom Jahr 2020.
43 Ratgeber des *Wald-Prinz*, https://www.wald-prinz.de/waldgrundstueck-kaufen-5-schritte-zum-eigenen-wald/2968.
44 https://www.bmel.de/DE/themen/wald/wald-in-deutschland/duerrehilfen-waldbesitzer.html.
45 https://www.bmel.de/SharedDocs/Pressemitteilungen/DE/2020/231-wald-foerderrichtlinie.html.

Mythos Moore

1 https://www.lbeg.niedersachsen.de/energie_rohstoffe/rohstoffe/moor_und_torf/moor-und-torf-590.html.
2 Moorschutzstrategie der Bundesregierung, Diskussionspapier, November 2020.
3 https://www.dehst.de/SharedDocs/downloads/DE/publikationen/Factsheet_Moore.pdf?__blob=publicationFile&v=10.
4 Susanne Götze: Moore: Deutschlands unbekannte Klimaschützer, Der SPIEGEL, 21.9.2019.
5 https://www.dehst.de/SharedDocs/downloads/DE/publikationen/Factsheet_Moore.pdf?__blob=publicationFile&v=10.
6 lat. *palus* = Sumpf
7 https://www.bmu.de/fileadmin/Daten_BMU/Download_PDF/Naturschutz/nationale_moorschutz_strategie_bf.pdf.
8 Stellungnahme des Greifswald Moor Centrum zum Diskussionspapier Moorschutzstrategie der Bundesregierung https://greifswaldmoor.de/files/dokumente/Infopapiere_Briefings/2020_Stellungnahme_Moorschutzstrategie_GMC_final.pdf.
9 Eckpunktepapier BMWK, BMUV und BMEL: Ausbau der Photovoltaik auf Freiflächen im Einklang mit landwirtschaftlicher Nutzung und Naturschutz, Berlin, 10. Februar 2022.
10 Geplante Änderung des Klimaschutzgesetzes riskiert Reduktion der potenziellen Klimaschutzbeiträge von Wald und Holz, Stellungnahme des Wissenschaftlichen Beirates für Waldpolitik, 22. Juni 2021.
11 Kurzgutachten im Rahmen der dena-Leitstudie »Aufbruch Klima-

neutralität«. Natürliche Senken, Die Potenziale natürlicher Ökosysteme zur Vermeidung von Treibhausgasemissionen und Speicherung von Kohlenstoff, August 2021.

12 Ebd., S. 31.

13 Klimaschutz durch Moorschutz voranbringen – Möglichkeiten der GAP-Reform nutzen, Stellungnahme des Greifswalder Moor Centrum, November 2019.

14 »Landwirtschaftliche Flächen sollten den Anspruch auf Direktzahlungen nicht verlieren, wenn darauf im Rahmen von Unions- oder nationalen Regelungen, die zur Erreichung eines oder mehrerer umwelt- und klimabezogener Ziele der Union beitragen, nichtlandwirtschaftliche Erzeugnisse in Paludikultur angebaut werden.« In: VERORDNUNG (EU) 2021/2115 DES EUROPÄISCHEN PARLAMENTS UND DES RATES vom 2. Dezember 2021.

Hochgebirge

1 Katastrophe in Nordindien. Warum der Klimawandel das Leben im Gebirge so gefährlich macht, Der SPIEGEL, 10.2.2021.

2 A massive rock and ice avalanche caused the 2021 disaster at Chamoli, Indian Himalaya, Science, 10. Juni 2021.

3 Anatomie einer Katastrophe – Internationale Studie zur Sturzflut in Uttarakhand/Indien im Februar 2021, Universität Potsdam, Juni 2021.

4 Zweiter Bayerischer Gletscherbericht – Klimawandel in den Alpen, 2021.

5 Simon Allen, Nadine Salzmann: High-mountain slope failures and recent and future warm extreme events, in climate forcing of geological hazards, 2013.

6 FAN, Fachleute Naturgefahren, 1/2021, S. 4.

7 M. Dietze, M. Krautblatter, L. Illien, N. Hovius: Seismic constraints on rock damaging related to a failing mountain peak: the Hochvogel, Allgäu, November 2020.

8 AlpSenseRely, Alpine remote sensing of climate-induced natural hazards, Verbundprojekt von TUM (M. Krautblatter, C. Holst/T. Wunderlich, U. Stilla), LMU (U. Münzer, F. Siegert), BAdW (C. Mayer), FAU (M. Braun) und 3DRM (F. Siegert).

9 Umweltbundesamt: Klimaanpassung in der räumlichen Planung (Praxishilfe), 2016, S. 49.

10 http://www.albula-alvra.ch/Aktuelles/default.htm, siehe Präsentationsfolien zum Download, z. B. S. 7 auf http://www.albula-alvra.ch/files/BXMediaPlusDocument7459file.pdf.

11 https://www.bafu.admin.ch/bafu/de/home/themen/naturgefahren/fachinformationen/naturgefahrensituation-und-raumnutzung/gefahrengrundlagen/gefahrenkarten--intensitaetskarten-und-gefahrenhinweiskarten.html.
12 https://www.planat.ch/fileadmin/PLANAT/planat_pdf/alle_2012/2011-2015/Camenzind__Loat_2015_-_Risikobasierte_Raumplanung.pdf, S. 15.
13 FAN, Fachleute Naturgefahren, 1/2021, S. 4.
14 M. Dietze, U. Ozturk: A flood of disaster response challenges, Science, 373 (2021), 1317–1318.
15 Klimaanpassung in der räumlichen Planung. Starkregen, Hochwasser, Massenbewegungen, Hitze, Dürre, Umweltbundesamt, Dessau-Roßlau, November 2016, korrigierte Fassung vom 06.02.2020.
16 Nasa Landslide Viewer: https://maps.nccs.nasa.gov/arcgis/apps/webappviewer/index.html?id=824ea5864ec8423fb985b33ee6bc05b7.
17 Ubydul Haque, Philipp Blum u. a.: Fatal landslides in Europe, Mai 2016; https://www.eskp.de/en/natural-hazards/toedliche-rutschungen-in-europa-eine-unterschaetzte-gefahr-935943/#images-2.
18 https://www.umweltatlas.bayern.de/mapapps/resources/apps/lfu_angewandte_geologie_ftz/index.html?lang=de&activeTool=locationInformationTool&stateId=b5312dc8-ee4b-439d-b12d-c8ee4bb39db8.
19 Hinweise Geogefahren für den Verwaltungsvollzug, Anlage: Merkblatt für Grundeigentümer »Eigenvorsorge bei Georisiken«, 16.8.2017.
20 https://geogefahren.lgrb-bw.de/.
21 https://www.lgb-rlp.de/karten-und-produkte/online-karten/online-karte-rutschungsdatenbank.html.

Homo insipiens

1 Christof Mauch: Slow Hope. Rethinking Ecologies of Crisis and Fear, RCC Perspectives: Transformations in Environment and Society 2019, no. 1. doi.org/10.5282/rcc/8556, S. 14.
2 https://www.lungenaerzte-im-netz.de/krankheiten/asthma-bei-kindern/wie-haeufig-ist-asthma-bei-kindern/.
3 https://www.bundesgesundheitsministerium.de/themen/praevention/gesundheitsgefahren/depression.html.
4 Christof Mauch: Slow Hope. Rethinking Ecologies of Crisis and Fear, RCC Perspectives: Transformations in Environment and Society 2019, no. 1.
5 Christian Stöcker: *Das Experiment sind wir*, Blessing Verlag, München 2021, S. 10.

6 Will Steffen et al.: The Anthropocene. Conceptual and historical perspective, in: Philosophical transactions. Vol. 369 (1938), S. 842–867, hier: S. 851f.
7 Byung-Chul Han: *Undinge. Umbrüche der Lebenswelt*, Ullstein Verlag, Berlin 2021.
8 Ebd., S. 114.
9 Im Gespräch mit den Autorinnen, Oktober 2021.
10 Christoph Pfister: Die »Katastrophenlücke« des 20. Jahrhunderts und der Verlust traditionalen Risikobewusstseins, GAIA 18/3 (2009), S. 239–246.
11 Das Umweltbundesamt schreibt zu Kipppunkten: »Bereits geringe Änderungen im Klimasystem können bewirken, dass Kipppunkte erreicht werden, in deren Folge sich das Klima qualitativ ändert.Die Zunahme der Konzentrationen treibhauswirksamer Gase in der Atmosphäre führt zu einer allmählichen Erwärmung des Klimas, die sich unter anderem in einem Anstieg des globalen Mittels der bodennahen Lufttemperatur widerspiegelt. Das Klimasystem reagiert bei bestimmten Größenordnungen des Temperaturanstiegs – den Kipppunkten – mit starken Veränderungen im System. Zu diesen Veränderungen gehören: abrupte Klimaänderungen, unumkehrbare (irreversible) Prozesse, langfristige, starke Klimaänderungen.« In: KIPP-PUNKTE IM KLIMASYSTEM. Welche Gefahren drohen?, Umweltbundesamt, 2008.
12 David Blackbourn: *Die Eroberung der Natur. Eine Geschichte der deutschen Landschaft*, München 2008, S. 19.
13 Unter anderem das »Urbarmachungsedikt« von 1765 für Ostfriesland.
14 Leon Festinger, *Theorie der kognitiven Dissonanz* (EA 1957), Hogrefe-Verlag, Bern 2020.
15 Mitigation of Climate Change, Summary for Policymakers IPCC, 4. April 2022.
16 Byung-Chul Han: *Undinge. Umbrüche der Lebenswelt*, Berlin 2021, S. 114.

Ein Ausblick

1 https://www.sciencedirect.com/science/article/abs/pii/S0029801815000244?via%3Dihub.
2 https://www.spiegel.de/wissenschaft/mensch/neuer-weltklimabericht-zu-den-folgen-des-klimawandels-milliarden-menschen-leben-in-klima-risikogebieten-a-23da68c1-a691-49a8-a378-3355db12a3c0.
3 GFN – Gesellschaft für Freilandökologie und Naturschutzplanung

mbH: Biodiversität wiederherstellen, Klimaneutralität erreichen: Potenzialräume für die Renaturierung von Ökosystemen in Deutschland Mai 2021.

4 https://www.pnas.org/doi/10.1073/pnas.1710465114.

5 https://eur-lex.europa.eu/legal-content/DE/TXT/HTML/?uri=CELEX:52020PC0829&from=EN

6 Angabe von Georg Johann, HochwasserKompetenzCentrum.

7 https://www.lancetcountdown.org/the-lancet-planetary-health-special-issue/

Register

Ortsregister

Sachregister